Unternehmenssanktionierung in Europa

Europäische Hochschulschriften

European University Studies

Publications Universitaires Européennes

Reihe II **Rechtswissenschaft**

Series II Law

Série II Droit

Band/Volume **5973**

Marco Grotenrath

Unternehmenssanktionierung in Europa

Jurisdiktionskonflikte im Kontext transnationaler Verbandsverantwortlichkeit

PL ACADEMIC RESEARCH

Bibliografische Information der Deutschen Nationalbibliothek
Die Deutsche Nationalbibliothek verzeichnet diese Publikation in der Deutschen Nationalbibliografie; detaillierte bibliografische Daten sind im Internet über http://dnb.d-nb.de abrufbar.

Zugl.: Münster (Westfalen), Univ., Diss., 2017

D 6
ISSN 0531-7312
ISBN 978-3-631-73887-0 (Print)
E-ISBN 978-3-631-73891-7 (E-PDF)
E-ISBN 978-3-631-73892-4 (EPUB)
E-ISBN 978-3-631-73893-1 (MOBI)
DOI 10.3726/b12645

PL Academic Research ist ein Imprint der Peter Lang GmbH.
Peter Lang – Frankfurt am Main · Bern · Bruxelles · New York · Oxford · Warszawa · Wien

Diese Publikation wurde begutachtet.

www.peterlang.com

Meiner Mutter

Vorwort

Das vorliegende Werk wurde im Wintersemester 2016/2017 von der Rechtswissenschaftlichen Fakultät der Westfälischen Wilhelms-Universität Münster als Dissertation angenommen. Gesetzgebung, Rechtsprechung und Literatur haben bis Oktober 2016 Berücksichtigung gefunden.

Besonderer Dank gilt zunächst meiner Doktormutter, Frau Prof. Dr. Bettina Weißer, die meine Promotion sehr zuverlässig und gewissenhaft betreut hat und deren konstruktive Ratschläge mir und der Dissertation stets weitergeholfen haben. Herrn Prof. Dr. Mark Deiters danke ich für die zeitnahe Erstellung des Zweitgutachtens.

Zu Dank bin ich außerdem der Studienstiftung des Deutschen Volkes verpflichtet, die mich nicht nur während meiner Studienzeit als Stipendiat gefördert, sondern auch die Promotion mit einem großzügigen Stipendium bezuschusst hat.

Schließlich danke ich meiner Familie, die mich immer bestmöglich unterstützt hat. Meinen Freunden, für die großartige Freundschaft in all den Jahren und trotz wechselnder Distanzen. Und Franzi, für alles.

Hamburg, im August 2017 — Marco Grotenrath

Inhaltsverzeichnis

Literaturverzeichnis XV

Abkürzungsverzeichnis XXXVII

Einführung 1

I. Gegenstand der Untersuchung 1
   1. Die Problematik transnationaler Rechtsverstöße innerhalb der EU 1
   2. Die inkongruente Verbandsverantwortlichkeit innerhalb der EU 3
   3. Eingrenzung des Untersuchungsgegenstandes 6

II. Ziel und Gang der Untersuchung 7

Teil 1: Entstehung von Kompetenzkonflikten im Verbandskontext 11

I. Einleitung 11

II. Konkurrenz nationaler Verfolgungszuständigkeiten 12
   1. Sanktionsrechtliche Verantwortlichkeit juristischer Personen in den Mitgliedstaaten der EU 14
      a) Europäische Vorgaben zur Verantwortlichkeit juristischer Personen 15
      b) Sanktionsrechtliche Verantwortlichkeit juristischer Personen in Deutschland 19
         aa) Haftungsvoraussetzungen 22
         bb) Rechtsfolgen 26
         cc) Rechtsnatur 27
      c) Sanktionsrechtliche Verantwortlichkeit juristischer Personen in Italien 30

aa) Haftungsvoraussetzungen 31
bb) Rechtsfolgen 34
cc) Rechtsnatur 35
d) Sanktionsrechtliche Verantwortlichkeit juristischer Personen in Österreich 36
aa) Haftungsvoraussetzungen 37
bb) Rechtsfolgen 39
cc) Rechtsnatur 39
e) Sanktionsrechtliche Verantwortlichkeit juristischer Personen in Frankreich 40
aa) Haftungsvoraussetzungen 41
bb) Rechtsfolgen 43
cc) Rechtsnatur 44
f) Sanktionsrechtliche Verantwortlichkeit juristischer Personen in weiteren Mitgliedstaaten der EU 44
g) Zwischenergebnis 48
2. Verfolgungszuständigkeiten gegenüber juristischen Personen 50
a) Sanktionsgewalten im Kontext der Verbandsverantwortlichkeit 50
aa) Tatortbestimmung gegenüber juristischen Personen 53
bb) Maßgeblichkeit und Bestimmung der Nationalität juristischer Personen 58
b) Sanktionsanwendungsrechte in den Mitgliedstaaten der EU 61
aa) Sanktionsanwendungsrecht in Deutschland 62
(a) Straftaten als Anknüpfungstaten 63
i) Inlandstaten 63
ii) Auslandstaten 64
(b) Ordnungswidrigkeiten als Anknüpfungstaten 67
bb) Sanktionsanwendungsrecht in Italien 69
(a) Inlandstaten 69
(b) Auslandstaten 71
cc) Sanktionsanwendungsrecht in Österreich 73
(a) Inlandstaten 73
(b) Auslandstaten 74

dd) Sanktionsanwendungsrecht in Frankreich 75
(a) Inlandstaten 75
(b) Auslandstaten 76
ee) Sanktionsanwendungsrechte in weiteren Mitgliedstaaten der EU 78
c) Zwischenergebnis 80
III. Konflikte nationaler Verfolgungszuständigkeiten 83
IV. Zusammenfassung und Ausblick 88

Teil 2: Vermeidung und Beilegung von Kompetenzkonflikten im Verbandskontext 91

I. Einleitung 91
II. Mitgliedstaatliche Instrumentarien 91
III. Zwischenstaatliche Instrumentarien 93
IV. Europäische Instrumentarien 94
1. Rahmenbeschluss zur Vermeidung und Beilegung von Kompetenzkonflikten in Strafverfahren 98
a) Kritik und Reformbestrebungen 102
aa) Harmonisierung der mitgliedstaatlichen Sanktionsanwendungsrechte 104
bb) Modelle eines hierarchisierten Kriterienkataloges 106
cc) Modelle eines flexiblen Kriterienkataloges 108
b) Zwischenergebnis 111
2. Anwendbarkeit des Rahmenbeschlusses auf die Sanktionierung juristischer Personen 114
a) Anwendbarkeit auf juristische Personen 115
b) Anwendbarkeit auf Sanktionsverfahren gegen juristische Personen 122
c) Reformvorschlag 128
3. Zwischenergebnis 138
V. Zusammenfassung und Ausblick 141

Teil 3: Transnationales Mehrfachverfolgungsverbot im Verbandskontext

Teil 3: Transnationales Mehrfachverfolgungsverbot im Verbandskontext 143

I. Einleitung 143

II. Der Grundsatz ne bis in idem 144
   1. Grundlagen und Schutzumfang 144
   2. Transnationaler ne bis in idem Schutz 146
   3. Eigenständige Relevanz neben der Problematik der Kompetenzkonflikte 150

III. Instrumentarien zur Vermeidung einer mehrfachen Sanktionierung 152
   1. Mitgliedstaatliche Instrumentarien 153
   2. Zwischenstaatliche Instrumentarien 156
   3. Europäische Instrumentarien 157
   4. Art. 54 SDÜ und Art. 50 GRC 161
      a) Abstrakte Anwendbarkeitsvoraussetzungen 162
      b) Identität der Tat 167
      c) Erfasste Sanktionsentscheidungen 169
         aa) Rechtliche Qualität der Entscheidungen 170
         bb) Rechtsnatur der Entscheidungen 174
         cc) Rechtskraft der Entscheidungen 177
         dd) Zusammenfassung 179
      d) Vollstreckungselement 182
      e) Rechtsfolge 184
   5. Zwischenergebnis 185
   6. Anwendbarkeit von Art. 54 SDÜ, Art. 50 GRC auf die Sanktionierung juristischer Personen 185
      a) Anwendbarkeit auf juristische Personen 186
      b) Anwendbarkeit auf die Sanktionen gegen juristische Personen 193
         aa) Monetäre Sanktionsmaßnahmen 194
         (a) Geldstrafen in Frankreich 195
         (b) Geldbußen in Österreich 195
         (c) Geldbußen in Deutschland 196

(d) Geldsanktionen in Italien ... 204
(e) Geldsanktionen in weiteren Mitgliedstaaten der EU ... 205
bb) Weitere repressive Sanktionsmaßnahmen ... 206
cc) Präventive Maßnahmen ... 210
dd) Restitutive Maßnahmen ... 212
(a) Mittelbares Eingreifen der Art. 54 SDÜ, Art. 50 GRC ... 217
(b) Unmittelbares Eingreifen der Art. 54 SDÜ, Art. 50 GRC ... 219
i) Bestehen einer Sperrwirkung ... 220
ii) Umfang der Sperrwirkung ... 230
iii) Zwischenergebnis ... 234
(c) Zwischenergebnis ... 234
c) Zusammenfassung ... 235
d) Unternehmensrechtliche Besonderheiten des persönlichen Schutzbereiches ... 238
aa) Verhältnis natürlicher Personen zu juristischen Personen ... 240
bb) Verhältnis juristischer Personen zu organisatorischen Untereinheiten ... 242
IV. Zusammenfassung und Ausblick ... 250

Teil 4: Ergebnisse und Fazit ... 255

Literaturverzeichnis

Achenbach, Hans: Diskrepanzen im Recht der ahndenden Sanktionen gegen Unternehmen, in: Wilfried Küper, Jürgen Welp (Hrsg.), Beiträge zur Rechtswissenschaft, Festschrift für Walter Stree und Johannes Wessels zum 70. Geburtstag, Heidelberg 1993, S. 545 ff.
zitiert: *Achenbach*, in: FS-Stree/Wessels

Ambos, Kai: Internationales Strafrecht, 4. Auflage, München 2014
zitiert: *Ambos*

Anagnostopoulos, Ilias G.: Ne bis in idem in der Europäischen Union: Offene Fragen, in: Felix Herzog, Ulfried Neumann (Hrsg.), Festschrift für Winfried Hassemer, Heidelberg 2010, S. 1121 ff.
zitiert: *Anagnostopoulos*, in: FS-Hassemer

Andreou, Pelopidas: Gegenseitige Anerkennung von Entscheidungen in Strafsachen in der Europäischen Union, Baden-Baden 2009
zitiert: *Andreou*, Gegenseitige Anerkennung

Appl, Ekkehard: Ein neues „ne bis in idem" aus Luxemburg?, in: Otto Triffterer (Hrsg.), Gedächtnisschrift für Theo Vogler, Heidelberg 2004, S. 109 ff.
zitiert: *Appl*, in: GS-Vogler

Bahnmüller, Marc: Strafrechtliche Unternehmensverantwortlichkeit im europäischen Gemeinschafts- und Unionsrecht, Frankfurt am Main 2004
zitiert: *Bahnmüller*, Strafrechtliche Unternehmensverantwortlichkeit

Baudisch, Ilja: Die Rechtsstellung des Unternehmens in grenzüberschreitenden Kartellverfahren – Zur Tragweite des Grundsatzes „ne bis in idem" im EG-Kartellsanktionsrecht, Köln 2009
zitiert: *Baudisch*, Rechtsstellung des Unternehmens in grenzüberschreitenden Kartellverfahren

Beckemper, Katharina: Unternehmensstrafrecht – auch in Deutschland?, in: Eberhard Kempf, Klaus Lüderssen, Klaus Volk (Hrsg.), Unternehmensstrafrecht, Berlin/Boston 2012, S. 277 ff.
zitiert: *Beckemper*, in: Kempf/Lüderssen/Volk, Unternehmensstrafrecht

Behrens, Peter: EU führt Strafbarkeit juristischer Personen ein, in: EuZW 2011, S. 161

Beulke, Werner: Strafprozessrecht, 12. Auflage, Heidelberg (u.a.) 2012
zitiert: *Beulke*

Biehler, Anke/*Kniebühler*, Roland/*Lelieur-Fischer*, Juliette/*Stein*, Sibyl (Hrsg.): Freiburg Proposal on Concurrent Jurisdictions and the Prohibition of Multiple Prosecutions in the European Union, Freiburg 2003, abrufbar unter: https://www.mpicc.de/files/pdf2/fa-ne-bis-in-idem.pdf (zuletzt abgerufen am 10.10.2016)
zitiert: *Biehler/Kniebühler/Lelieur-Fischer/Stein*, Freiburg Proposal

Bohnert, Jean-Francois/*Lagodny*, Otto: Art. 54 SDÜ im Lichte der nationalen Wiederaufnahmegründe. Zugleich Besprechung von BGH, Urteil vom 10.6.1999 – 4 StR 87/98, in: NStZ 2000, S. 636 ff.

Bohnert, Joachim: Ordnungswidrigkeitengesetz, Kommentar, 3. Auflage, München 2010
zitiert: *Bohnert*

Bosch, Wolfgang: Verantwortung der Konzernobergesellschaft im Kartellrecht, in: ZHR 2013, S. 454 ff.

Böse, Martin: Der Grundsatz „ne bis in idem" in der Europäischen Union (Art. 54 SDÜ), in: GA 2003, S. 744 ff.

Böse, Martin: Die transnationale Geltung des Grundsatzes „ne bis in idem" und das „Vollstreckungselement" – Zugleich Besprechung von BGH, Beschluss vom 25.10.2010, in: GA 2011, S. 504 ff.

Böse, Martin: Die Ermittlung der „besten" Strafgewalt im Spannungsfeld von Strafanwendungsrecht und internationaler Zuständigkeit, in: Mark A. Zöller, Hans Hilger, Wilfried Küper, Claus Roxin (Hrsg.), Gesamte Strafrechtswissenschaft in internationaler Dimension – Festschrift für Jürgen Wolter zum 70. Geburtstag, Berlin 2013, S. 1311 ff.
zitiert: *Böse*, in: FS-Wolter

Böse, Martin: Ausnahmen vom grenzüberschreitenden „Ne bis in idem"? – Zur Fortgeltung der Vorbehalte nach Art. 55 SDÜ, in: Robert Esser, Hans-Ludwig Günther, Christian Jäger, Christos Mylonopoulos, Bahri Öztürk (Hrsg.), Festschrift für Hans-Heiner Kühne zum 70. Geburtstag, Heidelberg u.a. 2013, S. 519 ff.
zitiert: *Böse*, in: FS-Kühne

Böse, Martin (Hrsg.): Enzyklopädie Europarecht. Band 9 – Europäisches Strafrecht mit polizeilicher Zusammenarbeit, Baden-Baden 2013
zitiert: *Bearbeiter*, in: Böse, EnzEuR

Böse, Martin/*Meyer*, Frank: Die Beschränkung nationaler Strafgewalten als Möglichkeit zur Vermeidung von Jurisdiktionskonflikten in der Europäischen Union, in: ZIS 2011, S. 336 ff.

Böse, Martin/*Meyer*, Frank/*Schneider*, Anne (Hrsg.): Conflicts of Jurisdiction in Criminal Matters in the European Union. Volume I: National Reports and Comparative Analysis, Baden-Baden 2013
zitiert: *Bearbeiter*, in: Böse/Meyer/Schneider, Conflicts of Jurisdiction, Vol. I

Böse, Martin/*Meyer*, Frank/*Schneider*, Anne (Hrsg.): Conflicts of Jurisdiction in Criminal Matters in the European Union. Volume II: Rights, Principles and Model Rules, Baden-Baden 2014
zitiert: *Bearbeiter*, in: Böse/Meyer/Schneider, Conflicts of Jurisdiction, Vol. II

Böse, Martin/*Meyer*, Frank/*Schneider*, Anne: Die Regulierung strafrechtlicher Jurisdiktionskonflikte in der Europäischen Union – ein Modellentwurf, in: GA 2014, S. 572 ff.

Brenner, Karl: Das Bruttoprinzip gilt für den Einzeltäter und für das Unternehmen, nicht nur für den unschuldigen Täter oder Dritten, in: NStZ 2004, S. 256 ff.

Brodowski, Dominik: Minimum Procedural Rights for Corporations in Corporate Criminal Procedure, in: Dominik Brodowski, Manuel Espinoza de los Monteros de la Parra, Klaus Tiedemann, Joachim Vogel (Hrsg.), Regulating Corporate Criminal Liability, Heidelberg (u.a.) 2014, S. 211 ff.
zitiert: *Brodowski*, in: Brodowski et al., Regulating Corporate Criminal Liability

Brodowski, Dominik/*Espinoza de los Monteros de la Parra*, Manuel/*Tiedemann*, Klaus: Regulating Corporate Criminal Liability: An Introduction, in: Dominik Brodowski, Manuel Espinoza de los Monteros de la Parra, Klaus Tiedemann, Joachim Vogel (Hrsg.), Regulating Corporate Criminal Liability, Heidelberg (u.a.) 2014, S. 1 ff.
zitiert: *Brodowski et al.*, in: Brodowski et al., Regulating Corporate Criminal Liability

Bülte, Jens: § 398a AO im Licht des europäischen Grundsatzes ne bis in idem, in: NZWiSt 2014, S. 321 ff.

Burchard, Christoph/*Brodowski*, Dominik: Art. 50 Charta der Grundrechte der Europäischen Union und das europäische ne bis in idem nach dem Vertrag von Lissabon, in: StraFo 2010, S. 179 ff.

Calliess, Christian/*Ruffert*, Matthias (Hrsg.): EUV/AEUV – Das Verfassungsrecht der Europäischen Union mit Europäischer Grundrechtecharta, Kommentar, 4. Auflage, München 2011
zitiert: *Bearbeiter*, in: Calliess/Ruffert, EUV/AEUV

Caracas, Christian: Verantwortlichkeit in internationalen Konzernstrukturen nach § 130 OWiG – Am Beispiel der im Ausland straflosen Bestechung im geschäftlichen Verkehr, Baden-Baden 2014
zitiert: *Caracas*, Verantwortlichkeit in internationalen Konzernstrukturen

Castaldo, Andrea: Die aus Straftaten entstehende verwaltungsrechtliche Haftung der Unternehmen nach der italienischen Rechtsreform vom Juni, 2001, in: wistra 2006, S. 361 ff.

Cravetto, Camilla/*Zanalda*, Emanuele: Corporate Criminal Liability in Italy: Criteria for Ascribing "Actus Reus" and Unintentional Crimes, in: Dominik Brodowski, Manuel Espinoza de los Monteros de la Parra, Klaus Tiedemann, Joachim Vogel (Hrsg.), Regulating Corporate Criminal Liability, Heidelberg (u.a.) 2014, S. 109 ff.
zitiert: *Cravetto/Zanalda*, in: Brodowski et al., Regulating Corporate Criminal Liability

Daniel, Chris/*Rubner*, Daniel: UK Bribery Act und amtliche Auslegungshilfe, in: NJW-Spezial 2011, S. 335 f.

Dannecker, Gerhard: Zur Notwendigkeit der Einführung kriminalstrafrechtlicher Sanktionen gegen Verbände – Überlegungen zu den Anforderungen und zur Ausgestaltung eines Verbandsstrafrechts, in: GA 2001, S. 101 ff.

Dannecker, Gerhard: Die Garantie des Grundsatzes „ne bis in idem" in Europa, in: Hans Joachim Hirsch, Jürgen Wolter, Uwe Brauns (Hrsg.), Festschrift für Günter Kohlmann zum 70. Geburtstag, Köln 2003, S. 593 ff.
zitiert: *Dannecker*, in: FS-Kohlmann

Dannecker, Gerhard: Anmerkung zu BGH, Urt. v. 16.05.2006 – 1 StR 46/06, in: NStZ 2006, S. 683 f.

Dannecker, Gerhard: Die Ahndbarkeit von juristischen Personen im Wandel, in: Heinz Schöch, Roland Helgerth, Dieter Dölling, Peter König (Hrsg.), Recht gestalten – dem Recht dienen, Festschrift für Reinhard Böttcher, Berlin 2007, S. 465 ff.
zitiert: *Dannecker*, in: FS-Böttcher

Deiters, Mark: Das Prinzip der stellvertretenden Strafrechtspflege als Strukturelement einer föderativen Strafrechtsordnung in Europa, in: ZIS 2006, S. 472 ff.

Delmas-Marty, Mireille: Strafbarkeit und Strafhaftung multinationaler Unternehmen, in: Klaus Tiedemann (Hrsg.), Multinationale Unternehmen und Strafrecht – Beiträge zum Problem der Kriminalität im grenzüberschreitenden Geschäftsverkehr, Köln (u.a.), 1979, S. 69 ff.
zitiert: *Delmas-Marty*, in: Tiedemann, Multinationale Unternehmen

Delmas-Marty, Mireille: Die Strafbarkeit juristischer Personen nach dem neuen französischen Code Pénal, in: Bernd Schünemann, Carlos Suárez González (Hrsg.), Bausteine des europäischen Wirtschaftsstrafrechts – Madrid-Symposium für Klaus Tiedemann, Köln (u.a.) 1994, S. 305 ff.
zitiert: *Delmas-Marty*, in: Madrid-Symposium

Desportes, Frédéric/*Le Gunehec*, Francis: Droit pénal général, 16. Auflage, Paris 2009
zitiert: *Desportes/Le Gunehec*, Droit pénal général

Dörr, Felix: Die Haftung von Unternehmen nach dem Gesetz über Ordnungswidrigkeiten, in: Eberhard Kempf, Klaus Lüderssen, Klaus Volk (Hrsg.), Unternehmensstrafrecht, Berlin/Boston 2012, S. 23 ff.
zitiert: *Dörr*, in: Kempf/Lüderssen/Volk, Unternehmensstrafrecht

Dorra, Fabian: Strafrechtliche Legislativkompetenzen der Europäischen Union – Eine Gegenüberstellung der Kompetenzlage vor und nach dem Vertrag von Lissabon, Baden-Baden 2013
zitiert: *Dorra*, Strafrechtliche Legislativkompetenzen

Ebensperger, Stefan: Strafrechtliches „ne bis in idem“ in Österreich unter besonderer Berücksichtigung internationaler Übereinkommen, in: ÖJZ 1999, S. 171 ff.

Eckstein, Ken: Grund und Grenzen transnationalen Schutzes vor mehrfacher Strafverfolgung in Europa, in: ZStW 2012, S. 490 ff.

Ehrhardt, Anne: Unternehmensdelinquenz und Unternehmensstrafe – Sanktionen gegen juristische Personen nach deutschem und US-amerikanischen Recht, Berlin 1994
zitiert: *Ehrhardt*, Unternehmensdelinquenz

Eicker, Andreas: Zur Vermeidung simultaner Strafverfahren im zwischenstaatlichen Kontext: Modell einer (über)individuell-konkreten Kriterien-Gewichtung, in: StV 2005, S. 631 ff.

Eidam, Gerd: Die Verbandsgeldbuße des § 30 Abs. 4 OWiG – eine Bestandsaufnahme, in: wistra 2003, S. 447 ff.

Eidam, Gerd (Hrsg.): Unternehmen und Strafe – Vorsorge- und Krisenmanagement, 4. Auflage, Köln 2014
zitiert: *Bearbeiter*, in: Eidam, Unternehmen und Strafe

Eisele, Jörg: Jurisdiktionskonflikte in der Europäischen Union: Vom nationalen Strafanwendungsrecht zum Europäischen Kollisionsrecht?, in: ZStW 2013, S. 1 ff.

Engelhart, Marc: Sanktionierung von Unternehmen und Compliance – Eine rechtsvergleichende Analyse des Straf- und Ordnungswidrigkeitenrechts in Deutschland und den USA, Berlin 2010
zitiert: *Engelhart*, Sanktionierung von Unternehmen

Engelhart, Marc: Unternehmensstrafbarkeit im europäischen und internationalen Recht, in: eucrim 2012, S. 110 ff.

Engelhart, Marc: Corporate Criminal Liability from a Comparative Perspective, in: Dominik Brodowski, Manuel Espinoza de los Monteros de la Parra, Klaus Tiedemann, Joachim Vogel (Hrsg.), Regulating Corporate Criminal Liability, Heidelberg (u.a.) 2014, S. 53 ff.
zitiert: *Engelhart*, in: Brodowski et al., Regulating Corporate Criminal Liability

Engelhart, Marc: Anmerkung zu OLG München, Beschl. v. 23.9.2014 – 3 Ws 599/14, 3 Ws 600/14. Zur Aufsichtspflicht der Muttergesellschaft nach § 130 OWiG im faktischen Konzern, in: WiJ 2015, S. 242 ff.

Epping, Volker/*Hillgruber*, Christian (Hrsg.): Beck'scher Online-Kommentar GG 27. Edition, Stand: 01.12.2015
zitiert: *Bearbeiter*, in: BeckOK-GG

Eser, Albin: Neue Wege der Gewinnabschöpfung im Kampf gegen die organisierte Kriminalität? Kritische Bemerkungen zu aktuellen Reformbemühungen, in: Wilfried Küper, Jürgen Welp (Hrsg.), Beiträge zur Rechtswissenschaft – Festschrift für Walter Stree und Johannes Wessels zum 70. Geburtstag, Heidelberg 1993, S. 833 ff.
zitiert: *Eser*, in: FS-Stree/Wessels

Eser, Albin: Kritische Würdigung der Modellentwürfe eines Regelungsmechanismus zur Vermeidung von Jurisdiktionskonflikten, in: Arndt Sinn (Hrsg.), Jurisdiktionskonflikte bei grenzüberschreitender Kriminalität. Conflicts of jurisdiction in cross-border crime situations – Ein Rechtsvergleich zum Internationalen Strafrecht. A comparative law study on international criminal law, Osnabrück 2012, S. 557 ff.
zitiert: *Eser*, in: Sinn, Jurisdiktionskonflikte

Eser, Albin/*Burchard*, Christoph: Interlokales „ne bis in idem" in Europa? – Von „westfälischem" Souveränitätspathos zu europäischem Gemeinschaftsdenken, in: Hans-Jörg Derra (Hrsg.), Freiheit, Sicherheit und Recht – Festschrift für Jürgen Meyer zum 70. Geburtstag, Baden-Baden 2006, S. 499 ff.
zitiert: *Eser/Burchard*, in: FS-Meyer

Esser, Robert: Europäisches und Internationales Strafrecht, München 2014
zitiert: *Esser*

Esser, Robert: Das Doppelverfolgungsverbot in der Rechtsprechung des EGMR (Art. 4 des 7. ZP EMRK). Divergenzen und Perspektiven, in: Gudrun Hochmayr (Hrsg.), „Ne bis in idem" in Europa – Praxis, Probleme und Perspektiven des Doppelverfolgungsverbots, Baden-Baden 2015, S. 27 ff.
zitiert: *Esser*, in: Hochmayr, Ne bis in idem in Europa

Europäischer Arbeitskreis zu rechtlichen Initiativen gegen organisierte Kriminalität, *EAK+* Modellentwürfe eines Regelungsmechanismus zur Vermeidung von Jurisdiktionskonflikten, in: Arndt Sinn (Hrsg.), Jurisdiktionskonflikte bei grenzüberschreitender Kriminalität. Conflicts of jurisdiction in cross-border crime situations – Ein Rechtsvergleich zum Internationalen Strafrecht. A comparative law study on international criminal law, Osnabrück 2012, S. 575 ff.
zitiert: *EAK+*, in: Sinn, Jurisdiktionskonflikte

European Criminal Policy Initiative: Manifest zum Europäischen Strafverfahrensrecht, in: ZIS 2013, S. 412 ff.

Fabrizy, Ernst Eugen: Strafgesetzbuch samt ausgewählten Nebengesetzen, Kurzkommentar, 11. Auflage, Wien 2013
zitiert: *Fabrizy*

Fernandes, João Manuel: Zur Reform des portugiesischen Strafgesetzbuchs, in: ZStW 2009, S. 1025 ff.

Fischer, Thomas: Strafgesetzbuch mit Nebengesetzen, Kommentar, 63. Auflage, München 2016
zitiert: *Fischer*

Foffani, Luigi/*Orlandi*, Renzo/*Ruggeri*, Stefano: Länderbericht Italien, in: Arndt Sinn (Hrsg.), Jurisdiktionskonflikte bei grenzüberschreitender Kriminalität. Conflicts of jurisdiction in cross-border crime situations – Ein Rechtsvergleich zum Internationalen Strafrecht. A comparative law study on international criminal law, Osnabrück 2012, S. 307 ff.
zitiert: *Foffani/Orlandi/Ruggeri*, in: Sinn, Jurisdiktionskonflikte

Fromm, Ingo E.: Auf dem Weg zur strafrechtlichen Verantwortlichkeit von Unternehmen/Unternehmensvereinigungen in Europa? – Über ungeklärte Rechtsfragen des europäischen Sanktionsrechts gegen juristische Personen sowie Harmonisierungsbestrebungen der Organe der EG in Bezug auf die innerstaatlichen Rechtsordnungen, in: ZIS 2007, S. 279 ff.

Fuchs, Helmut: Strafrecht Allgemeiner Teil I – Grundlagen und Lehre von der Straftat, 8. Auflage, Wien 2012
zitiert: *Fuchs*, AT I

Fuchs, Helmut/*Ratz*, Eckart (Hrsg.): Wiener Kommentar zur Strafprozessordnung Loseblatt, 241. Lieferung, Stand: November 2015, Wien
zitiert: *Bearbeiter*, in: Fuchs/Ratz

Gaede, Karsten: Transnationales „ne bis in idem" auf schwachem grundrechtlichen Fundament, in: NJW 2014, S. 2990 ff.

Göhler, Erich: Zur Rechtskraftwirkung von Bußgeldentscheidungen, in: wistra 1991, S. 91 ff.

Göhler, Erich: Zur Rechtskraftwirkung von Bußgeldentscheidungen in den Fällen des § 30 OWiG, in: wistra 1991, S. 131 ff.

Göhler, Erich (Begr.): Ordnungswidrigkeitengesetz Kommentar, 16. Auflage, München 2012
zitiert: *Bearbeiter*, in: Göhler

Goldschmidt, James: Das Verwaltungsstrafrecht – eine Untersuchung der Grenzgebiete zwischen Strafrecht und Verwaltungsrecht auf rechtgeschichtlicher und rechtsvergleichender Grundlage, Berlin 1902
zitiert: *Goldschmidt*, Verwaltungsstrafrecht

Grabitz, Eberhard/*Hilf*, Meinhard/*Nettesheim*, Martin (Hrsg.): Das Recht der Europäischen Union, Band I Loseblatt, 57. Lieferung, Stand: August 2015, München
zitiert: *Bearbeiter*, in: Grabitz/Hilf/Nettesheim, Bd. I

Graf, Jürgen Peter (Hrsg.): Beck'scher Online-Kommentar OWiG 9. Edition, Stand: 15.10.2015
zitiert: *Bearbeiter*, in: BeckOK-OWiG

Gropp, Walter: Kollision nationaler Strafgewalten – nulla prosecutio transnationalis sine lege, in: Arndt Sinn (Hrsg.), Jurisdiktionskonflikte bei grenzüberschreitender Kriminalität. Conflicts of jurisdiction in cross-border crime situations – Ein Rechtsvergleich zum Internationalen Strafrecht. A comparative law study on international criminal law, Osnabrück 2012, S. 41 ff.
zitiert: *Gropp*, in: Sinn, Jurisdiktionskonflikte

Grützner, Heinrich/*Pötz*, Paul-Günter/*Kreß*, Claus (Hrsg.): Internationaler Rechtshilfeverkehr in Strafsachen – Die für die Rechtsbeziehungen der Bundesrepublik Deutschland mit dem Ausland in Strafsachen maßgeblichen Bestimmungen Loseblatt, 3. Auflage, 37. Lieferung, Stand: Dezember 2014, Heidelberg (u.a.)
zitiert: *Bearbeiter*, in: Grützner/Pötz/Kreß

Grützner, Thomas/*Leisch*, Franz Clemens: §§ 130, 30 OWiG – Probleme für Unternehmen, Geschäftsleitung und Compliance-Organisation – Sechs Probleme aus der geänderten Praxis der Ermittlungsbehörden, in: DB 2012, S. 787 ff.

Hackner, Thomas/*Schierholt*, Christian: Internationale Rechtshilfe in Strafsachen – Ein Leitfaden für die Praxis, 2. Auflage, München 2012
zitiert: *Hackner/Schierholt*

Hackner, Thomas: Das teileuropäische Doppelverfolgungsverbot insbesondere in der Rechtsprechung des Gerichtshofs der Europäischen Union, in: NStZ 2011, S. 425 ff.

Haratsch, Andreas/*Koenig*, Christian/*Pechstein*, Matthias: Europarecht, 9. Auflage, Tübingen 2014
zitiert: *Haratsch/Koenig/Pechstein*, Europarecht

Hartan, Cora Constanze: Unternehmensstrafrecht in Deutschland und Frankreich – Ein Rechtsvergleich angesichts europäischer Harmonisierungsbestrebungen, Hamburg 2006
zitiert: *Hartan*, Unternehmensstrafrecht

Hecker, Bernd: Das Prinzip „Ne bis in idem“ im Schengener Rechtsraum (Art. 54 SDÜ), in: StV 2001, S. 306 ff.

Hecker, Bernd: Statement: Jurisdiktionskonflikte in der EU, in: ZIS 2011, S. 60 ff.

Hecker, Bernd: Die rechtlichen Möglichkeiten der Europäischen Union zur Lösung von Kompetenzkonflikten, in: Arndt Sinn (Hrsg.), Jurisdiktionskonflikte bei grenzüberschreitender Kriminalität. Conflicts of jurisdiction in cross-border crime situations – Ein Rechtsvergleich zum Internationalen Strafrecht. A comparative law study on international criminal law, Osnabrück 2012, S. 85 ff.
zitiert: *Hecker*, in: Sinn, Jurisdiktionskonflikte

Hecker, Bernd: Europäisches Strafrecht, 4. Auflage, Berlin/Heidelberg 2012
zitiert: *Hecker*, 4. Aufl.

Hecker, Bernd: Europäisches Strafrecht, 5. Auflage, Berlin/Heidelberg 2015
zitiert: *Hecker*

Hecker, Bernd: Schließt Art. 54 SDÜ die Strafverfolgung in einem anderen Vertragsstaat aus, wenn die Verfahrenserledigung im Aburteilungsstaat nur eine beschränkte materielle Rechtskraft entfaltet? – Zugleich Besprechung von EuGH Urt. v. 5.6.2014 – C-398/12, NJW 2014, 3010, in: Jan Bockemühl, Katrin Gierhake, Henning Ernst Müller, Tonio Walter (Hrsg.), Festschrift für Bernd von Heintschel-Heinegg, München 2015, S. 175 ff.
zitiert: *Hecker*, in: FS-v.Heintschel-Heinegg

Hein, Lars: Zuständigkeitskonflikte im internationalen Strafrecht. Ein europäisches Lösungsmodell, Berlin 2002
zitiert: *Hein*, Zuständigkeitskonflikte

Heine, Günter: Kollektive Verantwortlichkeit als neue Aufgabe im Spiegel der aktuellen europäischen Entwicklung, in: Dieter Dölling (Hrsg.), Jus humanum – Grundlagen des Rechts und Strafrecht, Festschrift für Ernst-Joachim Lampe zum 70. Geburtstag, Berlin 2003, S. 577 ff.
zitiert: *Heine*, in: FS-Lampe

Herrnfeld, Hans-Holger: Die Rolle von Eurojust bei der Beilegung von Jurisdiktionskonflikten, in: Arndt Sinn (Hrsg.), Jurisdiktionskonflikte bei grenzüberschreitender Kriminalität. Conflicts of jurisdiction in cross-border crime situations – Ein Rechtsvergleich zum Internationalen Strafrecht. A comparative law study on international criminal law, Osnabrück 2012, S. 141 ff.
zitiert: *Herrnfeld*, in: Sinn, Jurisdiktionskonflikte

Hettinger, Michael (Hrsg.): Reform des Sanktionenrechts – Band 3: Verbandsstrafe, Baden-Baden 2002
zitiert: *Bearbeiter*, in: Hettinger, Bd. 3

Hetzer, Wolfgang: Schuldlose Sanktionssubjekte? – Unternehmenskriminalität und Verbandsstrafe, in: wistra 1999, S. 361 ff.

Heuer, Jan: Art. 51 Abs. 1 Satz 1 GRC: Die Bindung der Mitgliedstaaten an die Unionsgrundrechte, München 2014
zitiert: *Heuer*, Art. 51 Abs. 1 Satz 1 GRC

Hirsch, Hans Joachim: Zur Behandlung der Bagatellkriminalität in der Bundesrepublik Deutschland – Unter besonderer Berücksichtigung der Stellung der Staatsanwaltschaft, in: ZStW 1980, S. 218 ff.

Hirsch, Hans Joachim: Strafrechtliche Verantwortlichkeit von Unternehmen, in: ZStW 1995, S. 285 ff.

Hochmayr, Gudrun: Länderbericht Österreich, in: Arndt Sinn (Hrsg.), Jurisdiktionskonflikte bei grenzüberschreitender Kriminalität. Conflicts of jurisdiction in cross-border crime situations – Ein Rechtsvergleich zum Internationalen Strafrecht. A comparative law study on international criminal law, Osnabrück 2012, S. 345 ff.
zitiert: *Hochmayr*, in: Sinn, Jurisdiktionskonflikte

Hofmann, Anouschka: Verfallsanordnung gegen tatunbeteiligte Unternehmen, in: wistra 2008, S. 401 ff.

Hohn, Kristian: Die Bestimmung des erlangten Etwas i.S.d. § 73 StGB durch den BGH – Zur Funktion und Leistungsfähigkeit des Bruttoprinzips, in: wistra 2003, S. 321 ff.

Höpfel, Frank/*Ratz*, Eckart (Hrsg.): Wiener Kommentar zum Strafgesetzbuch Loseblatt, 2. Auflage, 136. Lieferung, Stand: August 2015, Wien
zitiert: *Bearbeiter*, in: Höpfel/Ratz

Horn, Norbert: Deutsches und europäisches Gesellschaftsrecht und die EuGH-Rechtsprechung zur Niederlassungsfreiheit – Inspire Art, in: NJW 2004, S. 893 ff.

Hoven, Elisa: Der nordrhein-westfälische Entwurf eines Verbandsstrafgesetzbuchs – Eine kritische Betrachtung von Begründungsmodell und Voraussetzungen der Straftatbestände, in: ZIS 2014, S. 19 ff.

Hoven, Elisa/*Wimmer*, Renate/*Schwarz*, Thomas/*Schumann*, Stefan: Der nordrhein-westfälische Entwurf eines Verbandsstrafgesetzes – Kritische Anmerkungen aus Wissenschaft und Praxis Teil 1 – 3, in: NZWiSt 2014, S. 161 ff., S. 201 ff. , S. 241 ff.

Huber, Barbara: Länderbericht England und Wales, in: Arndt Sinn (Hrsg.), Jurisdiktionskonflikte bei grenzüberschreitender Kriminalität. Conflicts of jurisdiction in cross-border crime situations – Ein Rechtsvergleich zum Internationalen Strafrecht. A comparative law study on international criminal law, Osnabrück 2012, S. 263 ff.
zitiert: *Huber*, in: Sinn, Jurisdiktionskonflikte

Hußung, Daniel Joachim: Der Tatbegriff im Artikel 54 des Schengener Durchführungsübereinkommens, Frankfurt am Main 2011
zitiert: *Hußung*, Tatbegriff

Immenga, Ulrich/*Mestmäcker*, Ernst-Joachim (Hrsg.): Wettbewerbsrecht, Band 1. EU/Teil 2, Kommentar zum Europäischen Kartellrecht, 5. Auflage, München 2012
zitiert: *Bearbeiter*, in: Immenga/Mestmäcker, Bd. I, Teil 2

Immenga, Ulrich /*Mestmäcker*, Ernst-Joachim (Hrsg.): Wettbewerbsrecht, Band 1. EU/Teil 1, Kommentar zum Europäischen Kartellrecht, 5. Auflage, München 2012
zitiert: *Bearbeiter*, in: Immenga/Mestmäcker, Bd. I, Teil 1

Jacob-Hofbauer, Caroline: Gewinnabschöpfung im Ausland von in Deutschland begangenen Wirtschaftsstraftaten, Frankfurt am Main 2006
zitiert: *Jacob-Hofbauer*, Gewinnabschöpfung im Ausland

Jagla, Susanne Fee: Auf dem Weg zu einem zwischenstaatlichen *ne bis in idem* im Rahmen der Europäischen Union – Zugleich ein Beitrag zur Auslegung der Artikel 54 ff. Schengener Durchführungsübereinkommen, Frankfurt am Main 2007
zitiert: *Jagla*, Zwischenstaatliches ne bis in idem

Jarass, Hans D.: Strafrechtliche Grundrechte im Unionsrecht, in: NStZ 2012, S. 611 ff.

Jeßberger, Florian: Der transnationale Geltungsbereich des deutschen Strafrechts, Tübingen 2011
zitiert: *Jeßberger*, Der transnationale Geltungsbereich

Kappel, Jan/*Ehling*, Jan: Wie viel Strafe ist genug? – Deutsche Unternehmen zwischen UK Bribery Act, FCPA und StGB, in: BB 2011, S. 2115 ff.

Karlsruher Kommentar: Ordnungswidrigkeitengesetz Lothar Senge (Hrsg.), 4. Auflage, München 2014
zitiert: *Bearbeiter*, in: KK-OWiG

Kelker, Brigitte: Die Strafbarkeit juristischer Personen unter europäischem Konvergenzdruck, in: Knut Amelung, Hans-Ludwig Günther, Hans-Heiner Kühne (Hrsg.), Festschrift für Volker Key zum 70. Geburtstag, Stuttgart 2010, S. 221 ff.
zitiert: *Kelker*, in: FS-Krey

Kienapfel, Diethelm/*Höpfel*, Frank/*Kert*, Robert: Grundriss des Strafrechts, Allgemeiner Teil, 14. Auflage, Wien 2012
zitiert: *Kienapfel/Höpfel/Kert*, AT

Kindhäuser, Urs: Strafgesetzbuch, Lehr- und Praxiskommentar, 6. Auflage, Baden-Baden 2015
zitiert: *Kindhäuser*

Kindhäuser, Urs/*Neumann*, Ulfrid/*Paeffgen*, Hans-Ullrich (Hrsg.): Nomos-Kommentar, Strafgesetzbuch, Band 1, 3. Auflage, Baden-Baden 2010
zitiert: *Bearbeiter*, in: NK-StGB, Bd. I

Kindler, Steffi: Das Unternehmen als haftender Täter – Ein Beitrag zur Frage der Verbandsstrafe im deutschen Strafrechtssystem – Lösungswege und Entwicklungsperspektiven de lege lata und de lege ferenda, Baden-Baden 2008
zitiert: *Kindler*, Das Unternehmen als haftender Täter

Kirch-Heim, Claudio: Sanktionen gegen Unternehmen – Rechtsinstrumente zur Bekämpfung unternehmensbezogener Straftaten, Berlin 2007
zitiert: *Kirch-Heim*, Sanktionen gegen Unternehmen

Klip, André: European Criminal Law – An Integrative Approach, 2. Auflage, Cambridge (u.a.) 2012
zitiert: *Klip*, European Criminal Law

Kniebühler, Roland Michael: Transnationales „ne bis in idem" – Zum Verbot der Mehrfachverfolgung in horizontaler und vertikaler Dimension, Berlin 2005
zitiert: *Kniebühler*, Transnationales ne bis in idem

Knopp, Lothar/*Rathmann*, Dörthe: Aktuelle Entwicklungen beim Unternehmensstrafrecht – Deutschland und Österreich im Vergleich, in: JR 2005, S. 359 ff.

Koch, Birgit: Die Strafbarkeit juristischer Personen nach dem neuen französischen Code pénal, in: ZStW 1995, S. 405 ff.

Koch, Jens: Die Konzernobergesellschaft als Unternehmensinhaber i.S.d. § 130 OWiG?, in: AG 2009, S. 564 ff.

Kolarik, Lisa: Die Bestimmungen über die Verantwortlichkeit juristischer Personen im österreichischen Recht und in den Rechtsordnungen ausgewählter EU-Mitgliedstaaten im Vergleich mit den internationalen Vorgaben, Wien 2008, abrufbar unter: http://epub.wu.ac.at/1933/ (zuletzt abgerufen am 10.10.2016)
zitiert: *Kolarik*, Verantwortlichkeit juristischer Personen

Krekeler, Wilhelm: Brauchen wir ein Unternehmensstrafrecht?, in: Udo Ebert, Peter Rieß, Claus Roxin, Eberhard Wahle (Hrsg.), Festschrift für Ernst-Walter Hanack zum 70. Geburtstag, Berlin 1999, S. 639 ff.
zitiert: *Krekeler*, in: FS-Hanack

Krekeler, Wilhelm/ *Werner*, Elke: Unternehmer und Strafrecht, München 2006
zitiert: *Krekeler/Werner*, Unternehmer und Strafrecht

Kruck, Nicolai: Der Grundsatz *ne bis in idem* im Europäischen Kartellverfahrensrecht, Frankfurt am Main 2009
zitiert: *Kruck*, Ne bis in idem im Europäischen Kartellverfahrensrecht

Kuhlmann, Peter: Verbandssanktionierung in Italien – Das decreto legislativo 8 giugno 2001 n. 231 im Vergleich mit europäischen Vorgaben und dem deutschen Recht, München 2014
zitiert: *Kuhlmann*, Verbandssanktionierung in Italien

Kühne, Hans-Heiner: Anmerkung zu EuGH, Rs. C-187/01 und C-385/01, Slg. 2004, I-1345, in: JZ 2003, S. 305 ff.

Lackner, Karl/*Kühl*, Kristian: Strafgesetzbuch, Kommentar, 28. Auflage, München 2014
zitiert: *Lackner/Kühl*

Lagodny, Otto: Teileuropäisches „ne bis in idem" durch Art. 54 des Schengener Durchführungsübereinkommens (SDÜ), in: NStZ 1997, S. 265 f.

Lagodny, Otto: Empfiehlt es sich, eine europäische Gerichtskompetenz für Strafgewaltskonflikte vorzusehen? Gutachten im Auftrag des Bundesministeriums der Justiz, Berlin 2001, abrufbar unter: http://www.bib.uni-mannheim.de/fileadmin/

pdf/fachinfo/jura/strafgewaltskonflikte-von-lagodny.pdf (zuletzt abgerufen am 10.10.2016)
zitiert: *Lagodny*, Gutachten

Laue, Christian: Die strafrechtliche Verantwortlichkeit von Verbänden, in: JURA 2010, S. 339 ff.

Lehner, Andrea: The Austrian Model of Attributing Criminal Responsibility to Legal Entities, in: Dominik Brodowski, Manuel Espinoza de los Monteros de la Parra, Klaus Tiedemann, Joachim Vogel (Hrsg.), Regulating Corporate Criminal Liability, Heidelberg (u.a.) 2014, S. 79 ff.
zitiert: *Lehner*, in: Brodowski, et al., Regulating Corporate Criminal Liability

Leipold, Klaus: Kommt das Unternehmensstrafrecht?, in: NJW-Spezial 2013, S. 696

Leipold, Klaus: Unternehmensstrafrecht – Eine rechtspolitische Notwendigkeit?, in: ZRP 2013, S. 34 ff.

Leipold, Klaus/*Zöller*, Mark A./*Tsambikakis*, Michael (Hrsg.): Anwaltkommentar StGB, 2. Auflage, Heidelberg (u.a.) 2015
zitiert: *Bearbeiter*, in: Leipold/Zöller/Tsambikakis, Anwaltkommentar

Leipziger Kommentar: Strafgesetzbuch, Band 1, Einleitung; §§ 1 bis 31 Heinrich Wilhelm Laufhütte, Ruth Rissing-van Saan, Klaus Tiedemann (Hrsg.), 12. Auflage, Berlin 2007
zitiert: *Bearbeiter*, in: LK-StGB, Bd. I

Leipziger Kommentar: Strafgesetzbuch, Band 3, §§ 56 bis 79b Heinrich Wilhelm Laufhütte, Ruth Rissing-van Saan, Klaus Tiedemann (Hrsg.), 12. Auflage, Berlin 2008
zitiert: *Bearbeiter*, in: LK-StGB, Bd. III

Lelieur, Juliette: Länderbericht Frankreich, in: Arndt Sinn (Hrsg.), Jurisdiktionskonflikte bei grenzüberschreitender Kriminalität. Conflicts of jurisdiction in cross-border crime situations – Ein Rechtsvergleich zum Internationalen Strafrecht. A comparative law study on international criminal law, Osnabrück 2012, S. 291 ff.
zitiert: *Lelieur*, in: Sinn, Jurisdiktionskonflikte

Ligeti, Katalin: Rules on the Application of ne bis in idem in the EU – Is Further Legislative Action Required?, in: eucrim 2009, S. 37 ff.

Lindner, Josef Franz: Zur grundsätzlichen Bedeutung des Protokolls über die Anwendung der Grundrechtecharta auf Polen und das Vereinigte Königreich – zugleich ein Beitrag zur Auslegung von Art. 51 EGC, in: EuR 2008, S. 786 ff.

Löffelmann, Markus: Der Entwurf eines Gesetzes zur Einführung der strafrechtlichen Verantwortlichkeit von Unternehmen und sonstigen Verbänden, in: JR 2014, S. 185 ff.

Lucke, Ole-Steffen: Das Verbot paralleler strafrechtlicher Ermittlungsverfahren bzw. die (zeitlich begrenzte) Sperrwirkung der Einleitungsentscheidung, in: HRRS 2014, S. 407 ff.

Lüdicke, Lieselotte: Das französische Strafgesetzbuch – Code pénal, Berlin 2009
zitiert: *Lüdicke*, Das französische Strafgesetzbuch

Maiwald, Manfred: Einführung in das italienische Strafrecht und Strafprozeßrecht, Frankfurt am Main 2009
zitiert: *Maiwald*, Einführung in das italienische Strafrecht

Mansdörfer, Marco: Das Prinzip des ne bis in idem im europäischen Strafrecht, Berlin 2004
zitiert: *Mansdörfer*, Das Prinzip des ne bis in idem

Mansdörfer, Marco: Das europäische Strafrecht nach dem Vertrag von Lissabon – oder: Europäisierung des Strafrechts unter nationalstaatlicher Mitverantwortung, in: HRRS 2010, S. 11 ff.

Mansdörfer, Marco/*Timmerbeil*, Sven: Zurechnung und Haftungsdurchgriff im Konzern – Eine rechtsgebietsübergreifende Betrachtung, in: WM 2004, S. 362 ff.

Marauhn, Thilo/*Simon*, Sven: Die völkerrechtlichen Voraussetzungen der Strafgewalt in transnationalen Fallgestaltungen, in: Arndt Sinn (Hrsg.), Jurisdiktionskonflikte bei grenzüberschreitender Kriminalität. Conflicts of jurisdiction in cross-border crime situations – Ein Rechtsvergleich zum Internationalen Strafrecht. A comparative law study on international criminal law, Osnabrück 2012, S. 21 ff.
zitiert: *Marauhn/Simon*, in: Sinn, Jurisdiktionskonflikte

Maunz, Theodor/*Dürig*, Günter (Begr.): Grundgesetz Kommentar Roman Herzog, Matthias Herdegen, Rupert Scholz, Hans H. Klein (Hrsg.), Loseblatt, 75. Lieferung, Stand: September 2015, München
zitiert: *Bearbeiter*, in: Maunz/Dürig

Mayer, Markus: Ne-bis-in-idem-Wirkung europäischer Strafentscheidungen, Frankfurt am Main 1992
zitiert: *Mayer*, ne-bis-in-idem-Wirkung

Merkel, Reinhard/*Scheinfeld*, Jörg: Ne bis in idem in der Europäischen Union – zum Streit um das „Vollstreckungselement", in: ZIS 2012, S. 206 ff.

Meyer, Frank: Transnationaler ne-bis-in-idem- Schutz nach der GRC, in: HRRS 2014, S. 270 ff.

Meyer, Jürgen (Hrsg.): Charta der Grundrechte der Europäischen Union, Kommentar, 4. Auflage, Baden-Baden 2014
zitiert: *Bearbeiter*, in: Meyer, GRC

Meyer-Ladewig, Jens: EMRK – Europäische Menschenrechtskonvention, Handkommentar, 3. Auflage, Baden-Baden 2011
zitiert: *Meyer-Ladewig*, EMRK

Militello, Vincenzo: Die strafrechtliche Haftung des Unternehmens und der Unternehmensorgane in Italien, in: Bernd Schünemann, Jorge de Figueiredo Dias (Hrsg.), Bausteine des europäischen Strafrechts – Coimbra-Symposium für Claus Roxin, Köln (u.a.) 1995, S. 321 ff.
zitiert: *Militello*, in: Coimbra-Symposium

Mitsch, Wolfgang: Recht der Ordnungswidrigkeiten, 2. Auflage, Berlin/Heidelberg 2005
zitiert: *Mitsch*

Mitsch, Wolfgang: Fallsammlung zum Ordnungswidrigkeitenrecht, Berlin/Heidelberg 2011
zitiert: *Mitsch*, Fallsammlung OWiG

Mittelsdorf, Kathleen: Unternehmensstrafrecht im Kontext, Heidelberg (u.a.) 2007
zitiert: *Mittelsdorf*, Unternehmensstrafrecht

Moos, Reinhard: Die Strafbarkeit juristischer Personen und der Schuldgrundsatz, in: RZ 2004, S. 98 ff.

Mosiek, Marcus: Fremdrechtsanwendung – quo vadis? – Zur Anwendung ausländischen Rechts im deutschen Wirtschaftsstrafrecht, in: StV 2008, S. 94 ff.

Muders, Christian: Die Haftung im Konzern für die Verletzung des Bußgeldtatbestandes des § 130 OWiG – Eine Studie zum Umfang der ordnungswidrigkeitenrechtlichen Verantwortlichkeit in Konzernrechtslagen, Baden-Baden 2014
zitiert: *Muders*, Haftung im Konzern

Müller-Gugenberger, Christian (Hrsg.): Wirtschaftsstrafrecht, 6. Auflage, Köln 2015
zitiert: *Bearbeiter*, in: Müller-Gugenberger

Münchener Kommentar zum Bürgerlichen Gesetzbuch, Band 11, Int. Wirtschaftsrecht: Franz Jürgen Säcker, Roland Rixecker, Hartmut Oetker (Hrsg.), 6. Auflage, München 2015
zitiert: *Bearbeiter*, in: MüKo-BGB, Bd. XI

Münchener Kommentar zum Strafgesetzbuch, Band 1, §§ 1–37 StGB: Wolfgang Joecks, Klaus Miebach (Hrsg.), 2. Auflage, München 2011
zitiert: *Bearbeiter*, in: MüKo-StGB, Bd. I

Münchener Kommentar zum Strafgesetzbuch, Band 2, §§ 38–79b StGB: Wolfgang Joecks, Klaus Miebach (Hrsg.), 2. Auflage, München 2012
zitiert: *Bearbeiter*, in: MüKo-StGB, Bd. II

Nestler, Nina: Das Ende des Vollstreckungselements im (teil-)europäischen Doppelverfolgungsverbot? – Überlegungen zum Verhältnis des Art. 50 GR-Charta zu Art. 54 SDÜ, in: HRRS 2013, S. 357 ff.

Nisco, Attilio: Verantwortlichkeit juristischer Personen im italienischen Recht, in: GA 2010, S. 525 ff.

Nusser, Julian: Die Bindung der Mitgliedstaaten an die Unionsgrundrechte – Vorgaben für die Auslegung von Art. 51 Abs. 1 S. 1 EuGrCh, Tübingen 2011
zitiert: *Nusser*, Die Bindung der Mitgliedstaaten

Otto, Harro: Die Haftung für kriminelle Handlungen in Unternehmen, in: Jura 1998, S. 409 ff.

Pabel, Katharina/*Schmahl*, Stefanie (Hrsg.): Internationaler Kommentar zur Europäischen Menschenrechtskonvention Loseblatt, 17. Lieferung, Stand: Dezember 2014, Köln (u.a.)
zitiert: *Bearbeiter*, in: Pabel/Schmahl, EMRK

Pache, Eckhard/*Rösch*, Franziska: Europäischer Grundrechtsschutz nach Lissabon – die Rolle der EMRK und der Grundrechtecharta in der EU, in: EuZW 2008, S. 519 ff.

Pedrazzi, Cesare?: Multinationale Unternehmen und nationale Strafgewalt, in: Klaus Tiedemann (Hrsg.), Multinationale Unternehmen und Strafrecht – Beiträge zum Problem der Kriminalität im grenzüberschreitenden Geschäftsverkehr, Köln (u.a.), 1979, S. 81 ff.
zitiert: *Pedrazzi*, in: Tiedemann, Multinationale Unternehmen

Peers, Steve/*Hervey*, Tamara/*Kenner*, Jeff/*Ward*, Angela (Hrsg.): The EU Charter of Fundamental Rights, A Commentary, Oxford/Portland 2014
zitiert: *Bearbeiter*, in: Peers/Hervey/Kenner/Ward, EU Charter

Peters, Anne/*Altwicker*, Tilmann: Europäische Menschenrechtskonvention – Mit rechtsvergleichenden Bezügen zum deutschen Grundgesetz, 2. Auflage, München 2012
zitiert: *Peters/Altwicker*

Pieth, Mark/*Ivory*, Radha (Hrsg.): Corporate Criminal Liability – Emergence, Convergence and Risk, Dordrecht (u.a.) 2011
zitiert: *Bearbeiter*, in: Pieth/Ivory, Corporate Criminal Liability

Plöckinger, Oliver/*Leidenmühler*, Franz: Zum Verbot doppelter Strafverfolgung nach Art. 54 SDÜ 1990, in: wistra 2003, S. 81 ff.

Pradel, Jean: Die strafrechtliche Verantwortlichkeit juristischer Personen im französischen Recht, in: Klaus Tiedemann (Hrsg.), Wirtschaftsstrafrecht in der Europäischen Union – Rechtsdogmatik, Rechtsvergleich, Rechtspolitik. Freiburg-Symposium, Köln (u.a.) 2002, S. 37 ff.
zitiert: *Pradel*, in: Freiburg-Symposium

Quante, Andreas: Sanktionsmöglichkeiten gegen juristische Personen und Personenvereinigungen, Frankfurt am Main 2005
zitiert: *Quante*, Sanktionsmöglichkeiten

Radtke, Henning: Zur Systematik des Strafklageverbrauchs verfahrenserledigender Entscheidungen im Strafprozeß, Frankfurt am Main 1994
zitiert: *Radtke*, Systematik des Strafklageverbrauchs

Radtke, Henning: Der strafprozessuale Tatbegriff auf europäischer und nationaler Ebene, in: NStZ 2012, S. 479 ff.

Radtke, Henning/*Busch*, Dirk: Transnationaler Strafklageverbrauch in den sog. Schengen-Staaten?, in: EuGRZ 2000, S. 421 ff.

Radtke, Henning/*Busch*, Dirk: Transnationaler Strafklageverbrauch in der Europäischen Union – EuGH, Urt. v. 11.2.2003, in: NStZ 2003, S. 281 ff.

Radtke, Henning/*Mahler*, Franziska: Regelungsmodelle zur Vermeidung von Mehrfachverfolgung derselben Tat innerhalb der Europäischen Union, in: Georg Steinberg (Hrsg.), Recht und Macht – Zur Theorie und Praxis von Strafe – Festschrift für Hinrich Rüping zum 65. Geburtstag, München 2008, S. 49 ff.
zitiert: *Radtke/Mahler*, in: FS-Rüping

Rebmann, Kurt/*Roth*, Werner /*Herrmann*, Siegfried (Hrsg.): Gesetz über Ordnungswidrigkeiten, Kommentar Loseblatt, 3. Auflage, 22. Lieferung, Stand: Mai 2015, Stuttgart
zitiert: *Rebmann/Roth/Herrmann*

Rekate, Benjamin: Die Vermeidung von Jurisdiktionskonflikten und der Grundsatz einmaliger Strafverfolgung in einem Raum der Freiheit, der Sicherheit und des Rechts – Eine Untersuchung unter besonderer Berücksichtigung des Rahmenbeschlusses 2009/948/JI des Rates vom 30. November 2009 zur Vermeidung und Beilegung von Kompetenzkonflikten in Strafverfahren, Göttingen 2015
zitiert: *Rekate*, Die Vermeidung von Jurisdiktionskonflikten

Riz, Roland: Il Codice Penale Italiano – Das italienische Strafgesetzbuch – Zweisprachige Ausgabe, Berlin 1969
zitiert: *Riz*, Das italienische Strafgesetzbuch

Robles Planas, Ricardo: Strafe und juristische Person – Eine Kritik des Art. 31*bis* des spanischen Strafgesetzbuches, in: ZIS 2012, S. 347 ff.

Rödiger, Katja: Strafverfolgung von Unternehmen, Internal Investigations und strafrechtliche Verwertbarkeit von „Mitarbeitergeständnissen" – Untersuchung am Beispiel der Siemens-Korruptionsaffäre, Frankfurt am Main 2012
zitiert: *Rödiger*, Strafverfolgung von Unternehmen

Rönnau, Thomas: Die Vermögensabschöpfung in der Praxis, München 2003
zitiert: *Rönnau*, Vermögensabschöpfung

Rönnau, Thomas: „Doppelabschöpfung" im Strafverfahren – staatliches Unrecht? – Nachdenken über die Grenzen zulässiger Vermögensentziehung bei grenzüberschreitenden Sachverhalten, in: Winfried Hassemer, Eberhard Kempf, Sergio Moccia (Hrsg.), In Dubio Pro Libertate – Festschrift für Klaus Volk zum 65. Geburtstag, München 2009, S. 583 ff.
zitiert: *Rönnau*, in: FS-Volk

Rübenstahl, Markus: Strafrechtliche Unternehmenshaftung in Italien – das Legislativdekret Nr. 231 vom 8.6.2001, in: RIW 2012, S. 505 ff.

Rübenstahl, Markus/*Schilling*, Hellen: Doppelter Verfall? – Zur Frage mehrfacher Vermögensabschöpfung bei Straftaten mit Auslandsbezug, in: HRRS 2008, S. 492 ff.

Rübenstahl, Markus/*Tsambikakis*, Michael: Neues Unternehmensstrafrecht: Der NRW-Gesetzentwurf zur Einführung der strafrechtlichen Verantwortlichkeit von Verbänden, in: ZWH 2014, S. 8 ff.

Rübenstahl, Markus/*Krämer*, Ute: Die Einstellung des Verfahrens durch die Staatsanwaltschaft und das Verbot der Doppelbestrafung gemäß Art. 54 SDÜ in der Rechtsprechung des EuGH, in: HRRS 2003, S. 65 ff.

Safferling, Christoph: Internationales Strafrecht, Berlin/Heidelberg 2011
zitiert: *Safferling*

Satzger, Helmut: International and European Criminal Law, München 2012
zitiert: *Satzger*, International Criminal Law

Satzger, Helmut: Internationales und Europäisches Strafrecht, 7. Auflage, Baden-Baden 2016
zitiert: *Satzger*

Schmidt, Eberhard: Das neue westdeutsche Wirtschaftsstrafrecht, Tübingen 1950
zitiert: *Schmidt*, Wirtschaftsstrafrecht

Schmidt, Eberhard: Straftaten und Ordnungswidrigkeiten – Betrachtungen zum Entwurf eines Gesetzes über Ordnungswidrigkeiten, in: JZ 1951, S. 101 ff.

Schmidt, Wilhelm: Gewinnabschöpfung im Straf- und Bußgeldverfahren, München 2006
zitiert: *Schmidt*, Gewinnabschöpfung

Schmitt, Rudolf: Ordnungswidrigkeitenrecht – dargestellt für den Bereich der Wirtschaft, Köln/Berlin/Bonn/München 1970
zitiert: *Schmitt*, Ordnungswidrigkeitenrecht

Schmitt-Leonardy, Charlotte: Unternehmenskriminalität ohne Strafrecht?, Heidelberg/München/Landsberg/Frechen/Hamburg 2013
zitiert: *Schmitt-Leonardy*, Unternehmenskriminalität

Schmoller, Kurt: Verbandsgeldbußen in Österreich und Deutschland – Ein Strukturvergleich, in: Michael Hettinger, Jan Zopfs, Thomas Hillenkamp, Michael Köhler, Jürgen Rath, Franz Streng, Jürgen Wolter (Hrsg.), Festschrift für Wilfried Küper zum 70. Geburtstag, Heidelberg 2007, S. 519 ff.
zitiert: *Schmoller*, in: FS-Küper

Schmoller, Kurt: Strafe ohne Schuld? – Überlegungen zum neuen österreichischen Verbandsverantwortlichkeitsgesetz, in: Gerhard Dannecker, Winrich Langer, Otfried Ranft, Roland Schmitz, Joerg Brammsen (Hrsg.), Festschrift für Harro Otto zum 70. Geburtstag, Köln/Berlin/München 2007, S. 453 ff.
zitiert: *Schmoller*, in: FS-Otto

Schmoller, Kurt: Ne bis in idem und die Wiederaufnahme des Strafverfahrens, in: Gudrun Hochmayr (Hrsg.), „Ne bis in idem" in Europa – Praxis, Probleme und Perspektiven des Doppelverfolgungsverbots, Baden-Baden 2015, S. 115 ff.
zitiert: *Schmoller*, in: Hochmayr, Ne bis in idem in Europa

Schneider, Anne: Der transnationale Geltungsbereich des deutschen Verbandsstrafrechts – de lege lata und de lege ferenda, in: ZIS 2013, S. 488 ff.

Schneider, Anne: Corporate Criminal Liability and Conflicts of Jurisdiction, in: Dominik Brodowski, Manuel Espinoza de los Monteros de la Parra, Klaus Tiedemann, Joachim Vogel (Hrsg.), Regulating Corporate Criminal Liability, Heidelberg (u.a.) 2014, S. 249 ff.
zitiert: *Schneider*, in: Brodowski et al., Regulating Corporate Criminal Liability

Schomburg, Wolfgang/*Suominen-Picht*, Irene: Verbot der mehrfachen Strafverfolgung, Kompetenzkonflikte und Verfahrenstransfer, in: NJW 2012, S. 1190 ff.

Schomburg, Wolfgang /*Lagodny*, Otto/*Gleß*, Sabine/*Hackner*, Thomas (Hrsg.): Internationale Rechtshilfe in Strafsachen. International Cooperation in Criminal Matters, 4. Auflage, München 2006
zitiert: *Bearbeiter*, in: Schomburg/Lagodny/Gleß/Hackner, Internationale Rechtshilfe, 4. Aufl.

Schomburg, Wolfgang/*Lagodny*, Otto/*Gleß*, Sabine/*Hackner*, Thomas (Hrsg.): Internationale Rechtshilfe in Strafsachen. International Cooperation in Criminal Matters, 5. Auflage, München 2012
zitiert: *Bearbeiter*, in: Schomburg/Lagodny/Gleß/Hackner, Internationale Rechtshilfe

Schönke, Adolf/*Schröder*, Horst (Begr.): Strafgesetzbuch Kommentar, 29. Auflage, München 2014
zitiert: *Bearbeiter*, in: Schönke/Schröder

Schoreit, Armin: Die sogenannten Ordnungswidrigkeiten, in: GA 1967, S. 225 ff.

Schünemann, Bernd (Hrsg.): Ein Gesamtkonzept für die europäische Strafrechtspflege. A Programme for European Criminal Justice, Köln (u.a.) 2006
zitiert: *Schünemann*, Gesamtkonzept

Schünemann, Bernd: Strafrechtliche Sanktionen gegen Wirtschaftsunternehmen?, in: Ulrich Sieber, Gerhard Dannecker, Urs Kindhäuser, Joachim Vogel, Tonio Walter (Hrsg.), Strafrecht und Wirtschaftsstrafrecht – Dogmatik, Rechtsvergleich, Rechtstatsachen – Festschrift für Klaus Tiedemann zum 70. Geburtstag, Köln/München 2008, S. 429 ff.
zitiert: *Schünemann*, in: FS-Tiedemann

Schwarze, Jürgen/*Becker*, Ulrich/*Hatje*, Armin/*Schoo*, Johann (Hrsg.): EU-Kommentar, 3. Auflage, Baden-Baden 2012
zitiert: *Bearbeiter*, in: Schwarze/Becker/Hatje/Schoo

Sieber, Ulrich/*Satzger*, Helmut/*von Heintschel-Heinegg*, Bernd (Hrsg.): Europäisches Strafrecht, 2. Auflage, Baden-Baden 2014
zitiert: *Bearbeiter*, in: Sieber/Satzger/v.Heintschel-Heinegg, Europäisches Strafrecht

Sieber, Ulrich/*Cornils*, Karin (Hrsg.): Nationales Strafrecht in rechtsvergleichender Darstellung, Allgemeiner Teil. Band 4 – Tatbeteiligung; Straftaten in Unternehmen, Verbänden und anderen Kollektiven, Berlin 2010
zitiert: *Bearbeiter*, in: Sieber/Cornils, Bd. 4

Sinn, Arndt: Das Strafanwendungsrecht als Schlüssel zur Lösung von Jurisdiktionskonflikten? Rechtsvergleichende Beobachtungen, in: Arndt Sinn (Hrsg.), Jurisdiktionskonflikte bei grenzüberschreitender Kriminalität. Conflicts of jurisdiction in cross-border crime situations – Ein Rechtsvergleich zum Internationalen Strafrecht. A comparative law study on international criminal law, Osnabrück 2012, S. 501 ff.
zitiert: *Sinn*, in: Sinn, Jurisdiktionskonflikte

Sinn, Arndt: Die Vermeidung von strafrechtlichen Jurisdiktionskonflikten in der Europäischen Union – Gegenwart und Zukunft, in: ZIS 2013, S. 1 ff.

Spinellis, Dionysios D.: Die materielle Rechtskraft des Strafurteils – Unter besonderer Berücksichtigung des Grundsatzes ne bis in idem, München 1962
zitiert: *Spinellis*, Die materielle Rechtskraft

Stalberg, Johannes: Zum Anwendungsbereich des Art. 50 der Charta der Grundrechte der Europäischen Union (ne bis in idem), Frankfurt am Main 2013
zitiert: *Stalberg*, Anwendungsbereich

Stein, Sibyl: Ein Meilenstein für das europäische „ne bis in idem", in: NJW 2003, S. 1162 ff.

Stein, Sibyl: Zum europäischen *ne bis in idem* nach Artikel 54 des Schengener Durchführungsübereinkommens – Zugleich ein Beitrag zur rechtsvergleichenden Auslegung zwischenstaatlich geltender Vorschriften, Frankfurt am Main 2004
zitiert: *Stein*, Europäisches ne bis in idem

Steininger, Einhard: Verbandsverantwortlichkeitsgesetz, Kommentar, Wien 2006
zitiert: *Steininger*, VbVG

Streinz, Rudolf: Europarecht, 9. Auflage, Heidelberg (u.a.) 2012
zitiert: *Streinz*, Europarecht

Streinz, Rudolf (Hrsg.): EUV/AEUV, Kommentar, 2. Auflage, München 2012
zitiert: *Bearbeiter*, in: Streinz, EUV/AEUV

Suchy, Oliver: Der Verfall im Ordnungswidrigkeitenrecht – Eine Untersuchung ausgewählter Gesichtspunkte im wirtschaftsstrafrechtlichen Kontext, München 2014
zitiert: *Suchy*, Der Verfall im Ordnungswidrigkeitenrecht

Süße, Sascha/*Püschel*, Carolin: UK Bribery Act 2010 aktuell – Die Strafverfolgung von Unternehmen unter Sec. 7 UKBA gewinnt an Fahrt, in: CCZ 2016, S. 231 ff.

Tettinger, Peter/*Stern*, Klaus (Hrsg.): Kölner Gemeinschaftskommentar zur Europäischen Grundrechte-Charta, München 2006
zitiert: *Bearbeiter*, in: Tettinger/Stern

Thomas, Herbert: Das Recht auf Einmaligkeit der Strafverfolgung – Vom nationalen zum internationalen ne bis in idem, Baden-Baden 2002
zitiert: *Thomas*, Einmaligkeit der Strafverfolgung

Tiedemann, Klaus: Literaturbericht – Nebenstrafrecht einschließlich Ordnungswidrigkeitenrecht, in: ZStW 1971, S. 792 ff.

Tiedemann, Klaus: Strafrechtliche Grundprobleme im Kartellrecht, in: NJW 1979, S. 1849 ff.

Tiedemann, Klaus: Die strafrechtliche Vertreter- und Unternehmenshaftung, in: NJW 1986, S. 1842 ff.

Tiedemann, Klaus: Die „Bebußung" von Unternehmen nach dem 2. Gesetz zur Bekämpfung der Wirtschaftskriminalität, in: NJW 1988, S. 1169 ff.

Tiedemann, Klaus: Wirtschaftsstrafrecht – Einführung und Allgemeiner Teil, 4. Auflage, München 2014
zitiert: *Tiedemann*, Wirtschaftsstrafrecht AT

Trüg, Gerson: Zu den Folgen der Einführung eines Unternehmensstrafrechts, in: wistra 2010, S. 241 ff.

Trüg, Gerson: Sozialkontrolle durch Strafrecht – Unternehmensstrafrecht, in: StraFo 2011, S. 471 ff.

Tschierschke, Anja: Die Sanktionierung des Unternehmensverbundes – Bestandsaufnahme, Perspektiven und Europäisierung, Baden-Baden 2013
zitiert: *Tschierschke*, Sanktionierung des Unternehmensverbundes

Tzouma, Aikaterini: Transnational "Ne Bis In Idem" Principle and European Competition Law with Regard to the Different Approaches to Corporate Criminal Liability Among EU Member States, in: Dominik Brodowski, Manuel Espinoza de los Monteros de la Parra, Klaus Tiedemann, Joachim Vogel (Hrsg.), Regulating Corporate Criminal Liability, Heidelberg (u.a.) 2014, S. 261 ff.
zitiert: *Tzouma*, in: Brodowski et al., Regulating Corporate Criminal Liability

van Bockel, Bas: The Ne Bis In Idem Principle in EU Law, Austin (u.a.) 2010
zitiert: *van Bockel*, The Ne Bis In Idem Principle

Vander Beken, Tom/ *Vermeulen*, Gert/*Lagodny*, Otto: Kriterien für die jeweils „beste" Strafgewalt in Europa – Zur Lösung von Strafgewaltskonflikten jenseits eines transnationalen Ne-bis-in-idem, in: NStZ 2002, S. 624 ff.

Vogel, Joachim: Internationales und europäisches *ne bis in idem*, in: Andreas Hoyer, Henning Ernst Müller, Michael Pawlik, Jürgen Wolter (Hrsg.), Festschrift für Friedrich-Christian Schroeder zum 70. Geburtstag, Heidelberg 2006, S. 877 ff.
zitiert: *Vogel*, in: FS-Schroeder

Vogel, Joachim/*Norouzi*, Ali B.: Europäisches "ne bis in idem" – EuGH, NJW 2003, 1173, in: JuS 2003, S. 1059 ff.

Vogler, Theo: Möglichkeiten und Wege einer Entkriminalisierung, in: ZStW 1978, S. 132 ff.

Volk, Klaus (Hrsg.): Münchener Anwalts Handbuch – Verteidigung in Wirtschafts- und Steuerstrafsachen, 2. Auflage, München 2014
zitiert: *Bearbeiter*, in: Volk

von Heintschel-Heinegg, Bernd (Hrsg.): Beck'scher Online-Kommentar StGB 29. Edition, Stand: 01.12.2015
zitiert: *Bearbeiter*, in: BeckOK-StGB

Walther, Felix: Besprechung von EuGH, Urteil vom 26.02.2013 – Rs. C-617/10 („Fransson"), in: WiJ 2013, S. 158 ff.

Weiß, Matthias: Haftungsfalle Korruption – Unternehmensstrafbarkeit, Sanktionen und Best Practice gemäß UK-Bribery Act 2010, in: ZWH 2014, S. 289 ff.

Weiß, Wolfgang: Grundrechtsschutz durch den EuGH: Tendenzen seit Lissabon, in: EuZW 2013, S. 287 ff.

Welzel, Hans: Der Verbotsirrtum im Nebenstrafrecht, in: JZ 1956, S. 238 ff.

Werle, Gerhard: Völkerstrafrecht, 3. Auflage, Tübingen 2012
zitiert: *Werle*, Völkerstrafrecht

Wittig, Petra: Wirtschaftsstrafrecht, 3. Auflage, München 2014
zitiert: *Wittig*, Wirtschaftsstrafrecht

Wohlers, Wolfgang: Anmerkung zum Urteil des BGH v. 21.3.2002 – 5 StR 138/01, in: JR 2003, S. 160 ff.

Wohlers, Wolfgang: Strafzwecke und Sanktionsarten in einem Unternehmensstrafrecht, in: Eberhard Kempf, Klaus Lüderssen, Klaus Volk (Hrsg.), Unternehmensstrafrecht, Berlin/Boston 2012, S. 231 ff.
zitiert: *Wohlers*, in: Kempf/Lüderssen/Volk, Unternehmensstrafrecht

Wolf, Erik: Die Stellung der Verwaltungsdelikte im Strafrechtssystem, in: August Hegler (Hrsg.), Festgabe für Reinhard von Frank zum 70. Geburtstag, Band II, Tübingen 1930, S. 516 ff.
zitiert: *Wolf*, in: FG-Frank, Bd. II

Wörner, Liane/ *Wörner*, Matthias: Länderbericht Deutschland, in: Arndt Sinn (Hrsg.), Jurisdiktionskonflikte bei grenzüberschreitender Kriminalität. Conflicts of jurisdiction in cross-border crime situations – Ein Rechtsvergleich zum Internationalen Strafrecht. A comparative law study on international criminal law, Osnabrück 2012, S. 203 ff.
zitiert: *Wörner/Wörner*, in: Sinn, Jurisdiktionskonflikte

Zieschang, Frank: Die strafrechtliche Verantwortlichkeit juristischer Personen im französischen Recht – Modellcharakter für Deutschland?, in: ZStW 2003, S. 117 ff.

Zieschang, Frank: Das Verbandsstrafgesetzbuch – Kritische Anmerkungen zu dem Entwurf eines Gesetzes zur Einführung der strafrechtlichen Verantwortlichkeit von Unternehmen und sonstigen Verbänden, in: GA 2014, S. 91 ff.

Zimmermann, Frank: Strafgewaltkonflikte in der Europäischen Union – Ein Regelungsvorschlag zur Wahrung materieller und prozessualer strafrechtlicher Garantien sowie staatlicher Strafinteressen, Baden-Baden 2014
zitiert: *Zimmermann*, Strafgewaltkonflikte

Zöller, Mark A.: Die transnationale Geltung des Grundsatzes ne bis in idem nach dem Vertrag von Lissabon, in: Knut Amelung, Hans-Ludwig Günther, Hans-Heiner Kühne (Hrsg.), Festschrift für Volker Krey, Stuttgart 2010, S. 501 ff.
zitiert: *Zöller*, in: FS-Krey

Abkürzungsverzeichnis

a.A.	andere Ansicht
a.F.	alte Fassung
ABl.	Amtsblatt
AEUV	Vertrag über die Arbeitsweise der Europäischen Union
AG	Aktiengesellschaft
Alt.	Alternative
AO	Abgabenordnung
ARHG	Auslieferungs- und Rechtshilfegesetz
Art.	Artikel
Az.	Aktenzeichen
Bd.	Band
BGB	Bürgerliches Gesetzbuch
BGBl.	Bundesgesetzblatt
BGH	Bundesgerichtshof
BKA	Bundeskriminalamt
Blg.	Beilage
BMJ	Bundesministerium der Justiz
BR-Drucks.	Drucksache des Bundesrates
BT-Drucks.	Drucksache des Bundestages
BVerfG	Bundesverfassungsgericht
bzw.	beziehungsweise
CP	codice penale
CPP	codice di procedura penale
D.Lgs.	Decreto Legislativo
EG	Europäische Gemeinschaften
EGMR	Europäischer Gerichtshof für Menschenrechte
endg.	endgültig
Entsch.	Entscheidung
et al.	et alii
ETS	European Treaty Series
EU	Europäische Union
EuGH	Europäischer Gerichtshof
EUV	Vertrag über die Europäische Union
f.	folgende
ff.	fortfolgende
Fn.	Fußnote
GewO	Gewerbeordnung
GG	Grundgesetz
ggfs.	gegebenenfalls
GmbHG	Gesetz betreffend die Gesellschaften mit beschränkter Haftung

GRC	Charta der Grundrechte der Europäischen Union
GWB	Gesetz gegen Wettbewerbsbeschränkungen
i.d.R.	in der Regel
i.d.S.	in diesem Sinne
i.e.S.	im engeren Sinne
i.w.S.	im weiteren Sinne
IPbpR	Internationaler Pakt über bürgerliche und politische Rechte
IRG	Gesetz über die internationale Rechtshilfe in Strafsachen
Kap.	Kapitel
KWG	Gesetz über das Kreditwesen
lit.	littera
m.w.N.	mit weiteren Nachweisen
Mio.	Millionen
NCP	Nouveau code pénal
Nr.	Nummer
OECD	Organisation für wirtschaftliche Zusammenarbeit und Entwicklung
OLG	Oberlandesgericht
OWiG	Gesetz über Ordnungswidrigkeiten
Ratsdok.	Ratsdokument
Rn.	Randnummer
Rs.	Rechtssache
S.	Seite
SDÜ	Schengener Durchführungsübereinkommen
Slg.	Sammlung
sog.	sogenannte
st. Rspr.	ständige Rechtsprechung
StGB	Strafgesetzbuch
StPO	Strafprozessordnung
str.	streitig
u.a.	unter anderem
UN	Vereinte Nationen
Urt.	Urteil
v.	vom
Var.	Variante
VbVG	Verbandsverantwortlichkeitsgesetz
vgl.	vergleiche
z.B.	zum Beispiel
z.T.	zum Teil

„In einem echten Europäischen Rechtsraum sollten Einzelpersonen und Unternehmen nicht durch die Unvereinbarkeit oder die Komplexität der Rechtsordnungen und der Verwaltungssysteme in den Mitgliedstaaten daran gehindert oder davon abgehalten werden, von ihren Rechten Gebrauch zu machen."

– Europäischer Rat, Tampere 1999

Einführung

Grenzüberschreitende Rechtsverstöße werfen die Frage auf, welcher der hiervon tangierten Staaten im Einzelfall für die Verfolgung und Sanktionierung der Taten zuständig ist, ob diese womöglich sogar von mehreren Ländern nach den jeweiligen nationalen Rechtsordnungen geahndet werden können und ob, beziehungsweise inwiefern, eine Koordinierung der innerstaatlichen Verfahren geboten ist.

Neben dieser grundsätzlichen Problematik einer zunehmend internationalisierten Kriminalität offenbaren sich im Kontext der Unternehmenssanktionierung aufgrund der dogmatischen sowie systematischen Besonderheiten der Haftungskonstruktionen zusätzliche Probleme. Im Rahmen der EU führt insofern die zwischen den Mitgliedstaaten inkongruent ausgestaltete sanktionsrechtliche Verantwortlichkeit juristischer Personen zu zahlreichen spezifischen Fragestellungen sowie potenziellen zwischenstaatlichen Friktionen im Hinblick auf eine justizielle Zusammenarbeit in Strafsachen auf europäischer Ebene. Neben einer grundsätzlichen Untersuchung der transnationalen Verbandsverantwortlichkeit zeigt die vorliegende Dissertation bislang offene Fragen sowie bestehende Defizite der gegenwärtigen Rechtslage auf und erarbeitet anhand der hierbei gewonnenen Erkenntnisse praktikable Lösungen zur Gewährleistung einer adäquaten sowie rechtsstaatlichen grenzüberschreitenden Unternehmenssanktionierung in Europa.

I. Gegenstand der Untersuchung

1. Die Problematik transnationaler Rechtsverstöße innerhalb der EU

Die Errichtung eines europäischen Raumes der Freiheit, der Sicherheit und des Rechts ist nach Art. 3 II EUV eines der primären Ziele der EU. Innerhalb Europas soll ein gemeinsamer Wirtschafts- und Rechtsraum entstehen, in dem Unionsbürger und Unternehmen in dem durch die europäischen Grundfreiheiten gewährleisteten Rahmen frei agieren können. Durch den Abbau von Binnengrenzen sowie die Angleichung nationaler Rechtsvorschriften sollen die Hindernisse der Überschreitung nationaler Grenzen reduziert und hierdurch die transnationale gesellschaftliche sowie wirtschaftliche Mobilität vereinfacht und gefördert werden.

Mit vermehrt grenzüberschreitender Aktivität in einem zusammenwachsenden europäischen Binnenmarkt geht jedoch einher, dass auch Rechtsverstöße und Straftaten in anderen Staaten und über Landesgrenzen hinweg begangen werden. Als Konsequenz sind bei transnationalen Sachverhalten häufig die Rechtsordnungen verschiedener Mitgliedstaaten tangiert, so dass mehrere Länder die Verfolgung und Sanktionierung der jeweiligen Taten beanspruchen und nationale Verfolgungszuständigkeiten in Konkurrenz zueinander treten können.

Was zur Gewährleistung einer unionsweit umfassend sichergestellten Kriminalitätsbekämpfung zunächst begrüßenswert erscheinen mag, birgt tatsächlich eine Vielzahl an Problemen sowie zwischenstaatliches Konfliktpotenzial in sich und ist zudem mit dem Selbstverständnis eines europäischen Raumes der Freiheit, der Sicherheit und des Rechts nur schwerlich zu vereinbaren:

So führen für dieselbe Tat kumulativ bestehende Verfolgungszuständigkeiten zu der Frage, welcher Staat die Verfolgung und Sanktionierung im Einzelfall tatsächlich betreiben soll beziehungsweise darf. Die hieraus potenziell resultierenden Kompetenzkonflikte gilt es schon angesichts der zu befürchtenden zwischenstaatlichen Spannungen zu vermeiden. Ferner ist dem parallelen Ermitteln verschiedener Verfolgungsbehörden aufgrund der anfallenden Doppelarbeit auch aus prozessökonomischer Sicht vorzubeugen und schließlich der Adressat vor einer möglichen Mehrfachverfolgung zu schützen. Denn aus Sicht der Betroffenen führt ein Nebeneinander mehrerer Verfolgungs- und Sanktionszuständigkeiten nicht nur zu Rechtsunsicherheiten in Bezug auf die im Einzelfall maßgebliche Rechtsordnung, sondern birgt entgegen dem (ein Doppelverfolgungsverbot statuierenden) Grundsatz „ne bis in idem" vor allem auch die Gefahr, wiederholt Adressat von Verfolgungsmaßnahmen sowie Sanktionen durch verschiedene Staaten und dadurch in ihren Rechten und Interessen unzulässig beschränkt zu werden.

Derartige Folgeprobleme transnationaler Rechtsverstöße und hierdurch bedingter Mehrfachzuständigkeiten werden als Jurisdiktionskonflikte bezeichnet und folgen vorwiegend aus der nationalstaatlich geprägten Verfolgungspraxis der Mitgliedstaaten;[1] innerhalb der EU laufen sie daher dem proklamierten Ziel eines gemeinsamen Rechtsraumes zuwider. Eine effektive und zugleich rechtsstaatliche Grundsätze wahrende Bekämpfung der sich zunehmend internationalisierenden Kriminalität erfordert deshalb eine unionsweit koordinierte Strafverfolgung und zu diesem Zweck eine intensivierte europäische Zusammenarbeit in Strafsachen.

---

1 Teilweise werden Kompetenzkonflikte aufgrund konkurrierender Verfolgungszuständigkeiten mehrerer Staaten auch als „Jurisdiktionskonflikte im engeren Sinne" und Fälle einer tatsächlichen Mehrfachverfolgung und der hieraus folgenden ne bis in idem Problematik als „Jurisdiktionskonflikte im weiteren Sinne" bezeichnet, vgl. *Zöller*, in: FS-Krey, S. 501 ff. (505 f.).

Dies erkennend wurden auf europäischer Ebene verschiedene Instrumentarien implementiert, um grenzüberschreitenden Rechtsverstößen sowie den hieraus resultierenden Konflikten zu begegnen. So soll insbesondere der europäische Rahmenbeschluss zur Vermeidung und Beilegung von Kompetenzkonflikten in Strafverfahren eine zwischenstaatliche Verfahrenskoordination ermöglichen und hiermit potenzielle Kompetenzkonflikte vermeiden.[2] Darüber hinaus sehen die Art. 54 ff. SDÜ sowie Art. 50 GRC ein transnationales Doppelbestrafungsverbot vor, um eine mehrfache Verfolgung in derselben Sache zu verhindern.

Die mit transnationalen Rechtsverstößen innerhalb des Rechtsraumes der EU einhergehende Problematik ist mithin keineswegs neu und nach wie vor Gegenstand des wissenschaftlichen Diskurses sowie legislativer Initiativen zur Bewältigung der hiermit verbundenen Herausforderungen.[3] Neu – und die wesentliche Motivation dieser Arbeit – ist neben der Erörterung ungeklärter grundsätzlicher Fragen allerdings der hier im Zentrum der Untersuchung stehende Kontext der Unternehmenssanktionierung sowie die hieraus folgenden spezifischen Probleme.

2. Die inkongruente Verbandsverantwortlichkeit innerhalb der EU

Die Errichtung eines europäischen Binnenmarktes, in dem Waren, Personen, Dienstleistungen und Kapital frei verkehren können (vgl. Art. 26 II AEUV), ermöglicht insbesondere auch Unternehmen, ihre Produkte und Leistungen unionsweit anbieten und beziehen zu können. Dieser zunehmenden transnationalen wirtschaftlichen Aktivität korrespondiert jedoch eine Europäisierung der von natürlichen Personen im Unternehmenskontext begangenen Rechtsverstöße, welche eine Haftung der als Rechtssubjekt hinter den Unternehmen stehenden juristischen Personen und Personenverbänden selbst verursachen können.[4] Derartige unternehmensbezogene

---

2 Rahmenbeschluss 2009/948/JI des Rates vom 30. November 2009 zur Vermeidung und Beilegung von Kompetenzkonflikten in Strafverfahren, ABl. EU L 328/42 ff. v. 15.12.2009.

3 Zu den bereits bestehenden und den zum Teil (noch) nicht umgesetzten einschlägigen europäischen Rechtsakten vgl. **Teil 2, IV.; Teil 3, III., 3.**

4 Der Begriff „Unternehmen" bezeichnet im ökonomischen Sinne die übergeordnete wirtschaftliche Einheit, wohingegen mit „juristische Personen" beziehungsweise „Personenverbände" die das Unternehmen betreibenden Unternehmensträger als Rechtssubjekt bezeichnet werden, *Müller-Gugenberger*, in: Müller-Gugenberger, § 23, Rn. 13 ff. Wenn die Terminologie somit auch nicht vollständig deckungsgleich ist, werden die Begriffe „Unternehmen", „Verbände" und „juristische Personen" in Abgrenzung zu natürlichen Personen nachfolgend grundsätzlich synonym als untechnischer Begriff für alle Formen von Personenmehrheiten verwendet, soweit sich nicht aus dem Kontext des jeweiligen nationalen Rechts eine ausdrückliche Differenzierung ergibt. Zu einer begrifflichen Distinktion vgl. auch *Schmitt-Leonardy*, Unternehmenskriminalität, S. 5 ff.

Taten können daher in gleicher Weise zu den vorstehend aufgezeigten Problemen multinationaler Sachverhalte führen.

Bei der Involvierung von Unternehmen kommt indes hinzu, dass die sanktionsrechtliche Verantwortlichkeit juristischer Personen in den jeweiligen nationalen Rechtsordnungen der EU-Mitgliedstaaten in weiten Teilen unterschiedlich und zwischenstaatlich somit inkongruent normiert ist. So waren juristische Personen im kontinental-europäischen Rechtsraum lange Zeit gemäß dem Grundsatz *societas delinquere non potest* selbst nicht strafrechtlich haftbar. Unter anderem initiiert und beeinflusst von Legislativbestrebungen auf europäischer Ebene[5] haben zuletzt allerdings immer mehr Länder eine strafrechtliche Verbandsverantwortlichkeit eingeführt, wohingegen einige Unionsstaaten aufgrund von dogmatischen Bedenken auch weiterhin an einer Verbandshaftung nach nicht-strafrechtlichen Grundsätzen festhalten.[6] Hinzu kommt, dass diejenigen Staaten, die eine strafrechtliche Verantwortlichkeit implementiert haben, diese nicht einheitlich und koordiniert umgesetzt haben, sondern dogmatisch sowie systematisch unterschiedliche Ansätze gewählt worden sind. Dies führt innerhalb der EU zu einer Rechtslage bezüglich der Verbandssanktionierung, welche sich aus verschiedenen Systemen zusammensetzt und in den tatbestandlichen Voraussetzungen sowie der prozessualen Umsetzung teilweise unterschiedliche Ausprägungen erfahren hat.

Eine derart inhomogene Sanktionspraxis ist in einem avisierten europäischen Rechtsraum schon für sich gesehen fragwürdig, erfährt durch die steigende Zahl von Sachverhalten mit multinationaler Dimension indes ihre eigentliche Brisanz. Denn aufgrund der uneinheitlichen Haftungssysteme stellt sich hier mit weitaus schwerwiegenderen Konsequenzen ebenfalls die Frage, in welcher Rechtsordnung und nach welchem Sanktionssystem transnational agierende juristische Personen bei unternehmensbezogenen Rechtsverstößen zu sanktionieren sind und inwiefern diese hierbei vor einer drohenden mehrfachen Verfolgung und Sanktionierung durch die verschiedenen nationalen Systeme zu schützen sind. Die bereits für sich gesehen zwischenstaatlich nur schwer zu koordinierende Verfolgungspraxis wird durch die uneinheitlichen mitgliedstaatlichen Sanktionssysteme mithin zusätzlich erschwert. Dies gilt umso mehr, als die auf Unionsebene derzeit bestehenden Instrumentarien zur Bewältigung grenzüberschreitender Rechtsverstöße auf dem Prinzip der justiziellen Zusammenarbeit in *Strafsachen* beruhen, die gegenüber juristischen Personen festzusetzenden Maßnahmen innerstaatlich jedoch teilweise nicht der Materie des Strafrechts (im engeren Sinne) zugeordnet werden.

Es ist daher fraglich, inwiefern die maßgeblichen Rechtsakte (insbesondere in Form des Rahmenbeschlusses zur Vermeidung und Beilegung von Kompetenzkonflikten in Strafverfahren sowie der Art. 54 ff. SDÜ und Art. 50 GRC) überhaupt auf

5 Zu den europäischen Vorgaben der sanktionsrechtlichen Verantwortlichkeit juristischer Personen vgl. **Teil 1, II., 1., a).**

6 Vgl. hierzu die Darstellungen der verschiedenen nationalen Sanktionssysteme in **Teil 1, II., 1.**

juristische Personen sowie Personenverbände und die diesen gegenüber national vorgesehenen Sanktionsarten Anwendung finden und ob gegebenenfalls eine Anpassung der diesbezüglichen Rechtslage geboten ist.

Gegenstand der Untersuchung sind folglich die Auswirkungen der inkongruenten sanktionsrechtlichen Verbandsverantwortlichkeit auf die Entstehung und Vermeidung von Jurisdiktionskonflikten im Unternehmenskontext. Diese praxisrelevante Kumulierung von zwei Problemfeldern wirft eine Vielzahl offener Fragen auf, die mit zunehmender Dringlichkeit einer Lösung bedürfen.

Zur Veranschaulichung der Thematik soll ein (auf die hier wesentlichen Gesichtspunkte reduzierter) fiktiver Beispielsfall dienen, der an den einschlägigen Stellen der Arbeit immer wieder aufgegriffen und exemplarisch herangezogen wird:

> Die in Frankreich gegründete sowie ansässige Windkraft AG ist auf die Herstellung von Windturbinen spezialisiert und verhandelt mit einem italienischen Energieversorger über die Lieferung und Installation von einhundert Windkraftanlagen. Um Produktionskosten zu sparen, sollen entgegen vorherigen Zusagen jedoch minderwertige Materialien zur Herstellung verwendet werden. Im Zuge der vom deutschen Geschäftsführer G geführten Vertragsverhandlungen wird beim Besuch einer österreichischen Produktionsstätte über die tatsächlich verwendeten Materialien und die hierdurch verminderte Leistungsfähigkeit der Windkraftanlagen getäuscht. Nachdem es auf Grundlage der vorgetäuschten Eigenschaften zur Errichtung der Anlagen in Italien kommt, wird bei Wartungsarbeiten festgestellt, dass die Windturbinen wegen der minderwertigen Bauweise weniger effizient sind und daher langfristig nicht wirtschaftlich betrieben werden können. Nach Aufdeckung des Betruges sollen sowohl in Österreich (Ort der Täuschungshandlung) und Italien (Ort des Schadenseintrittes) als auch in Frankreich (Sitz der Windkraft AG) und Deutschland (Herkunftsland des Geschäftsführers G) Ermittlungen gegen G und die AG eingeleitet sowie Sanktionen festgesetzt werden.[7] Während der AG in Deutschland allerdings eine ordnungsrechtliche Verbandsgeldbuße droht, ist in Frankreich und Österreich eine Verbandsstrafbarkeit kriminal-strafrechtlicher Natur normiert, wohingegen in Italien eine zwischen dem Straf- und Verwaltungsrecht angesiedelte Verbandshaftung vorgesehen ist.[8]

Bei derartigen transnationalen Rechtsverstößen im Unternehmenskontext fragt sich zunächst, welcher der tangierten Staaten zur Verfolgung und Sanktionierung der juristischen Person befugt ist und inwiefern im Rahmen der innerstaatlichen Zuständigkeitsregelungen etwaige systematische Besonderheiten und nationale Unterschiede der Verbandsverantwortlichkeit zu berücksichtigen sind.

Kommt es in diesen Fällen nach den jeweiligen mitgliedstaatlichen Vorschriften zu einer Zuständigkeit mehrerer Rechtsordnungen, können die nationalen

7 Zu Einzelheiten der die innerstaatlichen Verfolgungszuständigkeiten regelnden mitgliedstaatlichen Sanktionsanwendungsrechte vgl. ausführlich **Teil 1, II., 2.**

8 Zu der Rechtsnatur der mitgliedstaatlichen Verbandssanktionen vgl. ausführlich **Teil 1, II., 1.**

Sanktionsgewalten auf europäischer Ebene in Konkurrenz zueinander treten und so zu zwischenstaatlichen Kompetenzkonflikten sowie einer mehrfachen Verfolgung und Ahndung in derselben Sache führen. Auch juristische Personen drohen daher Jurisdiktionskonflikten und deren negativen Folgen ausgesetzt zu werden – etwa wenn im vorstehenden Beispielsfall alle vier Länder Ermittlungen gegen die AG einleiten und jeweils Sanktionen nach ihrer eigenen Rechtsordnung festsetzen.

Gilt es unkoordinierte Mehrfachzuständigkeiten und -sanktionen im europäischen Rechtsraum zwar zu verhindern, ist im hier maßgeblichen Unternehmenskontext jedoch fraglich, ob die zur Bewältigung derartiger Jurisdiktionskonflikte derzeit bestehenden Instrumentarien überhaupt Anwendung finden. Denn zum einen werden juristische Personen von diesen nicht ausdrücklich in Bezug genommen, zum anderen spricht der Rahmenbeschluss zur Vermeidung und Beilegung von Kompetenzkonflikten in Strafverfahren von „Strafverfahren", die zwischenstaatlich koordiniert werden sollen und verbürgen Art. 54 SDÜ sowie Art. 50 GRC ein „Verbot der Doppelbestrafung" beziehungsweise das Recht „nicht zweimal strafrechtlich verfolgt" zu werden. Die Haftung juristischer Personen ist in den mitgliedstaatlichen Rechtsordnungen jedoch gerade nicht stets strafrechtlicher Natur; auch sehen einige Unionsstaaten eine ordnungsbehördliche Zuständigkeit vor, so dass ein strafgerichtliches Verfahren nicht einheitlich stattfindet. Die Unterschiede der nationalen Haftungssysteme wirken sich daher weniger auf das Entstehen als auf die Bewältigung von Jurisdiktionskonflikten aus. Denn es ist nicht nur fraglich, ob die einschlägigen europäischen Rechtsakte der justiziellen Zusammenarbeit juristische Personen überhaupt erfassen, sondern vor allem auch, inwiefern die gegenwärtigen Instrumentarien auf die verschiedenen (inkongruenten) Verbandssanktionen und deren nationale Verfahren Anwendung finden (sollten).

Insofern droht nicht nur eine unterschiedliche Behandlung von natürlichen und juristischen Personen, sondern die Inkongruenz der Verbandshaftung zu einer Inkompatibilität im Rahmen der zwischenstaatlichen Zusammenarbeit zu führen. Etwa wenn die europäischen Instrumentarien zur Vermeidung von Jurisdiktionskonflikten und Doppelbestrafungen im Einzelfall nur deshalb nicht eingreifen, weil in einem der beteiligten Mitgliedstaaten eine nicht-strafrechtliche Haftung juristischer Personen vorgesehen ist und es dadurch zur mehrfachen Verfolgung und Sanktionierung in derselben Sache kommt, so dass Unternehmen – entgegen dem eingangs angeführten Postulat des Europäischen Rates – aufgrund einer Unvereinbarkeit sowie Komplexität der mitgliedstaatlichen Rechtsordnungen in ihren Rechten und Interessen tangiert zu werden drohen.

3. Eingrenzung des Untersuchungsgegenstandes

Der Umfang der im Rahmen grenzüberschreitender Taten auftretenden Probleme erfordert eine Konkretisierung und Eingrenzung des Untersuchungsgegenstandes.

So konzentriert sich die Darstellung aufgrund der im europäischen Rechtsraum bestehenden besonderen Formen der justiziellen Zusammenarbeit in Strafsachen auf die Mitgliedstaaten der EU. Die Problematik von Jurisdiktionskonflikten wird dabei allein im Verhältnis mehrerer Staaten zueinander und somit in transnational-horizontaler Dimension untersucht. Die innerhalb einer Rechtsordnung oder im vertikalen Verhältnis von staatlichen zu übergeordneten supranationalen Institutionen denkbaren Kompetenzkonflikte sollen dagegen nicht erörtert werden;[9] dies gilt insbesondere auch für eine womöglich zu errichtende Europäische Staatsanwaltschaft[10] sowie den Bereich des europäischen Kartellrechts, auf den daher nur eingegangen wird, soweit für die hier behandelte Problematik von Relevanz.

Gegenstand der Untersuchung sollen schließlich nur sog. positive Kompetenzkonflikte sein, die auftreten, wenn mehrere Staaten ihre bestehenden Verfolgungszuständigkeiten auch tatsächlich wahrnehmen wollen und somit um die Durchsetzung der eigenen Rechtsordnung konkurrieren. Nicht erörtert werden dagegen sog. negative Kompetenzkonflikte, zu denen es kommt, wenn keiner der an sich zuständigen Staaten die Verfolgung einer Tat betreibt.[11]

II. Ziel und Gang der Untersuchung

In einem europäischen Raum der Freiheit, der Sicherheit und des Rechts muss eine effektive transnationale Kriminalitätsbekämpfung auch im Unternehmenskontext gewährleistet sein. Auf der anderen Seite sind die Adressaten jedoch vor einer einseitigen Verschiebung des Sanktionssystems zu ihren Lasten zu schützen und rechtsstaatliche Verfahrensgarantien deshalb auch grenzüberschreitend zu gewährleisten, um zwischenstaatliche Kompetenzkonflikte sowie eine Mehrfachverfolgung auch in europäischer Dimension zu verhindern.

Die Problematik grenzüberschreitender Rechtsverstöße ist bereits Gegenstand verschiedener Rechtsakte, welche ihrerseits anhaltenden Reformdiskussionen unterliegen.[12] Der spezifische Kontext der sanktionsrechtlichen Verantwortlichkeit juristischer Personen wird bisher jedoch allenfalls am Rande thematisiert.[13] Ziel der Untersuchung ist deshalb nicht die Erarbeitung neuer, grundlegender Legislativakte oder weiterer Reformvorschläge für eine verbesserte Vermeidung

---

9 Vgl. hierzu *Kniebühler*, Transnationales ne bis in idem, S. 374 ff.; *Eser*, in: Sieber/Satzger/v.Heintschel-Heinegg, Europäisches Strafrecht, § 36, Rn. 81 ff.

10 Vgl. Art. 86 AEUV; vgl. hierzu u.a. den Vorschlag für eine Verordnung des Rates über die Errichtung der Europäischen Staatsanwaltschaft, KOM (2013), 534 endg. v. 17.07.2013 sowie zuletzt Ratsdok. Nr. 10830/16 v. 11.07.2016.

11 Vgl. *Eisele*, ZStW 2013, S. 1 ff. (2 f.); *Safferling*, § 3, Rn. 6.

12 Hierzu sind auf europäischer Ebene insbesondere der Rahmenbeschluss zur Vermeidung und Beilegung von Kompetenzkonflikten in Strafverfahren sowie die Art. 54 ff. SDÜ und Art. 50 GRC zu zählen; zu insofern bestehenden Reformbestrebungen vgl. v.a. **Teil 2, IV., 1., a).**

13 So werden die Besonderheiten juristischer Personen und die insofern bestehenden Defizite der gegenwärtigen Rechtslage etwa bei *Böse/Meyer/Schneider*, GA 2014, S. 572 ff., (575) sowie *Biehler/Kniebühler/Lelieur-Fischer/Stein*, Freiburg Proposal, S. 18 ff. erkannt und aufgegriffen.

von Jurisdiktionskonflikten; auch soll kein Modell für eine unionsweit homogene Verbandshaftung entwickelt werden. Vielmehr sollen primär die aktuelle Rechtslage und die bestehenden Instrumentarien analysiert und auf die Erfassung von juristischen Personen sowie den diesen gegenüber vorgesehenen Sanktionsmaßnahmen hin untersucht werden. Die insofern aufzuzeigenden Defizite werden sodann der Erarbeitung punktueller, gleichwohl allgemeingültiger Reformansätze und Auslegungsmaximen zugrundegelegt, um trotz des Befundes der inkongruenten nationalen Verbandsverantwortlichkeit künftig eine angemessene Erfassung von Verbandssanktionen zu ermöglichen und transnationalen Rechtsverstößen auch im Unternehmenskontext adäquat begegnen zu können. Die Arbeit bezweckt mithin die Förderung „einer europäischen Rechtskultur, die auf der Vielfalt der Rechtssysteme der Mitgliedstaaten und der Einheitlichkeit durch europäisches Recht beruht".[14] Angesichts der voranschreitenden europäischen Strafrechtsintegration sind dabei auch bestehende Reforminitiativen zu berücksichtigen.[15]

Sollen mit Hilfe europäischer Rechtsakte Jurisdiktionskonflikte sowie Mehrfachverfolgungen in derselben Sache gegenüber juristischen Personen verhindert werden, ist zunächst zu untersuchen, inwieweit es diesen gegenüber im Rahmen transnationaler Rechtsverstöße nach den nationalen Rechtsordnungen überhaupt zu kumulativen Zuständigkeiten kommen kann und inwiefern sich hierbei die Besonderheiten der Verbandshaftung auswirken. Hierfür ist vorab zu erörtern, auf welche Weise die sanktionsrechtliche Verantwortlichkeit juristischer Personen nach den verschiedenen mitgliedstaatlichen Rechtsordnungen begründet wird. Zur Veranschaulichung der dogmatischen und systematischen Grundlagen der Verbandshaftung sowie der hierbei zwischen den Unionsstaaten bestehenden Unterschiede und Gemeinsamkeiten wird daher exemplarisch die sanktionsrechtliche Haftung juristischer Personen in Deutschland, Italien, Österreich und Frankreich dargestellt. Auf dieser Grundlage wird anhand der mitgliedstaatlichen Zuständigkeitsregelungen anschließend untersucht, unter welchen Umständen eine jeweilige Verfolgungskompetenz gegenüber juristischen Personen im Einzelfall besteht, wie sich etwaige nationale Unterschiede der Verbandshaftung auf die Bestimmung des verfolgungsbefugten Staates auswirken und welche unternehmensspezifischen Besonderheiten dabei zu beachten sind. Auf diese Weise wird herausgearbeitet, inwiefern es im Rahmen der transnationalen Verbandshaftung zu parallelen Verfolgungszuständigkeiten sowie zu Jurisdiktionskonflikten kommen kann und wieso es diese auch gegenüber juristischen Personen zu verhindern gilt.

Kommt es daraufhin zu einer Konkurrenz nationaler Sanktionsgewalten, stellt der Rahmenbeschluss zur Vermeidung und Beilegung von Kompetenzkonflikten

14 Vgl. Haager Programm zur Stärkung von Freiheit, Sicherheit und Recht in der Europäischen Union, ABl. EU C 53/1 ff. v. 03.03.2005, Punkt 3.2.

15 Vgl. hierzu insbesondere **Teil 2, IV., 1., a).**

in Strafverfahren[16] das derzeit zentrale Instrument einer Verfahrenskoordination auf europäischer Ebene dar. Der Rechtsakt ist deshalb auf seine Anwendbarkeit in Bezug auf juristische Personen sowie die diesen gegenüber geführten (teilweise nicht-strafrechtlichen) Sanktionsverfahren zu untersuchen. Anhand der hierbei aufzuzeigenden Defizite wird anschließend ein Reformansatz entwickelt, der eine adäquate Erfassung der in den Mitgliedstaaten zum Teil verschiedenen Rechtsgebieten zugeordneten und von unterschiedlichen Behörden geführten Verbandsverfahren ermöglicht, um auch diesbezüglichen Kompetenzkonflikten in Zukunft vorbeugen zu können.

Der Rahmenbeschluss sieht indes keine verbindliche Verfahrenskonzentration in nur einem Staat vor. Kann daher kein Einvernehmen über eine allein verfolgungsbefugte Rechtsordnung hergestellt werden oder werden Ermittlungen sukzessive durchgeführt, schützen Art. 54 ff. SDÜ und Art. 50 GRC vor einer transnationalen Doppelverfolgung in derselben Sache. Auch insofern ist allerdings fraglich, ob juristische Personen und insbesondere die diesen gegenüber vorgesehenen unterschiedlichen Sanktionen von dem Schutzbereich des europäischen ne bis in idem Prinzips in seiner Ausformung durch die Rechtsprechung des EuGH erfasst werden. Hierbei ist vor allem zu untersuchen, inwiefern auch nicht-strafrechtliche und behördliche Verbandssanktionen sowie restituierende Abschöpfungsmaßnahmen einzubeziehen sind. Zudem ist die Geltung des Doppelverfolgungsverbotes im Verhältnis der organisatorischen Untergliederungen eines Unternehmens sowie im Konzernverbund zu erörtern. Ziel ist insofern die Erarbeitung programmatischer Auslegungsgrundsätze zu Art. 54 SDÜ und Art. 50 GRC, um einen effektiven europäischen ne bis in idem Schutz gegenüber Unternehmen und unter Berücksichtigung der verschiedenen nationalen Verbandssanktionen zu gewährleisten.

Gesamtziel der Arbeit ist folglich, trotz der inkongruenten nationalen Verbandshaftung eine praktikable zwischenstaatliche Zusammenarbeit auf europäischer Ebene zu ermöglichen, um der Problematik transnationaler Rechtsverstöße sowie Jurisdiktionskonflikten auch im Rahmen der Sanktionierung juristischer Personen adäquat und unter Wahrung rechtsstaatlicher Grundsätze begegnen zu können. Die hierbei zu erarbeitenden Lösungen beanspruchen gleichwohl auch grundsätzlich und abseits der Verbandshaftung Geltung und können so zur generellen Weiterentwicklung der justiziellen Zusammenarbeit innerhalb der EU beitragen.

Nachdem hierfür zunächst die Grundsätze der Verbandshaftung und die Ursachen diesbezüglicher Kompetenzkonflikte herausgearbeitet werden (**Teil 1**), wird anschließend untersucht, wie Jurisdiktionskonflikte gegenüber juristischen Personen verhindert werden können (**Teil 2**) und diese vor einer transnationalen Mehrfachverfolgung in derselben Sache zu schützen sind (**Teil 3**). Die Arbeit schließt mit einer resümierenden Betrachtung der erarbeiteten Ergebnisse (**Teil 4**).

---

16 Rahmenbeschluss 2009/948/JI des Rates vom 30. November 2009 zur Vermeidung und Beilegung von Kompetenzkonflikten in Strafverfahren, ABl. EU L 328/42 ff. v. 15.12.2009.

Teil 1: Entstehung von Kompetenzkonflikten im Verbandskontext

I. Einleitung

Grenzüberschreitende Rechtsverstöße führen in der EU immer häufiger dazu, dass durch einzelne Sachverhalte die Rechtsordnungen verschiedener Mitgliedstaaten tangiert werden. Beanspruchen daraufhin mehrere der betroffenen Staaten nach ihrem nationalen Recht die Verfolgungs- und Sanktionszuständigkeit für eine konkrete Tat, können die jeweiligen Rechtsordnungen auf europäischer Ebene in Konkurrenz zueinander treten. Derart unkoordinierte Mehrfachzuständigkeiten sowie die hieraus potenziell resultierenden Kompetenzkonflikte gilt es aufgrund ihrer negativen Folgen in einem europäischen Rechtsraum zu verhindern. Nachdem diese Problematik in Bezug auf die Verfolgung natürlicher Personen bereits einer umfassenden rechtswissenschaftlichen Diskussion unterliegt,[17] stellt sich in Zeiten zunehmend international agierender Unternehmen die Frage des Entstehens sowie der Vermeidung und Beilegung von Jurisdiktionskonflikten auch im Hinblick auf juristische Personen. Denn zwar sehen heute sämtliche Mitgliedstaaten der EU eine sanktionsrechtliche Verantwortlichkeit juristischer Personen vor, die Grundsätze der Bestimmung der in transnationalen Sachverhalten zuständigen Rechtsordnungen sind bislang jedoch in weiten Teilen ungeklärt.

Im ersten Teil dieser Arbeit ist daher zu untersuchen, inwiefern es auch gegenüber juristischen Personen zu kumulativen Verfolgungszuständigkeiten mehrerer EU-Staaten kommen kann und ob, beziehungsweise wie, sich dabei die dogmatischen und systematischen Eigenheiten der Verbandshaftung auswirken. Dafür ist zunächst erforderlich, zu erörtern, wie die Verantwortlichkeit juristischer Personen nach den verschiedenen mitgliedstaatlichen Rechtsordnungen begründet wird und welche Unterschiede insofern zwischen den nationalen Haftungssystemen bestehen. Auf dieser Grundlage wird durch eine exemplarische Darstellung nationaler Sanktionsanwendungsrechte[18] anschließend untersucht, unter welchen Umständen eine mitgliedstaatliche Verfolgungskompetenz gegenüber juristischen Personen im

---

17 Vgl. etwa *Zimmermann*, Strafgewaltkonflikte, passim; *Rekate*, Die Vermeidung von Jurisdiktionskonflikten, passim; *Sinn*, ZIS 2013, S. 1 ff.; *Schünemann*, Gesamtkonzept, passim; *Radtke/Mahler*, in: FS-Rüping, S. 49 ff.; *Lagodny*, Gutachten; *Hein*, Zuständigkeitskonflikte, passim; *Hecker*, ZIS 2011, S. 60 ff.; *Eisele*, ZStW 2013, S. 1 ff.; *Biehler/Kniebühler/Lelieur-Fischer/Stein*, Freiburg Proposal; *Böse/Meyer*, ZIS 2011, S. 336 ff.; *Vander Beken/Vermeulen/Lagodny*, NStZ 2002, S. 624 ff.

18 Während die nationalen Vorschriften zur Bestimmung der eigenen Verfolgungszuständigkeit allgemein als „Strafanwendungsrecht" bezeichnet werden, wird hier der neutralere Begriff „Sanktionsanwendungsrecht" benutzt, da gerade nicht alle Mitgliedstaaten strafrechtliche Sanktionen gegenüber juristischen Personen vorsehen,

Einzelfall besteht und welche unternehmensspezifischen Besonderheiten hierbei zu beachten sind. Ziel ist es, herauszuarbeiten, inwiefern es auch im Rahmen transnationaler Verbandsverantwortlichkeit zu parallelen Verfolgungszuständigkeiten und Jurisdiktionskonflikten im Unternehmenskontext kommen kann und wieso es diese auch gegenüber juristischen Personen zu verhindern gilt.

II. Konkurrenz nationaler Verfolgungszuständigkeiten

Eines der zentralen Ziele der EU ist die Schaffung eines europäischen Raumes der Freiheit, der Sicherheit und des Rechts, Art. 3 II EUV. Unter anderem durch eine Harmonisierung der nationalen Rechtsordnungen sowie den Abbau bestehender Handelshemmnisse soll ein gemeinsamer Rechts- und Wirtschaftsraum entstehen und die transnationale gesellschaftliche sowie wirtschaftliche Aktivität erleichtert und gefördert werden.[19] Die hierdurch vorangetriebene Verflechtung des internationalen Wirtschaftsverkehrs hat unter anderem zur Folge, dass auch ausländische Unternehmen vermehrt in anderen Mitgliedstaaten agieren und partizipieren.[20]

Eine zunehmend internationalisierte Aktivität auf zusammenwachsenden europäischen Märkten führt jedoch auch dazu, dass (verbandsbezogene) Rechtsverstöße und Straftaten in anderen Ländern und über Staatsgrenzen hinweg begangen werden. Als Konsequenz sind bei transnationalen Sachverhalten regelmäßig die Interessen und Rechtsordnungen verschiedener Mitgliedstaaten tangiert. Beanspruchen in derartigen Fällen mehrere Länder, ihre Verfolgungs- und Sanktionszuständigkeit auf den jeweiligen Sachverhalt zu erstrecken und diesen an der eigenen Rechtsordnung zu messen, können die verschiedenen Sanktionssysteme innerhalb der Union in Konkurrenz zueinander treten und die Staaten im Zweifel jeweils eine Verfolgung derselben Tat betreiben. Was im Interesse einer europaweiten Verfolgung, Sanktionierung und Vollstreckung durch ein möglichst enges Netz von konkurrierenden Sanktionsgewalten sinnvoll erscheint, birgt auf den zweiten Blick eine Vielzahl an rechtsstaatlichen Problemen und ein erhebliches zwischenstaatliches Konfliktpotenzial in sich und ist darüber hinaus mit dem proklamierten Ziel eines gemeinsamen Raumes der Freiheit, der Sicherheit und des Rechts in Europa nur schwer in Einklang zu bringen.[21]

In diesem Sinne drohen auch juristische Personen einer Konkurrenz verschiedener nationaler Zuständigkeiten sowie den hiermit potenziell einhergehenden

---

so dass sich in diesen Fällen die Frage einer allgemeinen „Sanktionszuständigkeit" stellt.

19 Vgl. Art. 21, 26, 114 AEUV; Art. 67, 81 ff. AEUV; *Terhechte*, in: Grabitz/Hilf/Nettesheim, Bd. I, Art. 3 EUV, Rn. 35 ff., 44 ff. (57. Lfg.); *Röben*, in: Grabitz/Hilf/Nettesheim, Bd. I, Art. 67 AEUV, Rn. 17 ff., 54 ff. (57. Lfg.).

20 *Britz*, in: Volk, § 5, Rn. 11.

21 Vgl. die Begründung der Kommission zum Grünbuch über Kompetenzkonflikte und den Grundsatz *ne bis in idem* in Strafverfahren, KOM (2005) 696 endg. v. 23.12.2005, S. 3.

positiven Kompetenzkonflikten ausgesetzt zu werden. Denn begehen natürliche Personen grenzüberschreitende Rechtsverstöße, kann es nach den mitgliedstaatlichen Verbandshaftungsregimen hierdurch zu einer (transnationalen) Verantwortlichkeit der juristischen Personen selbst kommen. Bevor daher auf die insofern bestehende Problematik von Jurisdiktionskonflikten näher eingegangen wird, sind zunächst die Ursachen für das Entstehen von kumulativen Verfolgungs- und Sanktionszuständigkeiten im Unternehmenskontext zu untersuchen. Zwar wird das Vorliegen der eigenen Verfolgungskompetenz grundsätzlich durch die nationalen Sanktionsanwendungsrechte der Unionsstaaten bestimmt.[22] Für die Frage, in welchen Fällen danach eine Verfolgungszuständigkeit gegenüber juristischen Personen besteht und inwiefern es bei transnationalen Sachverhalten hierdurch zu einer Konkurrenz mehrerer Rechtsordnungen kommen kann, ist zunächst jedoch zu klären, auf welche Weise die sanktionsrechtliche Verantwortlichkeit juristischer Personen in den jeweiligen Rechtsordnungen konstruiert ist und wie sich insofern bestehende Unterschiede und Besonderheiten auf die Bestimmung des verfolgungsbefugten Staates auswirken. Bevor daher die mitgliedstaatlichen Sanktionsanwendungsrechte dargestellt werden, sind zunächst die Grundsätze der Verbandshaftung in den europäischen Mitgliedstaaten zu erörtern.

Der eingangs geschilderte Beispielsfall der Windkraft AG steht exemplarisch für die heutzutage in vielfältiger Weise grenzüberschreitenden Sachverhalte im Verbandskontext, bei denen etwa die Sitze der beteiligten Unternehmen, Betriebsstätten, der Ort des Schadenseintrittes oder der Handlungs- und Erfolgsort an verschiedenen internationalen Standorten liegen und multinationale natürliche Personen beteiligt sind, so dass durch verbandsbezogene Rechtsverstöße mehrere Staaten tangiert sein und die betroffenen Jurisdiktionen auf europäischer Ebene in Konkurrenz treten können.

Durch die von dem deutschen Geschäftsführer G in Österreich getätigte Täuschung, die zum Vorteil der in Frankreich ansässigen Windkraft AG zu einem Schaden in Italien geführt hat, weist der Betrug zu jedem der vier Staaten (Deutschland, Italien, Österreich und Frankreich) einen Bezugspunkt auf. Damit es hierdurch zu jeweiligen Verfolgungszuständigkeiten gegenüber der AG und so zu potenziellen Kompetenzkonflikten zwischen den beteiligten Staaten kommen kann, müsste der Rechtsverstoß des G allerdings überhaupt die materiellen Voraussetzungen der sanktionsrechtlichen Verantwortlichkeit von Verbänden nach dem jeweiligen nationalen Recht erfüllen. Es stellt sich deshalb zunächst die Frage nach den Grundsätzen der Haftungsbegründung gegenüber juristischen Personen in den Mitgliedstaaten der Union.

22 Vgl. hierzu ausführlich **Teil 1, II., 2.**

1. Sanktionsrechtliche Verantwortlichkeit juristischer Personen in den Mitgliedstaaten der EU

Die Verantwortlichkeit von juristischen Personen und Personenvereinigungen ist in den nationalen Rechtsordnungen der europäischen Mitgliedstaaten nicht einheitlich im Sinne von aufeinander abgestimmten, zwischenstaatlich kohärenten Sanktionssystemen normiert, sondern es bestehen vielmehr national weitgehend selbstständige und in europäischer Dimension somit inhomogene Regelungen.

Zwar herrschte, den gemeinsamen Wurzeln der kontinentaleuropäischen Rechtsordnungen entsprechend, lange Zeit das Prinzip *societas delinquere non potest* vor, wonach eine Gesellschaft selbst nicht delinquieren und daher nicht direkter Adressat eines strafrechtlichen Vorwurfes sein kann.[23] Unter dem Eindruck einer zunehmenden wirtschaftlichen, politischen sowie gesellschaftlichen Macht von Unternehmen und als Reaktion auf das von diesen vermehrt ausgehende (kriminelle) Schädigungspotenzial,[24] kam es allerdings immer häufiger zu der kriminalpolitischen Forderung, juristische Personen schärfer zu sanktionieren und auch mit den Mitteln des Strafrechts verfolgen zu können.[25] Dies führte, unter Einfluss entsprechender Legislativbestrebungen auf europäischer Ebene, in den mitgliedstaatlichen Rechtsordnungen zu einem „Megatrend“[26] der Einführung von strafrechtlichen Sanktionen gegenüber juristischen Personen und Personenverbänden. Insbesondere aufgrund dogmatischer Vorbehalte hielten allerdings einige Länder auch weiterhin an einer nicht-strafrechtlichen Verbandsverantwortlichkeit fest. Diese uneinheitlich verlaufende Entwicklung der nationalen Sanktionssysteme führte zu dem heutigen Befund einer inkongruenten Rechtslage in Europa.

Die Grundsätze der sanktionsrechtlichen Verantwortlichkeit juristischer Personen sowie die insofern zwischen den nationalen Rechtsordnungen bestehenden Unterschiede und Gemeinsamkeiten sollen nachfolgend anhand verschiedener nationaler Regelungen exemplarisch aufgezeigt werden. Zwar erlangt die Inkongruenz der mitgliedstaatlichen Haftungsregime vor allem auf Ebene der Bewältigung von Jurisdiktionskonflikten Bedeutung. Um jedoch untersuchen zu können, welche

---

23 Zu der historischen Entwicklung des aus dem römischen Recht stammenden Grundsatzes *societas delinquere non potest* vgl. *Ehrhardt*, Unternehmensdelinquenz, S. 26 ff.

24 So wurde bereits vor 15 Jahren geschätzt, dass 80 % der Fälle schwerer Wirtschaftskriminalität im Unternehmenskontext begangen werden, *Hetzer*, wistra 1999, S. 361 ff. (361). Gleichzeitig lagen im Jahr 2014 80, 2 % aller Ermittlungsverfahren im Bereich der Organisierten Kriminalität internationale Tatbegehungen zugrunde; internationale Bezüge wurden dabei vorrangig innerhalb Europas festgestellt. „Trans- und Internationalität bleiben [danach] Kennzeichen Organisierter Kriminalität. Sie spiegeln sich insbesondere in den länderübergreifenden Aktionsräumen, der Herkunft der Täter sowie dem breiten Spektrum ihrer Staatsangehörigkeiten wider“, vgl. Bundeslagebild des BKA, Organisierte Kriminalität 2014, S. 5, 21, 26.

25 Vgl. *Kindler*, Das Unternehmen als haftender Täter, S. 38 ff.

26 *Wohlers*, in: Kempf/Lüderssen/Volk, Unternehmensstrafrecht, S. 231 ff. (231) m.w.N.

verbandsspezifischen Besonderheiten bei Bestimmung der verfolgungsbefugten Rechtsordnungen zu beachten sind und wie sich die Unterschiede der nationalen Regelungen auf die Entstehung, Vermeidung und Beilegung von Kompetenzkonflikten auswirken, bedarf es zunächst der Erörterung eben dieser Besonderheiten und Unterschiede. Es erfolgt deshalb eine profunde Darstellung der mitgliedstaatlichen Haftungssysteme, auf die die späteren Ausführungen und Untersuchungen aufbauen. Hierfür wird vorwiegend die Verbandsverantwortlichkeit in Deutschland, Italien, Österreich und Frankreich untersucht, anhand derer die Diversität der verschiedenen Modelle in der EU besonders deutlich wird.

Als souveränen Nationalstaaten steht den EU-Mitgliedstaaten die Ausgestaltung der eigenen Verbandshaftung zwar grundsätzlich frei, insbesondere auf Unionsebene sind allerdings diverse Rechtsakte ergangen, die den rechtlichen Rahmen sowie bestimmte Mindestanforderungen einer sanktionsrechtlichen Verantwortlichkeit juristischer Personen verbindlich festlegen. Bevor daher die verschiedenen mitgliedstaatlichen Haftungssysteme untersucht werden, ist zunächst auf die hierbei zu berücksichtigenden europäischen Legislativvorgaben einzugehen.

a) Europäische Vorgaben zur Verantwortlichkeit juristischer Personen

Im Rahmen des avisierten Raumes der Freiheit, der Sicherheit und des Rechts sowie der voranschreitenden Europäischen Integration, sind die Unionsstaaten zunehmend europäischen Verpflichtungen unterworfen, welche sich auch auf die nationalen Strafrechtsordnungen auswirken. Nachdem die unter dem Vertrag von Maastricht zunächst intergouvernemental strukturierte Materie der justiziellen Zusammenarbeit in Strafsachen durch den im Dezember 2009 in Kraft getretenen Vertrag von Lissabon primärrechtlich zu einem eigenständigen Politikfeld der EU erhoben wurde,[27] sehen sich die Mitgliedstaaten einer weitreichenden legislativen Einflussnahme seitens der Union ausgesetzt. Mit Hilfe von Rahmenbeschlüssen und Übereinkommen (Art. 34 II, S. 2, lit. b), d) EUV a.F.)[28] beziehungsweise Richtlinien (Art. 82 II, 83 I, II AEUV) kann die EU prozessuale und materielle Mindestvorgaben erlassen und die nationalen Rechtsvorschriften auf diese Weise angleichen. Da die jeweiligen europäischen Rechtsakte gem. Art. 34 II EUV a.F. sowie Art. 288 III

27 Zur Entwicklung der europäischen Strafrechtsintegration sowie der justiziellen Zusammenarbeit in Strafsachen vgl. *Sieber*, in: Sieber/Satzger/v. Heintschel-Heinegg, Europäisches Strafrecht, Einführung, Rn. 13 ff., 145 ff.; *Satzger*, § 7, Rn. 4 ff.; *Esser*, § 1, Rn. 10 ff.

28 Rahmenbeschlüsse und Übereinkommen wurden als legislative Handlungsformen zwar durch den am 1.12.2009 in Kraft getretenen Vertrag von Lissabon abgeschafft, gem. Art. 9 des Protokolls Nr. 36 über die Übergangsbestimmungen (ABl. EU C 326/322 ff. v. 26.10.2012) behalten allerdings die nach altem Recht im Rahmen der polizeilichen und justiziellen Zusammenarbeit ergangenen Rechtsakte so lange Rechtswirkung, bis sie aufgehoben, für nichtig erklärt oder geändert werden. Bestehende Rechtsakte sind daher bis auf Weiteres beachtlich.

AEUV einer innerstaatlichen Transformation bedürfen und hierbei hinsichtlich der zu erreichenden Ziele verbindlich sind, Wahl und Form der Mittel jedoch den innerstaatlichen Stellen überlassen, führen sie mittelbar zu einer Harmonisierung der mitgliedstaatlichen Strafrechtsordnungen.

In Anwendung dieser Legislativkompetenzen sind neben einschlägigen Maßnahmen des Europarates,[29] der OECD[30] sowie der UN[31] zahlreiche Rechtsakte der EU ergangen, die einen Abbau bestehender Unterschiede bei der Verantwortlichkeit juristischer Personen bezwecken, um eine Angleichung des Pönalisierungsniveaus und Effektuierung der Bekämpfung transnationaler Verbandstaten zu bewirken.

Der Schutz ihrer finanziellen Interessen ist für die EU von zentraler Bedeutung und die Sanktionierung der gerade im wirtschaftlichen Bereich agierenden Unternehmen daher zunehmend in den Fokus europäischer Legislativbestrebungen geraten. Zwar existiert insofern kein einheitlicher europäischer Rechtsakt, sondern wurden jeweils nur bereichsspezifische Vorschriften im Kontext der eigentlichen Regelungsmaterie getroffen, gleichwohl lassen sich konkrete Mindestvorgaben zur sanktionsrechtlichen Verantwortlichkeit juristischer Personen festhalten:[32]

Wegweisend war insofern das am 19. Juni 1997 unterzeichnete Zweite Protokoll zum Übereinkommen über den Schutz der finanziellen Interessen der Europäischen Gemeinschaften.[33] Die Mitgliedstaaten werden hierin aufgefordert, sicherzustellen, dass juristische Personen für näher bestimmte Straftaten, die zu ihren Gunsten

---

29 Vgl. insbesondere die am 20.10.1988 ergangene Empfehlung des Ministerkomitees des Europarates betreffend die strafrechtliche Verantwortlichkeit von Unternehmen mit Rechtspersönlichkeit für Delikte, die in Ausübung ihrer Tätigkeiten begangen wurden (Empfehlung Nr. R (88) 18). Hiernach wurden die Mitgliedstaaten aufgefordert, die Strafbarkeit juristischer Personen oder andere geeignete Maßnahmen gegen sie vorzusehen. Als bloße Empfehlung kommt ihr indes keine Bindungswirkung zu, zumal ausdrücklich freigestellt wurde, auch nicht-strafrechtliche Sanktionen zu normieren. Gleichwohl wurden hierdurch viele Mitglieder des Europarates zur Einführung einer strafrechtlichen Verbandsverantwortlichkeit veranlasst, u.a. Frankreich (1994), Finnland (1995).

30 Vgl. Art. 2 des OECD-Übereinkommens über die Bekämpfung der Bestechung ausländischer Amtsträger im internationalen Geschäftsverkehr vom 17. Dezember 1997; BGBl. 1998 II, S. 2329.

31 Vgl. u.a. Art. 26 des Übereinkommens der Vereinten Nationen gegen Korruption.

32 Für einen Überblick über den Stand der internationalen und insbesondere europäischen Vorgaben hinsichtlich eines Unternehmensstrafrechts, vgl. *Engelhart*, eucrim 2012, S. 110 ff.

33 „Zweites Protokoll aufgrund von Artikel K.3 des Vertrags über die Europäische Union zum Übereinkommen über den Schutz der finanziellen Interessen der Europäischen Gemeinschaften“, ABl. EG C 221/12 ff. v. 19.07.97; ursprüngliches Übereinkommen: ABl. EG C 316/49 ff. v. 27.11.95 (sog. „PIF-Konvention“).

begangen werden, verantwortlich gemacht werden können.[34] Die danach konkret umzusetzenden Vorgaben lassen sich wie folgt zusammenfassen:[35]

- Juristische Personen müssen für bestimmte unternehmensbezogene Straftaten einer Führungsperson mit Vertretungs-, Entscheidungs- oder Kontrollbefugnissen verantwortlich gemacht werden können (Art. 3 I).
- Eine Verantwortlichkeit juristischer Personen muss ferner begründet werden, soweit eine Führungsperson ihre Überwachungs- oder Kontrollpflichten verletzt und dadurch eine unternehmensbezogene Straftat einer ihr unterstellten Person ermöglicht (Art. 3 II).
- Die Verbandssanktionen können strafrechtlicher oder nicht-strafrechtlicher Natur sein, sie müssen jedoch wirksam, angemessen und abschreckend[36] sein und im Falle einer von einer Führungsperson begangenen Straftat pekuniäre Maßnahmen beinhalten; weitere Sanktionsformen, wie etwa die Anordnung richterlicher Aufsicht, sind dagegen fakultativ (Art. 4 I, II).[37]

Entsprechende Regelungen zu der Verantwortlichkeit von juristischen Personen wurden in der Folgezeit in diversen Rechtsakten verschiedener Politikbereiche aufgenommen, wobei die Formel um wirksame, angemessene und abschreckende Sanktionen jeweils übernommen und den Unionsstaaten die nationale Ausgestaltung als straf- oder nicht-strafrechtlich überlassen wurde.[38] Zwar ist angesichts

34 Die Qualifikation als „juristische Person" i.S.d. Rechtsaktes steht dabei dem nationalen Recht zu, vgl. Art. 1 lit. d.

35 Vgl. auch *Kirch-Heim*, Sanktionen gegen Unternehmen, S. 112.

36 *„Effective, proportionate and dissuasive sanctions"*.

37 Zwar ist danach die nationale Ausgestaltung der Verbandssanktionen als straf- oder nicht-strafrechtlich den Mitgliedstaaten überlassen, beachtlich ist allerdings, dass im ursprünglichen Kommissionsvorschlag zwingend strafrechtliche Sanktionen vorgesehen waren und immerhin zehn der damals 15 Mitgliedstaaten hierfür stimmten. Auch das einen Kodifizierungsvorschlag für ein europäisches Strafgesetzbuch vorlegende „Corpus Juris strafrechtlicher Regelungen zum Schutz der finanziellen Interessen der EU" sah in seiner überarbeiteten Fassung von 2000 in den Art. 13, 14 die Einführung einer Verbandsstrafbarkeit vor, erlangte jedoch nie Bindungswirkung. Gleiches gilt für das „Grünbuch zum strafrechtlichen Schutz der finanziellen Interessen der Europäischen Gemeinschaften und zur Schaffung einer Europäischen Staatsanwaltschaft" (KOM (2001) 751 endg. v. 11.12.2001), welches (als unverbindliches Diskussionspapier) ebenfalls eine strafrechtliche Sanktionierbarkeit juristischer Personen forderte, vgl. Punkt 5.4.

38 Z.B. Art. 8, 9 des Rahmenbeschlusses des Rates vom 29. Mai 2000 über die Verstärkung des mit strafrechtlichen und anderen Sanktionen bewehrten Schutzes gegen Geldfälschung um Hinblick auf die Einführung des Euros (ABl. EG L 140/1 ff. v. 14.06.2000); Art. 7, 8 des Rahmenbeschlusses des Rates vom 13. Juni 2002 zur Terrorismusbekämpfung (ABl. EG L 164/3 ff. v. 22.06.2002); Art. 6, 7 der Richtlinie 2008/99/EG des Europäischen Parlaments und des Rates vom 19. November 2008 über den strafrechtlichen Schutz der Umwelt (ABl. EU L 328/28 ff. v. 6.12.2008). Auch der

dieser Entwicklung eine europäische Tendenz zur Forcierung der sanktionsrechtlichen Verantwortlichkeit von Verbänden zu erkennen, gleichwohl ist jedoch zu konstatieren, dass eine Verpflichtung zur Einführung einer Strafbarkeit bislang nicht besteht.[39] Ob die EU im Zuge der voranschreitender Strafrechtsintegration eine kriminalstrafrechtlichen Verbandshaftung jedenfalls zukünftig verbindlich vorschreiben oder sogar selbst entsprechende originäre Straftatbestände erlassen kann, ist kompetenzrechtlich umstritten, hier jedoch nicht weiter zu vertiefen.[40]

Ebenso soll die hinlänglich diskutierte Frage der dogmatischen Konstruierbarkeit und der rechtspolitischen Erforderlichkeit einer kriminalstrafrechtlichen Haftung

---

Vorschlag für eine Richtlinie des Europäischen Parlaments und des Rates über die strafrechtliche Bekämpfung von gegen die finanziellen Interessen der Europäischen Union gerichtetem Betrug (KOM (2012) 363 endg. v. 11.07.2012 („PIF-Richtlinie")), behält in Art. 6, 9 gegenüber juristischen Personen die tradierten Mindestsanktionen bei.

39 *Trüg*, StraFo 2011, S. 471 ff. (478); *Kirch-Heim*, Sanktionen gegen Unternehmen, S. 112; a.A.: *Behrens*, EuZW 2011, S. 161 (161). Zwar sind die Mitgliedstaaten nach der aus Art. 4 III EUV abgeleiteten Pflicht zur Unionstreue und Loyalität gehalten, ihr nationales Sanktionsrecht in den Dienst der EU zu stellen, um deren Rechtsgüter zu schützen; die Wahl der hierzu gebotenen Maßnahmen steht jedoch den Staaten selbst zu. Eine Pflicht zur Einführung einer strafrechtlichen Verbandsverantwortlichkeit kann daher auch hieraus nicht hergeleitet werden, da diese vom EuGH selbst dahingehend konkretisiert wurde, dass die zum Schutz unionaler Rechtsgüter eingesetzten Sanktionen stets mit den Grundprinzipien des nationalen Rechts vereinbar sein müssen, so dass eine Pflicht zur Einführung einer Verbandsstrafbarkeit nicht konstruiert werden kann, EuGH, Urt. v. 02.10.1991, Rs. C -7/90, Slg. 1991, I-4371; *Safferling*, § 11, Rn. 30 ff.; *Satzger*, § 9, Rn. 26 f.

40 Insofern ist v.a. fraglich, ob entsprechende verbindliche Unionsvorgaben von den materiell-strafrechtlichen Legislativkompetenzen der EU gem. Art. 83 I, II AEUV bzw. Art. 325 IV AEUV gedeckt wären (vgl. hierzu *Dorra*, Strafrechtliche Legislativkompetenzen, S. 177 ff., 278 ff.; *Satzger*, § 8, Rn. 18 ff.; *Esser*, § 2, Rn. 120 ff.) und ob bei verbindlicher Einführung einer Strafbarkeit juristischer Personen gegebenenfalls der Notbremsenmechanismus des Art. 83 III AEUV ausgelöst werden könnte. Es käme dann entscheidend darauf an, ob hierdurch „grundlegende Aspekte" im Sinne strafrechtsdogmatischer Fundamentalprinzipien der jeweiligen nationalen Strafrechtsordnung tangiert wären; vgl. hierzu *Satzger*, § 9, Rn. 47 ff.; *Rödiger*, Strafverfolgung von Unternehmen, S. 100; BVerfGE 123, 267 (413 f.) – Lissabon. Zudem wäre fraglich, ob entsprechenden europäischen Rechtsakten nicht jedenfalls primärrechtliche Grenzen durch die Prinzipien des Art. 5 EUV, insbesondere in Form des aus Art. 4 II, 5 EUV i.V.m. Art. 67 I, 82 II, S. 2 AEUV hergeleiteten „strafrechtsspezifischen Schonungsgebotes", gesetzt sind. Steht doch die Ausgestaltung der Verantwortlichkeit juristischer Personen geradezu exemplarisch für den besonders sensiblen Bereich des nationalen Strafrechts, der als Ausdruck der jeweiligen kulturellen und gesellschaftlichen Werte vor zu weitreichenden Eingriffen seitens der EU zu schützen ist; vgl. *Satzger*, § 8, Rn. 28; *Safferling*, § 9, Rn. 66; *Rödiger*, Strafverfolgung von Unternehmen, S. 97 ff.

von juristischen Personen nicht (erneut) problematisiert werden.[41] Den folgenden Darstellungen liegt daher im Sinne einer Bestandsaufnahme allein der faktische Rechtszustand der mitgliedstaatlichen Verbandsverantwortlichkeit zugrunde.

b) Sanktionsrechtliche Verantwortlichkeit juristischer Personen in Deutschland

Wenn auch in Wissenschaft und Praxis immer wieder kontrovers diskutiert, hat sich Deutschland dem internationalen Trend zur Einführung einer kriminalstrafrechtlichen Verbandsverantwortlichkeit bisher nicht angeschlossen.[42] Vielmehr gilt hierzulande weiterhin der Grundsatz *societas delinquere non potest*, seitdem sich der Deutsche Juristentag 1953 fest in der kontinentaleuropäischen Rechtskultur verwurzelt sah und die Einführung einer Strafbarkeit von juristischen Personen und Personenverbänden als nicht zu der deutschen Rechtstradition passend ablehnte.[43] Die auch anschließend weiterhin vorherrschende Ablehnung einer strafrechtlichen

---

41 Vgl. hierzu u.a. *Kindler*, Das Unternehmen als haftender Täter, passim; *Engelhart*, Sanktionierung von Unternehmen, passim; *Hartan*, Unternehmensstrafrecht, passim; *Kirch-Heim*, Sanktionen gegen Unternehmen, passim.

42 Die zunächst noch fortgeltenden Vorschriften der § 357 bzw. später § 393 der Reichsabgabenordnung vom 13.12.1919, wonach Geldstrafen gegen juristische Personen und Personenvereinigungen i.R. bestimmter Steuervergehen erlassen werden konnten, wurden allerdings erst 1967 aufgehoben, vgl. *Engelhart*, Sanktionierung von Unternehmen, S. 321 f. Zudem führten zwar die Besatzungsmächte nach dem Zweiten Weltkrieg Kriminalstrafen gegen Verbände im Kartell- und Devisenrecht ein, welche von den deutschen Gerichten unter Hinweis auf die Verbindlichkeit des Besatzungsrechts auch angewendet wurden, gleichzeitig betonte die Rechtsprechung jedoch, dass es an sich dem deutschen Rechtsdenken widerspreche, gegen juristische Personen eine Kriminalstrafe zu verhängen, vgl. u.a. BGHSt 5, 28 (32); *Dannecker*, in: FS-Böttcher, S. 465 ff. (468).

43 So wurde auf dem 40. Deutschen Juristentag mit großer Mehrheit der Beschluss gefasst, keine strafrechtliche Verantwortlichkeit juristischer Personen zu implementieren und konstatiert: „Es empfiehlt sich nicht, Kriminalstrafen gegen juristische Personen oder andere Personenverbände vorzusehen. Eine solche Strafbarkeit würde nicht im Einklang stehen mit den Sinn- und Wesenselementen der Strafe, wie sie sich aufgrund einer jetzt gefestigten Tradition in unserem Kulturkreis herausgebildet haben." Vgl. die Verhandlungen zum 40. Deutschen Juristentag 1953, Bd. II, S. E 88. Zuvor konstatierte bereits die reichsgerichtliche Rechtsprechung wiederholt, dass eine Bestrafung von Körperschaften mit den Grundsätzen des deutschen Strafrechts unvereinbar sei, vgl. z.B. RGSt 16, 121, 123: „Die Unmöglichkeit, daß eine Aktiengesellschaft oder juristische Person als solche eine strafbare Handlung begeht beruht darauf, daß derselben (...) die natürliche Handlungsfähigkeit und damit zugleich die strafrechtliche Verantwortlichkeit (...) abgeht." Zur grundsätzlichen historischen Entwicklung der sanktionsrechtlichen Verantwortlichkeit von Verbänden in Deutschland vgl. *Engelhart*, Sanktionierung von Unternehmen, S. 320 ff.; *Dannecker*, in: FS-Böttcher, S. 465 ff.

Verantwortlichkeit von juristischen Personen wird insbesondere damit begründet, dass die deutsche Konzeption eines Individualstrafrechts weder dogmatisch noch systematisch auf überindividuelle Organisationsformen übertragbar sei.[44] Juristische Personen seien weder handlungs- noch schuldfähig; für sie agierten natürliche Personen als Organe und Vertreter, welche daher kriminalstrafrechtlich verantwortlich seien und denen allein ein Schuldvorwurf im Sinne einer persönlichen Vorwerfbarkeit gemacht werden könne.[45] So konstatierte auch der BGH, dass es „dem bisherigen deutschen Rechtsdenken widerspricht, gegen juristische Personen oder sonstige Personengesamtheiten eine Kriminalstrafe zu verhängen. Sie passt nicht zum sozialethischen Schuld- und Strafbegriff."[46]

Gleichwohl haben die nicht verstummenden Forderungen nach einer echten Strafhaftung sowie der globale Trend zur Implementierung einer Verbandsstrafbarkeit zuletzt zu einem Gesetzesentwurf zur Einführung eines deutschen Verbandstrafgesetzbuches geführt.[47] Der Entwurf sieht eine kriminalstrafrechtliche Haftung von Verbänden vor und stellt diese in materieller und prozessualer Hinsicht auf eine eigene gesetzliche Grundlage;[48] er käme bei seiner Umsetzung einem Paradigmenwechsel der deutschen Rechtsdogmatik gleich.[49] Zwar wird die Frage der

---

44 Zu der grundsätzlichen Diskussion vgl. *Kindler*, Das Unternehmen als haftender Täter, S. 211 ff.; *Mittelsdorf*, Unternehmensstrafrecht, S. 73 ff.; *Engelhart*, Sanktionierung von Unternehmen, S. 346 ff.; *Quante*, Sanktionsmöglichkeiten, S. 114 ff. passim.

45 *Zieschang*, GA 2014, S. 91 ff. (95); *Leipold*, ZRP 2013, S. 34 ff. (35 f.); vgl. auch BGHSt 5, 28 (32). A.A. *Hirsch*, ZStW 1995, S. 285 ff. (288 f.); *Trüg*, StraFo 2011, S. 471 ff. (473 ff.). Zu beachten ist jedoch, dass das BVerfG die Anwendung strafrechtlicher Grundsätze gegenüber juristischen Personen nicht grundsätzlich ausgeschlossen hat, vgl. BVerfGE 20, 323 (335).

46 BGHSt 5, 28 (32).

47 „Entwurf eines Gesetzes zur Einführung der strafrechtlichen Verantwortlichkeit von Unternehmen und sonstigen Verbänden", abrufbar unter: www.justiz.nrw.de/JM/leitung/jumiko/beschluesse /2013/herbstkonferenz13/TOP_II_5_Gesetzentwurf.pdf (zuletzt abgerufen am 10.10.2016). Für eine Übersicht der jüngsten politischen Diskussionen vgl. *Rogall*, in: KK-OWiG, § 30, Rn. 258 ff. Der Koalitionsvertrag der 18. Legislaturperiode sieht demgegenüber zurückhaltender vor, dass mit Blick auf das strafbare Verhalten im Unternehmensbereich das Ordnungswidrigkeitenrecht ausgebaut werden und ein Unternehmensstrafrecht für multinationale Konzerne geprüft werden soll, vgl. Koalitionsvertrag zwischen CDU, CSU und SPD, 18. Legislaturperiode, S. 145; abrufbar unter: https://www.bundesregierung.de/Content/DE/_Anlagen/2013/2013-12-17-koalitionsvertrag.pdf?__blob=publicationFile&v=2 (zuletzt abgerufen am 10.10.2016).

48 Für eine ausführlichere Analyse und Diskussion des Gesetzesentwurfes vgl. *Hoven*, ZIS 2014, S. 19 ff.; *Zieschang*, GA 2014, S. 91 ff.; *Löffelmann*, JR 2014, S. 185 ff.; *Hoven/Wimmer/Schwarz/Schumann*, NZWiSt 2014, S. 161 ff., S. 201 ff., S. 241 ff.; *Rübenstahl/Tsambikakis*, ZWH 2014, S. 8 ff.; *Leipold*, NJW-Spezial 2013, S. 696 (969).

49 Der Entwurf soll als Gesetzesvorhaben in den Bundesrat eingebracht werden. Er wurde auf der 84. Justizministerkonferenz am 14. November 2013 als Diskussionsgrundlage

kriminalpolitischen Erforderlichkeit sowie dogmatischen Konstruierbarkeit einer deutschen Verbandsstrafbarkeit bisweilen als die „Schlüsselfrage eines modernen Wirtschaftsstrafrechts“ bezeichnet,[50] bis auf Weiteres ist den vorstehenden Untersuchungen jedoch die derzeitige Rechtslage zugrunde zu legen, nach der eine dem Kriminalstrafrecht zugeordnete Verbandshaftung gerade nicht besteht.

Dass kriminal-strafrechtliche Verbandssanktionen in Deutschland *de lege lata* nicht vorgesehen sind, bedeutet allerdings nicht, dass eine Sanktionierung von Unternehmen hierzulande nicht möglich wäre. Zwar enthält das deutsche Rechtssystem keinen einheitlich konzipierten Kodex unternehmensbezogener Sanktionen,[51] es bestehen jedoch gleichwohl verschiedene Instrumente, die eingriffsintensive Reaktionen auf Rechtsverstöße im Unternehmenskontext ermöglichen.

Die zentrale Sanktion bei unternehmensbezogenen Rechtsverstößen stellt im deutschen Recht die sog. Verbandsgeldbuße nach § 30 OWiG dar, welche bei bestimmten Anknüpfungstaten von Leitungspersonen die Festsetzung einer Geldbuße gegen den Verband selbst ermöglicht.[52] Die 1968 eingeführte und seitdem mehrfach reformierte Norm soll insbesondere der systematischen Ungleichheit entgegenwirken, dass juristische Personen einerseits durch die für sie agierenden natürlichen Personen profitieren, sie andererseits aber nicht deren individueller Sanktionierbarkeit unterliegen und bezweckt folglich eine sanktionsrechtliche Gleichstellung von natürlichen und juristischen Personen.[53] Die Geldbuße verfolgt hierbei zum einen

---

begrüßt und soll weiteren Beratungen zugrundegelegt werden, vgl. Beschluss der Justizministerkonferenz zum Tagesordnungspunkt II.5: Unternehmensstrafrecht; abrufbar unter: http://www.saarland.de/dokumente/res_justiz/TOP_II.5-Unternehmens strafrecht.pdf (zuletzt abgerufen am 10.10.2016).

50 *Schünemann*, in: FS-Tiedemann, S. 429 ff. (429).

51 Zu den daraus folgenden Diskrepanzen innerhalb des deutschen Sanktionenrechts gegenüber Unternehmen vgl. *Achenbach*, in: FS-Stree/Wessels, S. 545 ff.

52 Die dogmatischen Haftungsgrundlagen des § 30 OWiG sind umstritten und hängen eng mit dem grundsätzlichen Verständnis der Handlungs- und Schuldfähigkeit von Verbänden zusammen, vgl. zum Streitstand anstatt Vieler: *Rogall*, in: KK-OWiG, § 30 Rn. 1 ff.; *Engelhart*, Sanktionierung von Unternehmen, S. 375 ff.

53 Nach der Gesetzesbegründung könnte andernfalls insbesondere „gegen einen Einzelunternehmer, der unter Verletzung der ihm obliegenden Pflichten als Unternehmer eine Straftat oder eine Ordnungswidrigkeit selbst begeht, die Strafe oder Geldbuße unter Berücksichtigung des wirtschaftlichen Werts seines Unternehmens und der für dieses Unternehmen erzielten oder beabsichtigten Vorteile festgesetzt werden, während bei einer entsprechenden Pflichtverletzung durch das Organ einer juristischen Person die Strafe oder Geldbuße nur unter Berücksichtigung seiner persönlichen wirtschaftlichen Verhältnisse festgesetzt werden kann. Die hiernach zulässige Strafe oder Geldbuße würde vielfach in keinem angemessenen Verhältnis zur Tragweite der Tat stehen und weder geeignet sein, die der juristischen Person zugeflossenen Gewinne abzuschöpfen noch die Erzielung solcher Gewinne zu bekämpfen.“, vgl. BT-Drucks. V/1269, S. 59; *Rödiger*, Strafverfolgung von Unternehmen, S. 60; *Gürtler*, in: Göhler, Vor § 29a, Rn. 9.

generalpräventive Zwecke, indem durch Abschreckung bewusst gemacht werden soll, dass Rechtsverstöße auch für den Verband selbst nachteilige Folgen haben können und angesichts der drohenden Sanktionen bei der Auswahl und Überwachung von Leitungspersonen daher auf deren Rechtstreue zu achten ist.[54] Zugleich wirkt § 30 OWiG jedoch auch repressiv, indem als Sanktion für verwirklichtes Unrecht die hierdurch erlangten wirtschaftlichen Vorteile des Rechtsverstoßes durch Vermögensabschöpfung wieder entzogen werden können.[55] Der Geldbuße kommt insofern eine abschöpfende Funktion zu, soweit zugeflossene Vorteile entzogen werden, und eine ahndende Funktion, soweit die Höhe der Geldbuße über diesen Betrag hinausgeht.[56] Die Verantwortlichkeit des Verbandes schließt dabei eine persönliche Haftung der für sie handelnden Leitungspersonen nicht aus; als eigenständige Rechtssubjekte sind juristische und natürliche Personen vielmehr jeweils sanktionierbar.[57]

aa) Haftungsvoraussetzungen

Der Tatbestand des § 30 I OWiG fordert für die Festsetzung einer Verbandsgeldbuße die Begehung einer tauglichen Anknüpfungstat durch eine verbandszugehörige Leitungsperson in Form einer Straftat oder einer Ordnungswidrigkeit, durch welche die Pflichten der juristischen Person oder der Personenvereinigung verletzt wurden oder diese bereichert wurde beziehungsweise werden sollte.[58]

Der Kreis der von § 30 I OWiG erfassten Verbände wird durch die Norm selbst enumerativ aufgezählt. Demnach zählen zu den Sanktionsadressaten juristische

54 *Mitsch*, § 16, Rn. 6 f.; *Gürtler*, in: Göhler, Vor § 29a, Rn. 11; *Hartan*, Unternehmensstrafrecht, S. 74 f.; *Rödiger*, Strafverfolgung von Unternehmen, S. 60.

55 Dies gilt insbesondere, seitdem § 30 III OWiG i.V.m. § 17 IV OWiG eine über den wirtschaftlichen Vorteil hinausgehende Vermögensabschöpfung ermöglich. Vgl. *Rogall*, in: KK-OWiG, § 30, Rn. 16, 18; *Eidam*, in: Eidam, Unternehmen und Strafe, Kapitel 5, Rn. 357 m.w.N.

56 *Engelhart*, Sanktionierung von Unternehmen, S. 374 f.

57 Eine jeweilige Sanktionierung von Verband und Vertretern stellt angesichts der verschiedenen Rechtspersönlichkeiten insbesondere keinen Verstoß gegen das Verbot der Doppelbestrafung gem. Art. 103 III GG dar, vgl. *Rogall*, in: KK-OWiG, § 30, Rn. 177; *Gürtler*, in: Göhler, § 30, Rn. 29; OLG Hamm NJW 1973, 1851 (1853). Zur Vermeidung unbilliger Härten ist allenfalls eine betragsmäßige Berücksichtigung der jeweiligen Sanktionen auf Rechtsfolgenseite geboten; dies ist nach der Gesetzesbegründung insbesondere der Fall, wenn die natürliche Person kapitalmäßig an dem Verband beteiligt ist, so dass eine zusätzliche persönliche Ahndung einer „Doppelbestrafung mindestens nahekommen" könnte, vgl. BT-Drucks. V/1269, S. 61; vgl. hierzu auch **Teil 3, III., 6., d), aa).**

58 Vereinzelt sind bereichsspezifische Modifizierungen der Norm vorgesehen, so etwa in §§ 81 ff. GWB im Kartellordnungswidrigkeitenrecht sowie in § 59 KWG für das Kreditwesen.

Personen, nicht rechtsfähige Vereine und rechtsfähige Personengesellschaften.[59] Die Festsetzung einer Geldbuße ist auch gegenüber ausländischen Unternehmen möglich.[60] Voraussetzung ist jedoch, dass der jeweilige Rechtsverstoß deutscher Sanktionsgewalt unterliegt und die strukturelle Verfassung des ausländischen Unternehmensträgers den Rechtsformen des § 30 I OWiG vergleichbar ist.[61]

Die Festsetzung einer Verbandsgeldbuße erfordert, dass ein Rechtsverstoß durch eine von § 30 I Nr. 1 bis 5 OWiG erfasste natürliche Person begangen wird. Der potenzielle Täterkreis der Anknüpfungstaten wird somit abschließend durch die Norm selbst bestimmt.[62] Der in Umsetzung europäischer Vorgaben[63] eingeführte § 30 I Nr. 5 OWiG bewirkt insofern, dass letztlich alle verantwortlich agierenden Leitungspersonen als taugliche Täter einer Anknüpfungstat in Betracht kommen.[64]

Nicht zwingend erforderlich ist, dass die Identität des Täters nachgewiesen wird; die Verhängung einer sog. „anonymen Verbandsgeldbuße" ist vielmehr auch dann möglich, wenn der konkrete Täter nicht ermittelt werden kann, aber feststeht, dass die Anknüpfungstat von einem tauglichen Täter im Sinne des § 30 I Nr. 1 bis 5 OWiG begangen wurde, mag auch dessen konkrete Identität offen bleiben.[65]

---

59 Neben juristischen Personen des Privatrechts sind nach überwiegender Ansicht auch solche des öffentlichen Rechts erfasst, str., vgl. hierzu OLG Frankfurt NJW 1976, 1276; OLG Hamm NJW 1979, 1312; *Eidam*, wistra 2003, S. 447 ff. (449 f.); vgl. zum Streitstand *Rogall*, in: KK-OWiG, § 30, Rn. 35 f.; *Eidam*, in: Eidam, Unternehmen und Strafe, Kapitel 5, Rn. 363.

60 Vgl. OLG Celle wistra 2002, 230 ff. (Polen); BayObLG wistra 2002, 395 ff. (Österreich); BayObLG wistra 2002, 477 (Rumänien). Für das Kreditwesen regelt § 59 KWG ausdrücklich, dass § 30 auch für Unternehmen mit Sitz in einem anderen Staat des Europäischen Wirtschaftsraumes gilt, die über eine Zweigniederlassung oder im Wege des grenzüberschreitenden Dienstleistungsverkehrs im Inland tätig sind. Für die Frage, wann es sich um eine „ausländische" juristische Person handelt, vgl. **Teil 1, II., 2., a), bb).**

61 *Britz*, in: Volk, § 5, Rn. 11; *Gürtler*, in: Göhler, § 30, Rn. 1; *Rogall*, in: KK-OWiG, § 30, Rn. 33. Vgl. zu Fragen des Tatorts einer Verbandstat i.Ü. **Teil 1, II., 2., a), aa).**

62 Zu berücksichtigen sind allerdings die allgemeinen Vorschriften der § 9 OWiG bzw. § 14 StGB, welche den Täterkreis bei Sonderdelikten auf die jeweiligen Repräsentanten erstrecken. Zum Kreis der potenziellen Täter der Anknüpfungstat vgl. i.Ü. *Rogall*, in: KK-OWiG, § 30, Rn. 61 ff. m.w.N.

63 § 30 I Nr. 5 OWiG wurde durch das sog. EU-RechtsinstrumenteAG (BGBl. I 2002, S. 3387 ff.) u.a. in Umsetzung des Zweiten Protokolls zum Übereinkommen über den Schutz der finanziellen Interessen der Europäischen Gemeinschaften (ABl. EG C 221/12 ff. v. 19.07.1997) eingeführt.

64 Eine derartige Führungsposition kann etwa aus Leitungs- oder Kontrollbefugnissen folgen; damit ist wohl auch der sog. Compliance-Beauftragte erfasst, vgl. *Gürtler*, in: Göhler § 30, Rn. 13 ff. *Engelhart*, Sanktionierung von Unternehmen, S. 392 ff.

65 Eine „anonyme Verbandsgeldbuße" ist zunächst möglich, wenn mit an Sicherheit grenzender Wahrscheinlichkeit anzunehmen ist, dass jedenfalls eine der Leitungspersonen eine einschlägige Anknüpfungstat begangen hat, jedoch offen bleibt, wer genau der Täter ist, vgl. BGH NStZ 1994, 346; OLG Hamm NJW 1979, 1312; BayObLG

Voraussetzung einer Verbandshaftung nach § 30 I OWiG ist schließlich, dass der Täter in seiner Eigenschaft als Leitungsperson eine Straftat oder Ordnungswidrigkeit begangen hat, durch die Pflichten, die die juristische Person oder Personenvereinigung treffen, verletzt worden sind (1. Alt.) oder die juristische Person oder die Personenvereinigung bereichert worden ist oder werden sollte (2. Alt.).

Hiervon erfasst werden grundsätzlich auch Auslandstaten einer Leitungsperson, soweit die übrigen Haftungsvoraussetzungen vorliegen und deutsches Sanktionsrecht nach den §§ 3 ff. StGB beziehungsweise § 5 OWiG auf den konkreten Auslandssachverhalt räumlich anwendbar ist.[66]

Dass der Rechtsverstoß einer natürlichen Person eine sanktionsrechtliche Haftung des Verbandes selbst zu begründen vermag, bedingt, dass die Anknüpfungstat in einer spezifischen Nähebeziehung zu diesem steht. Diese haftungsbegründende Voraussetzung manifestiert sich in den beiden Alternativen des § 30 I OWiG, die eine Pflichtverletzung oder eine (beabsichtigte) Bereicherung im Unternehmenskontext erfordern: Nach § 30 I, 1. Alt. OWiG muss die Anknüpfungstat Pflichten verletzen, die die juristische Person oder die Personenvereinigung treffen. Hiervon umfasst sind nach der Gesetzesbegründung nur solche Pflichten, die sich aus dem „besonderen Wirkungskreis" des Verbandes ergeben, also namentlich die „betriebsbezogenen Pflichten".[67] Dies sind alle Pflichten, die den Unternehmensträger als Normadressaten treffen und ihm in dieser Eigenschaft Ge- und Verbote auferlegen.[68] Hierunter fallen etwa Vorschriften, welche den Verband als Arbeitgeber, Eigentümer, Halter oder Produzent treffen und ihm insofern die Einhaltung von normativen Anforderungen auferlegen.[69] Zu den von § 30 I, 1. Alt. OWiG

NJW 1972, 1771; *Engelhart*, Sanktionierung von Unternehmen, S. 401; *Gürtler*, in: Göhler, § 30, Rn. 40. Darüber hinaus kommt eine „anonyme Geldbuße" in Betracht, wenn bei einer feststehenden betrieblichen Aufsichtspflichtverletzung nach § 130 OWiG lediglich nicht nachgewiesen werden kann, welche Leitungsperson konkret die gebotenen Aufsichtsmaßnahmen unterlassen hat, vgl. *Tiedemann*, NJW 1988, S. 1169 ff. (1173); *Eidam*, wistra 2003, S. 447 ff. (454 f.); *Gürtler*, in: Göhler, § 30, Rn. 40; *Rogall*, in: KK-OWiG, § 30, Rn. 120 f.; *Kindler*, Das Unternehmen als haftender Täter, S. 149 f. In diesen Fällen steht jeweils fest, dass die Anknüpfungstat jedenfalls von einem tauglichen Täter verwirklicht wurde, was die Rechtsfolge einer Verbandsgeldbuße rechtfertigt.

66 *Engelhart*, Sanktionierung von Unternehmen, S. 398; *Rogall*, in: KK-OWiG, § 30, Rn. 88; *Britz*, in: Volk, § 5, Rn. 14; vgl. hierzu auch *BMJ*, in: Hettinger, Bd. 3, S. 176 f.; *Grützner/Leisch*, DB 2012, S. 787 ff. (789). Vgl. hierzu auch **Teil 1, II., 2., b), aa).**

67 BT-Drucks. V/1269, S. 60.

68 *Rogall*, in: KK-OWiG, § 30, Rn. 89 ff. Die Gesetzesbegründung legt dabei nahe, Begriff und Inhalt der Pflichten des § 30 I, 1. Alt. OWiG an § 130 I OWiG zu orientieren; seitdem der Wortlaut der Vorschriften nach der Reform des § 130 OWiG im Jahre 2007 insofern identisch ist, kann der Pflichtenumfang daher nach gleichen Maßstäben bestimmt werden, vgl. *Engelhart*, Sanktionierung von Unternehmen, S. 414.

69 *Gürtler*, in: Göhler, § 30, Rn. 19; *Dannecker*, in: FS-Böttcher, S. 465 ff. (476). Auch die aus allgemeinen straf- oder ordnungsrechtlichen Normen folgenden Pflichten

erfassten Pflichtverstößen zählt insbesondere die betriebliche Aufsichtspflichtverletzung nach § 130 OWiG, die den in der Praxis wichtigsten Anwendungsfall dieser Tatbestandsvariante darstellt.[70] Nach § 130 I OWiG kann der Inhaber eines Unternehmens bei einer Verletzung seiner Aufsichtspflichten verantwortlich sein, soweit er dadurch Zuwiderhandlungen gegen ihn treffende straf- beziehungsweise bußgeldbewehrte betriebsbezogene Pflichten ermöglicht oder erheblich erleichtert. Der Betriebsinhaber muss durch erforderliche Aufsichtsmaßnahmen und eine klar strukturierte Organisation die Einhaltung der ihm obliegenden Pflichten gewährleisten;[71] die tatsächliche Zuwiderhandlung stellt dann eine objektive Bedingung der Ahndbarkeit dar.[72] Da Rechtsverstöße im Unternehmenskontext häufig von Mitarbeitern unterhalb der Leitungsebene begangen werden, ermöglicht § 130 I OWiG als Anknüpfungstat des § 30 I, 1. Alt. OWiG folglich auch die Erfassung von Taten nachgeordneter Betriebsangehöriger, soweit ein nach § 30 I OWiG tauglicher Repräsentant jedenfalls seine diesbezügliche Aufsichtspflichten verletzt hat. Die Verknüpfung der §§ 30, 130, 9 OWiG gestattet insofern einen haftungsrechtlichen Durchgriff auf den Unternehmensträger selbst.[73]

Im Rahmen des § 30 I, 2. Alt. OWiG ist dagegen erforderlich, dass die juristische Person oder die Personenvereinigung bereichert worden ist oder werden sollte;[74] erfasst wird jeder vermögenswerte Vorteil in Form einer Erhöhung des wirtschaftlichen Wertes.[75] Kriminalpolitischer Zweck dieser Tatbestandsalternative ist die

---

können betriebsbezogen sein, soweit sie i.S.e. spezifischen unternehmerischen Kontextes im unmittelbaren Zusammenhang mit der Verbandstätigkeit stehen. Dies gilt etwa für die allg. Verkehrssicherungspflicht eines Unternehmensträgers als Inhaber einer Gefahrenquelle oder die Vermögensbetreuungspflicht bei Wahrnehmung fremder Vermögensangelegenheiten i.S.d. § 266 I StGB, vgl. *Rödiger*, Strafverfolgung von Unternehmen, S. 64; *Rogall*, in: KK-OWiG, § 30, Rn. 93; *Bohnert*, § 30, Rn. 34.

70 *Rödiger*, Strafverfolgung von Unternehmen, S. 64; *Rogall*, in: KK-OWiG, § 30, Rn. 92.

71 Der konkrete Umfang der Aufsichtspflichten hängt hierbei von den Umständen des Einzelfalles ab; beachtlich sind etwa die Art und Größe des Betriebes sowie das Maß der Gefährdung, vgl. *Bohnert*, § 130, Rn. 16 ff.; *Rödiger*, Strafverfolgung von Unternehmen, S. 67.

72 Sie muss daher nicht von dessen Vorsatz oder Fahrlässigkeit umfasst sein, vgl. *Rogall*, in: KK-OWiG, § 130, Rn. 78; *Laue*, JURA 2010, S. 339 ff. (342).

73 Die betriebliche Aufsichtspflichtverletzung des § 130 OWiG stellt aufgrund des besonderen persönlichen Merkmales der Unternehmensinhaberschaft an sich zwar ein Sonderdelikt dar, wird durch § 9 OWiG allerdings auf gesetzliche Vertreter sowie delegiert Verantwortliche erstreckt, vgl. *Gürtler*, in: Göhler, § 130, Rn. 3; *Rödiger*, Strafverfolgung von Unternehmen, S. 64.

74 Eine Betriebsbezogenheit des zur Bereicherung führenden Rechtsverstoßes ist hier nicht erforderlich, so dass grundsätzlich sämtliche Verstöße gegen Straf- oder Bußgeldnormen als taugliche Anknüpfungstaten in Betracht kommen, *Rogall*, in: KK-OWiG, § 30, Rn. 96.

75 Insofern kann auf die Definition des Vermögensvorteils i.S.d. § 263 I StGB zurückgegriffen werden. Erfasst werden auch mittelbare wirtschaftliche Vorteile wie die

Abschöpfung unrechtmäßig zugeflossener Vermögensvorteile.[76] Der (angestrebte oder zugeflossene) Vorteil muss kausal auf der Bezugstat beruhen und rechtswidrig sein; etwaige Ersatzansprüche Dritter schließen eine Bereicherung nicht aus.[77]

Schließlich erfordert § 30 I OWiG in beiden Alternativen, dass die Anknüpfungstat „als" Leitungsperson begangen wurde. Es muss folglich ein „Vertretungsbezug" vorliegen, da die Bezugstat eine Verbandhaftung nur dann auslösen kann, wenn sie Ausdruck der Repräsentantenstellung ist und in dieser Eigenschaft vorgenommen wurde.[78] Zwischen der Tat und der Stellung als Leitungsperson muss hierfür ein innerer, funktionaler Zusammenhang im Sinne einer Konnexität bestehen, der für die Verbandshaftung konstitutiv ist.[79] Ein bloßes Handeln bei Gelegenheit reicht daher nicht aus, die Anknüpfungstat muss vielmehr in Wahrnehmung der Verbandsangelegenheiten verwirklicht werden, wofür ein Handeln im Interesse des Verbandes einen wesentlichen Gesichtspunkt darstellt.[80]

bb) Rechtsfolgen

Als Rechtsfolge einer Verbandshaftung kann nach § 30 I OWiG eine Geldbuße gegen die juristische Person oder Personenvereinigung festgesetzt werden, deren Höchstmaß nach § 30 I OWiG näher bestimmt wird. Für die konkrete Bemessung des Bußgeldes sind Bedeutung und Unrechtsgehalt des Rechtsverstoßes, der den Verband treffende Vorwurf sowie dessen wirtschaftliche Verhältnisse zu berücksichtigen.[81] Von besonderer Relevanz ist hierbei, dass gem. § 30 III OWiG i.V.m. § 17 IV OWiG die Geldbuße den aus der Tat gezogenen wirtschaftlichen Vorteil übersteigen soll und hierzu das gesetzliche Höchstmaß überschritten werden kann, sofern dies zu einer umfänglichen Abschöpfung erforderlich ist. Eine Verbandsgeldbuße kann demnach in letztlich unbegrenzter Höhe festgesetzt werden. Der

---

Verbesserung der Wettbewerbssituation, vgl. *Perron*, in: Schönke/Schröder, § 263, Rn. 167; *Rogall*, in: KK-OWiG, § 30, Rn. 99.

76 *Eidam*, wistra 2003, S. 447 ff. (454).

77 *Rogall*, in: KK-OWiG, § 30, Rn. 99 ff.; *Gürtler*, in: Göhler, § 30, Rn. 23; gegen das Erfordernis der Rechtswidrigkeit jedoch *Engelhart*, Sanktionierung von Unternehmen, S. 418 m.w.N.

78 *Britz*, in: Volk, § 5, Rn. 18; *Dannecker*, in: FS-Böttcher, S. 465 ff. (477 f.).

79 BGH NStZ 1997, 30 (31); *Gürtler*, in: Göhler, § 30, Rn. 25; *Rogall*, in: KK-OWiG, § 30, Rn. 106 ff.

80 *Rogall*, in: KK-OWiG, § 30, Rn. 110; vgl. auch *Engelhart*, Sanktionierung von Unternehmen, S. 409.

81 *Rogall*, in: KK-OWiG, § 30, Rn. 134 ff.; *Gürtler*, in: Göhler, § 30, Rn. 36a. Bei der Bemessung der Geldbuße gelten nach umstrittener Ansicht sinngemäß die Grundsätze des § 17 III OWiG, auch wenn § 30 OWiG keine ausdrückliche Verweisung auf diese Norm enthält, vgl. *Rogall*, in: KK-OWiG, § 30, Rn. 134.

wirtschaftliche Vorteil ist nach dem sog. Nettoprinzip zu berechnen, weshalb getätigte Aufwendungen im Wege einer Saldierung Berücksichtigung finden.[82]

cc) Rechtsnatur

Das Recht der Ordnungswidrigkeiten ahndet, ebenso wie das Strafrecht, gewisse Verstöße gegen Ge- und Verbotsnormen mit repressiven Sanktionen.[83] Es wird daher auch als „Strafrecht im weiteren Sinne" bezeichnet, wohingegen das Kriminalstrafrecht dem „Strafrecht im engeren Sinne" zugeordnet wird.[84] Aufgrund dieser scheinbaren Wesensverwandtschaft der beiden Rechtsgebiete bedarf es einer Abgrenzung der Regelungsmaterien sowie einer dogmatischen Zuordnung des § 30 OWiG. Denn die Unterscheidung hat erhebliche, insbesondere prozessuale Auswirkungen und ist daher gerade im Rahmen der vorliegenden Thematik und im Hinblick auf die Erfassung der Verbandsgeldbuße durch (strafrechtliche) Verfahrensgarantien sowie supranationale Rechtsakte von Relevanz.[85]

Das kodifizierte Recht definiert die Rechtsnatur von Ordnungswidrigkeiten nicht explizit, sondern grenzt diese gegenüber Straftatbeständen nur formal mittels der spezifisch strafrechtlichen Rechtsfolgen ab.[86] Eine schlicht rechtsfolgenorientierte Unterscheidung hilft jedoch nicht, Ordnungsunrecht und Kriminalunrecht ihrem materiellen Gehalt nach zu unterscheiden. Die legislative Zuweisung eines Deliktes zu einem Rechtsgebiet muss sich vielmehr an bestimmten differenzierenden Wesensmerkmalen orientieren, um eine adäquate Bestimmung und Zuordnung zu ermöglichen. Hierzu wurden verschiedene Abgrenzungstheorien entwickelt.[87]

Zunächst wurde nach einer sog. „qualitativen Theorie" ein wesensmäßiger Unterschied zwischen Ordnungsunrecht und Kriminalunrecht angenommen, wonach

---

82 *Rogall*, in: KK-OWiG, § 30, Rn. 141 ff.; *Bohnert*, § 30, Rn. 42; *Gürtler*, in: Göhler, § 17, Rn. 40 ff.; a.A. *Brenner*, NStZ 2004, S. 256 ff. (259). Vgl. zum Streitstand *Eidam*, in: Eidam, Unternehmen und Strafe, Kapitel 5, Rn. 418 ff.

83 *Mitsch*, § 1, Rn. 2; vgl. *Ehrhardt*, Unternehmensdelinquenz, S. 75 f.

84 Vgl. *Mitsch*, § 1, Rn. 2; *Tiedemann*, Wirtschaftsstrafrecht AT, § 2, Rn. 86 m.w.N.; *Krekeler*, in: FS-Hanack, S. 639 ff. (642).

85 So ist insbesondere zu untersuchen, ob ein (transnationales) Doppelbestrafungsverbot auch eine Sanktion nach § 30 OWiG erfasst und ob beispielsweise der von „Kompetenzkonflikten im Strafverfahren" sprechende Rahmenbeschluss zu Vermeidung und Beilegung von Sanktionskonflikten entsprechende Verfahren erfasst, vgl. hierzu ausführlich **Teil 2, IV., 2., b); Teil 3, III., 6., b).**

86 Insbesondere die Sanktionen der Strafe sowie der Maßregeln der Besserung und Sicherung gem. §§ 38 ff., 61 ff. StGB kommen allein bei Straftatbeständen in Betracht, vgl. *Mitsch*, § 3, Rn. 3.

87 Zwar beziehen sich die dargestellten Theorien primär auf die Rechtsnatur des zugrunde liegenden Rechtsverstoßes, da sich Tatbestand und Rechtsfolge insoweit jedoch nicht eindeutig trennen lassen, wirken sie sich auch auf die Rechtsnatur der jeweiligen Sanktionen aus, vgl. *Bahnmüller*, Strafrechtliche Unternehmensverantwortlichkeit, S. 73 m.w.N.

Ordnungswidrigkeiten ein „aliud“ und somit eine eigenständige Deliktsgattung *sui generis* seien:[88] Während das Strafrecht dem Rechtsgüterschutz diene, stellten Ordnungswidrigkeiten eine bloße Störung der staatlichen Verwaltungstätigkeit und somit Verwaltungsungehorsam dar.[89] Auch zwischen den Sanktionsformen bestehe deshalb ein qualitativer Unterschied, einer Geldbuße fehle der ethische Gehalt einer Strafe.[90] Die sog. „quantitative Theorie“ geht demgegenüber davon aus, dass die beiden Rechtsmaterien ihrem Wesensgehalt nach grundsätzlich gleichwertig und im Sinne eines plus-minus-Verhältnisses allein anhand ihres quantitativen Unwertgehaltes voneinander abzugrenzen seien.[91] Zwischen den jeweiligen Rechtsfolgen bestehe daher keine wesensmäßige Differenz, so dass sich Geldbuße und Strafe letztlich nur ihrer Intensität nach unterscheiden.[92]

Heute wird in Anlehnung an die Rechtsprechung des BVerfG[93] überwiegend eine sog. „gemischt qualitativ-quantitative Theorie“ vertreten, wonach eine qualitative Wesensverschiedenheit der Rechtsmaterien grundsätzlich nicht bestehe, sondern die Unterschiede primär quantitativer Natur seien.[94] Auch das Ordnungswidrigkeitenrecht bezwecke den Schutz von Rechtsgütern, die Normübertretungen seien hier allerdings nicht so schwerwiegend und hätten einen geringeren Unwertgehalt sowie Verwerflichkeitsgrad.[95] Lediglich in ihrem dogmatischen Kern müsse die Abgrenzung qualitativ erfolgen, da eine sozialethische Vorwerfbarkeit allein von kriminalstrafrechtlichen Sanktionen ausgesprochen werde.[96] In der Rechtsfolge unterschieden sich Geldbuße und Kriminalstrafe daher wesensmäßig;[97] trotz des repressiven Charakters fehle der Geldbuße die mit einer Strafe notwendigerweise verbundene sozialethische Missbilligung und damit der „Ernst des staatlichen

---

88 Vgl. *Goldschmidt*, Verwaltungsstrafrecht, S. 539 ff.; *Wolf*, in: FG-Frank, Bd. II, S. 516 ff. (518 ff.); *Schmidt*, JZ 1951, S. 101 ff. (102 ff.). Nach dieser Ansicht wäre das Ordnungswidrigkeitenrecht somit nicht „Strafrecht im weiteren Sinne“, da es sich von dem Strafrecht wesensmäßig unterscheide, vgl. *Bahnmüller*, Strafrechtliche Unternehmensverantwortlichkeit, S. 73, Fn. 484.

89 Vgl. BVerfGE 9, 167 (171); *Schmitt*, Ordnungswidrigkeitenrecht, S. 11.

90 Vgl. *Wolf*, in: FG-Frank, Bd. II, S. 516 ff. (585 ff.); *Schmidt*, Wirtschaftsstrafrecht, S. 44 ff.

91 Vgl. *Baumann*, JZ 1972, S. 1 ff. (3); *Hirsch*, ZStW 1980, S. 218 ff. (242); *Schoreit*, GA 1967, S. 225 ff. (227 ff.); *Welzel*, JZ 1956, S. 238 ff. (240 ff.).

92 Vgl. *Ehrhardt*, Unternehmensdelinquenz, S. 73 f.; *Schmitt*, Ordnungswidrigkeitenrecht, S. 14.

93 BVerfGE 9, 167 (171); BVerfGE 22, 49 (79); BVerfGE 27, 18 (28); BVerfGE 45, 272 (288 f.).

94 Vgl. *Mitsch*, § 3, Rn. 11; *Tiedemann*, ZStW 1971, S. 792 ff. (798 ff.); *Vogler*, ZStW 1978, S. 132 ff. (155).

95 *Mitsch*, § 3, Rn. 10 ff.

96 Vgl. *Gürtler*, in: Göhler, Vor § 1, Rn. 6.

97 BVerfGE 9, 167 (171); BVerfGE 22, 49 (79); BVerfGE 27, 18 (33); BVerfGE 95, 220 (242). Dieser Ansicht hat sich mittlerweile der Großteil der Literatur angeschlossen, vgl. *Gürtler*, in: Göhler, Vor § 1, Rn. 6; *Mitsch*, § 14, Rn. 2 ff.

Strafens".[98] Ihr Zweck sei nicht ein Schuldausgleich, sondern die Durchsetzung staatlicher Ge- und Verbote, weshalb ihr der Bezug zur Sühne fehle;[99] mangels eines sittlichen Vorwurfes sei daher ein Verschulden im Sinne einer persönlichen Vorwerfbarkeit für eine ordnungsrechtliche Haftung nicht erforderlich.

Danach unterscheiden sich Ordnungswidrigkeit und Straftat letztlich nach Art und Wirkung der angedrohten Rechtsfolge. Abseits dieser formalisierten Abgrenzung besteht indes ein Bereich undeutlicher Zuordnung, in dem die Grenzen zwischen Ordnungsunrecht und Kriminalunrecht nur annährungsweise bestimmbar sind.[100]

Legt man diese Grundsätze der Zuordnung des § 30 OWiG zugrunde, ist für die Bestimmung der Rechtsnatur letztlich allein die gesetzgeberisch angeordnete Rechtsfolge maßgeblich. Als Teil des Ordnungswidrigkeitenrechts ist die Verbandsgeldbuße demnach dem „Strafrecht im weiteren Sinne" zuzuordnen und stellt eine gegenüber einer Kriminalstrafe wesensmäßig differente Sanktion dar.[101]

Der dieser rechtsfolgenorientierten Abgrenzung zugrunde liegende proklamierte Wesensunterschied einer Geldbuße zu kriminalstrafrechtlichen Rechtsfolgen sieht sich allerdings beachtlicher Kritik ausgesetzt. Dabei wird insbesondere in Bezug auf § 30 OWiG bestritten, dass die behauptete ethische Indifferenz einer Geldbuße aufrecht zu erhalten sei. Eine staatliche Reaktion auf ein (wenn auch im geringeren Maße) sittlich missbilligtes Verhalten könne generell nicht ethisch neutral sein.[102] Auch werde der missbilligende Charakter einer Sanktion in der sozialen Realität weniger aufgrund der formalen Betitelung der Rechtsfolge, als vielmehr anhand der jeweiligen Sanktionsschwere beurteilt.[103] Ein eklatantes Sanktionsmaß indiziere daher die Begehung eines sittlichen Verstoßes; ob dies in Form einer Geldbuße oder einer Geldstrafe erfolge, sei sekundär. Die konkrete Sanktionshöhe könne demnach bewirken, dass sich die Rechtsnatur der Geldbuße entgegen ihrer formalen Zuordnung faktisch einer Kriminalstrafe wesentlich annähert,[104] so dass eine Differenzierung der Rechtsnatur einen „Etikettenschwindel" darstelle.[105]

Zwar mag die vorgebrachte Kritik in ihrem Anliegen berechtigt sein, sie ändert jedoch nichts an der hier allein maßgeblichen faktischen Rechtslage. Danach hat der Gesetzgeber § 30 OWiG im Rahmen seines legislativen Ermessens durch die

---

98 BVerfGE 22, 49 (79); BVerfGE 27, 18 (33); BVerfGE 45, 272 (288 f.); vgl. *Gürtler*, in: Göhler, Vor § 1, Rn. 9.

99 BVerfGE 27, 18 (33); BVerfGE 45, 272 (288 f.).

100 Vgl. *Ehrhardt*, Unternehmensdelinquenz, S. 62 m.w.N.

101 Dies wird auch nicht dadurch in Frage gestellt, dass § 30 OWiG an (Kriminal-) Straftaten als taugliche Bezugstaten anknüpft, da diese i.S.e. „nachgeschalteten Haftung" nur zur Begründung der Verbandshaftung herangezogen werden, *Bahnmüller*, Strafrechtliche Unternehmensverantwortlichkeit, S. 76 f.

102 *Ehrhardt*, Unternehmensdelinquenz, S. 71 f. m.w.N.

103 *Bahnmüller*, Strafrechtliche Unternehmensverantwortlichkeit, S. 80 f.

104 *Bahnmüller*, Strafrechtliche Unternehmensverantwortlichkeit, S. 82 ff.

105 Vgl. *Hirsch*, ZStW 1980, S. 218 ff. (240).

Anordnung einer Geldbuße dem Ordnungsunrecht zugeordnet und somit formal gegenüber dem Kriminalstrafrecht abgegrenzt. Ansätze, diese gesetzgeberische Entscheidung einer strikten Differenzierung der Rechtsfolgen aufzugeben, sind Überlegungen *de lege ferenda* und vorliegend außer Betracht zu lassen.[106]

Trotz der Kontroversen um die dogmatische Einordnung und die Rechtsnatur des § 30 OWiG ist daher zu konstatieren, dass die Verbandsgeldbuße *de lege lata* dem Ordnungsunrecht zugeordnet und von einer Kriminalstrafe zu unterscheiden ist.

Gleichwohl ist – auch im Hinblick auf spätere Ausführungen – festzuhalten, dass die Verbandsgeldbuße des § 30 OWiG ihrem materiellen Gehalt nach jedenfalls stark an eine strafrechtliche Sanktion angenähert wurde. Die Differenzierung zwischen den jeweiligen Rechtsfolgen vermag die bestehende Wesensverwandtschaft von Ordnungsunrecht und Kriminalunrecht daher nicht zu nivellieren.[107] Insbesondere aufgrund der im Grenzbereich nur unscharfen Abgrenzung und dem hieraus resultierenden legislativen Zuordnungsermessen, würde eine allein an die formale Zuordnung anknüpfende unterschiedliche Gewährung rechtsstaatlicher und prozessualer Garantien daher die Gefahr willkürlicher Ergebnisse bergen.

c) Sanktionsrechtliche Verantwortlichkeit juristischer Personen in Italien

Auch in Italien galt lange Zeit der aus dem römischen Recht stammende Grundsatz *societas delinquere non potest*, eine strafrechtliche Verbandshaftung war dem italienischen Recht fremd.[108] Die zunehmende Wirtschaftskriminalität sowie die europäischen Legislativvorgaben führten jedoch auch hier zu dem kriminalpolitischen Bedürfnis einer verstärkten Sanktionierbarkeit von Verbänden selbst.[109]

Der italienische Gesetzgeber kam dem am 8. Juni 2001 mit dem Gesetzesdekret Nr. 231 (D.Lgs. 231/2001) über die verwaltungsrechtliche Verantwortlichkeit der juristischen Personen, der Gesellschaften und der Vereinigungen, auch ohne

---

106 So werden die aufgezeigten Kritikpunkte auch hauptsächlich der Diskussion um eine möglicherweise *de lege ferenda* gebotene Implementierung einer strafrechtlichen Sanktionierbarkeit von Verbänden zugrunde gelegt; vgl. *Bahnmüller*, Strafrechtliche Unternehmensverantwortlichkeit, S. 77 ff., 93; *Ehrhardt*, Unternehmensdelinquenz, S. 58 ff., 175 ff.

107 *Kindler*, Das Unternehmen als haftender Täter, S. 157.

108 *Militello*, in: Coimbra-Symposium, S. 321 ff. (321); *Jarvers*, in: Sieber/Cornils, Bd. 4, S. 408 ff. (412). Zur gesetzlichen Manifestation dieses Prinzips wurde insbesondere vorgebracht, dass nach Art. 27 I der ital. Verfassung die strafrechtliche Verantwortlichkeit eine persönliche ist, juristische Personen i.d.S. aber einerseits nicht selbst schuldhaft handeln könnten und die Haftung für Rechtsverstöße ihrer Organe andererseits nicht auf einem persönlichen Verhalten beruhe, vgl. *Militello*, in: Coimbra-Symposium, S. 321 ff. (326); *de Maglie*, in: Pieth/Ivory, Corporate Criminal Liability, S. 255 ff. (256); *Maiwald*, Einführung in das italienische Strafrecht, S. 46 f.

109 Vgl. *Kuhlmann*, Verbandssanktionierung in Italien, S. 28 ff.

Rechtspersönlichkeit, nach.[110] Das Dekret führte erstmals eine direkte sanktionsrechtliche Verantwortlichkeit von Verbänden ins italienische Rechtssystem ein und sieht hierzu detaillierte materielle sowie prozessuale Vorschriften in einer gesonderten und abschließenden Kodifikation vor.

aa) Haftungsvoraussetzungen

Nach Art. 1 I D.Lgs. 231/2001 regelt das Dekret die Verantwortlichkeit der Verbände für verwaltungsrechtliche Verstöße, denen eine Straftat zugrunde liegt.[111] In diesem Sinne ist ein Verband gem. Art. 5 I D.Lgs. 231/2001 für Straftaten verantwortlich, die in seinem Interesse oder zu seinem Vorteil von bestimmten Verbandsmitgliedern begangen wurden.[112]

Nach Art. 1 II D.Lgs. 231/2001 gelten die Regelungen des Dekretes für Personenverbände, die juristische Personen sind, aber auch für Gesellschaften und Vereinigungen ohne eigene Rechtspersönlichkeit.[113] Adressaten sind auch ausländische

---

110 Decreto legislativo 8 giugno 2001, n. 231: Disciplina della responsabilità amministrativa delle persone giuridiche, delle società e delle associazioni anche prive di personalità giuridica, a norma dell'articolo 11 della legge 29 settembre 2000, n. 300. Vgl. hierzu u.a. *Kuhlmann*, Verbandssanktionierung in Italien, passim; *de Maglie*, in: Pieth/Ivory, Corporate Criminal Liability, S. 255 ff. (257 ff.); *Rübenstahl*, RIW 2012, S. 505 ff.

111 Die deutsche Gesetzesauslegung orientiert sich an der Übersetzung des Dekretes Nr. 231 durch *Kuhlmann*, Verbandssanktionierung in Italien, S. 158 ff. sowie bei *Jarvers*, in: Sieber/Cornils, Bd. 4, S. 408 ff. (412 ff.).

112 Art. 5 D.Lgs. 231/2001: „*Responsabilità dell'ente: 1. L'ente è responsabile per i reati commessi nel suo interesse o a suo vantaggio: a) da persone che rivestono funzioni di rappresentanza, di amministrazione o di direzione dell'ente o di una sua unità organizzativa dotata di autonomia finanziaria e funzionale nonché da persone che esercitano, anche di fatto, la gestione e il controllo dello stesso; b) da persone sottoposte alla direzione o alla vigilanza di uno dei soggetti di cui alla lettera a). 2. L'ente non risponde se le persone indicate nel comma 1 hanno agito nell'interesse esclusivo proprio o di terzi.*" Art. 5 D.Lgs. 231/2001: „Verantwortlichkeit des Verbandes: 1. Der Verband ist verantwortlich für Straftaten, die in seinem Interesse oder zu seinem Vorteil begangen wurden: a) von Personen, die Vertretungs-, Verwaltungs-, oder Leitungsfunktionen des Verbandes oder einer finanziell und funktionell eigenständigen Organisationseinheit dieses ausüben, sowie von Personen, die wenn auch nur faktisch die Führung und Kontrolle des Verbandes ausüben; b) von Personen, die der Weisung oder der Aufsicht einer der unter a) genannten Personen unterstellt sind. 2. Der Verband ist nicht verantwortlich, wenn die unter Abs. 1 genannten Personen ausschließlich im eigenen oder im Interesse Dritter gehandelt haben."

113 Zu den danach konkret erfassten Verbänden vgl. *Rübenstahl*, RIW 2012, S. 505 ff. (505 f.). Von der Haftung ausgeschlossen sind gem. Art. 1 III D.Lgs. 231/2001 dagegen v.a. öffentliche Verbände und Gebietskörperschaften, vgl. *Jarvers*, in: Sieber/Cornils, Bd. 4, S. 408 ff. (414).

Unternehmen, deren Struktur und Rechtsform den Vorgaben des Art. 1 II D.Lgs. 231/2001 entspricht, soweit italienisches Recht räumlich anwendbar ist.[114]

Nach Art. 5 I D.Lgs. 231/2001 können die Straftaten bestimmter Führungspersonen und untergeordneter Mitarbeiter eine sanktionsrechtliche Verantwortlichkeit des Verbandes selbst begründen, wobei auch hier zwischen den tauglichen Tätergruppen differenziert wird. Gem. Art. 5 I, a) D.Lgs. 231/2001 werden Führungspersonen erfasst, die Vertretungs-, Verwaltungs- oder Leitungsfunktionen des Verbandes oder einer finanziell und funktionell eigenständigen Organisationseinheit ausüben, sowie Personen, die die Leitung und Kontrolle (faktisch) ausüben.[115] Nach Art. 5 I, b) D.Lgs. 231/2001 können zudem Straftaten von Personen, die der Weisung oder Aufsicht des Führungspersonals unterstehen, eine Verbandshaftung auslösen; damit können auch Rechtsverstöße untergeordneter Verbandsangehöriger erfasst werden.[116] Nicht erforderlich ist gem. Art. 8 I, a) D.Lgs. 231/2001, dass eine konkrete natürliche Person als Individualtäter identifiziert werden kann, womit Fällen sog. „organisierter Unverantwortlichkeit" begegnet werden soll.[117]

Auch nach italienischem Recht erfordert eine Verbandsverantwortlichkeit eine haftungsbegründende Anknüpfungstat einer natürlichen Person. Anders als in der deutschen Rechtsordnung sind jedoch nur die in den Art. 24 ff. D.Lgs. 231/2001 enumerativ aufgelisteten Straftatbestände als taugliche Bezugstaten erfasst.[118] Der erforderliche Verbandsbezug der Straftat wird dadurch hergestellt, dass diese gem. Art. 5 I D.Lgs. 231/2001 im Interesse oder zum Vorteil des Verbandes begangen werden muss.[119] In diesem Sinne handelt eine natürliche Person im Interesse des

---

114 Vgl. *Militello/Mangiaracina*, in: Böse/Meyer/Schneider, Conflicts of Jurisdiction, Vol. I, S. 259 ff. (263 f.); i.d.S. auch *Rübenstahl*, RIW 2012, S. 505 ff. (505 f.). Zur räumlichen Anwendbarkeit des D.Lgs. 231/2001 vgl. nachfolgend **Teil 1, II., 2., b), bb).**

115 Zu dem hiervon erfassten Personenkreis vgl. *Rübenstahl*, RIW 2012, S. 505 ff. (508); *Jarvers*, in: Sieber/Cornils, Bd. 4, S. 408 ff. (414 f.).

116 Insofern kommen auch externe Mitarbeiter in Betracht, soweit diese nur der Weisung oder Aufsicht des Führungspersonals unterstellt sind, vgl. *Rübenstahl*, RIW 2012, S. 505 ff. (508).

117 *Nisco*, GA 2010, S. 525 ff. (528); *de Maglie*, in: Pieth/Ivory, Corporate Criminal Liability, S. 255 ff. (264 f.).

118 Z.B. Betrugsdelikte, Art. 24 D.Lgs. 231/2001; Erpressungs- und Bestechungsdelikte, Art. 25 D.Lgs. 231/2001; Urheberrechtsdelikte, Art. 25-nonies D.Lgs. 231/2001. Der zunächst vorwiegend auf Delikte aus dem Wirtschaftsstrafrecht beschränkte Katalog wurde zuletzt stetig erweitert, wodurch eine progressive Pönalisierung von Unternehmen zu beobachten ist, vgl. *Nisco*, GA 2010, S. 525 ff. (527); *de Maglie*, in: Pieth/Ivory, Corporate Criminal Liability, S. 255 ff. (260 f.); *Rübenstahl*, RIW 2012, S. 505 ff. (506 ff.).

119 Zu dem umstrittenen Verständnis der Tatbestandsmerkmale „im Interesse" und „zum Vorteil" und insbesondere deren Verhältnis zu Art. 5 II D.Lgs. 231/2001 vgl. *Kuhlmann*, Verbandssanktionierung in Italien, S. 46 ff.; *Rübenstahl*, RIW 2012, S. 505 ff. (509).

Verbandes, wenn sie das Ziel hat, diesen durch die Tat zu begünstigen; ein tatbestandsmäßiger Vorteil ist dagegen jede durch die Straftat bewirkte objektive Besserstellung, unabhängig vom Ziel des Täters.[120]

Eine Besonderheit des italienischen Haftungssystems besteht darin, dass die Tat dem Verband als solchem im Sinne eines Organisationsmangels vorwerfbar sein muss.[121] So sehen die Art. 6, 7 D.Lgs. 231/2001 den Ausschluss der Verbandsverantwortlichkeit vor, soweit bestimmte betriebsinterne Organisationsmodelle zur Vermeidung entsprechender Straftaten eingehalten wurden und der haftungsbegründende Vorwurf gegenüber dem Verband somit entfällt. Es besteht folglich die Möglichkeit einer Exkulpation durch die Implementierung und Umsetzung von Compliance-Maßnahmen.[122] Im Umkehrschluss stellt das Vorliegen derartiger Organisationsmängel eine Voraussetzung der Haftungsbegründung dar.[123]

Das Dekret differenziert hierfür nach dem Täter der Anknüpfungstat. In Fällen einer durch eine Führungsperson begangenen Straftat ist der Verband gem. Art. 6 I D.Lgs. 231/2001 nicht verantwortlich, wenn er beweist, dass er bereits vor der Tat seinen Überwachungs- und Kontrollpflichten nachgekommen ist.[124] Unter der Annahme, dass Straftaten von Führungspersonen dem Verband generell zuzurechnen sind, trägt dieser die Beweislast für den Nachweis einer adäquaten Implementierung und Umsetzung tauglicher Organisationsstrukturen.[125] Bei von einem untergeordneten Verbandsangehörigen begangenen Straftaten bestimmt Art. 7 I D.Lgs. 231/2001 dagegen, dass der Verband nur dann verantwortlich ist, wenn die Tatbegehung durch die fehlerhafte Überwachung seitens einer Leitungsperson ermöglicht wurde,[126] was ausgeschlossen ist, sofern die in Abs. II, III, IV konkretisierten Compliance-Modelle zuvor eingeführt und umgesetzt wurden.[127]

---

120 *Nisco*, GA 2010, S. 525 ff. (528) m.w.N. Eine Verbandshaftung ist ausgeschlossen, soweit der Täter ausschließlich im eigenen oder im Interesse Dritter agiert, Art. 5 II D.Lgs. 231/2001.

121 Vgl. *Jarvers*, in: Sieber/Cornils, Bd. 4, S. 408 ff. (417 f.).

122 Vgl. hierzu insgesamt *Nisco*, GA 2010, S. 525 ff. (529 ff.).

123 *Rübenstahl* spricht insofern von subjektiven Zurechnungskritierien, *Rübenstahl*, RIW 2012, S. 505 ff. (509).

124 Art und Umfang der jeweils erforderlichen Compliance-Maßnahmen werden in Art. 6 II bis IV D.Lgs. 231/2001 näher bestimmt. Zu den inhaltlichen Anforderungen an die Organisationsmodelle vgl. auch *Castaldo*, wistra 2010, S. 361 ff. (364 f.); *Nisco*, GA 2010, S. 525 ff. (529 f.); *de Maglie*, in: Pieth/Ivory, Corporate Criminal Liability, S. 255 ff. (263 f.).

125 *Jarvers*, in: Sieber/Cornils, Bd. 4, S. 408 ff. (417 f.); *de Maglie*, in: Pieth/Ivory, Corporate Criminal Liability, S. 255 ff. (263).

126 In diesen Fällen ist neben der Tat des untergeordneten Mitarbeiters also kumulativ eine ursächliche Aufsichtspflichtverletzung einer Leitungsperson erforderlich, ähnlich § 130 OWiG.

127 Gleichwohl erkennt die Rechtsprechung auch in diesen Fällen eine Beweislastumkehr zugunsten der Anklage an, vgl. *Nisco*, GA 2010, S. 525 ff. (530) m.w.N. Vgl.

bb) Rechtsfolgen

Die Rechtsfolgen einer Verbandsverantwortlichkeit werden durch die Art. 9 ff. D.Lgs. 231/2001 ausführlich benannt. Nach Art. 9 I D.Lgs. 231/2001 sieht das italienische Recht vier (kumulativ mögliche) Sanktionsarten vor: Geldsanktionen, Untersagungssanktionen, Konfiskation sowie Veröffentlichung des Urteils.

Nach Art. 10 I D.Lgs. 231/2001 ist als zentrale Rechtsfolge eine Geldsanktion zu verhängen, die sich unter anderem nach der Schwere der Tat, dem Grad der Verbandsverantwortlichkeit, der Aktivität zur Beseitigung von Tatfolgen sowie den wirtschaftlichen Verhältnissen des Verbandes bestimmt.[128]

Zudem besteht nach Maßgabe des Art. 13 D.Lgs. 231/2002 die Möglichkeit, eine Untersagungssanktion gegen den Verband festzusetzen, um künftigen Rechtsverstößen präventiv entgegen zu wirken.[129] Die Arten der Untersagungssanktionen umfassen gem. Art. 9 II D.Lgs. 231/2001 das Verbot einer Tätigkeitsausübung, die Aussetzung oder Aufhebung von Genehmigungen und Lizenzen, ein Vertragsverbot mit der öffentlichen Verwaltung, den Ausschluss oder Widerruf von Zuschüssen und Beihilfen sowie ein Werbeverbot.[130] Ihre Festsetzung ist jedoch ausgeschlossen, wenn die Tatfolgen vor der Hauptverhandlung durch Schadensrestitution, Implementierung von Organisationsmodellen und die Auskehr der gezogenen Gewinne wiedergutgemacht werden, Art. 17 D.Lgs. 231/2001.[131]

Nach Art. 18 I, II D.Lgs. 231/2001 kann das eine Untersagungssanktion festsetzende Urteil ferner in Zeitungen sowie mittels öffentlichen Aushanges in der Kommune des Hauptsitzes des Verbandes veröffentlicht werden.

Schließlich ist gem. Art. 19 I, II D.Lgs. 231/2001 mit Verurteilung des Verbandes immer auch die Einziehung von Tatmitteln und Taterträgen beziehungsweise des Wertersatzes anzuordnen. Dies gilt gem. Art. 6 V D.Lgs. 231/2001 selbst dann, wenn eine Exkulpation von der Verbandsverantwortlichkeit aufgrund wirksamer Compliance-Maßnahmen gelingt.[132]

---

insgesamt *Jarvers*, in: Sieber/Cornils, Bd. 4, S. 408 ff. (418); *Kuhlmann*, Verbandssanktionierung in Italien, S. 77 ff.; *Nisco*, GA 2010, S. 525 ff. (529 ff.).

128 Die Art. 10, 11 D.Lgs. 231/2001 sehen insofern ein in Anzahl und Höhe variables Quotensystem vor, welches dem deutschen Tagessatzsystem ähnelt.

129 Aufgrund ihrer z.T. schwerwiegenden Folgen können sie jedoch nur bei bestimmten Taten und in schweren Fällen verhängt werden, *Kuhlmann*, Verbandssanktionierung in Italien, S. 61.

130 Gem. Art. 15 D.Lgs. 231/2001 besteht die Möglichkeit, anstatt eines Tätigkeitsverbotes einen gerichtlich bestellten Treuhänder einzusetzen, der die Geschäfte weiterführt.

131 Gem. Art. 13 III D.Lgs. 231/2001 sind Untersagungssanktionen überdies ausgeschlossen, wenn ein Fall des Art. 12 I D.Lgs. 231/2001 gegeben ist.

132 Dies gilt nach der systematischen Stellung des Art. 6 V D.Lgs. 231/2001 jedoch nur im Falle der einer Straftat einer Führungsperson, vgl. *Kuhlmann*, Verbandssanktionierung in Italien, S. 67.

cc) Rechtsnatur

Zwar scheint die Rechtsnatur der im D.Lgs. 231/2001 vorgesehenen Rechtsfolgen angesichts des Titels als eine „verwaltungsrechtliche Verantwortlichkeit" offensichtlich zu sein, zumal auch das italienische Parlament explizit eine verwaltungsrechtliche Haftung gefordert hatte.[133] Gleichwohl heißt es selbst in den ministeriellen Erläuterungen zu dem Dekret, dass die getroffenen Regelungen weder dem Verwaltungs- noch dem Strafrecht eindeutig zuzuordnen seien, sondern mit der Verbandshaftung nach italienischem Recht vielmehr eine dritte Gattung (*tertium genus*) geschaffen wurde, die sich sowohl vom Verwaltungsrecht als auch vom Strafrecht unterscheide.[134] Es liegt daher nahe, dass die formale Bezeichnung als ausdrücklich verwaltungsrechtliche Verantwortlichkeit vor allem gewählt wurde, um eine definitive Einführung einer Verbandsstrafbarkeit und hieraus folgende dogmatische Konflikte zu vermeiden.[135] Tatsächlich weisen die Regelungen an vielen Stellen eine beachtliche Nähe zu einem strafrechtlichen Charakter auf, was zu einer Diskussion ihrer Rechtsnatur geführt hat.[136] So wird angeführt, dass im Rahmen der Verbandshaftung klassische strafrechtliche Prinzipien und Garantien Anwendung finden und anders als etwa im deutschen Recht ausschließlich Straftaten als taugliche Anknüpfungstaten erfasst werden,[137] was für einen jedenfalls strafrechtsgleichen Charakter spreche; die Betitelung als verwaltungsrechtliche Verantwortlichkeit sei daher „Etikettenschwindel".[138] Andere Stimmen gehen in Übereinstimmung mit der formalen Bezeichnung und dem nicht zu ignorierenden gesetzgeberischen Willen von einer verwaltungsrechtlichen Natur aus.[139] Eine weitere Ansicht spricht unter

---

133 Vgl. *Kuhlmann*, Verbandssanktionierung in Italien, S. 33 m.w.N. Auch die Verwendung des neutralen Begriffes einer „Geldsanktion" anstatt der i.R.d. Strafrechts üblichen „Geldstrafe" spricht gegen die Einführung einer Verbandsstrafbarkeit. Während im Strafrecht der Begriff *multa* existiert und mit „Geldstrafe" übersetzt werden kann und i.Ü. der Begriff *ammenda* als „Geldbuße" verwendet wird, ist i.R.d. D.Lgs. 231/2001 der Begriff *sanzione pucuniaria* geschaffen wurden, der neutral als „Geldsanktion" zu übersetzen ist, *Maiwald*, Einführung in das italienische Strafrecht, S. 48.

134 Relazione ministeriale al Decreto legislativo 8 giugno 2001 n. 231, 1.1.; vgl. *Kuhlmann*, Verbandssanktionierung in Italien, S. 33; *de Maglie*, in: Pieth/Ivory, Corporate Criminal Liability, S. 255 ff. (258 f.).

135 Zu den diesbezüglichen verfassungsrechtlichen Bedenken vgl. bereits Fn. 108. I.d.S. auch *Heine*, in: FS-Lampe, S. 577 ff. (580); *Jarvers*, in: Sieber/Cornils, Bd. 4, S. 408 ff. (413 f.); *Nisco*, GA 2010, S. 525 ff. (526).

136 Vgl. hierzu *de Maglie*, in: Pieth/Ivory, Corporate Criminal Liability, S. 255 ff. (258 ff.).

137 *Jarvers*, in: Sieber/Cornils, Bd. 4, S. 408 ff. (414); vgl. auch die Nachweise bei *Nisco*, GA 2010, S. 525 ff. (531) und bei *Kuhlmann*, Verbandssanktionierung in Italien, S. 34.

138 *Jarvers*, in: Sieber/Cornils, Bd. 4, S. 408 ff. (414); vgl. auch *Rübenstahl*, RIW 2012, S. 505 ff. (505); *de Maglie*, in: Pieth/Ivory, Corporate Criminal Liability, S. 255 ff. (259) sowie die Nachweise bei *Kuhlmann*, Verbandssanktionierung in Italien, S. 34.

139 Vgl. *Nisco*, GA 2010, S. 525 ff. (533).

Bezug auf die Gesetzesbegründung schließlich von einer dritten Sanktionsspur neben dem Straf- und Verwaltungsrecht.[140]

Ohne die Rechtsnatur abschließend zu beurteilen, ist jedenfalls festzuhalten, dass es sich bei der Verbandshaftung nach dem D.Lgs. 231/2001 formal um eine verwaltungsrechtliche Verantwortlichkeit handelt, die allerdings auf strafrechtlichen Prinzipien basiert und sowohl dem Strafrecht als auch dem Verwaltungsrecht entlehnte Elemente vereint. Es wird daher auch von einem „im Mantel des Verwaltungsrechts auftretenden“[141] und einem als Verwaltungsrecht etikettierten „Quasi-Strafrecht“[142] sowie einer Verantwortlichkeit *sui generis*[143] gesprochen.[144]

d) Sanktionsrechtliche Verantwortlichkeit juristischer Personen in Österreich

Auch in der österreichischen Rechtstradition war eine strafrechtliche Haftung von juristischen Personen und Personenverbänden zunächst nicht verankert.[145] Im Zuge der Europäischen Integration lösten die dargestellten Legislativvorgaben der EU zur sanktionsrechtlichen Verantwortlichkeit juristischer Personen jedoch auch hier eine Diskussion über ein adäquates innerstaatliches Haftungsmodell aus.[146] Als Reaktion auf den hierdurch bewirkten Handlungsbedarf wurde zum 1. Januar 2006 das Bundesgesetz über die Verantwortlichkeit von Verbänden für Straftaten

140 Vgl. *Castaldo*, wistra 2010, S. 361 ff. (363); vgl. auch *de Maglie*, in: Pieth/Ivory, Corporate Criminal Liability, S. 255 ff. (260) sowie die Nachweise bei *Nisco*, GA 2010, S. 525 ff. (531) und *Kuhlmann*, Verbandssanktionierung in Italien, S. 34. Beachtenswert ist jedoch, dass keine der verschiedenen Ansichten zu dem Ergebnis einer Verfassungswidrigkeit der italienischen Verbandsverantwortlichkeit kommt, vgl. *Kuhlmann*, Verbandssanktionierung in Italien, S. 34 f. I.R.d. gem. Art. 9 I D. Lgs. 231/2001 ausdrücklich als vollwertige Sanktion ausgestalteten Einziehung differenziert selbst die Rechtsprechung hinsichtlich der Rechtsnatur der einzelnen Anwendungsfälle, vgl. *Kuhlmann*, Verbandssanktionierung in Italien, S. 73 m.w.N.

141 *H. Eidam/Eidam*, in: Eidam, Unternehmen und Strafe, Kapitel 5, Rn. 620.

142 *Heine*, in: FS-Lampe, S. 577 ff. (580); *Rogall*, in: KK-OWiG, § 30, Rn. 268.

143 *Nisco*, GA 2010, S. 525 ff. (526).

144 Vgl. auch *Castaldo*, wistra 2010, S. 361 ff. (363), der von einer verschleierten Art strafrechtlicher Verantwortlichkeit spricht.

145 *Zerbes*, in: Sieber/Cornils, Bd. 4, S. 434 ff. (440). Zur Entwicklung der Verbandsverantwortlichkeit in Österreich vgl. *Kolarik*, Verantwortlichkeit juristischer Personen, S. 29 f., 35 ff.

146 Die diesbezügliche Diskussion wurde zunächst von dem Standpunkt beherrscht, dass eine kriminalstrafrechtliche Verantwortlichkeit von Verbänden aufgrund des Schuldprinzips als indisponiblen Wesenselements des österreichischen Strafrechts nicht in Betracht käme, da ein persönlicher Schuldvorwurf gegenüber einem Verband nicht zu erheben sei, vgl. *Zerbes*, in: Sieber/Cornils, Bd. 4, S. 434 ff. (440).

(Verbandsverantwortlichkeitsgesetz, VbVG)[147] erlassen, das eine strafgerichtliche Verantwortlichkeit juristischer Personen und anderer Verbände eingeführt hat und die zentralen Vorschriften der Unternehmenshaftung enthält.

aa) Haftungsvoraussetzungen

Gem. § 3 I VbVG ist ein Verband für eine Straftat verantwortlich, welche zu seinen Gunsten begangen wurde oder verbandsbezogene Pflichten verletzt, wenn ein Entscheidungsträger diese rechtswidrig und schuldhaft begangen hat (Abs. II) oder ein Mitarbeiter den jeweiligen Straftatbestand rechtswidrig verwirklicht und ein Entscheidungsträger dies durch die Nichteinhaltung der gebotenen Sorgfaltspflichten jedenfalls wesentlich erleichtert hat (Abs. III).[148] Dem Verband selbst wird insofern vorgeworfen, gebotene und zumutbare Sorgfaltsmaßnahmen zur Verhinderung von Rechtsverstößen unterlassen zu haben.[149] Gleichwohl wurde keine originäre Verbandshaftung implementiert, sondern diese stets an ein strafbares Verhalten verbandszugehöriger natürlicher Personen geknüpft.[150]

---

147 öBGBl. I Nr. 151/2005. Vgl. hierzu u.a. *Kolarik*, Verantwortlichkeit juristischer Personen, S. 35 ff., passim; *Steininger*, VbVG, passim; *Schmoller*, in: FS-Küper, S. 519 ff.; *Schmoller*, in: FS-Otto, S. 453 ff.

148 § 3 VbVG: *„(1) Ein Verband ist unter den weiteren Voraussetzungen des Abs. 2 oder des Abs. 3 für eine Straftat verantwortlich, wenn 1. die Tat zu seinen Gunsten begangen worden ist oder 2. durch die Tat Pflichten verletzt worden sind, die den Verband treffen. (2) Für Straftaten eines Entscheidungsträgers ist der Verband verantwortlich, wenn der Entscheidungsträger als solcher die Tat rechtswidrig und schuldhaft begangen hat. (3) Für Straftaten von Mitarbeitern ist der Verband verantwortlich, wenn 1. Mitarbeiter den Sachverhalt, der dem gesetzlichen Tatbild entspricht, rechtswidrig verwirklicht haben; der Verband ist für eine Straftat, die vorsätzliches Handeln voraussetzt, nur verantwortlich, wenn ein Mitarbeiter vorsätzlich gehandelt hat; für eine Straftat, die fahrlässiges Handeln voraussetzt nur, wenn Mitarbeiter die nach den Umständen gebotene Sorgfalt außer acht gelassen haben; und 2. die Begehung der Tat dadurch ermöglicht oder wesentlich erleichtert wurde, dass Entscheidungsträger die nach den Umständen gebotene und zumutbare Sorgfalt außer acht gelassen haben, insbesondere indem sie wesentliche technische, organisatorische oder personelle Maßnahmen zur Verhinderung solcher Taten unterlassen haben. (4) Die Verantwortlichkeit eines Verbandes für eine Tat und die Strafbarkeit von Entscheidungsträgern oder Mitarbeitern wegen derselben Tat schließen einander nicht aus.“*

149 Danach wird dem Verband selbst eine Organisationspflichtverletzung vorgeworfen, vgl. *H. Eidam/Eidam*, in: Eidam, Unternehmen und Strafe, Kapitel 5, Rn. 530; *Dannecker*, FS-Böttcher, S. 465 ff. (485 f.); *Zerbes*, in: Sieber/Cornils, Bd. 4, S. 434 ff. (443).

150 Die Regelungstechnik des VbVG orientiert sich dabei erkennbar am deutschen § 30 OWiG, vgl. die Gesetzesbegründung, 994 Blg. Nr. XXII. GP, S. 21: „...in Anlehnung an die Regelung im deutschen Recht (§ 30 OWiG)“.

Die sanktionierbaren Verbände werden in § 1 II, III VbVG abschließend benannt. Erfasst sind gem. § 1 II VbVG juristische Personen des Privatrechts und grundsätzlich auch des öffentlichen Rechts,[151] eingetragene Personengesellschaften sowie die Europäische wirtschaftliche Interessenvereinigung.[152]

Die Verbandshaftung knüpft an die Straftaten natürlicher Personen in Gestalt von Entscheidungsträgern und Mitarbeitern an, § 3 II, III VbVG. Nach § 2 I VbVG sind Entscheidungsträger im Wesentlichen die zu der Vertretung des Verbandes Befugten (Nr. 1), Personen, die in leitender Stellung Kontrollbefugnisse ausüben (Nr. 2) und solche, die maßgeblichen Einfluss auf die Geschäftsführung ausüben (Nr. 3). Mitarbeiter ist gem. § 2 II VbVG hingegen, wer auf Grund von unselbstständigen Arbeits-, Lehr-, Ausbildungs- oder Dienstverhältnissen Arbeitsleistungen erbringt; hierdurch werden auch untergeordnete Verbandsangehörige erfasst.

Die Anknüpfungstaten müssen gem. § 3 I Nr. 1 VbVG zu Gunsten des Verbandes begangen worden sein oder gem. § 3 I Nr. 2 VbVG verbandsbezogene Pflichten verletzen, um den nötigen Verbandsbezug herzustellen. Eine Tat ist zugunsten des Verbandes begangen, soweit dieser hieraus einen Vorteil erlangt hat oder erlangen sollte, wobei jede (beabsichtigte) Bereicherung erfasst ist.[153] Die zu verletzenden Verbandspflichten richten sich im jeweiligen Einzelfall nach dem Tätigkeitsbereich des Verbandes und folgen vor allem aus zivil- und verwaltungsrechtlichen Vorschriften.[154] Insgesamt entspricht die Auslegung weitgehend dem deutschen Tatbestandsverständnis zu § 30 I 1. und 2. Alt. OWiG, so dass insofern auf die entsprechenden Ausführungen verwiesen werden kann.[155]

Neben diesen tatbezogenen Voraussetzungen wird im Hinblick auf die weiteren haftungsbegründenden Umstände danach differenziert, wer die Anknüpfungstat auf welche Art und Weise verwirklicht hat. Gem. § 3 II VbVG ist der Verband für die Straftaten eines Entscheidungsträgers verantwortlich, wenn dieser die Tat „als solcher" rechtswidrig und schuldhaft begangen hat. Bei Anknüpfungstaten eines Mitarbeiters stellt § 3 III VbVG dagegen zwei kumulative Voraussetzungen auf. So muss der Mitarbeiter den Tatbestand rechtswidrig verwirklicht haben (Nr. 1) und die Straftatbegehung zudem dadurch jedenfalls wesentlich erleichtert worden sein,

151 Vgl. 994 Blg. Nr. XXII. GP, S. 16; *Schmoller*, in: FS-Küper, S. 519 ff. (527); vgl. weiterführend *Kolarik*, Verantwortlichkeit juristischer Personen, S. 117 ff.

152 § 1 III VbVG schließt einige, insbesondere hoheitliche, Verbände ausdrücklich aus dem Anwendungsbereich des VbVG aus.

153 Nicht erfasst sind dagegen Taten, die die natürliche Person auf eigene Rechnung begeht oder solche, die sich unmittelbar gegen die Interessen des Verbandes richten, *H. Eidam/Eidam*, in: Eidam, Unternehmen und Strafe, Kapitel 5, Rn. 529.

154 Z.B. aus umweltrechtlichen Regelungen oder Arbeitnehmerschutzpflichten, vgl. *Kienapfel/Höpfel/Kert*, AT, E 11, Rn. 9.

155 Dem entspricht die ausdrückliche Orientierung des österreichischen Gesetzgebers an der deutschen Regelung, vgl. 994 Blg. Nr. XXII. GP, S. 21.

dass Entscheidungsträger die gebotene und zumutbare Sorgfalt außer Acht gelassen haben (Nr. 2).[156] Ein derartiger objektiver Sorgfaltsverstoß liegt insbesondere in dem Unterlassen technischer, organisatorischer oder personeller Maßnahmen, die gerade der Verhinderung entsprechender Verbandstaten dienen.[157]

bb) Rechtsfolgen

Die Rechtsfolgen der Verbandsverantwortlichkeit nach österreichischem Recht sind in den §§ 4 ff. VbVG normiert. Zentrale und einzig selbstständige Sanktionsmaßnahme ist die monetäre Verbandsgeldbuße nach § 4 VbVG, deren Höhe sich nach der Art und Schwere der zugrunde liegenden Tat sowie der wirtschaftlichen Leistungsfähigkeit des Verbandes richtet.[158] Kommt es nach den §§ 6 f. VbVG zur (mit der Strafaussetzung auf Bewährung vergleichbaren) bedingten Nachsicht der Geldbuße,[159] können als weitere Rechtsfolgen gem. § 8 VbVG Weisungen gegenüber dem Verband erteilt werden, etwa in Form einer Schadensrestitution oder der Implementierung technischer und personeller Präventivmaßnahmen.

cc) Rechtsnatur

Die Verbandshaftung nach dem VbVG ist bewusst im gerichtlichen Strafrecht verankert;[160] eine zweifelsfrei strafrechtliche Natur folgt daraus gleichwohl nicht. So ist zu beachten, dass nur eine zurückhaltende Terminologie gewählt wurde und entgegen früherer Entwürfe nicht von einer „Strafbarkeit" gesprochen, sondern der neutrale Begriff der „Verbandsverantwortlichkeit" verwendet wird; der Strafbarkeitsbegriff wurde vielmehr dem Individualstrafrecht vorbehalten.[161] Teilweise wird daher vertreten, bei der Verbandsgeldbuße handele es sich um eine „andere Sanktion als Strafe", die eine eigene Spur strafrechtlicher Sanktionen

---

156 Nicht erforderlich ist, dass der Mitarbeiter schuldhaft gehandelt hat. Ob dies trotz des insoweit eindeutigen Wortlautes, der insbesondere im grammatikalischen Kontext zu § 3 II VbVG kein schuldhaftes Handeln zu erfordern scheint, auch für die Sorgfaltspflichtverletzung des Entscheidungsträgers gilt, ist umstritten, wird jedoch überwiegend angenommen, vgl. *Steininger*, VbVG, § 3, Rn. 83 ff.; *Schmoller*, in: FS-Küper, S. 519 ff. (530 ff.); *Schmoller*, in: FS-Otto, S. 453 ff. (456).

157 Beispielsweise in der fehlerhaften Auswahl, Kontrolle und Organisation von Mitarbeitern.

158 Hierzu sind in § 4 II, III, IV VbVG detaillierte Regelungen zu Anzahl und Höhe der Tagessätze normiert, die sich an der allgemeinen Tagessatzgeldstrafe des Individualstrafrechts orientieren, vgl. *Schmoller*, in: FS-Küper, S. 519 ff. (532 f.).

159 Vgl. *Schmoller*, in: FS-Küper, S. 519 ff. (533); vgl. auch *Fabrizy*, § 43 öStGB, Rn. 1 ff.

160 In Abgrenzung zum österreichischen behördlichen Verwaltungsstrafrecht; vgl. 994 Blg. Nr. XXII. GP, S. 11 f.; *Knopp/Rathmann*, JR 2005, S. 359 ff. (361) m.w.N.

161 Vgl. *Knopp/Rathmann*, JR 2005, S. 359 ff. (361); *Schmoller*, in: FS-Küper, S. 519 ff. (523). Teilweise wird auch von einer „dritten Spur" des Kriminalrechts neben verbeugenden Maßnahmen und Strafen gesprochen, vgl. *Moos*, RZ 2004, S. 98 ff. (102 f.).

darstelle.[162] Die terminologische Zuordnung ist indes letztlich der rechtspolitischen Erwägung geschuldet, dass Verbänden auch in Österreich überwiegend die Schuldfähigkeit abgesprochen wird und eine bloße Verbandsgeldbuße demgegenüber gerade keine Schuldfähigkeit erfordere.[163] Zur Bestimmung der Rechtsnatur ist daher entscheidend auf den materiellen Gehalt der Regelungen abzustellen. Abgesehen von der Tatsache, dass über die Geldbuße von Strafgerichten nach den Regeln des Strafverfahrens entschieden wird,[164] ist dabei zu beachten, dass sich deren Bemessung gem. § 4 VbVG an der Schwere des Tatunrechtes orientiert, so dass das primäre Kriterium der Unwert des zugrunde liegenden Rechtsverstoßes ist.[165] Eine Strafe verfolgt jedoch gerade das Ziel, diesen Unwert zum Ausdruck zu bringen, so dass sich in der Schwere der Strafe das Ausmaß des verwirklichten Unrechts widerspiegelt.[166] Gerade dieses Maßkriterium ist eine der Strafe eigene Typik, weshalb die Geldbuße des VbVG überwiegend als echte Kriminalstrafe eingestuft wird.[167]

e) Sanktionsrechtliche Verantwortlichkeit juristischer Personen in Frankreich

Als eines der ersten europäischen Länder führte Frankreich mit Inkrafttreten des sog. Nouveau Code pénal (NCP) 1994 eine Strafbarkeit juristischer Personen ein. Die hierdurch vollzogene Abkehr von dem bis dahin auch im französischen Recht (weitestgehend)[168] geltenden Grundsatz *societas delinquere non potest* ist in ihrer

---

162 Vgl. z.B. *Moos*, RZ 2004, S. 98 ff. (102 f.).

163 Vgl. 994 Blg. Nr. XXII. GP, S. 24; *Knopp/Rathmann*, JR 2005, S. 359 ff. (361); vgl. auch *H. Eidam/Eidam*, in: Eidam, Unternehmen und Strafe, Kapitel 5, Rn. 515; kritisch *Schmoller*, in: FS-Küper, S. 519 ff. (524 f.).

164 Vgl. § 14 I VbVG.

165 Anders als die deutsche Verbandsgeldbuße orientiert sich die österreichische Geldbuße gerade nicht etwa an dem Ausmaß des Gewinns, sondern am Unwert des Delikts, was auch die Berücksichtigung besonderer Erschwerungs- und Milderungsgründe gem. § 5 VbVG zum Ausdruck bringt, vgl. *Schmoller*, in: FS-Küper, S. 519 ff. (525 f.).

166 *Schmoller*, in: FS-Küper, S. 519 ff. (525 f.).

167 So auch *Rogall*, in: KK-OWiG, § 30, Rn. 271; *Dannecker*, FS-Böttcher, S. 465 ff. (485); *Schmoller*, in: FS-Otto, S. 453 ff. (458 f.); *Schmoller*, in: FS-Küper, S. 519 ff. (522 ff.); *H. Eidam/Eidam*, in: Eidam, Unternehmen und Strafe, Kapitel 5, Rn. 513.

168 Bereits das vor der französischen Revolution geltende Recht kannte zwar eine Bestrafung von Verbänden (etwa in Form von Städten, Schulen oder Handwerksinnungen), diese Haftung wurde jedoch später abgeschafft und auch nicht in das Strafgesetzbuch von 1810 übernommen; vgl. *Koch*, ZStW 1995, S. 405 ff. (405); *Pfützner*, in: Sieber/Cornils, Bd. 4, S. 391 ff. (395); *Hartan*, Unternehmensstrafrecht, S. 42 ff.; *Kolarik*, Verantwortlichkeit juristischer Personen, S. 42 ff. Auch in der Folgezeit war jedoch vereinzelt in Nebengesetzen eine Sanktionierung juristischer

dogmatischen Ausgestaltung vor allem pragmatischen Erwägungen geschuldet.[169] Der dazu in den Allgemeinen Teil des französischen Strafgesetzbuches eingefügte Art. 121–2 NCP sieht als zentrale materielle Sanktionsnorm vor, dass juristische Personen, mit Ausnahme des Staates, für die für ihre Rechnung von Organen oder Vertretern begangenen Taten strafrechtlich verantwortlich sind.[170] Anders als etwa in Italien und Österreich wurde folglich kein einheitliches Gesetzeswerk zur Einführung einer Verbandsstrafbarkeit geschaffen, sondern die Haftung in das bestehende Strafrechtssystem durch punktuelle Ergänzungen implementiert.

aa) Haftungsvoraussetzungen

Art. 121–2 I NCP erfasst als juristische Personen alle Verbände, denen nach französischem Recht Rechtspersönlichkeit zukommt und die somit Träger von Rechten

---

Personen vorgesehen, z.B. gegenüber Presseunternehmen, vgl. *Koch*, ZStW 1995, S. 405 ff. (406); *Zieschang*, ZStW 2003, S. 117 ff. (120).

169 So wurde das dogmatische Problem, ob juristische Personen überhaupt i.S.d. Strafrechts handlungsfähig sind und ihnen gegenüber ein Schuldvorwurf erhoben werden kann i.R.d. Gesetzgebungsverfahrens gar nicht erörtert, vgl. *Zieschang*, ZStW 2003, S. 117 ff. (122). Die eingeführte Verbandsstrafbarkeit wird von Rechtsprechung und Lehre gleichwohl als verfassungsrechtlich unproblematisch angesehen, vgl. *Koch*, ZStW 1995, S. 405 ff. (406). So sieht die französische Rechtsprechung hierdurch auch keine Abweichung von Art. 121–1 NCP, der das Prinzip der persönlichen strafrechtlichen Verantwortlichkeit als eine Grundregel des französischen Strafrechts festlegt, vgl. *Deckert*, in: Pieth/Ivory, Corporate Criminal Liability, S. 147 ff. (151 f.); *Pfützner*, in: Sieber/Cornils, Bd. 4, S. 391 ff. (391); *Hartan*, Unternehmensstrafrecht, S. 174 f.

170 Art. 121–2 NCP: *"(1) Les personnes morales, à l'exclusion de l'Etat, sont responsables pénalement, selon les distinctions des articles 121–4 à 121–7, des infractions commises, pour leur compte, par leurs organes ou représentants. (2) Toutefois, les collectivités territoriales et leurs groupements ne sont responsables pénalement que des infractions commises dans l'exercice d'activités susceptibles de faire l'objet de conventions de délégation de service public. (3) La responsabilité pénale des personnes morales n'exclut pas celle des personnes physiques auteurs ou complices des mêmes faits, sous réserve des dispositions du quatrième alinéa de l'article 121–3."* Art. 121–2 NCP: „(1) Juristische Personen, mit Ausnahme des Staates, sind nach den in Art. 121–4 bis 121–7 getroffenen Unterscheidungen für die für ihre Rechnung von ihren Organen oder Vertretern begangenen Taten strafrechtlich verantwortlich. (2) Die Gebietskörperschaften und ihre Zusammenschlüsse sind jedoch nur für diejenigen Taten strafrechtlich verantwortlich, die in Ausübung von Tätigkeiten begangen werden, welche Gegenstand einer Vereinbarung über die Übertragung von öffentlichen Aufgaben sein können. (3) Die strafrechtliche Verantwortlichkeit der juristischen Personen schließt diejenige der natürlichen Personen als Täter oder Teilnehmer derselben Taten nicht aus; dies gilt vorbehaltlich der Bestimmungen des vierten Absatzes des Art. 121–3." Übersetzung des NCP nach *Lüdicke*, Das französische Strafgesetzbuch.

und Pflichten sind.[171] Adressaten sind grundsätzlich auch ausländische Verbände, soweit französisches Strafrecht auf die Tat örtlich Anwendung findet.[172]

Auch in Frankreich erfordert eine Verbandssanktionierung die Anknüpfungstat einer natürlichen Person;[173] taugliche Täter sind die Organe und Vertreter eines Verbandes.[174] Nach der gesetzlichen Regelung des Art. 121–2 I NCP könnten Straftaten anderer Personen, wie insbesondere einfacher Angestellter, die Haftung des Verbandes mithin nicht begründen. Allerdings werden nach überwiegender Ansicht auch einfache Verbandsangehörige einbezogen, sofern diesen Aufgaben delegiert wurden beziehungsweise ein Organ oder Vertreter in Bezug auf deren Anknüpfungstat eine Aufsichtspflichtverletzung trifft.[175]

Eine Verbandshaftung kann grundsätzlich durch jede Anknüpfungstat begründet werden.[176] Art. 121–2 I NCP normiert jedoch einschränkend, dass die Tat „für die Rechnung" (*pour leur compte*) der juristischen Person begangen worden sein muss. Mit dem sinngemäß treffender als „zu Gunsten" der juristischen Person zu übersetzenden Erfordernis sollen bestimmte Handlungen als Bezugstaten ausgeschlossen

---

171 Vgl. *Pfützner*, in: Sieber/Cornils, Bd. 4, S. 391 ff. (397); *Hartan*, Unternehmensstrafrecht, S. 103; *H. Eidam/Eidam*, in: Eidam, Unternehmen und Strafe, Kapitel 5, Rn. 568. Ausdrücklich ausgenommen sind gem. Art. 121–2 II NCP der Staat sowie regionale Gebietskörperschaften, die unübertragbare Verwaltungsaufgaben erfüllen, *vgl. Koch*, ZStW 1995, S. 405 ff. (407 ff.).

172 Vgl. *Deckert*, in: Pieth/Ivory, Corporate Criminal Liability, S. 147 ff. (156); *Zieschang*, ZStW 2003, S. 117 ff. (122 f.); *Delmas-Marty*, in: Madrid-Symposium, S. 305 ff. (309 f.); *H. Eidam/Eidam*, in: Eidam, Unternehmen und Strafe, Kapitel 5, Rn. 568; *Hartan*, Unternehmensstrafrecht, S. 106.

173 Ob der Verbandsangehörige dabei selbst vorsätzlich, rechtswidrig und schuldhaft handeln muss oder es etwa auf eine Schuld der juristischen Person ankommt, ist in Frankreich umstritten und letztlich eine Frage des der Verbandshaftung zugrunde liegenden dogmatischen Haftungskonzepts, vgl. *Pradel*, in: Freiburg-Symposium,, S. 37 ff. (39 ff.); *Hartan*, Unternehmensstrafrecht, S. 160 ff. Vgl. auch *Pfützner*, in: Sieber/Cornils, Bd. 4, S. 391 ff. (400).

174 Umstritten ist, ob auch eine bloß faktische Stellung als Organ ausreicht, vgl. *Delmas-Marty*, in: Madrid-Symposium, S. 305 ff. (308 f.); *Pfützner*, in: Sieber/Cornils, Bd. 4, S. 391 ff. (401).

175 Vgl. *Deckert*, in: Pieth/Ivory, Corporate Criminal Liability, S. 147 ff. (160 f.) m.w.N.; *Delmas-Marty*, in: Madrid-Symposium, S. 305 ff. (308), die hierzu die im Individualstrafrecht entwickelte Strafbarkeit natürlicher Personen als Entscheidungsträger bei der Delegierung von Befugnissen auf die Haftung juristischer Personen überträgt; dem folgend *H. Eidam/Eidam*, in: Eidam, Unternehmen und Strafe, Kapitel 5, Rn. 570; *Koch*, ZStW 1995, S. 405 ff. (411); vgl. hierzu auch *Kolarik*, Verantwortlichkeit juristischer Personen, S. 168 f.

176 Das sog. „Prinzip der Spezialität", wonach eine Verbandshaftung nur in den per Gesetz oder Verordnung bezeichneten Fällen in Betracht kam, wurde zum 31.12.2005 abgeschafft und die Strafbarkeit juristischer Personen so als allgemeines strafrechtliches Prinzip implementiert, vgl. *Hartan*, Unternehmensstrafrecht, S. 97 ff.; *Pfützner*, in: Sieber/Cornils, Bd. 4, S. 391 ff. (399).

werden, die allein aus persönlichem Interesse oder für die eigene Rechnung und somit ohne inneren Bezug zum Kollektivinteresse begangen werden.[177] Haftungsbegründend sind demnach alle Fälle, in denen der Täter in seiner betrieblichen Funktion im verbandsmäßigen Interesse oder zum Vorteil der juristischen Person agiert beziehungsweise einen entsprechenden Vorteil anstrebt.[178]

bb) Rechtsfolgen

Die Einführung einer Strafhaftung juristischer Personen bedingte die Schaffung eines spezifischen Strafenregimes, welches in den Art. 131–37 bis 131–49 NCP durch einen eigenen Abschnitt über die Strafen für juristische Personen gesondert kodifiziert wurde. Hierbei wird hinsichtlich der jeweiligen Rechtsfolgen zwischen den Strafen für Verbrechen oder Vergehen (Art. 131–37 bis 131–39-1 NCP) und den Strafen für Übertretungen (Art. 131–40 bis 131-44-1 NCP) differenziert.[179]

Für Verbrechen und Vergehen ist nach Art. 131–37 I Nr. 1 NCP als Regelstrafe die Geldstrafe vorgesehen, deren Höhe unter Berücksichtigung der Tatumstände sowie der Einkünfte und Verpflichtungen der juristischen Person zu bestimmen ist.[180] Daneben sieht Art. 131–39 NCP einen umfangreichen Katalog besonderer Strafen vor, die nur Anwendung finden, soweit die Tatbestände der Anknüpfungstaten explizit auf sie verweisen.[181] Hierzu zählt die Auflösung des Kollektivs;[182] ein umfassendes

---

177 *Pradel*, in: Freiburg-Symposium, S. 37 ff. (49 ff.); *Pfützner*, in: Sieber/Cornils, Bd. 4, S. 391 ff. (401 f.); *Koch*, ZStW 1995, S. 405 ff. (411); *Hartan*, Unternehmensstrafrecht, S. 111; vgl. hierzu auch *Kolarik*, Verantwortlichkeit juristischer Personen, S. 164 f.

178 Im Einzelnen ist dabei umstritten, ob und inwieweit das Tatbestandsmerkmal neben einem objektiven auch ein subjektives Element erfordert beziehungsweise ausreichen lässt, vgl. *Koch*, ZStW 1995, S. 405 ff. (411); *Zieschang*, ZStW 2003, S. 117 ff. (125 f.); *Delmas-Marty*, in: Madrid-Symposium, S. 305 ff. (306 f.).

179 Je nach der (sich am Ausmaß des zugrunde liegenden Unrechts orientierenden) Höhe des angedrohten Strafrahmens unterscheidet das französische Recht zwischen Verbrechen, Vergehen und Übertretungen; ob die Tat für eine juristische Person ein Verbrechen, ein Vergehen oder eine Übertretung darstellt, richtet sich nach dem Charakter den die Tat bei Begehung durch eine natürliche Person hat, vgl. *Koch*, ZStW 1995, S. 405 ff. (414); *Hartan*, Unternehmensstrafrecht, S. 13 f.

180 Art. 132–24 NCP. Art. 131–38 NCP sieht begrenzend allerdings eine Höchstsumme vor.

181 So z.B. in Art. 221–7 NCP bei fahrlässiger Tötung; in Art. 222–21 NCP bei fahrlässiger Körperverletzung oder in Art. 313–9 NCP bei betrugsähnlichen Handlungen. Bei einem expliziten Verweis ist die einschlägige Sanktion des Art. 131–39 NCP dann jedoch zwingend anzuordnen. Wird in einer Strafnorm nicht ausdrücklich auf den Strafenkatalog des Art. 131–39 NCP verwiesen, ist die Strafe nach Art. 131–37 NCP regelmäßig eine Geldstrafe, vgl. *Pfützner*, in: Sieber/Cornils, Bd. 4, S. 391 ff. (402 f.).

182 Die Liquidation der juristischen Person darf als schärfste Strafe nur in besonders schweren Fällen und aus verfassungsrechtlichen Gründen nicht gegenüber juristischen Personen des öffentlichen Rechts verhängt werden, vgl. Art. 131–39

oder partielles Verbot der Ausübung beruflicher oder sozialer Tätigkeiten; die Anordnung einer gerichtlichen Aufsicht durch einen Verwalter; Betriebsschließungen; der Ausschluss von öffentlichen Aufträgen; das Verbot, Schecks auszustellen oder Zahlungskarten zu benutzen; die Einziehung von Tatmitteln und Tatprodukten; die öffentliche Verbreitung der Entscheidung.[183]

Bei Übertretungen stellt die primäre Sanktionsform ebenfalls eine Geldstrafe dar, Art. 131–40 I Nr. 1, 131–41 NCP. In gewissen Fällen sind gem. Art. 131–42 NCP alternativ jedoch auch rechtsentziehende oder rechtseinschränkende Sanktionen möglich, etwa in Form der Einziehung von Tatmitteln oder -produkten.[184]

cc) Rechtsnatur

Die Rechtsnatur der in Frankreich durch Art. 121–2 NCP implementierten Verantwortlichkeit juristischer Personen stellt sich (soweit ersichtlich) unbestritten als stringent kriminalstrafrechtliches Modell dar. Dies belegt neben dem expliziten Gesetzeswortlaut, wonach juristische Personen „strafrechtlich verantwortlich" sind, auch die Einfügung der maßgeblichen materiellen Vorschriften in das französische Strafgesetzbuch.[185] Dem entspricht auch die vom Gesetzgeber mit der Einführung einer Verbandsstrafbarkeit verfolgte Intention einer strafrechtlichen Gleichsetzung natürlicher und juristischer Personen, um auch Unternehmen dem öffentlichen Druck und der stigmatisierenden Wirkung der Ermittlungsmaßnahmen, des Strafverfahrens und letztlich des Strafurteils auszusetzen.[186]

f) Sanktionsrechtliche Verantwortlichkeit juristischer Personen in weiteren Mitgliedstaaten der EU

Bereits die Darstellung der verschiedenen nationalen Sanktionssysteme gegenüber juristischen Personen in Deutschland, Italien, Österreich und Frankreich machen die in Voraussetzungen und Rechtsfolgen teilweise stark abweichende Rechtslage innerhalb der EU deutlich. Die in weiteren Unionsstaaten bestehenden Haftungsmodelle sollen daher nur kurz aufgezeigt werden.[187]

II, S. 1 NCP; *Koch*, ZStW 1995, S. 405 ff. (414); *Deckert*, in: Pieth/Ivory, Corporate Criminal Liability, S. 147 ff. (168 f.).

183 Nach Art. 131-39-1 NCP kann bei einem Vergehen anstelle oder neben einer Geldstrafe zudem eine sog. „Wiedergutmachungsstrafe" i.S.d. Art. 131-8-1 NCP festgesetzt werden, wonach innerhalb eines festgesetzten Zeitraumes Entschädigungen zu leisten sind.

184 Nach Art. 131–43 NCP kann zudem die jeweilige Verordnung, welche eine Übertretung unter Strafe stellt, als Nebenstrafe weitere Zusatzstrafen ausdrücklich vorsehen.

185 I.d.S. auch *Kolarik*, Verantwortlichkeit juristischer Personen, S. 105 f.

186 *Hartan*, Unternehmensstrafrecht, S. 181.

187 Für einen ausführlicheren Überblick über die einschlägigen nationalen Rechtslagen in der EU vgl. *Kelker*, in: FS-Krey, S. 221 ff. (237 ff.); *Rogall*, in: KK-OWiG,

Den kontinentaleuropäischen Rechtsordnungen lag lange Zeit das Prinzip *societas delinquere non potest* als gemeinsame Maxime zugrunde. Bei allen Unterschieden im Detail lassen sich die heutigen mitgliedstaatlichen Haftungssysteme grob verschiedenen Gruppen zuordnen. Dabei ist insbesondere der Kreis der Länder, die eine Verbandshaftung in ihrem nationalen Kernstrafrecht implementiert haben, in den letzten Jahren stark gewachsen. Den Anfang machten die **Niederlande**, in denen Verbände seit 1950 beschränkt auf bestimmt Delikte und seit 1976 uneingeschränkt strafrechtlich verantwortlich sind.[188] Unter dem Eindruck des zunehmenden Schädigungspotenzials juristischer Personen sowie der internationalen Entwicklung folgten immer mehr Staaten diesem Vorbild und führten ebenfalls eine kriminalstrafrechtliche Verbandshaftung ein: Hierzu zählen unter anderem **Norwegen**, **Frankreich**, **Finnland**[189], **Dänemark**[190], **Slowenien**[191], **Belgien**[192], **Estland**, **Malta**, **Litauen**, Österreich, **Polen**[193], **Rumänien**, **Portugal**[194], **Slowakei**, **Spanien**[195], **Luxemburg**[196] und **Tschechien**[197]. Demgegenüber halten einige Unionsstaaten auch weiterhin an nicht-strafrechtlichen Sanktionen nach primär verwaltungsrechtlichen Grundsätzen fest. Neben **Deutschland** zählen hierzu auch **Griechenland**, **Bulgarien** und **Lettland**.[198] Schließlich sehen mehrere Staaten Sanktionssysteme vor, die eine dogmatische Zuordnung nicht eindeutig zulassen. So bestehen etwa in **Schweden**[199] Unternehmenssanktionen in Form von Nebenfolgen

---

§ 30, Rn. 263 ff.; *H. Eidam/Eidam*, in: Eidam, Unternehmen und Strafe, Kapitel 5, Rn. 507 ff.

188 Art. 51 I des niederländischen StGB, vgl. *H. Eidam/Eidam*, in: Eidam, Unternehmen und Strafe, Kapitel 5, Rn. 578 ff.; *Rödiger*, Strafverfolgung von Unternehmen, S. 90; *Rogall*, in: KK-OWiG, § 30, Rn. 270.

189 *Kelker*, in: FS-Krey, S. 221 ff. (241 f.); *H. Eidam/Eidam*, in: Eidam, Unternehmen und Strafe, Kapitel 5, Rn. 596 ff.

190 §§ 25 bis 27 des dänischen StGB; vgl. *Quante*, Sanktionsmöglichkeiten, S. 202 f.; *H. Eidam/Eidam*, in: Eidam, Unternehmen und Strafe, Kapitel 5, Rn. 587 ff.; *Rogall*, in: KK-OWiG, § 30, Rn. 265.

191 Vgl. *Kelker*, in: FS-Krey, S. 221 ff. (244).

192 Art. 5 des belgischen StGB, vgl. *H. Eidam/Eidam*, in : Eidam, Unternehmen und Strafe, Kapitel 5, Rn. 583 ff.; *Rogall*, in: KK-OWiG, § 30, Rn. 264.

193 Vgl. *H. Eidam/Eidam*, in: Eidam, Unternehmen und Strafe, Kapitel 5, Rn. 631 ff.; *Rogall*, in: KK-OWiG, § 30, Rn. 272.

194 Vgl. *Fernandes*, ZStW 2009, S. 1025 ff. (1033 f.); *H. Eidam/Eidam*, in: Eidam, Unternehmen und Strafe, Kapitel 5, Rn. 628 ff.

195 Art. 31 ff. des spanischen StGB; vgl. hierzu *Robles Planas*, ZIS 2012, S. 347 ff.; *H. Eidam/Eidam*, in: Eidam, Unternehmen und Strafe, Kapitel 5, Rn. 623 ff.

196 Vgl. *H. Eidam/Eidam*, in: Eidam, Unternehmen und Strafe, Kapitel 5, Rn. 586.

197 Vgl. *H. Eidam/Eidam*, in: Eidam, Unternehmen und Strafe, Kapitel 5, Rn. 633d ff.

198 *Engelhart*, eucrim 2012, S. 110 ff. (110); vgl. *Heine*, in: FS-Lampe, S. 577 ff. (579 f.).

199 Vgl. *Cornils*, in: Sieber/Cornils, Bd. 4, S. 476 ff. (480 ff.); *Rogall*, in: KK-OWiG, § 30, Rn. 273.

sui generis, wohingegen **Italien** und auch **Ungarn**[200] einen rechtlich mehrdeutigen Mittelweg zwischen Straf- und Verwaltungsrecht gewählt haben.

Schließlich ist kurz auf den insoweit eine Sonderstellung einnehmenden angelsächsischen Rechtskreis einzugehen.[201] So ist insbesondere in dem historisch dem angloamerikanischen Rechtsraum zugehörigen englischen Rechtssystem des *common law* eine strafrechtliche Verantwortung juristischer Personen bereits seit Beginn des 20. Jahrhunderts fest verwurzelt.[202] Zwar schließt auch das englische Schuldverständnis eine Verbandsstrafbarkeit grundsätzlich aus, maßgeblich von pragmatischen Erwägungen geleitet, hat die englische Rechtsprechung jedoch die Rechtsformen der sog. *„strict liability"* und *„vicarious liability"* entwickelt, die in bestimmten Fällen eine Strafhaftung von juristischen Personen und Verbänden anerkennen und mit Geldstrafen sanktionieren.[203] Die *„strict liability"* ermöglicht eine verschuldensunabhängige Haftung juristischer Personen, soweit bestimmte (insbesondere gemeinschädliche) Delikte im Unternehmenskontext verwirklicht werden.[204] In diesen Fällen kann bereits die Straftat eines einfachen Mitarbeiters eine strafrechtliche Verantwortlichkeit begründen. Im Rahmen verschuldensabhängiger Delikte sieht dagegen die *„vicarious liability"* nach der sog. Identifikationstheorie eine stellvertretende Verbandshaftung vor, soweit führende Leitungspersonen (*„heads and minds"*)[205] eine Straftat verwirklichen; die objektive und subjektive Tatseite werden dem Unternehmen danach als eigenes Fehlverhalten im Sinne einer *„alter-ego-doctrine"* zugerechnet.[206] Eine solche stellvertretende Verantwortlichkeit

---

200 Vgl. *Santha/Dobrocsi*, in: Pieth/Ivory, Corporate Criminal Liability, S. 313 ff. (316 ff.); *Kelker*, in: FS-Krey, S. 221 ff. (244).

201 Zu den relevanten Besonderheiten des angloamerikanischen Rechtskreises im Allgemeinen, vgl. *Quante*, Sanktionsmöglichkeiten, S. 191 ff. m.w.N.

202 Vgl. hierzu *Rogall*, in: KK-OWiG, § 30, Rn. 266; *Forster*, in: Sieber/Cornils, Bd. 4, S. 372 ff. (377 ff.); *Kolarik*, Verantwortlichkeit juristischer Personen, S. 46 ff. Eine systematische Zuordnung der verschiedenen Regelungen und der durch die Rechtsprechung entwickelten Haftungssysteme wird jedoch als nicht möglich bezeichnet, vgl. *Forster*, in: Sieber/Cornils, Bd. 4, S. 372 ff. (379); vgl. auch *Wells*, in: Pieth/Ivory, Corporate Criminal Liability, S. 91 ff. (91 f.).

203 *H.Eidam/Eidam*, in: Eidam, Unternehmen und Strafe, Kapitel 5, Rn. 604; *Wells*, in: Pieth/Ivory, Corporate Criminal Liability, S. 91 ff. (97 f.); vgl. *Kolarik*, Verantwortlichkeit juristischer Personen, S. 174 ff.

204 Hiervon erfasst sind insbesondere Delikte, die im öffentlichen Interesse verfolgt werden oder einen schweren gesellschaftlichen Schaden auslösen können; strafprozessual gilt dabei der Grundsatz, dass der Gesetzgeber für das jeweilige Delikt umso eher eine verschuldensunabhängige Strafbarkeit schaffen wollte, je schwieriger die Ermittlung der Wahrheit in dem konkreten Deliktsbereich ist, vgl. *H Eidam/Eidam*, in: Eidam, Unternehmen und Strafe, Kapitel 5, Rn. 604.

205 Hierzu zählen insbesondere die Direktoren und verantwortlichen Organe eines Unternehmens.

206 *Quante*, Sanktionsmöglichkeiten, S. 195 f.; *H. Eidam/Eidam*, in: Eidam, Unternehmen und Strafe, Kapitel 5, Rn. 605. Während die Identifikationstheorie ursprünglich auf

kann dabei auch durch Rechtsverstöße einfacher Mitarbeiter begründet werden, soweit diese als Gehilfen der Leitungspersonen im Rahmen delegierter Aufgaben schuldhaft agieren.[207] Nach dem *„Corporate Manslaughter and Corporate Homicide Act 2007"* kann ein Unternehmen ferner sanktioniert werden, wenn durch Verletzung unternehmensbezogener Pflichten der Tod eines Menschen verursacht wird und die Erfüllung der Pflichten nicht durch geeignete Maßnahmen gewährleistet war.[208] Eine eklatante Ausweitung der Unternehmenshaftung bewirkte schließlich das am 1. Juli 2011 in Kraft getretene britische Antikorruptionsgesetz.[209] Der *„UK Bribery Act"* sieht eine Strafbarkeit unter anderem vor, wenn bestimmte Bestechungshandlungen im Unternehmensinteresse durch diesen nahe stehende Personen begangen werden; wobei eine Exkulpation durch die Implementierung von geeigneten Anti-Korruptionsmaßnahmen möglich ist.[210] Besondere Relevanz erhält das Gesetz durch den potenziell weltweiten Geltungsbereich, indem bereits ein hinreichend enger Inlandsbezug, unter anderem in Form einer nachweisbaren Geschäftstätigkeit im Vereinigten Königreich, für eine extraterritoriale Sanktionsgewalt ausreichen kann. Auch ausländische Unternehmen können somit der Haftung unterfallen, soweit sie

---

den Bereich von Wirtschaftsstraftaten beschränkt war, hat die Rechtsprechung eine strafrechtliche Unternehmenshaftung heute für alle Tatbestände außer Mord anerkannt, *Rogall*, in: KK-OWiG, § 30, Rn. 266.

207 Ähnlich der deutschen Rechtslage nach § 130 OWiG kann sich das Unternehmen in diesen Fällen jedoch durch den Nachweis einer hinreichenden Aufsicht und Kontrollen gegenüber untergeordneten Mitarbeitern entlasten, vgl. *H. Eidam/Eidam*, in: Eidam, Unternehmen und Strafe, Kapitel 5, Rn. 606.

208 Eine strafrechtliche Unternehmensverantwortlichkeit ist danach insbesondere auch dann möglich, wenn kein individuelles Fehlverhalten einer natürlichen Person nachgewiesen werden kann, es kommt vielmehr auf eine für den Erfolg ursächliche fehlerhafte Organisation an, vgl. *Rogall*, in: KK-OWiG, § 30, Rn. 266; *Forster*, in: Sieber/Cornils, Bd. 4, S. 372 ff. (378, 382 f.). Vgl. auch das Gesetz für Gesundheit und Sicherheit am Arbeitsplatz (Health and Safety at Work etc. Act 1974), wonach der Arbeitgeber verpflichtet ist, Gesundheit, Sicherheit und Wohlergehen von Arbeitnehmern und betroffenen Dritten zu gewährleisten und das Unternehmen bei durch grobe Sorgfaltspflichtverletzungen verursachten Todesfällen nach dem Corporate Manslaughter and Corporate Homicide Act sanktioniert werden kann, vgl. *H. Eidam/Eidam*, in: Eidam, Unternehmen und Strafe, Kapitel 5, Rn. 608.

209 Die Praxisrelevanz des Gesetzes ist in Bezug auf die Sanktionierung juristischer Personen derzeit jedoch eher gering. So wurden bislang tatsächlich nur wenige Verurteilungen nach dem Bribery Act ausgesprochen, welche zudem überwiegend nur die beteiligten natürlichen Personen betrafen, vgl. hierzu *Süße/Püschel*, CCZ 2016, S. 131 ff.

210 *Rogall*, in: KK-OWiG, § 30, Rn. 266; *H. Eidam/Eidam*, in: Eidam, Unternehmen und Strafe, Kapitel 5, Rn. 609 ff. m.w.N.; vgl. hierzu auch *Wells*, in: Pieth/Ivory, Corporate Criminal Liability, S. 91 ff. (106 ff.).

lediglich im Inland geschäftlich agieren.[211] Als mögliche Unternehmenssanktionen sind Geldstrafen, Vermögensabschöpfungen sowie der Ausschluss von öffentlichen Aufträgen vorgesehen.[212]

g) *Zwischenergebnis*

Die in den nationalen Rechtsordnungen der europäischen Mitgliedstaaten vorgesehene Verantwortlichkeit juristischer Personen hat einen elementaren Wandel vollzogen, wobei eine Erosion des Grundsatzes *societas delinquere non potest* zu beobachten ist. Trotz der inhaltlichen Legislativvorgaben seitens der EU und dem Unionsziel eines gemeinsamen Rechtsraumes ist es hierbei jedoch nicht gelungen, ein einheitliches Konzept abgestimmter Haftungssysteme zu entwickeln, sondern wurden in Haftungsvoraussetzungen und Rechtsfolgen zum Teil inkongruente Modelle implementiert. Unterschiede bestehen neben den verschiedenen Rechtsfolgen insbesondere im Hinblick auf die Rechtsnatur der jeweiligen nationalen Haftungsregime, wobei die konkrete dogmatische Zuordnung innerstaatlich oft umstritten und nicht immer zweifelsfrei möglich ist. Insofern ist bemerkenswert, dass ähnliche Regelungen teils als Strafrecht, teils als Verwaltungsrecht mit pönalem Einschlag, teils als Sanktionsspur *sui generis* firmieren. Es scheint daher, als folgten sie oft weniger systematischen und dogmatischen Prinzipien als vielmehr politischen und pragmatischen Zielvorgaben.[213]

Auf der anderen Seite hat sich indes gezeigt, dass die Bedingungen der Haftungsbegründung gegenüber juristischen Personen sowie die zentralen Sanktionsinstrumentarien im Kern oft ähnlichen Grundstrukturen folgen und dabei in ihrer abstrakten Systematik Gemeinsamkeiten aufweisen. So wird als haftungsbegründender Rechtsverstoß in der Regel die verbandsbezogene Anknüpfungstat einer natürlichen Person gefordert, wobei zum Teil auch dem Verband selbst vorgeworfene Organisationsmängel eine Voraussetzung der sanktionsrechtlichen Verantwortlichkeit darstellen. Insofern lassen sich zwei grundsätzliche Konzeptionen der Haftungsbegründung unterscheiden, wonach überwiegend auf eine zugerechnete Tat einer natürlichen Verbandsperson und zum Teil (auch) auf ein originäres Verbandsunrecht abgestellt wird.[214] Hierbei ist eine Sanktionierung jeweils auch gegenüber ausländischen Unternehmensträgern möglich, soweit deren strukturelle Verfassung der eines inländischen Verbandes gleichkommt und der im Einzelfall maßgebliche Rechtsverstoß einer inländischen Sanktionsgewalt unterliegt.

---

211 *Daniel/Rubner*, NJW-Spezial 2011, S. 335 f. (335); *H. Eidam/Eidam*, in: Eidam, Unternehmen und Strafe, Kapitel 5, Rn. 613 ff. Hierfür ist bereits eine einmalige Kundenbeziehung im Vereinigten Königreich ausreichend, *Weiß*, ZWH 2014, S. 289 ff. (290).

212 Zu den Rechtsfolgen gegenüber juristischen Personen vgl. *Weiß*, ZWH 2014, S. 289 ff. (291 f.); *Forster*, in: Sieber/Cornils, Bd. 4, S. 372 ff. (385 f.).

213 *Heine*, in: FS-Lampe, S. 577 ff. (582).

214 Vgl. hierzu weiterführend nachstehend **Teil 1, II., 2., a), aa).**

Im Rahmen des eingangs geschilderten Beispielsfalles der Windkraft AG erfüllt der Rechtsverstoß des Geschäftsführers G danach in allen beteiligten Staaten die materiellen Voraussetzungen einer sanktionsrechtlichen Haftung der AG selbst: Der Betrug des G zur Bereicherung der Windkraft AG stellt sowohl in Deutschland, Österreich und Frankreich eine taugliche Anknüpfungsstraftat einer verbandszugehörigen Leitungsperson dar, durch welche die juristische Person zu ihrem Vorteil bereichert worden ist; gelingt der AG keine Exkulpation durch den Nachweis einer adäquaten Umsetzung von Compliance-Maßnahmen, sind die Haftungsvoraussetzungen auch in Italien erfüllt. Die materiellen Voraussetzungen von § 30 I OWiG, § 3 I, II VbVG, Art. 5 I D.Lgs. 231/2001 und Art. 121-2 I NCP liegen demnach vor.

Allerdings drohen der Windkraft AG aufgrund der Bezugstat des G unterschiedliche Rechtsfolgen: In Deutschland ist als zentrale Sanktion eine monetäre Verbandsgeldbuße vorgesehen; in Italien kann es neben Geldsanktionen auch zur Veröffentlichung des Urteils oder zu Untersagungssanktionen – etwa in Form von Tätigkeitsverboten, Genehmigungsaufhebungen oder Vertragsverboten – kommen; in Österreich besteht neben einer Geldbuße die Möglichkeit von Weisungen zur Schadensrestitution oder zur Implementierung von Präventivmaßnahmen; in Frankreich drohen neben einer Geldstrafe etwa auch Tätigkeitsverbote, die Anordnung einer gerichtlichen Aufsicht, Betriebsschließungen oder gar die Auflösung des Verbandes insgesamt.

Zudem unterscheidet sich die Verbandshaftung in den betroffenen Staaten nach ihrer Rechtsnatur: Während in Deutschland eine dem Ordnungsunrecht zugeordnete nichtkriminalstrafrechtliche Haftung besteht, ist in Frankreich und Österreich nach überwiegender Ansicht eine Verbandsstrafbarkeit kriminal-strafrechtlicher Natur normiert, wohingegen in Italien eine zwischen dem Straf- und Verwaltungsrecht angesiedelte Verbandshaftung vorgesehen ist.

Erfüllt die Anknüpfungstat des G demnach zwar abstrakt die materiellen Haftungsvoraussetzungen aller vier Staaten, erfordert eine jeweilige tatsächliche Sanktionsgewalt gegenüber der Windkraft AG allerdings darüber hinaus, dass auch prozessual nach den nationalen Sanktionsanwendungsregelungen eine räumliche Verfolgungskompetenz in Bezug auf die konkrete Verbandstat der AG gegeben ist. Insofern ist die Frage der räumlichen Anwendbarkeit der mitgliedstaatlichen Sanktionsnormen von der Frage ihrer tatbestandlichen Verwirklichung zu unterscheiden.

In welchen Fällen eine solche innerstaatliche Verfolgungszuständigkeit gegenüber juristischen Personen besteht, inwiefern sich hierbei die vorstehend aufgezeigten Divergenzen der sanktionsrechtlichen Verbandshaftung auswirken und wie es im Rahmen grenzüberschreitender Sachverhalte danach zu Jurisdiktionskonflikten im Unternehmenskontext kommen kann, soll nachstehend untersucht werden.

2. Verfolgungszuständigkeiten gegenüber juristischen Personen

Nachdem die Grundsätze der sanktionsrechtlichen Verbandsverantwortlichkeit in den europäischen Mitgliedstaaten vorstehend dargestellt wurden, ist nunmehr zu prüfen, wie es auf dieser Grundlage nach den nationalen Sanktionsanwendungsrechten zu mehrfachen Zuständigkeiten gegenüber juristischen Personen kommen kann und welche verbandsspezifischen Besonderheiten hierbei zu beachten sind. Hierzu werden nachfolgend zunächst die Grundlagen der nationalen Sanktionsgewalten im Kontext der Verbandshaftung erörtert, bevor exemplarische mitgliedstaatliche Sanktionsanwendungsregelungen untersucht werden.

a) Sanktionsgewalten im Kontext der Verbandsverantwortlichkeit

In welchen Fällen eine Kompetenz zu der Verfolgung von Verbandstaten besteht, richtet sich nach dem jeweiligen nationalen Sanktionsanwendungsrecht der Mitgliedstaaten. Als originärer Ausfluss der staatlichen Souveränität bestimmt jedes Land grundsätzlich selbst, auf welche Rechtsverstöße die eigene Sanktionsgewalt inhaltlich sowie räumlich Anwendung findet.[215] Das Sanktionsanwendungsrecht normiert insofern, auf welche Lebenssachverhalte ein Staat seine Verbots- und Sanktionsgewalt generell erstreckt. Als Teil der innerstaatlichen Rechtsordnungen legen die einschlägigen Regelungen den Umfang und die Grenzen des räumlichen Anwendungsbereiches der nationalen Sanktionsnormen einseitig fest, ohne hierbei womöglich koexistierende Zuständigkeiten anderer Staaten auszuschließen.[216]

---

215 Es wird insofern zwischen verschiedenen Ausprägungen der Sanktionsgewalt eines Staates differenziert: Während die sog. *jurisdiction to prescribe* die Kompetenz zur normativen Pönalisierung eines bestimmten Verhaltens beschreibt (Rechtsetzungsgewalt), meint die sog. *jurisdiction to adjudicate* die Befugnis, Personen oder Sachen in Umsetzung dieser Normen der eigenen staatlichen Gerichtsbarkeit zu unterwerfen (Rechtsprechungsgewalt) und die sog. *jurisdiction to enforce* die staatliche Gewalt zur Durchsetzung und Ahndung von Zuwiderhandlungen gegen die eigene Rechtsordnung (Vollzugsgewalt), vgl. *Jeßberger*, Der transnationale Geltungsbereich, S. 9 ff.; *Rekate*, Die Vermeidung von Jurisdiktionskonflikten, S. 62 ff.; *Böse*, in: FS-Wolter, S. 1311 ff. (1315). Der räumlichen Reichweite des materiellen nationalen Sanktionsrechts korrespondiert dabei grundsätzlich auch die Verfolgungsbefugnis, so dass in diesen Fällen der Rechtsetzungs- die Rechtsprechungs- und schließlich die Vollzugsgewalt folgt, vgl. *Schneider*, in: Brodowski et al., Regulating Corporate Criminal Liability, S. 249 ff. (249 f.); *Böse/Meyer/Schneider*, in: Böse/Meyer/Schneider, Conflicts of Jurisdiction, Vol. I, S. 411 ff. (425 ff.). Der Anwendbarkeit des materiellen Rechts wird nachfolgend daher grundsätzlich die Verfolgungs- und Sanktionskompetenz gleichgestellt und insofern keine weitere Differenzierung vorgenommen.

216 *Ambos*, § 1, Rn. 1 ff.; *Satzger*, § 3, Rn. 4; *Hecker*, 2, Rn. 2.

In Ausübung eigener Hoheitsgewalt kann jeder Staat folglich grundsätzlich selbst über den Umfang seiner Sanktionskompetenzen disponieren; eine diesbezüglich unbeschränkte Autonomie folgt hieraus gleichwohl nicht.[217] Vielmehr sind einer ausufernden Geltendmachung der nationalen Verbots- und Sanktionsgewalten völkerrechtliche Grenzen gesetzt. So folgt aus dem völkergewohnheitsrechtlich anerkannten und nunmehr in Art. 2, Nr. 1 der UN-Charta ausdrücklich normierten Grundsatz der souveränen Gleichheit aller Staaten das sog. zwischenstaatliche Nichteinmischungsgebot, wonach die Souveränität und territoriale Integrität der anderen Staaten zu beachten und zu respektieren ist.[218] Die Hoheitsgewalt eines jeden Staates ist demnach grundsätzlich auf das eigene Staatsgebiet beschränkt, ein unberechtigter Eingriff in fremde Gebietshoheit stellt daher eine völkerrechtswidrige Intervention dar.[219] Die rechtmäßige Inanspruchnahme extraterritorialer (Straf-)Gewalt erfordert deshalb stets einen legitimierenden Anknüpfungspunkt (sog. *„genuine link"*) zwischen dem zu sanktionierenden Sachverhalt und dem intervenierenden Staat, um eine Verletzung fremder Souveränität zu vermeiden.[220] Diesen völkerrechtlichen Rahmen müssen die nationalen Rechtsordnungen beachten, wobei verschiedene legitimierende Anknüpfungspunkte anerkannt sind:

Primärer Grundsatz und allen Staaten der EU gemeinsamer Ausgangspunkt ist das **Territorialitätsprinzip**. Aufgrund der eigenen Gebietshoheit kann ein Land seine Sanktionsgewalt auf alle Sachverhalte erstrecken, die sich auf seinem Staatsgebiet ereignen,[221] wobei der Tatort nach dem sog. Ubiquitätsprinzip regelmäßig Handlungs- und Erfolgsort einer Tat umfasst.[222] Das **aktive Personalitätsprinzip** ermöglicht (als Ausdruck der Personalhoheit über das eigene Volk)

---

217 Es besteht mithin keine grenzenlose Kompetenz-Kompetenz, vgl. *Satzger*, § 4, Rn. 2 m.w.N.

218 *Marauhn/Simon*, in: Sinn, Jurisdiktionskonflikte, S. 21 ff. (22 ff.); *Rekate*, Die Vermeidung von Jurisdiktionskonflikten, S. 57 ff.; *Ambos*, § 2, Rn. 2 ff.; *Werle*, Völkerstrafrecht, Rn. 214.

219 Vgl. die sog. Lotus-Entscheidung des IGH vom 7. September 1927, PCIJ, Series A., Nr. 10, 18 f.; *Hecker*, 2, Rn. 9. Entsprechende Grundsätze gelten dabei nicht nur im Bereich des Strafrechts i.e.S., sondern sämtliche Ausübung von Hoheitsgewalt (und somit auch ordnungsrechtliche Sanktionen) müssen grundsätzlich einen Inlandsbezug aufweisen, vgl. *Schneider*, ZIS 2013, S. 488 ff. (490 f.) m.w.N.

220 Vgl. hierzu die sog. Nottebohm-Entscheidung des IGH vom 06. April 1955, ICJ Rep. 1955, 4, 23 ff. sowie BVerfGE 63, 343 (369); *Satzger*, § 4, Rn. 2.

221 *Jeßberger*, Der transnationale Geltungsbereich, S. 225 ff.; *Ambos*, § 3, Rn. 4 ff.; *Satzger*, § 4, Rn. 5.

222 *Satzger*, International Criminal Law, § 4, Rn. 7; *Hecker*, 2, Rn. 12 ff. Anders lange Zeit in England, vgl. *Böse/Meyer/Schneider*, in: Böse/Meyer/Schneider, Conflicts of Jurisdiction, Vol. I, S. 411 ff. (412 f.). Als Abwandlung des Territorialitätsprinzips ist das **Flaggenprinzip** zu nennen, wonach Handlungen an Bord eines Schiffes oder Luftfahrzeugs, welches berechtigt ist, die Flagge bzw. das Staatszugehörigkeitszeichen des jeweiligen Staates zu führen, ebenfalls als auf dem jeweiligen Staatsterritorium begangen gelten, vgl. *Satzger*, § 4, Rn. 6.

eigene Staatsangehörige auch bei Auslandstaten innerstaatlicher Sanktionsgewalt zu unterwerfen;[223] wohingegen nach dem **passiven Personalitätsprinzip** eine Zuständigkeit bei Taten gegen eigene Staatsangehörige besteht.[224] Anerkannt sind zudem das sog. (Staats-)**Schutzprinzip** bei Tangierung der staatlichen Integrität, inländischer Institutionen sowie nationaler Interessen,[225] das **Weltrechtsprinzip** bei Taten gegen universelle Rechtsgüter und Sicherheitsinteressen[226] und das sog. **Prinzip der stellvertretenden Strafrechtspflege**, wonach eine Tat in Stellvertretung des eigentlich zuständigen Staates verfolgt werden kann, wenn dieser tatsächlich oder rechtlich an der Durchsetzung seines Sanktionsanspruches gehindert ist.[227]

Voraussetzung für eine im Einzelfall bestehende Sanktionsgewalt eines Landes ist demnach, dass im Hinblick auf den konkreten Rechtsverstoß ein im vorstehenden Sinne legitimierender Anknüpfungspunkt besteht, der sich in den jeweiligen innerstaatlichen Sanktionsanwendungsvorschriften widerspiegelt.[228]

In Bezug auf die Verfolgungs- und Sanktionszuständigkeit gegenüber Verbänden ist allerdings zu beachten, dass – obwohl in allen EU-Mitgliedstaaten Sanktionen gegen juristische Personen festgesetzt werden können – die jeweiligen nationalen Rechtsordnungen weitgehend keine spezifischen Regelungen zur Bestimmung der diesbezüglichen Sanktionsgewalt enthalten. Auch im Rahmen verbandsbezogener Rechtsverstöße ist daher grundsätzlich auf die vorstehend skizzierten allgemeinen Grundsätze der mitgliedstaatlichen Sanktionsanwendungsrechte zurückzugreifen. Da diese jedoch überwiegend für natürliche Personen konzipiert worden sind, fragt sich, ob und inwiefern hierbei etwaige unternehmensspezifische Besonderheiten zu berücksichtigen sind, um den Eigenheiten der Verbandsverantwortlichkeit

---

223 *Satzger*, § 4, Rn. 7 f.; *Ambos*, § 3, Rn. 39 ff.; *Hecker*, 2, Rn. 43 f.

224 *Ambos*, § 3, Rn. 70 ff; *Satzger*, § 4, Rn. 9, 11. Das passive Personalitätsprinzip wird teilweise auch als ein Unterfall des Schutzprinzips bezeichnet.

225 Vgl. *Ambos*, § 3, Rn. 67 f. Als Erweiterung des (Staats-)Schutzprinzips wird innerhalb der EU neuerdings das sog. **Unionsschutzprinzip** anerkannt, wonach bei der Bedrohung unionaler Interessen und Rechtsgüter ebenfalls eine Verfolgungskompetenz sämtlicher Mitgliedstaaten bestehen soll, vgl. *Satzger*, § 4, Rn. 18; *Wörner/Wörner*, in: Sinn, Jurisdiktionskonflikte, S. 203 ff. (214).

226 *Satzger*, § 4, Rn. 12 ff.; *Ambos*, § 3, Rn. 92 ff.

227 *Ambos*, § 3, Rn. 115 ff.; *Hecker*, 2, Rn. 53 f. Daneben hat sich der Begriff des sog. **Kompetenzverteilungsprinzips** etabliert, wonach die Zuständigkeit eines Staates auch durch völkerrechtliche Vereinbarungen festgelegt werden kann, vgl. *Hecker*, 2, Rn. 57 ff.; letztlich handelt es sich hierbei jedoch nicht um einen die Sanktionsgewalt einseitig ausdehnenden legitimierenden Anknüpfungspunkt, sondern um Mechanismen zur Koordinierung der bestehenden Prinzipien, vgl. *Satzger*, § 4, Rn. 17; *Ambos*, § 3, Rn. 128.

228 I.R.d. europäischen Rechtsraumes ist die umfassende Geltung dieser Prinzipien heute jedoch nicht mehr unumstritten; so wird z.T. vertreten, dass das aktive und passive Personalitätsprinzip für sich gesehen gegen das Diskriminierungsverbot des Art. 18 AEUV verstoßen, vgl. *Böse*, in: Böse/Meyer/Schneider, Conflicts of Jurisdiction, Vol. II, S. 43 ff. (45 ff., 58 ff.).

Rechnung zu tragen.[229] So ist mit Blick auf das Territorialitätsprinzip und das Personalitätsprinzip insbesondere fraglich, wie der Handlungsort einer Verbandstat zu lokalisieren ist, inwiefern die Nationalität juristischer Personen maßgeblich ist und ob sich hierbei die verschiedenen dogmatischen Ansätze der Haftungsbegründung auswirken. Bevor daher nationale Sanktionsanwendungsregelungen dargestellt werden, sind die insofern zu beachtenden Eigenheiten der Haftung juristischer Personen als abstrakte und allgemeingültige Vorfragen zu erläutern.

Im Fall der Windkraft AG besteht durch die Nationalität des Täters G (Deutschland), den Sitz der AG (Frankreich), den Täuschungsort (Österreich) sowie den Ort des Schadenseintrittes (Italien) ein Berührungspunkt zu jedem der vier Länder. Fraglich ist mithin, ob hierdurch nach den nationalen Vorschriften jeweils ein legitimierender Anknüpfungspunkt besteht, so dass es gegenüber der Windkraft AG zu kumulativen Verfolgungszuständigkeiten in derselben Sache kommen würde.

Hierfür kommt es entscheidend auch auf die Frage an, ob und inwiefern sich die systematischen Besonderheiten und die dargestellten nationalen Unterschiede der Verbandshaftung auf die Bestimmung des zuständigen Staates auswirken. So fragt sich für Deutschland und Österreich etwa, ob die Nationalität und der Handlungsort der natürlichen Verbandsperson auch in Bezug auf die Verfolgung des Verbandes selbst maßgeblich sind. Für Frankreich stellt sich dagegen die Frage, inwieweit der Sitz der juristischen Person bei Bestimmung der Zuständigkeiten Berücksichtigung findet.

aa) Tatortbestimmung gegenüber juristischen Personen

Das originär auf der staatlichen Hoheitsgewalt basierende Territorialitätsprinzip stellt für die Begründung der Verfolgungs- und Sanktionskompetenz auf den im Inland liegenden Ort der Tatbestandsverwirklichung ab. Während dieser bei natürlichen Personen unter Geltung des Ubiquitätsprinzips verhältnismäßig einfach als Handlungs- beziehungsweise Erfolgsort des jeweiligen Deliktes zu lokalisieren ist, ist bei juristischen Personen fraglich, wie der konkrete Tatort von Verbandstaten zu bestimmen ist und auf welchen Rechtsverstoß es diesbezüglich ankommt.

Denn wie durch die vorstehenden Darstellungen deutlich geworden ist, begründen nach den nationalen Sanktionssystemen in der Regel Rechtsverstöße von Unternehmensangehörigen eine Haftung des Verbandes selbst. Es stellt sich daher die Frage, ob für die Feststellung des Tatortes auf das Verhalten einer verbandszugehörigen natürlichen Person abzustellen oder aber ein unmittelbar der juristischen Person vorgeworfener Rechtsverstoß maßgeblich ist. Dies hängt wiederum entscheidend davon ab, wie die jeweilige nationale Verbandshaftung dogmatisch

229 Zu beachten ist insofern, dass die Sanktionssysteme der Mitgliedstaaten grundsätzlich keine Begrenzung auf nur nationale juristische Personen enthalten und auch ausländische Verbände erfassen, soweit das innerstaatliche Recht nach dessen Sanktionsanwendungsvorschriften generell eingreift, vgl. bereits **Teil 1, II., 1.**; *Britz*, in: Volk, § 5, Rn. 11.

konstruiert ist und was dieser jeweils als maßgeblicher Sanktionsgrund zugrunde gelegt wird: Ob der Rechtsverstoß einer natürlichen Person zugerechnet oder ein eigenständiger Vorwurf gegenüber der juristischen Person selbst erhoben wird.

Bei allen Unterschieden im Detail lassen sich im Rechtsraum der EU zwei grundsätzliche Konzeptionen der sanktionsrechtlichen Haftungsbegründung gegenüber juristischen Personen und Personenverbänden unterscheiden:[230] Ein Zurechnungsmodell, welches eine akzessorische Haftung des Verbandes durch die Zurechnung des von einer natürlichen Person begangenen Rechtsverstoßes begründet, sowie der Ansatz einer originären Verbandsverantwortlichkeit, bei dem der Strafgrund (auch) in einem selbstständigen Verbandsunrecht gesehen und diesem gegenüber gleichermaßen ein haftungsbegründender Vorwurf erhoben wird.[231]

Zunächst ist zu konstatieren, dass die Bestimmung des Erfolgsortes im Verbandskontext nicht mehr Probleme bereitet als im Rahmen der Sanktionierung von natürlichen Personen.[232] Der Ort, an dem ein tatortbegründender tatbestandlicher Erfolg eintritt, unterscheidet sich zwischen einer individuellen oder korporativen Tat nicht, so dass insofern keine Besonderheiten bestehen.[233]

Anders stellt sich die Situation hingegen bei der Bestimmung des Handlungsortes (aktives Tun oder Unterlassen) dar. Es ist insofern zu untersuchen, wie dieser in Bezug auf Verbandstaten zu lokalisieren ist und ob zwischen den Grundmodellen der konzeptionellen Verbandsverantwortlichkeit Unterschiede bestehen.

Die Zurechnungsmodelle gehen im Grundsatz davon aus, dass dem Verband die Anknüpfungstaten natürlicher Personen als eigene zugerechnet werden und kommen so zu einer weitgehenden Gleichsetzung von individueller und kollektiver Verantwortlichkeit; zusätzliche Deliktsvoraussetzungen auf der Seite des Unternehmens sind demnach nicht erforderlich. Ein solcher Ansatz ist in der Union am weitesten verbreitet.[234] Hierzu können sowohl die Auffassungen gezählt werden, die eine Handlungsfähigkeit juristischer Personen verneinen, als auch diejenigen, die Verbände selbst für handlungsfähig halten, da auch hiernach stets die konkrete Handlung einer natürlichen Person zugerechnet beziehungsweise der des Kollektivs

---

230 Vgl. insofern bereits **Teil 1, II., 1., g).**

231 Vgl. *Trüg*, wistra 2010, S. 241 ff. (242); *Beckemper*, in: Kempf/Lüderssen/Volk, Unternehmensstrafrecht, S. 277 ff. (278 ff.). Zu der Entwicklung derartiger Haftungsmodelle vgl. auch *Engelhart*, in: Brodowski et al., Regulating Corporate Criminal Liability, S. 53 ff. (60 ff.).

232 Allerdings ist umstritten, welche Erfolge der jeweiligen Delikte den Tatort begründen können; ob z. B. der Eintritt einer abstrakten oder konkreten Gefahr oder der einer objektiven Bedingung hierfür ausreicht, vgl. *Böse/Meyer/Schneider*, in: Böse/Meyer/Schneider, Conflicts of Jurisdiction, Vol. I, S. 411 ff. (413); *Heine*, in: Hettinger, Bd. 3, S. 149 f.

233 *Schneider*, in: Brodowski et al., Regulating Corporate Criminal Liability, S. 249 ff. (254) m.w.N.

234 Z.B. in Deutschland, § 30 OWiG, und Frankreich, Art. 121–2 NCP; vgl. *Heine*, in: FS-Lampe, S. 577 ff. (583 f.).

gleichgesetzt wird.[235] Die Konsequenz einer solchen Zurechnungslösung ist, dass die jeweilige Tatbestandsverwirklichung durch eine natürliche Person in all ihren haftungsbegründenden Umständen der Verbandssanktionierung zugrundegelegt wird. Folglich kommt es für die Bestimmung des Tatortes der Verbandstat allein auf den Tatort der Anknüpfungstat und die insofern maßgeblichen Grundsätze an. Der zur Tatortbestimmung im Sinne des Ubiquitätsprinzips zu lokalisierende Handlungsort der Unternehmenstat entspricht mithin dem der natürlichen Person, so dass allein auf deren Ort der Handlung abzustellen ist und die allgemeinen mitgliedstaatlichen Sanktionsanwendungsvorschriften auch im Rahmen von verbandsbezogenen Rechtsverstößen normal Anwendung finden.[236] Danach sind insbesondere auch im Ausland operierende juristische Personen für die von ihren Mitarbeitern dort begangenen Rechtsverstöße haftbar; unabhängig davon, ob im Inland eine vergleichbare Verantwortlichkeit bestehen würde und dies selbst dann, wenn der Verband im Tatortstaat über keinerlei rechtlich verselbstständigte Strukturen, Vermögenswerte oder inländisches Personal verfügt.

Die Modelle einer originären Verbandshaftung lösen sich hingegen davon, die Verantwortlichkeit juristischer Personen (ausschließlich) über die Zurechnung des Verhaltens natürlicher Person zu begründen; es findet insofern eine Verlagerung des Unwertes statt.[237] Wesentlicher Sanktionsgrund soll danach nicht mehr die Anknüpfungstat sein, sondern (auch) eine autonome Pflichtverletzung des Unternehmens selbst in Form einer mangelhaften inneren Organisationsstruktur, die dem Verband im Sinne eines eigenen Organisationsverschuldens vorgeworfen wird.[238] Entsprechende Elemente sind zum Beispiel in die italienischen sowie österreichischen Haftungssysteme eingeflossen.[239] Legt man der Bestimmung des Tatortes

---

235 Vgl. insofern *Otto*, Jura 1998, S. 409 ff. (415); *Hirsch*, ZStW 1995, S. 285 ff. (288 f.); *Bahnmüller*, Strafrechtliche Unternehmensverantwortlichkeit, S. 20 ff.

236 *Schneider*, in: Brodowski et al., Regulating Corporate Criminal Liability, S. 249 ff. (255); *BMJ*, in: Hettinger, Bd. 3, S. 176 ff.; *Böse/Meyer/Schneider*, in: Böse/Meyer/Schneider, Conflicts of Jurisdiction, Vol. I, S. 411 ff. (414) – (speziell für: Frankreich: *Lelieur*, S. 107 ff. (114); Italien: *Militello/Mangiaracina*, S. 259 ff. (263); Niederlande: *Wolswijk*, S. 329 ff. (333); Finnland: *Frände/Helenius*, S. 63 ff. (67 f.); Litauen: *Svedas*, S. 295 ff. (300 f.); Spanien: *Martín/García-Moreno*, S. 387 ff. (392), jeweils in: Böse/Meyer/Schneider, Conflicts of Jurisdiction, Vol. I).

237 Vgl. *Heine*, in: FS-Lampe, S. 577 ff. (588 f.).

238 Vgl. *Dannecker*, GA 2001, S. 101 ff. (111); *Beckemper*, in: Kempf/Lüderssen/Volk, Unternehmensstrafrecht, S. 277 ff. (278 f.); vgl. auch *Heine*, in: Hettinger, Bd. 3, S. 127 ff. In diesen Fällen gilt jedoch ein anderer Schuldbegriff als der des deutschen Strafrechts, vgl. *Trüg*, wistra 2010, S. 241 ff. (242); *Heine/Weißer*, in: Schönke/Schröder, Vor §§ 25 ff., Rn. 129; vgl. *BMJ*, in: Hettinger, Bd. 3, S. 155.

239 In Italien ist gem. Art. 6, 7 D.Lgs. 231/2001 die Implementierung adäquater Organisationsstrukturen bei der Begründung der Verbandsverantwortlichkeit zu berücksichtigen, vgl. **Teil 1, II., 1., c), aa)**; vgl. zu der hieraus resultierenden Frage der dogmatischen Haftungskonstruktion *Kuhlmann*, Verbandssanktionierung in Italien, S. 29 ff. m.w.N.; *Cravetto/Zanalda*, in: Brodowski et al., Regulating Corporate

einen solchen Ansatz zugrunde, fragt sich, ob der Handlungsort nicht ebenfalls unabhängig von der Tat einer natürlichen Person, und (jedenfalls auch) anhand des der juristischen Person selbst vorgeworfenen Verstoßes zu bestimmen ist.[240] Danach käme es im Rahmen der nationalen Sanktionsanwendungsregeln nicht mehr auf den (tatbestandsverwirklichenden) Handlungsort der natürlichen Person, sondern (auch) den Ort der fehlerhaften Organisation an. Fraglich ist dann allerdings, wie der Ort eines haftungsauslösenden Organisationsdefizites bestimmt werden kann. Zwar liegt einer mangelhaften inneren Organisation regelmäßig das Fehlverhalten natürlicher Personen zugrunde. An deren Handlungsort anzuknüpfen scheint jedoch inadäquat, da es gerade darum geht, einen dem Verband selbst vorgeworfenen Rechtsverstoß unabhängig von dem Handeln oder Unterlassen der natürlichen Personen zu lokalisieren.[241] Eine tatortkonstituierende fehlerhafte Organisation ist daher vielmehr dort zu verorten, wo entsprechende Maßnahmen hätten gewährleistet werden müssen. Um insofern eine abstrakte Bestimmung zu ermöglichen, ist es zu befürworten, auf den Ort abzustellen, an dem der jeweilige Verband seine wesentlichen geschäftlichen sowie organisatorischen Aktivitäten tatsächlich entfaltet und so den Mittelpunkt seiner hauptsächlichen Interessen („*centre of main interests*") begründet;[242] dies wird in der Regel der faktische Hauptsitz einer juristischen Person

---

Criminal Liability, S. 109 ff. (110 f.). Auch das österreichische Haftungsregime enthält Ansätze einer originären Verbandsverantwortlichkeit, indem i.R.d. § 3 III VbVG zusätzliche Voraussetzung ist, dass die Anknüpfungstat durch das Unterlassen gebotener und tauglicher Maßnahmen zu ihrer Verhinderung ermöglicht oder wesentlich erleichtert wurde, vgl. *Lehner*, in: Brodowski et al., Regulating Corporate Criminal Liability, S. 79 ff. (81, 83). Noch deutlicher wird dies i.R.d. Verbandshaftung nach dem englischen Corporate Manslaughter and Corporate Homicide Act 2007, wonach auch ohne den Nachweis der konkreten Tat einer natürlichen Person allein die mangelnde Organisation und Überwachung des Verbandes haftungsbegründend wirkt, soweit hieraus der Tod einer Person zurechenbar resultiert, vgl. insgesamt *Engelhart*, in: Brodowski et al., Regulating Corporate Criminal Liability, S. 53 ff. (62 f.); *Heine*, in: FS-Lampe, S. 577 ff. (589) m.w.N.

240 Dass die in einem solchen Sinne verstandene fehlerhafte Organisation letztlich durch das Unterlassen der Implementierung adäquater Organisationsstrukturen durch natürliche Personen verursacht wird, führt nicht dazu, dass es auch insofern um den Handlungsort der natürlichen Person geht, da der Vorwurf und somit der maßgebliche Anknüpfungspunkt ein anderer ist: es geht nicht um die tatbestandsverwirklichende Anknüpfungstat, sondern einem dem Verband selbst angelasteten vorgelagerten Vorwurf der Fehlorganisation als maßgeblichen Strafgrund.

241 Vgl. hierzu *Wolswijk*, in: Böse/Meyer/Schneider, Conflicts of Jurisdiction, Vol. I, S. 329 ff. (333 f.); *Schneider*, in: Brodowski et al., Regulating Corporate Criminal Liability, S. 249 ff. (256). Vgl. auch *Heine*, in: Hettinger, Bd. 3, S. 148 ff.

242 Zu diesem Ansatz in Anlehnung an das Insolvenzrecht (Art. 3 I, Erwägungsgrund Nr. 13 der Europäischen Insolvenzverordnung,Verordnung Nr. 1346/2000 des Rates vom 29. Mai 2000 über Insolvenzverfahren, ABl. EG L 160/1 ff. v. 30.06.2000) sowie mit dem Hinweis, dass ein Anknüpfen allein an den satzungsmäßigen

sein.[243] Der für die Bestimmung des Tatortes maßgebliche „Handlungsort“ eines einem Verband selbst vorgeworfenen Rechtsverstoßes ist demnach regelmäßig an dessen Hauptsitz zu lokalisieren.

Zu berücksichtigen ist allerdings, dass Anlass einer Verbandsverantwortlichkeit nach den mitgliedstaatlichen Haftungssystemen in der Regel eine externe Rechtsgutsverletzung in Form eines natürlichen Tuns oder Unterlassens sein muss, das denknotwendig nur von natürlichen Personen begangen werden kann. Auch bei dem Verband selbst vorgeworfenen Organisationsmängeln bedarf es daher grundsätzlich einer haftungsauslösenden Anknüpfungstat.[244] Welche Bedeutung dem Vorwurf der defizitären Unternehmensstruktur dann allerdings zukommt (ob allein tatortbegründender Sanktionsgrund, alternativer Tatort neben der Bezugstat oder bloße Exkulpationsmöglichkeit), hängt von der jeweiligen dogmatischen Konstruktion der nationalen Verbandshaftung ab und kann daher nicht pauschal, sondern nur für jede Rechtsordnung gesondert beantwortet werden.

Festzuhalten bleibt jedoch, dass die Mitgliedstaaten grundsätzlich keine speziellen Regelungen zur Bestimmung der Sanktionsanwendungskompetenz im Rahmen der Unternehmenssanktionierung vorsehen und deshalb auf die allgemeinen diesbezüglichen Vorschriften zurückzugreifen ist. Während hinsichtlich des Erfolgsortes insoweit keine Besonderheiten bestehen, ist eine allgemeingültige Tatortbestimmung anhand des Handlungsortes im Unternehmenskontext aufgrund der inkongruenten dogmatischen Ansätze der Verbandsverantwortlicheit hingegen nicht möglich, sondern können nur abstrakte Maßstäbe formuliert werden: Folgen die nationalen Haftungssysteme einer Zurechnungslösung, ist für den Handlungsort allein auf die Anknüpfungstat der natürlichen Person und die insofern maßgeblichen nationalen Vorschriften abzustellen. Sieht die jeweilige Verbandshaftung

---

Gründungssitz zu Überschneidungen mit dem aktiven Personalitätsprinzip führen und ggfs. keine hinreichende Verbindung zu dem Ort der fehlerhaften Organisation oder des Deliktes aufweisen könnte, vgl. *Schneider*, in: Brodowski et al., Regulating Corporate Criminal Liability, S. 249 ff. (255 ff.); vgl. auch *Wolswijk*, in: Böse/Meyer/Schneider, Conflicts of Jurisdiction, Vol. I, S. 329 ff. (333 f.).

243 Dieser weicht etwa bei sog. Briefkastenfirmen, die nach ausländischem Recht gegründet werden, ihre Tätigkeit aber maßgeblich im Inland entfalten, vom satzungsmäßigen Sitz ab. Das *„centre of main interests“* ermöglicht hier eine inländische Tatortbegründung.

244 Vgl. *Beckemper*, in: Kempf/Lüderssen/Volk, Unternehmensstrafrecht, S. 277 ff. (279 f.); *Heine*, in: FS-Lampe, S. 577 ff. (585 f.). Etwas Anderes kann nur in Fällen gelten, in denen eine Verbandsverantwortlichkeit völlig von der Feststellung eines Rechtsverstoßes einer natürlichen Person abstrahiert wird. So besteht beispielsweise nach dem englischen „Corporate Manslaughter and Corporate Homicide Act 2007“ eine Verantwortlichkeit juristischer Personen, soweit sich die Verletzung unternehmensbezogener Pflichten in dem Tod eines Menschen realisiert; ein individuelles Fehlverhalten einer natürlichen Person muss hierfür nicht nachgewiesen werden; vgl. *Heine*, in: FS-Lampe, S. 577 ff. (589, 592 f.); *Rogall*, in: KK-OWiG, § 30, Rn. 266; *Forster*, in: Sieber/Cornils, Bd. 4, S. 372 ff. (378, 382 f.).

dagegen auch Elemente einer originären Verantwortlichkeit vor, ist (abhängig von der konkreten dogmatischen Konstruktion des nationalen Rechts) gesondert zu prüfen, ob und inwiefern (auch) eine der juristischen Person selbst vorgeworfene Pflichtverletzung im Rahmen der Tatortbestimmung zu berücksichtigen ist; diese ist dann an dem sog. *„centre of main interests"* zu lokalisieren.

bb) Maßgeblichkeit und Bestimmung der Nationalität juristischer Personen

Wie die Darstellung der völkerrechtlich anerkannten Anknüpfungspunkte gezeigt hat, kommt es für die Begründung einer Verfolgungszuständigkeit im Rahmen des aktiven Personalitätsprinzips auf die inländische Nationalität des Täters an. Im Kontext der Verantwortlichkeit juristischer Personen stellt sich daher die Frage, ob diesbezüglich auf die Nationalität verbandszugehöriger natürlicher Personen oder eine solche des Verbandes selbst abzustellen ist, wobei es dann wiederum zu klären gilt, wie die Nationalität juristischer Personen bestimmt werden kann.[245]

Das aktive Personalitätsprinzip stellt auf die Nationalität des Täters der zu verfolgenden Tat ab. Da es vorliegend nicht um die Sanktionierung der Anknüpfungstat geht, sondern die Verfolgungszuständigkeit für die Verbandstat untersucht wird, kommt es hinsichtlich der Nationalität entscheidend darauf an, wen die jeweilige mitgliedstaatliche Rechtsordnung als deren „Täter" ansieht. Dies ist (anders als im Rahmen der Tatortbestimmung, wo es allein um die Lokalisierung des maßgeblichen Strafgrundes geht) nicht primär eine Frage der dogmatischen Konstruktion der nationalen Verbandshaftung als Modell einer zugerechneten oder originären Verantwortlichkeit. Denn auch Sanktionssysteme, welche die Haftung mittels der Zurechnung einer Anknüpfungstat begründen, können auf dieser Grundlage eine Verantwortlichkeit für eine „eigene" Verbandstat konstruieren, solange nur der Verband selbst als Täter des maßgeblichen Vorwurfes angesehen wird.[246]

---

245 Vergleichbare Fragen stellen sich auch i.R.d. passiven Personalitätsprinzips, wenn es um die Staatsangehörigkeit des Opfers geht. Da hier jedoch zu untersuchen ist, unter welchen Voraussetzungen eine Sanktionskompetenz gegenüber juristischen Personen begründet werden kann, ist primär die Nationalität auf Täterseite relevant. Vgl. insofern zum passiven Personalitätsprinzip *Schneider*, in: Brodowski et al., Regulating Corporate Criminal Liability, S. 249 ff. (252 f.).

246 Denn i.R.d. Tatortbestimmung geht es um die örtliche Lokalisierung der Tathandlung, welche nach allen Ansichten über das Verhalten einer natürliche Person vermittelt wird, so dass auch nur auf diese abgestellt werden kann, soweit kein originärer Vorwurf gegenüber dem Verband selbst erhoben wird. Hier geht es dagegen um die Tätereigenschaft hinsichtlich der Verbandstat (selbst wenn diese durch eine zugerechnete natürliche Handlung vermittelt wird). I.d.S. „Täter" der zu sanktionierenden Tat kann (je nach nationaler Konstruktion der Verbandshaftung) auch i.R.v. Zurechnungsmodellen der Verband selbst sein, so dass es auf seine Nationalität ankäme.

Mangels spezieller Normen für die Sanktionierung von Verbänden ist zunächst davon auszugehen, dass die für natürliche Personen konzipierten Sanktionsanwendungsvorschriften auch hinsichtlich der Nationalität grundsätzlich auf die tatausführende Verbandsperson Bezug nehmen. Ein Abstellen auf die Nationalität der juristischen Person selbst kommt demgegenüber vor allem dann in Betracht, wenn im Rahmen originärer Verbandshaftungsmodelle der maßgebliche Vorwurf gegenüber dem Verband selbst erhoben wird oder die jeweilige nationale Rechtsordnung im Rahmen eines Zurechnungsmodelles eine entsprechende Erstreckung des aktiven Personalitätsprinzips auf juristische Personen ausdrücklich anordnet beziehungsweise die Auslegung der maßgeblichen Normen eine solche zulässt. Dies ist insbesondere dann der Fall, wenn die jeweiligen nationalen Haftungssysteme bezüglich des „Täters" der Verbandstat auf die juristische Person selbst abstellen.[247] Ob und wann dies der Fall ist, kann an dieser Stelle wiederum nicht pauschal beantwortet werden, sondern ist eine Frage der Auslegung des mitgliedstaatlichen Rechts im Einzelfall, weshalb insofern auf die nachstehenden Ausführungen zu den nationalen Sanktionsanwendungsvorschriften zu verweisen ist.

Kann somit die Nationalität juristischer Personen in Bezug auf die Verfolgungszuständigkeit zu berücksichtigen sein, ist fraglich, wie eine solche zu bestimmen ist.[248] Juristische Personen haben keine originäre Staatsangehörigkeit im Sinne einer durch Abstammung oder Geburtsort vermittelten Staatsbürgerschaft, sie können bei dem Vorliegen eines gewissen Inlandsbezuges aber gleichwohl als bestimmten Staaten zugehörig qualifiziert werden.[249] Auch in diesen Fällen ergibt sich die Befugnis zur Ausübung der Sanktionsgewalt aus der besonderen Bindung des „Täters" an den jeweiligen Staat.[250] Für die Bestimmung der Staatszugehörigkeit juristischer Personen kommen im Wesentlichen zwei Ansätze in Betracht: Entweder man ordnet eine juristische Person dem Staat zu, in dessen Territorium und nach dessen nationalem Recht sie gegründet wurde (sog. Gründungstheorie), oder man stuft sie als dem Land zugehörig ein, in dem der tatsächliche Sitz ihrer Geschäfts- und Verwaltungstätigkeit zu verorten ist (sog. Sitztheorie).[251] Während diese Frage insbesondere im internationalen Gesellschaftsrecht weiter kontrovers

---

247 Vgl. insofern in Bezug auf die Niederlande *Wolswijk*, in: Böse/Meyer/Schneider, Conflicts of Jurisdiction, Vol. I, S. 329 ff. (341 f.).

248 Die Frage der Nationalität einer juristischen Person stellt sich genau genommen bereits an den Stellen dieser Arbeit, an denen von „ausländischen" juristischen Personen und deren Erfassung durch innerstaatliche Sanktionssysteme gesprochen wurde. Da die nationalen Vorschriften jedoch grundsätzlich keine Begrenzung auf innerstaatliche Verbände enthalten, erfolgt eine Untersuchung ihrer Nationalität erst an dieser Stelle.

249 I.S.e. Äquivalents zu der Nationalität von natürlichen Personen.

250 *Jeßberger*, Der transnationale Geltungsbereich, S. 249.

251 Vgl. *Jeßberger*, Der transnationale Geltungsbereich, S. 249 m.w.N.; *Schneider*, in: Brodowski et al., Regulating Corporate Criminal Liability, S. 249 ff. (251); *Wolswijk*, in: Böse/Meyer/Schneider, Conflicts of Jurisdiction, Vol. I, S. 329 ff. (341 f.).

diskutiert wird,[252] führte zuletzt eine Reihe von Entscheidungen des EuGH dazu, dass innerhalb der Union bei der Frage des Gesellschaftsstatutes vor allem auch europarechtliche Aspekte zu berücksichtigen sind. So entschied der EuGH, dass die in Art. 49, 54 AEUV normierte Niederlassungsfreiheit eine Diskriminierung von Gesellschaften verbietet, die nach fremdem Recht gegründet wurden.[253] Es muss danach für eine Gesellschaft grundsätzlich möglich sein, in einem anderen Mitgliedstaat zu agieren, ohne dabei rechtlichen Erschwernissen zu unterliegen; mit anderen Worten dürfen an eine Niederlassung in einem fremden EU-Staat keine unzulässigen Benachteiligungen geknüpft werden.[254] Übertragen auf das Sanktionsrecht und das aktive Personalitätsprinzip wird aus dieser Rechtsprechung gefolgert, dass für im europäischen Ausland gegründete Gesellschaften aus der Niederlassung in einem anderen Mitgliedstaat keine negativen Folgen resultieren dürfen.[255] Würde die Nationalität juristischer Personen jedoch anhand der Sitztheorie bestimmt, gälte eine im EU-Ausland gegründete Gesellschaft bei faktisch vorwiegender Inlandstätigkeit nach dem aktiven Personalitätsprinzips als Inländer und unterläge somit den inländischen Verbandshaftungsnormen, soweit diese an die Nationalität anknüpfen. Die Begründung einer Niederlassung hätte somit zur Folge, dass eine sanktionsrechtliche Verantwortlichkeit im Inland entstünde; ein derartiges Haftungsrisiko stelle allerdings eine Tangierung der Niederlassungsfreiheit dar und würde in Konflikt mit den Garantien des Art. 49 AEUV in ihrer Ausformung durch die Rechtsprechung des EuGH geraten.[256] Als Konsequenz sei die Nationalität juristischer

252 Vgl. *Kindler*, in: MüKo-BGB, Bd. XI, Internationales Handels- und Gesellschaftsrecht, Rn. 351 ff; *Horn*, NJW 2004, S. 893 ff.

253 Vgl. EuGH, Urt. v. 09.03.1999 – Rs. C -212/97, Slg. 1999, I-01459 – Centros; EuGH, Urt. v. 05.11.2002 – Rs. C-208/00, Slg. 2002, I-09919 – Überseering; EuGH, Urt. v. 30.09.2003 – Rs. C-167/01, Slg. 2003 I-10155 – Inspire Art. Zur einschlägigen EuGH-Rechtsprechung vgl. *Horn*, NJW 2004, S. 893 ff. Vgl. insgesamt *Schneider*, ZIS 2013, S. 488 ff. (494 f.); *Schneider*, in: Brodowski et al., Regulating Corporate Criminal Liability, S. 249 ff. (251 ff.).

254 Zwar können entsprechende Beschränkungen europarechtlich gerechtfertigt sein, dies jedoch nur bei zwingenden Gründen des Allgemeinwohls, vgl. *Horn*, NJW 2004, S. 893 ff. (895).

255 *Schneider*, in: Brodowski et al., Regulating Corporate Criminal Liability, S. 249 ff. (252); *Schneider*, ZIS 2013, S. 488 ff. (494 f.).

256 *Schneider*, in: Brodowski et al., Regulating Corporate Criminal Liability, S. 249 ff. (252); *Schneider*, ZIS 2013, S. 488 ff. (495); a.A. *BMJ*, in: Hettinger, Bd. 3, S. 177; vgl. auch *Böse*, in: FS-Wolter, S. 1311 ff. (1322 f.). Ferner ist zu berücksichtigen, dass ein Abstellen auf den Ort der maßgeblichen Geschäfts- und Verwaltungstätigkeit mit der Bestimmung des Tatortes von originären Unternehmenstaten in Konflikt geraten würde, vgl. *Wolswijk*, in: Böse/Meyer/Schneider, Conflicts of Jurisdiction, Vol. I, S. 329 ff. (333 f., 341 f.). Etwas anderes kann i.R.d. passiven Personalitätsprinzips gelten, da es hier um den Schutz der eigenen Staatsangehörigen geht, vgl. *Schneider*, in: Brodowski et al., Regulating Corporate Criminal Liability, S. 249 ff. (252 f.).

Personen beim aktiven Personalitätsprinzip jedenfalls innerhalb der EU anhand des Gründungsstaates zu definieren, um eine europarechtskonforme Rechtspraxis zu gewährleisten.[257] Für einen solchen Ansatz wird zudem angeführt, dass so eine zuverlässige Bestimmung der Nationalität ermöglicht werde und keine (vor allem bei europaweit agierenden Unternehmen) unter Umständen schwierige Ermittlung des tatsächlichen Hauptsitzes erforderlich wird. Zudem könnten Überschneidungen bei der Bestimmung des Handlungsortes und der Nationalität von juristischen Personen vermieden werden, die andernfalls regelmäßig jeweils an den Ort des faktischen Hauptsitzes anknüpfen würden.[258]

Lässt das nationale Recht eine Bestimmung juristischer Personen als „Täter" der zu verfolgenden Tat hingegen nicht zu, kann für das aktive Personalitätsprinzip unabhängig von Sitz und Gründungsort des Verbandes allein auf die tatbestandsverwirklichende natürliche Person und deren Nationalität abgestellt werden. Eine innerstaatliche Sanktionsgewalt kann in diesen Fällen daher selbst dann bestehen, wenn das Unternehmen oder die jeweilige Tat keinerlei Verbindung zum Inland aufweisen, solange nur der verbandszugehörige Täter die Nationalität des potenziellen Sanktionsstaates hat. Dass so ein nur geringer Inlandsbezug der Verbandstat für die Begründung der Verfolgungszuständigkeit ausreichen und ein hinreichend legitimierender Anknüpfungspunkt im Einzelfall fragwürdig erscheinen kann, ist als Konsequenz der Übertragung des für natürliche Personen konstruierten Strafanwendungsrechts auf die Sanktionierung juristischer Personen und der hieraus folgenden systematischen Friktionen grundsätzlich hinzunehmen.[259]

b) Sanktionsanwendungsrechte in den Mitgliedstaaten der EU

Die Verfolgungszuständigkeit für unternehmensbezogene Rechtsverstöße richtet sich nach den jeweiligen mitgliedstaatlichen Sanktionsanwendungsvorschriften. Zur Verdeutlichung der bei transnationalen Sachverhalten hierdurch potenziell

---

257 Demgegenüber stellt das österreichische Recht in § 12 II VbVG die Staatsbürgerschaft einer natürlichen Person den Sitz oder den Ort des Betriebes oder der Niederlassung einer juristischen Person gleich. Auch das italienische D.Lgs. 231/2001 stellt in Art. 4 I für die Begründung der Sanktionsgewalt auf den inländischen Hauptsitz der juristischen Person ab. Ferner werden die Mitgliedstaaten auch durch Rechtsakte der EU verpflichtet, im Falle eines inländischen Sitzes bzw. einer Niederlassung der juristischen Person die eigene Gerichtsbarkeit zu begründen, vgl. z.B. Art. 9 I, lit. d) des Rahmenbeschlusses zur Terrorismusbekämpfung, ABl. EG L 164/3 ff. v. 22.06.2002; Art. 8 I, lit. c) des Rahmenbeschlusses zur Festlegung von Mindestvorschriften über die Tatbestandsmerkmale strafbarer Handlungen und Strafen im Bereich des illegalen Drogenhandels, ABl. Nr. L 335/8 ff. v. 11.11.2004.

258 Vgl. *Wolswijk*, in: Böse/Meyer/Schneider, Conflicts of Jurisdiction, Vol. I, S. 329 ff. (333 f., 341).

259 Zu den Bedenken gegen ein Abstellen auf die Nationalität der natürlichen Person i.R.d. Verbandshaftung vgl. *Schneider*, ZIS 2013, S. 488 ff. (490 ff.) m.w.N.

entstehenden Konkurrenzen zwischen den Rechtsordnungen werden nachfolgend verschiedene nationale Sanktionsanwendungsregelungen exemplarisch erläutert, wobei wiederum primär die Rechtslage in Deutschland, Italien, Österreich und Frankreich untersucht wird. Die Darstellungen konzentrieren sich dabei auf die Anwendbarkeit der nationalen Normen in Bezug auf die Verfolgung juristischer Personen sowie die hierbei zu beachtenden Besonderheiten.

aa) Sanktionsanwendungsrecht in Deutschland

Für die Frage, wann Deutschland seine Verfolgungs- und Sanktionsgewalt auf Rechtsverstöße im Verbandskontext erstrecken kann, ist als Vorfrage zunächst zu klären, welches die insofern maßgeblichen Sanktionsanwendungsvorschriften sind. Denn aufgrund der systematischen Besonderheit des deutschen Rechts, bei Rechtsverstößen zwischen Straftaten und Ordnungswidrigkeiten zu differenzieren sowie der diesbezüglichen Konstruktion der Verbandsgeldbuße nach § 30 OWiG, die an beide Formen als taugliche Bezugstaten anknüpft, ist fraglich, wonach sich die Verfolgungskompetenz richtet. Es kommt insofern in Betracht, die nationalen Verfolgungszuständigkeiten gegenüber Verbänden mit Hilfe der strafrechtlichen Anwendungsvorschriften der §§ 3 ff. StGB zu bestimmen, auf die hierfür im Ordnungswidrigkeitenrecht maßgeblichen §§ 5, 7 OWiG abzustellen oder im Einzelfall eine Bestimmung anhand des Rechtscharakters der zugrunde liegenden Anknüpfungstat und der hierfür jeweils maßgeblichen Normen vorzunehmen.[260]

Teilweise wird davon ausgegangen, dass sich die Verfolgungszuständigkeit für Verbandsgeldbußen allein nach den §§ 5, 7 OWiG richtet.[261] Konsequenz wäre, dass ausschließlich das Territorialitätsprinzip Anwendung fände und Verbandstaten nur innerhalb des deutschen Hoheitsgebietes einer inländischen Sanktionsgewalt unterlägen. Dem liegt offensichtlich die Annahme zugrunde, dass die Verbandsgeldbuße im Ordnungswidrigkeitenrecht normiert ist, so dass auch auf dessen räumlichen Anwendungsbereich abzustellen ist. Diesem Verständnis korrespondierend geht ein anderer Ansatz davon aus, dass sich die einschlägigen Vorschriften zur Bestimmung der Sanktionszuständigkeit danach richten müssten, welcher Rechtsmaterie man die deutsche Verbandsverantwortlichkeit dogmatisch zuordnet.[262] Hieraus folge dann die Anwendbarkeit von entweder §§ 5, 7 OWiG oder §§ 3 ff. StGB, eine Bestimmung des Geltungsbereiches in Abhängigkeit der Bezugstat käme in Betracht, wenn man § 30 OWiG als Sanktion *sui generis* weder dem Straf- noch dem Ordnungsunrecht zuordnen würde.

---

260 Vgl. *Schneider*, ZIS 2013, S. 488 ff. (488).

261 So ohne nähere Erläuterungen *Jeßberger*, Der transnationale Geltungsbereich, S. 249 und offensichtlich auch *Britz*, in: Volk, § 5, Rn. 11, Fn. 33.

262 Dieser Ansatz scheint den Überlegungen bei *Schneider*, ZIS 2013, S. 488 ff. (488 ff.) zugrunde zu liegen, die sich dann jedoch gleichwohl für eine (analoge) Anwendbarkeit des § 5 OWiG ausspricht.

Tatsächlich hat die umstrittene Rechtsnatur der Verbandsgeldbuße auf die jeweils maßgeblichen Sanktionsanwendungsvorschriften jedoch grundsätzlich keinen Einfluss; entscheidend sind dagegen vielmehr die systematischen Grundlagen der Begründung einer Verbandsverantwortlichkeit. § 30 OWiG knüpft im Sinne eines Zurechnungsmodells an die Taten von natürlichen Personen an, die dem Verband haftungsbegründend zugerechnet werden. An dieser dogmatischen Konstruktion einer engen Verknüpfung und der in § 30 I OWiG zum Ausdruck kommenden Akzessorietät beider Rechtsverstöße hat auch die Abkehr von der Bezeichnung als bloße Nebenfolge nichts geändert; nach wie vor umschreibt § 30 OWiG keinen eigenen Ordnungswidrigkeitentatbestand, sondern knüpft die Verbandshaftung an eine Straftat oder Ordnungswidrigkeit einer natürlichen Person.[263] Die Bezugstat wird somit in sämtlichen tatbezogenen Umständen der Haftung des Verbandes zugrundegelegt, so dass allein die hierfür geltenden Sanktionsanwendungsregeln entscheidend sind; besteht danach eine deutsche Verfolgungszuständigkeit für die Anknüpfungstat, gilt Gleiches für die Verbandstat selbst. Die Maßgeblichkeit der Bezugstat ist insofern Konsequenz des Zurechnungsmodells. Die systematische Besonderheit der Einbeziehung von sowohl Straftaten als auch Ordnungswidrigkeiten als taugliche Anknüpfungstaten hat zur Folge, dass die jeweils maßgeblichen Vorschriften danach differenzieren, was für eine Anknüpfungstat zugrunde liegt: Bei einer Straftat der natürlichen Person sind die §§ 3 ff. StGB maßgeblich, im Falle einer Ordnungswidrigkeit dagegen die §§ 5, 7 OWiG.[264]

(a) Straftaten als Anknüpfungstaten

Liegt der Geldbuße die Straftat einer natürlichen Person zugrunde, richtet sich die Verfolgungszuständigkeit der deutschen Behörden nach den §§ 3 ff. StGB, die als Strafanwendungsrecht den räumlichen Geltungsbereich der Straftatbestände festlegen und das Territorialitätsprinzip partiell grenzüberschreitend erweitern.[265]

i) Inlandstaten

Ausgangspunkt ist das in § 3 StGB normierte Territorialitätsprinzip. Danach gilt das deutsche Strafrecht für alle Taten, die im Inland begangen werden, so dass es entscheidend auf den inländischen Tatort ankommt.[266] Der Tatort umfasst nach

263 BGH NJW 2001, S. 1436 ff. (1437 f.); vgl. auch *Rogall*, in: KK-OWiG, § 30, Rn. 2.

264 So auch *Rogall*, in: KK-OWiG, § 30, Rn. 33, 88 m.w.N.; Dörr, in : Kempf/Lüderssen/Volk, Unternehmensstrafrecht, S. 26; *Wittig*, Wirtschaftsstrafrecht, § 12, Rn. 11; *Gürtler*, in: Göhler, § 30, Rn. 1; *Kolarik*, Verantwortlichkeit juristischer Personen, S. 110.

265 *Satzger*, § 5, Rn. 4, vgl. auch *Ambos*, § 3, Rn. 10.

266 Nach dem in § 4 StGB normierten sog. Flaggenprinzip werden Taten auf einem in Deutschland registrierten Schiff oder Flugzeug einer Inlandstat gleichgestellt. Zu Einzelheiten bezüglich des Inlandsbegriff und seines konkreten Ausmaßes vgl. *Satzger*, § 5, Rn. 54 ff.

dem Ubiquitätsprinzip den Handlungs- sowie den Erfolgsort der jeweiligen Tat. In diesem Sinne bestimmt § 9 I StGB, dass eine Tat an jedem Ort begangen ist, an dem der Täter gehandelt hat oder im Falle des Unterlassens hätte handeln müssen oder an dem der zum Tatbestand gehörende Erfolg eingetreten ist oder eintreten sollte.[267] Der Handlungsort eines Begehungsdeliktes ist überall dort, wo ein tatbestandlicher Teilakt im Ausführungsstadium der Tat erbracht wird, Handlungen im Vorbereitungsstadium oder Nachtatverhalten bleiben außer Betracht.[268] Bei Unterlassungsdelikten liegt der Handlungsort dort, wo der Täter hätte handeln müssen, wo also die zur Erfolgsabwendung erforderliche Handlung vorzunehmen war, § 9 I, 2. Var. StGB.[269] Die deutsche Verbandsverantwortlichkeit folgt einem Zurechnungsmodell, so dass gemäß den obigen Ausführungen bezüglich des Ortes der Tathandlung auf den Handlungsort der natürlichen Person und somit den Begehungsort der Anknüpfungstat abzustellen ist; die Berücksichtigung eines dem Verband selbst vorgeworfenen Rechtsverstoßes ist nicht geboten. Der Erfolgsort einer Tat ist überall dort, wo ein zum gesetzlichen Tatbestand gehörender Erfolg eintritt beziehungsweise eintreten sollte; für die Tatbestandsverwirklichung noch nicht oder nicht mehr konstituierende Erfolge in der Außenwelt bleiben auch hier unberücksichtigt.[270] Folge des Ubiquitätsprinzips ist somit, dass eine Tat mehr als nur einen Tatort haben kann; dies kommt insbesondere dann in Betracht, wenn Handlungs- und Erfolgsort auseinander fallen, sog. Distanzdelikte.[271] Dabei ist für eine deutsche Verfolgungskompetenz für die gesamte Tat ausreichend, wenn (nur) ein Handlungs- und/oder Erfolgsort in Deutschland liegt und somit jedenfalls ein Tatort im Sinne des § 9 I StGB im Inland gegeben ist.[272]

ii) Auslandstaten

Bei hinreichend legitimierenden Anknüpfungspunkten kann eine extraterritoriale Erstreckung der deutschen Strafgewalt auch auf reine Auslandstaten erfolgen. In

---

267 Es werden mithin Begehungs- und Unterlassungsdelikte sowie vollendete und auch bloß versuchte Inlandstaten erfasst.

268 *Satzger*, § 5, Rn. 13. Insbesondere bei mehraktigen und Dauerdelikten können danach mehrere Handlungsorte bestehen; für problematische Fälle der Bestimmung des Handlungsortes vgl. *Satzger*, § 5, Rn. 19 ff.

269 Hiervon umfasst ist nach überwiegender Ansicht sowohl der Ort, an dem sich der Täter während seiner Unterlassung aufgehalten hat (Aufenthaltsort), als auch der Ort, wo der Erfolgseintritt hätte abgewendet werden müssen (Erfolgsabwendungsort), vgl. *Satzger*, § 5, Rn. 16 m.w.N.; *Ambos*, in: MüKo-StGB, Bd. I, § 9, Rn. 14.

270 *Ambos*, in: MüKo-StGB, Bd. I, § 9, Rn. 16 ff. Umstritten ist dabei insbesondere, ob bei Gefährdungsdelikten bereits der Eintritt einer konkreten bzw. abstrakten Gefahr für einen tatortkonstituierenden Taterfolg ausreichend ist und ob bloße objektive Bedingungen der Strafbarkeit einen zum Tatbestand gehörenden Erfolg darstellen, vgl. *Satzger*, § 5, Rn. 23 ff.

271 *Satzger*, § 5, Rn. 18.

272 *Ambos*, in: MüKo-StGB, Bd. I, § 9, Rn. 42; *Satzger*, § 5, Rn. 18.

diesem Sinne normieren die §§ 5 ff. StGB verschiedene Bezugspunkte, die eine Kombination der völkerrechtlichen Prinzipien darstellen. Prozessual wird die Erstreckung der Strafgewalt auf Auslandssachverhalte und der damit zwingend verbundene Eingriff in fremde Souveränitätsinteressen durch § 153c I, Nr. 1 StPO relativiert, wonach im Rahmen von Auslandstaten das Opportunitätsprinzip gilt, so dass hier im Einzelfall von einer Strafverfolgung abgesehen werden kann.[273]

Während nach §§ 5, 6 StGB zum Schutze wichtiger nationaler und internationaler Rechtsgüter eine Erstreckung der Strafgewalt auf bestimmte Auslandstaten ohne Rücksicht auf das Recht des Tatortes erfolgt, sieht § 7 StGB in Anknüpfung an das passive und aktive Personalitätsprinzip eine extraterritoriale Kompetenz unter dem einschränkenden Erfordernis der Tatortstrafbarkeit vor. Da es vorliegend um die Haftungsbegründung gegenüber juristischen Personen geht, ist in erster Linie das aktive Personalitätsprinzip nach § 7 II, Nr. 1 StGB von Relevanz.[274] Danach findet deutsches Strafrecht auch auf Auslandstaten Anwendung, wenn die Tat am Tatort mit Strafe bedroht ist oder der Tatort keiner Strafgewalt unterliegt und der Täter Deutscher war oder es nach der Tat geworden ist. Wie bereits erörtert, ist in Bezug auf Verbandstaten fraglich, auf wessen Nationalität insofern abzustellen ist.[275] Im Rahmen der Geldbuße nach § 30 OWiG wird der juristischen Person die Anknüpfungstat nach überwiegender Ansicht als eigene zugerechnet, so dass eine Art eigene „Verbandstäterschaft" begründet wird.[276] Man könnte daher davon ausgehen, dass in Bezug auf die Haftung des Verbandes bei § 7 II, Nr. 1 StGB die Nationalität der juristischen Person selbst entscheidend ist. Dies ist allerdings aus mehreren Gründen abzulehnen. Zunächst ist eine Auslegung juristischer Personen als „Täter" im Sinne des § 7 II, Nr. 1 StGB schon systematisch zweifelhaft, da § 5 Nr. 7 StGB, der von „Unternehmen" spricht, zeigt, dass der deutsche Gesetzgeber im Strafanwendungsrecht begrifflich zwischen natürlichen und juristischen Personen zu unterscheiden weiß.[277] Ein Abstellen auf die Nationalität juristischer Personen

273 Hierbei ist zu beachten, dass die Festsetzung einer Verbandsgeldbuße gem. § 30 I OWiG ohnehin im Ermessen der Sanktionsbehörden steht („kann").

274 Zu der überwiegend verneinten Frage, ob eine juristische Person als Tatopfer i.S.d. § 7 I StGB subsumiert werden kann, vgl. *Werle/Jeßberger*, in: LK-StGB, Bd. I, § 7, Rn. 62 ff.; *Satzger*, § 5, Rn. 82; OLG Stuttgart NStZ 2004, S. 402 ff. (403 f.); AG Bremen NStZ-RR 2005, S. 87 f. (87); a.A. *Böse*, in: NK-StGB, Bd. I, § 7, Rn. 4.

275 Entsprechendes gilt i.R.d. §§ 5, 6 StGB, soweit dort auf die Nationalität des Täters abgestellt wird.

276 Vgl. *Gürtler*, in: Göhler, Vor § 29a, Rn. 14; *Rogall*, in: KK-OWiG, § 30, Rn. 2, 8, 16; *Bohnert*, § 30, Rn. 5; *Tiedemann*, NJW 1988, S. 1169 ff. (1172).

277 *Satzger*, § 5, Rn. 82; in Bezug auf § 7 I StGB: *Werle/Jeßberger*, in: LK-StGB, Bd. I, § 7, Rn. 62 f.; OLG Stuttgart NStZ 2004, S. 402 ff. (403 f.); KG NJW 2006, S. 3016 f. (3017); a.A. *Böse*, in: NK-StGB, Bd. I, § 7, Rn. 4. Zudem besteht der Zweck des § 7 II, Nr. 1 StGB darin, sicher zu stellen, dass die Ahndung einer Auslandstat nicht an dem Auslieferungsverbot für deutsche Staatsangehörige scheitert (vgl. *Böse*, in: NK-StGB, Bd. I, § 7, Rn. 12); eine Auslieferung juristischer Personen kommt

scheidet jedoch jedenfalls zwingend aus, da das deutsche Rechtssystem gerade keine strafrechtliche Verantwortlichkeit juristischer Personen anerkennt. „Täter" im Sinne des StGB kann daher nur eine schuldfähige natürliche Person sein.[278] *De lege lata* ist im Rahmen des deutschen Personalitätsprinzips folglich allein die Nationalität der tatausführenden natürlichen Person maßgeblich.[279]

Zu bedenken ist allerdings, dass in diesen Fällen das Vorliegen eines hinreichend legitimierenden Anknüpfungspunktes im Einzelfall zweifelhaft sein kann. Begeht etwa ein deutscher Staatsangehöriger als Geschäftsführer eines in Australien gegründeten und agierenden Verbandes eine strafbare Anknüpfungstat in Hong Kong, spielt weder das Tatgeschehen in Deutschland, noch ist dessen Wirtschaft tangiert oder hat der Verband als Sanktionsadressat seinen Sitz oder Gründungsort dort.[280] Gleichwohl bestünde nach dem aktiven Personalitätsprinzip eine deutsche Sanktionsgewalt gegenüber der deutschen natürlichen Person und aufgrund der zuzurechnenden Tat an sich auch gegenüber dem Unternehmen selbst. Der einzige legitimierende Anknüpfungspunkt ist jedoch, dass ein Geschäftsführer mit der (in einer globalisierten Welt letztlich beliebigen) inländischen Nationalität eingesetzt wurde. Zwar existiert mit dem Gründungs- beziehungsweise Tatort eine erheblich engere Verbindung zu Australien und Hong Kong, doch unterläge der Verband grundsätzlich (jedenfalls auch) der deutschen Verbandshaftung. Hält man trotz dieser Bedenken an einer strikten Anwendung der an sich für natürliche Personen konzipierten Strafanwendungsregeln auf die Sanktionierung juristischer Personen fest, bleibt es dabei, dass allein auf die Nationalität der tatausführenden Menschen abzustellen ist und die hieraus resultierenden Friktionen als Konsequenz der durch natürliche Personen vermittelten Verbandshaftung hinzunehmen sind.[281]

---

aber generell nicht in Betracht, so dass die Norm auch ihrer Ratio nach nicht einschlägig ist.

278 *Werle/Jeßberger*, in: LK-StGB, Bd. I, § 7, Rn. 78; *Ambos*, § 3, Rn. 43, 46; *Wörner/Wörner*, in: Sinn , Jurisdiktionskonflikte, S. 203 ff. (238); vgl. auch *Jeßberger*, Der transnationale Geltungsbereich, S. 249.

279 Etwas Anderes würde wohl bei Umsetzung des VerbStrG-E gelten, da danach eine Strafbarkeit juristischer Personen implementiert würde, wonach diese selbst als Täter i.S.d. Strafrechts subsumiert werden könnten, so dass deren Nationalität entscheidend wäre, zumal § 3 I VerbStrG-E das allgemeine Strafanwendungsrecht nur „sinngemäß" für anwendbar erklärt, vgl. *Schneider*, ZIS 2013, S. 488 ff. (493 ff.).

280 In Anlehnung an *Schneider*, ZIS 2013, S. 488 ff. (490), die jedoch die zusätzliche Besonderheit einbezieht, dass sogar der nachträgliche Erwerb der Staatsbürgerschaft rückwirkend eine innerstaatliche Verfolgungskompetenz begründen kann.

281 Denkbar wäre allenfalls, einen hinreichenden völkerrechtlichen *„genuin link"* der Verbandstat in diesen Fällen zu verneinen und ein Abstellen auf die Nationalität der natürlichen Person i.R.d. Verbandssanktionierung grundsätzlich als unsachgemäß abzulehnen, da es gerade nicht um die aktive Personalität in Bezug auf die Anknüpfungstat, sondern die Verbandstat selbst geht und das aktive Personalitätsprinzip mithin keinen tauglichen Anknüpfungspunkt zur Bestimmung des Sanktionsstaates darstellt; mittels einer völkerrechtskonformen Reduktion des

Eine völkerrechtlich bedenkliche Erstreckung der Sanktionsgewalt auf Sachverhalte mit (zu) geringem Inlandsbezug lässt sich dann lediglich über eine Einstellung nach Opportunitätserwägungen vermeiden, § 153c I, Nr. 1 StPO.

Nach dem einschränkenden Erfordernis der Tatortstrafbarkeit muss das konkrete Tatverhalten auch am Tatort mit einer (Kriminal-)Strafe oder einer vergleichbaren Sanktion bedroht sein; außerstrafrechtliche Sühnemaßnahmen oder ordnungsrechtliche Sanktionen sollen hierfür nicht genügen.[282] In Bezug auf die Verbandssanktionierung ist insofern zu beachten, dass als eine Strafbarkeit „der Tat" nach deutschem Recht allein die Anknüpfungstat in Frage kommt, da eine (Kriminal-) Strafbarkeit der Verbandstat selbst gerade nicht besteht. Die in anderen Mitgliedstaaten diskutierte Frage einer Erstreckung des Erfordernisses der Tatortstrafbarkeit auch auf die Verbandstat selbst, stellt sich in Deutschland mithin nicht.[283]

Neben den allgemeinen Strafanwendungsregeln der §§ 3 ff. StGB existieren auch außerhalb des StGB vereinzelt spezielle Erstreckungen deutscher Strafgewalt.[284]

(b) Ordnungswidrigkeiten als Anknüpfungstaten

Liegt der Verbandshaftung dagegen eine Ordnungswidrigkeit zugrunde, richtet sich die deutsche Sanktionsgewalt nach den insofern für die Anknüpfungstat maßgeblichen §§ 5, 7 OWiG. Gem. § 5 OWiG können, wenn das Gesetz nichts anderes bestimmt,[285] grundsätzlich nur solche Ordnungswidrigkeiten geahndet werden, die im räumlichen Geltungsbereich des OWiG begangen werden.[286] Dieser Geltungsbereich ist auf das deutsche Staatsgebiet beschränkt, so dass abweichend

---

deutschen Strafanwendungsrechts aufgrund des gem. Art. 25 GG unmittelbar innerstaatlich geltenden völkerrechtlichen Grundsatzes des Nichteinmischungsgebotes wäre eine Anwendbarkeit des aktiven Personalitätsprinzips auf die Verbandssanktionierung nach § 30 OWiG demnach grundsätzlich abzulehnen. Vgl. hierzu auch *Schneider*, ZIS 2013, S. 488 ff. (490 ff.).

282 Vgl. BGHSt 27, 5 (8 f.); *Satzger*, § 5, Rn. 88 ff.; *Ambos*, § 3, Rn. 48 f. Fraglich ist, ob und wieweit materielle sowie prozessuale Straffreistellungsgründe des Tatortrechts zu berücksichtigen sind, vgl. *Satzger*, § 5, Rn. 90 ff.

283 Vgl. hierzu nachfolgend die Ausführungen in **Teil 1, II., 2., b), dd), (b).**

284 So sehen z.B. die §§ 370 VII, 374 IV AO eine Erstreckung der Anwendbarkeit des deutschen Strafrechts für Steuerhinterziehung und -hehlerei unabhängig von der Tatortstrafbarkeit vor, vgl. *Satzger*, § 5, Rn. 6 m.w.N. Art. 2 § 3 IntBestG sowie Art. 2 § 2 EuBestG erklären deutsches Strafrecht zudem i.R. internationaler Bestechungshandlungen ohne Rücksicht auf das Tatortstrafrecht für anwendbar.

285 Sog. Vorbehaltsklausel, z.B. § 25 VI PassG; §§ 378 I, S. 2, 379 I, S. 2 i.V.m. § 370 VII AO; vgl. auch das sog. Auswirkungsprinzip des § 130 II GWB. Vgl. i.Ü. *Rogall*, in: KK-OWiG, § 5, Rn. 31 ff. m.w.N.

286 Bzw. außerhalb des Geltungsbereiches auf einem Schiff oder in einem Luftfahrzeug, das berechtigt ist, die Bundesflagge oder das Staatszugehörigkeitssymbol der Bundesrepublik Deutschland zu führen – Flaggenprinzip, vgl. *Rogall*, in: KK-OWiG, § 5, Rn. 1, 23 ff.

vom Strafrecht allein das Territorialitätsprinzip gilt.[287] Ob ein danach erforderlicher inländischer Tatort vorliegt, richtet sich nach § 7 I OWiG, der im Sinne des Ubiquitätsprinzips ebenfalls entweder den Tätigkeits- und Erfolgsort als inländischen Tatort genügen lässt. Eine im Ausland begangene Tathandlung kann somit gleichwohl eine Inlandstat im Sinne des § 5 OWiG darstellen, soweit jedenfalls ein inländischer Erfolgsort gegeben ist und umgekehrt. Für eine Sanktionsgewalt muss jedenfalls ein Tatort(-teil) des tatbestandlichen Gesamtverhaltens im Inland liegen; die Einzelheiten des Handlungs- und des Erfolgsortes entsprechen den Ausführungen zu § 9 StGB, so dass auf diese verwiesen werden kann.

Als ordnungsrechtliche Anknüpfungstat des § 30 I OWiG kommt insbesondere eine betriebliche Aufsichtspflichtverletzung nach § 130 OWiG in Betracht. Diese besteht in dem Unterlassen der erforderlichen Aufsichtsmaßnahmen, so dass ein Fall der Tatbegehung durch Unterlassung gem. § 7 I, 2. Var. OWiG gegeben ist, wonach der Handlungsort dort zu lokalisieren ist, wo der Täter hätte tätig werden müssen.[288] Dies wird regelmäßig der tatsächliche Sitz des Betriebes sein, soweit nicht eine organisatorisch eigenständige Niederlassung besteht, an deren Ort lokal entsprechende Maßnahmen hätten getroffen werden müssen.[289]

Fraglich ist, ob darüber hinaus auch der Ort der in § 130 I OWiG haftungsbegründend vorausgesetzten Zuwiderhandlung gegen betriebsbezogene Pflichten für die Bestimmung des Tatortes der Bezugstat zu berücksichtigen ist. Die tatsächliche Zuwiderhandlung stellt im Rahmen des § 130 I OWiG eine objektive Bedingung der Verfolgbarkeit dar.[290] Es kommt somit entscheidend darauf an, ob der Eintritt einer solchen bloßen objektiven Bedingung einen tatortkonstituierenden Erfolg

---

287 *Rogall*, in: KK-OWiG, § 5, Rn. 1, 6 ff.; *Hecker*, 2, Rn. 15.

288 Zum Teil wird diesbezüglich eine Europarechtswidrigkeit der deutschen Rechtslage festgestellt, da über §§ 5, 7 OWiG nur Verbandstaten im Inland sanktioniert werden können. Nach Art. 9 I, lit. d) des Rahmenbeschlusses zur Terrorismusbekämpfung (Rahmenbeschluss des Rates vom 13. Juni 2002 zur Terrorismusbekämpfung, ABl. L 164/3 ff. v. 22.06.2002) müssen die Mitgliedstaaten ihre Gerichtsbarkeit zur Terrorismusbekämpfung i.R. bestimmter Straftaten jedoch zwingend begründen, soweit diese zugunsten juristischer Personen begangen werden, die ihren Sitz im Hoheitsgebiet des Mitgliedstaates haben. Liegt der Verbandsgelbuße i.R.e. solchen Straftat eine Aufsichtspflichtverletzung gem. § 130 OWiG zugrunde, bei der der Betriebsinhaber im Ausland hätte tätig werden müssen, besteht aufgrund des Territorialitätsprinzips jedoch im Zweifel keine deutsche Verfolgungskompetenz, so dass den Anforderungen des Rahmenbeschlusses nicht genügt wird; vgl. die Erläuterungen zum Entwurf des VStGB, S. 37 sowie *Kolarik*, Verantwortlichkeit juristischer Personen, S. 110 f.

289 Nach überwiegender Meinung ist neben dem Ort, wo der Erfolgseintritt hätte abgewendet werden müssen (Erfolgsabwendungsort) auch der Ort als Tatort der Unterlassungstat erfasst, an dem sich der Täter während seiner Unterlassung aufgehalten hat (Aufenthaltsort), vgl. *Satzger*, § 5, Rn. 16; *Ambos*, in: MüKo-StGB, Bd. I, § 9, Rn. 14; *Rogall*, in: KK-OWiG, § 7, Rn. 8.

290 *Rogall*, in: KK-OWiG, § 130, Rn. 77; *Laue*, JURA 2010, S. 339 ff. (342).

darstellt, so dass auch hierdurch ein inländischer Tatort begründet werden kann. Die Frage ist umstritten, wird überwiegend jedoch mit der Begründung bejaht, dass nur solche Erfolge als tatortbegründend ausgeschlossen werden sollen, die tatbestandlich irrelevant oder nicht fassbar sind.[291] Danach würde mit dem Ort der tatsächlichen Zuwiderhandlung gegen betriebsbezogene Pflichten neben dem Ort der unterlassenen Aufsichtsmaßnahme ein weiterer Tatort des § 130 I OWiG und somit auch der Verbandstat nach § 30 I OWiG begründet. Es bestehen folglich auch hier mehrere Tatorte, von denen jedenfalls einer im Inland liegen muss.

Der durch die Begrenzung des § 5 OWiG auf das Territorialitätsprinzip scheinbar geringe Geltungsbereich des Ordnungswidrigkeitenrechts stellt sich bei näherer Betrachtung mithin als wesentlich umfassender heraus, da nur ein tatbestandlicher Teil der Handlung oder des Erfolges im Inland liegen muss, um insgesamt eine deutsche Sanktionskompetenz auch gegenüber dem Verband zu begründen; das Ubiquitätsprinzip bewirkt somit auch hier einen weiten Inlandsbegriff.

bb) Sanktionsanwendungsrecht in Italien

Die Verfolgungszuständigkeit für Verbandstaten richtet sich mangels spezieller Normen auch in Italien grundsätzlich nach den allgemeinen Vorschriften. Da die Verbandsverantwortlichkeit nach dem D.Lgs. 231/2001 an Straftaten natürlicher Personen anknüpft, ist insofern das für diese geltende und primär in den Art. 6 ff. codice penale (CP) normierte Strafanwendungsrecht maßgeblich; eine Differenzierung nach zugrunde liegenden Straftaten oder Ordnungswidrigkeiten nimmt das italienische Recht nicht vor. Die räumliche Geltung des D.Lgs. 231/2001 folgt daher im Grundsatz den für die Individualstrafbarkeit geltenden Regeln.[292]

(a) Inlandstaten

Nach Art. 6 I CP wird jeder, der im Staatsgebiet eine Straftat begeht, nach den italienischen Gesetzen bestraft.[293] Im Sinne des Territorialitätsprinzips kommt es mithin auf den in Italien gelegenen Tatort an.[294] Gem. Art. 6 II CP gilt eine Tat als in Italien begangen, wenn die tatbestandliche Handlung oder Unterlassung im Ganzen oder zum Teil im Inland begangen wird oder wenn der Erfolg im Inland eintritt. Tatortkonstituierend sind demnach der Handlungs- sowie der Erfolgsort der Tat; auch

291 So ausdrücklich für § 130 OWiG BGH NStZ 2004, S. 699 f. (670); vgl. i.Ü. BGHSt 42, 235 (242 f.); *Ambos*, in: MüKo-StGB, Bd. I, § 9, Rn. 21 m.w.N.; a.A. *Satzger*, § 5, Rn. 31; *Schneider*, ZIS 2013, S. 488 ff. (497).

292 *Militello/Mangiaracina*, in: Böse/Meyer/Schneider, Conflicts of Jurisdiction, Vol. I, S. 259 ff. (263).

293 Übersetzungen des italienischen Rechts nach *Riz*, Das italienische Strafgesetzbuch.

294 Nach Art. 3 I CP gilt das italienische Strafgesetz für alle, Staatsangehörige oder Ausländer, die sich innerhalb des Staatsgebietes aufhalten. Art. 3 I CP wird daher ebenfalls als Grundlage des Territorialitätsprinzips gesehen.

in Italien findet folglich das Ubiquitätsprinzip Anwendung.[295] Für eine italienische Strafverfolgungskompetenz ist insofern ausreichend, dass auch nur ein Teil der tatbestandlichen Handlung oder des Erfolges im Inland erfolgt, so dass auch hiernach mehrere Tatorte für nur eine Tat bestehen können.[296]

Wie eingangs problematisiert, fragt sich jedoch, auf welchen Rechtsverstoß für den Handlungsort abzustellen ist, wenn die nationale Rechtsordnung Elemente einer originären Verbandsverantwortlichkeit vorsieht. Als Anknüpfungspunkte kommen insofern der Ort der Tatbegehung durch die natürliche Person sowie der Ort eines gegenüber dem Verband selbst erhobenen Vorwurfes in Betracht. Nach Art. 5 I D.Lgs. 231/2001 ist der Verband für bestimmte Straftaten verantwortlich, die in seinem Interesse oder zu seinem Vorteil begangen werden. Die italienische Verbandshaftung beruht folglich auf der Zurechnung der haftungsbegründenden Anknüpfungstat einer natürlichen Person; diese ist dem Verband insgesamt zuzurechnen. Der Tatort der Verbandstat entspricht demnach dem der Anknüpfungstat, so dass auch ausländische juristische Personen für die von ihren Mitarbeitern in Italien begangene Taten haftbar sind.[297] Gleichzeitig kennt das D.Lgs. 231/2001 jedoch auch Elemente einer originären Verantwortlichkeit, indem Verbände nach Art. 6, 7 D.Lgs. 231/2001 nicht verantwortlich sind, wenn gewisse betriebsinterne Organisationsstrukturen implementiert und eingehalten wurden. Diese Gesetzestechnik spricht dafür, dass ein zentraler Grund der italienischen Verbandshaftung (jedenfalls auch) eine fehlerhafte Organisation ist, welche die Anknüpfungstat überhaupt erst ermöglichte.[298] Der Ort einer solchen originären Pflichtverletzung des Verbandes selbst in Form eines Organisationsdefizites wäre gemäß der oben gefundenen Lösung dort zu lokalisieren, wo entsprechende Maßnahmen hätten gewährleistet werden müssen. Dies ist der Ort der wesentlichen geschäftlichen und organisatorischen Aktivitäten des Verbandes („*centre of main interests*"). Es fragt sich daher, worauf in Italien für die Tatortbestimmung abzustellen ist.

Ob die mangelhafte Verbandsorganisation als eigentlicher oder als kumulativer Haftungsgrund, als bloßes Tatbestandsmerkmal oder Exkulpationsmöglichkeit einzustufen ist, ist letztlich eine Frage der nationalen Auslegung des italienischen Rechts und hier daher nicht abschließend zu beantworten. Vertreten wird insofern

---

295 Vgl. *Militello/Mangiaracina*, in: Böse/Meyer/Schneider, Conflicts of Jurisdiction, Vol. I, S. 259 ff. (263). Auch nach italienischem Recht erfährt das Territorialitätsprinzip durch das in Art. 4 II CP normierte Flaggenprinzip eine Erweiterung, vgl. *Foffani/Orlandi/Ruggeri*, in: Sinn, Jurisdiktionskonflikte, S. 307 ff. (314 f.).

296 Vgl. hierzu *Militello/Mangiaracina*, in: Böse/Meyer/Schneider, Conflicts of Jurisdiction, Vol. I, S. 259 ff. (261 ff.).

297 Vgl. *Rübenstahl*, RIW 2012, S. 505 ff. (506) m.w.N.

298 So soll jedenfalls bei Anknüpfungstaten eines untergeordneten Mitarbeiters der primäre Strafgrund die fehlerhafte Organisationsstruktur des Unternehmens selbst sein, vgl. *Cravetto/Zanalda*, in: Brodowski et al., Regulating Corporate Criminal Liability, S. 109 ff. (110); vgl. zur diesbezüglichen Diskussion auch *Kuhlmann*, Verbandssanktionierung in Italien, S. 29 ff. m.w.N.

allerdings, dass die Anknüpfungstat lediglich objektive Bedingung der Verbandshaftung ist und der haftungsbegründende Rechtsverstoß die defizitäre Verbandsorganisation sei.[299] Konsequenz wäre, dass (jedenfalls auch) das *„centre of main interests"* als tatortkonstituierender Handlungsort eine italienische Sanktionsgewalt begründen könnte. Gegen diesen Ansatz spricht zwar, dass Art. 4 I D.Lgs. 231/2001 bei Auslandstaten eine innerstaatliche Zuständigkeit vorsieht, soweit der Hauptsitz des Verbandes im Inland liegt, in diesen Fällen in Form des Sitzes aber regelmäßig bereits ein inländischer Tatort bestünde, wenn das *„centre of main interests"* einen relevanten Handlungsort darstellen würde.[300] Geht man gleichwohl davon aus, dass neben der Anknüpfungstat jedenfalls auch der Ort eines gegenüber dem Verband selbst erhobenen Vorwurfes eines Organisationsdefizits maßgeblicher Sanktionsgrund ist, müsste auch dieser Ort in die Tatortbestimmung einbezogen werden, so dass der Verbandsverantwortlichkeit ein weiterer Tatort zugrunde läge, was zu einer zusätzlichen Ausweitung italienischer Verfolgungszuständigkeiten führen würde. Erachtet man dagegen allein die Tathandlung der Verbandsperson als maßgebend, wirkt auch nur diese tatortkonstituierend.

(b) Auslandstaten

Soweit kein Tatort(-teil) im Inland liegt, kommt eine extraterritoriale Kompetenz Italiens gleichwohl in Betracht, wenn nach dem in Art. 7 ff. CP normierten Strafanwendungsrecht hinreichend legitimierende Anknüpfungspunkte vorliegen.[301] Eine Opportunitätsregel bei Taten mit Auslandsbezug besteht insofern nicht.[302]

Die Art. 7 ff. kombinieren die verschiedenen völkerrechtlichen Grundsätze und knüpfen hierfür unter anderem an das aktive Personalitätsprinzip an.[303] Soweit

---

299 Vgl. zum Streitstand die Nachweise bei *Kuhlmann*, Verbandssanktionierung in Italien, S. 29 ff., 38 ff. Geht man, wie die herrschende deutsche Meinung, davon aus, dass objektive Bedingungen der Sanktionierbarkeit ebenfalls tatortkonstituierend wirken, führte dies wiederum dazu, dass hier mehrere Handlungs- und Tatorte bestünden.

300 Zudem würde bei einem alleinigen Abstellen auf einen Organisationsverstoß mit diesem auch der Haftungsgrund entfallen; dann ließe sich aber auch nicht die gem. Art. 6 V D.Lgs. 231/2001 gleichwohl erfolgende Vermögensabschöpfung in Form der Einziehung legitimieren.

301 Zu verschiedenen Sondernormen, die eine Erstreckung der italienischen Strafgewalt vorsehen, vgl. Art. 7 Nr. 5 CP sowie *Foffani/Orlandi/Ruggeri*, in: Sinn, Jurisdiktionskonflikte, S. 307 ff. (310 f.).

302 Vgl. aber Art. 11 II CP, wonach bei vorheriger Aburteilung im Ausland für eine erneute inländische Strafverfolgung ein entsprechendes Ersuchen des Justizministers erforderlich ist. Vgl. *Foffani/Orlandi/Ruggeri*, in: Sinn, Jurisdiktionskonflikte, S. 307 ff. (312 f.).

303 Während Art. 7, 8 CP i.S.d. Staatsschutzprinzips insbesondere (politische) Delikte gegen den Staat sowie bestimmte Straftaten im Amt erfassen, beruht Art. 9 CP auf dem aktiven Personalitätsprinzip, indem bestimmte Auslandstaten italienischer

danach eine italienische Verfolgungszuständigkeit für die zugrunde liegende Tat besteht, gilt Gleiches grundsätzlich auch für die Verbandssanktionierung nach dem D.Lgs. 231/2001. Einschränkend ist jedoch Art. 4 I D.Lgs. 231/2001 zu beachten. Danach werden Verbände unter den in Art. 7, 8, 9, 10 CP genannten Voraussetzungen für im Ausland begangene Straftaten nur unter der limitierenden Bedingung verantwortlich gemacht, dass der jeweilige Verband seinen Hauptsitz im Staatsterritorium hat und der Tatortstaat nicht bereits gegen diesen vorgeht. Zweck der Norm ist es, die italienische Strafgewalt in diesen Fällen zu begrenzen, um auf diese Weise den Vorrang der Sanktionskompetenz des Tatortstaates zu respektieren und hierdurch potenzielle Kompetenzkonflikte zu vermeiden.[304]

Im Rahmen der Verbandsverantwortlichkeit ist insbesondere Art. 9 I CP relevant, wonach eine Sanktionskompetenz auch für Auslandstaten besteht, wenn die Straftat von einem im Inland betroffenen italienischen Staatsangehörigen begangen wurde und mit einer Mindestfreiheitsstrafe von drei Jahren bedroht ist. Soweit es hierbei nach der aktiven Personalität auf die Staatsangehörigkeit des „Täters" ankommt, ist bezüglich der Verbandshaftung auch in Italien auf die Nationalität der natürlichen Person abzustellen.[305] Der Verband selbst ist nicht „Staatsbürger" im Sinne der Art. 4 I, 9 CP, zumal Art. 4 II D.Lgs. 231/2001 zwischen Täter und Verband differenziert, so dass dieser nicht zugleich als „Täter" erfasst werden und seine Staatszugehörigkeit daher nicht maßgeblich sein kann.[306] Stellt demnach eine von Art. 9 CP erfasste Auslandstat eine nach den Art. 24 ff. D.Lgs. 231/2001 taugliche Anknüpfungstat dar, kann auch der Verband selbst in Italien verfolgt werden, soweit er dort seinen Hauptsitz hat und die Tat nicht bereits am Tatortstaat verfolgt wird. Die insofern bezüglich der deutschen Rechtslage geäußerten Bedenken gegen die Anwendung des aktiven Personalitätsprinzips im Rahmen der Verbandshaftung bestehen hier nicht, da durch die zusätzlichen, einschränkenden Voraussetzungen des Art. 4 I

Staatsbürger der nationalen Strafgewalt unterstellt werden, wohingegen Art. 10 CP auf die Identität des Opfers abstellt und primär Ausdruck des passiven Personalitätsprinzips ist. Vgl. insgesamt *Militello/Mangiaracina*, in: Böse/Meyer/Schneider, Conflicts of Jurisdiction, S. 259 ff. (267 ff.).

304 *Militello/Mangiaracina*, in: Böse/Meyer/Schneider, Conflicts of Jurisdiction, Vol. I, S. 259 ff. (263).

305 Geht man davon aus, dass die Verbandsverantwortlichkeit nach dem D.Lgs. 231/2001 nicht strafrechtlicher Natur ist, folgt dies bereits daraus, dass Verbände keine „Straftaten" im Ausland (vgl. Art. 9 CP) begehen können. Die italienische Staatsbürgerschaft des Individualtäters bestimmt sich dabei nach den in Art. 4 I CP normierten Grundsätzen, vgl. *Militello/Mangiaracina*, in: Böse/Meyer/Schneider, Conflicts of Jurisdiction, Vol. I, S. 259 ff. (267).

306 Hierfür spricht auch, dass Art. 4 I D.Lgs. 231/2001 für die Anwendbarkeit der Art. 9, 10 CP die zusätzliche Bedingung des inländischen Hauptsitzes des zu sanktionierenden Verbandes aufstellt; würde es bereits dort auf die Verbandsnationalität selbst ankommen, wäre eine solche Einschränkung zur Gewährleistung eines legitimierenden Anknüpfungspunktes nicht erforderlich gewesen.

D.Lgs. 231/2001 in Form des Hauptsitzes in Italien ein hinreichend legitimierender Inlandsbezug sichergestellt wird.

cc) Sanktionsanwendungsrecht in Österreich

Das die Verbandsverantwortlichkeit normierende VbVG sieht grundsätzlich keine speziellen Regelungen zum räumlichen Geltungsbereich vor. Vielmehr bestimmt § 12 I VbVG, dass die allgemeinen Strafgesetze auch für Verbände gelten, soweit sie nicht ausschließlich auf natürliche Personen anwendbar sind. Eine diesbezügliche Sondervorschrift enthält § 12 II VbVG, wonach der Sitz des Verbandes oder der Ort des Betriebes oder der Niederlassung maßgebend ist, soweit die Geltung österreichischer Strafgesetze für im Ausland begangene Taten vom Wohnsitz oder Aufenthalt des Täters oder dessen österreichischer Staatsbürgerschaft abhängig ist. Hiervon abgesehen ist folglich auf das allgemeine Strafanwendungsrecht der §§ 62 bis 67 des österreichischen StGB (öStGB) abzustellen. Soweit danach eine Verfolgungskompetenz für die gem. § 3 I VbVG haftungsbegründende Straftat der natürlichen Person besteht, gilt Gleiches auch für die Verbandstat selbst.[307]

(a) Inlandstaten

Österreichische Strafgesetze gelten gem. § 62 öStGB für alle Taten, die im Inland begangen worden sind.[308] Im Sinne der Territorialität ist mithin ein inländischer Tatort erforderlich. Nach § 67 II öStGB ist eine strafbare Handlung an jedem Ort begangen, an dem der Täter gehandelt hat oder hätte handeln sollen oder ein dem Tatbild entsprechender Erfolg ganz oder zum Teil eingetreten ist oder nach der Vorstellung des Täters hätte eintreten sollen. Auch der österreichische Inlandsbegriff knüpft folglich an das Ubiquitätsprinzip an und erfährt hierdurch einen weiten Anwendungsbereich.[309] Bereits ein inländischer Teilakt des deliktischen Gesamtgeschehens sowie der Eintritt von tatbestandlichen Zwischenerfolgen kann hierbei eine Strafgewalt Österreichs für die gesamte Tat begründen.[310]

Das VbVG sieht in § 3 III, Nr. 2 Elemente eines eigenen Organisationsvorwurfes gegenüber dem Verband selbst vor, so dass sich insofern auch hier die Frage nach einem diesbezüglich tatortkonstituierenden Rechtsverstoß stellt.[311] Dies gilt umso mehr, als der Kern des haftungsbegründenden Verbandsvorwurfes nach der Gesetzesbegründung nicht in der Anknüpfungstat, sondern dem Unterlassen der

307 994 Blg. Nr. XXII. GP, S. 31; *Kolarik*, Verantwortlichkeit juristischer Personen, S. 108 f.

308 Das Territorialitätsprinzip erfährt auch in Österreich eine Erweiterung durch das in § 63 öStGB normierte Flaggenprinzip, vgl. hierzu *Fabrizy*, § 63 öStGB, Rn. 1 ff.

309 Vgl. aber *Hochmayr*, in: Sinn, Jurisdiktionskonflikte, S. 345 ff. (356), Fn. 49.

310 *Fabrizy*, § 67 öStGB, Rn. 2a ff.; *Hochmayr*, in: Sinn, Jurisdiktionskonflikte, S. 345 ff. (356 ff.).

311 Vgl. *Lehner*, in: Brodowski et al., Regulating Corporate Criminal Liability, S. 79 ff. (81, 83).

gebotenen und zumutbaren Verhinderungsmaßnahmen durch den Verband selbst liegt.[312] Ein solcher Ansatz soll gemäß dem ausdrücklichen gesetzgeberischen Willen jedoch gleichwohl nicht als (weiterer) tatbestandlicher Anknüpfungspunkt dienen, da die soziale Störung insofern primär in der Tatbestandsverwirklichung in Form der Anknüpfungstat liege und daher alleine dort zu lokalisieren sei.[313] Es ist folglich ausschließlich auf den Tatort der Anknüpfungstat abzustellen.

(b) Auslandstaten

Nach den §§ 64, 65 öStGB gelten österreichische Strafgesetze auch für bestimmte im Ausland begangene Straftaten.[314] Prozessual ist zu beachten, dass abweichend von dem grundsätzlich geltenden Legalitätsprinzip bei Sachverhalten mit einem Auslandsbezug in § 192 I, Nr. 2 der österreichischen StPO Ausnahmen im Sinne des Opportunitätsprinzips vorgesehen sind; etwa wenn bereits eine Sanktionierung im Ausland erfolgt und eine strengere Strafe im Inland nicht zu erwarten ist.[315]

Soweit eine von dem Katalog der §§ 64, 65 öStGB erfasste Tat als Anknüpfungstat der Verbandshaftung nach dem VbVG in Betracht kommt und hierfür an die Nationalität des Täters anknüpft,[316] ist gemäß der ausdrücklichen Anordnung des § 12 II VbVG insofern auf den Sitz des Verbandes oder den Ort des Betriebes

312 Vgl. 994 Blg. Nr. XXII. GP, S. 22 f.

313 Vgl. 994 Blg. Nr. XXII. GP, S. 31.

314 In Bezug auf die hierbei verwirklichten völkerrechtlichen Anknüpfungspunkte lässt sich jedoch keine einheitliche Systematik erkennen, *Hochmayr*, in: Sinn, Jurisdiktionskonflikte, S. 345 ff. (347). Nach § 65a öStGB treffen Verfall und Einziehung im Inland befindliche Vermögenswerte und Gegenstände sogar dann, wenn die am Tatort strafbaren Taten nach den §§ 62 ff. öStGB nicht der österreichischen Strafgewalt unterliegen.

315 Weitere Einstellungsmöglichkeiten sind z.B. im Auslieferungsrecht normiert, vgl. § 9 III, IV ARHG; vgl. *Hochmayr*, in: Sinn, Jurisdiktionskonflikte, S. 345 ff. (354 f.). Zu berücksichtigen ist hierbei, dass i.R.d. Verbandsverantwortlichkeit gem. § 18 I VbVG das Verfahren in bestimmten Fällen ohnehin nach Opportunitätserwägungen eingestellt werden kann.

316 So stellt insbesondere der unter dem Vorbehalt der Tatortstrafbarkeit stehende § 65 I öStGB für eine österreichische Verfolgungszuständigkeit auf die Nationalität des Täters ab. Eine offene Frage i.R.d. transnationalen Verbandsverantwortlichkeit ist hierbei, ob das Erfordernis der Strafbarkeit am Tatort auch hinsichtlich der Verbandstat selbst gilt oder nur die strafrechtliche Anknüpfungstat betrifft. Nach der Ratio des Erfordernisses der Tatortstrafbarkeit, wonach eine nur stellvertretende Strafrechtspflege erfolgen und ein ungerechtfertigter Eingriff in fremde Souveränität vermieden werden soll, müsste das Prinzip auch in Bezug auf die Verbandsverantwortlichkeit an sich gelten. Dann stellt sich jedoch die Frage, ob nur eine kriminalstrafrechtliche Verbandshaftung im Tatortstaat ausreichend ist oder entgegen des ausdrücklichen gesetzlichen Wortlautes auch etwa eine solche nach ordnungswidrigkeitenrechtlichen Maßstäben genügt. Vgl. hierzu nachfolgend **Teil 1, II., 2., b), dd), (b).**

oder der Niederlassung abzustellen. Die Problematik der im Rahmen des aktiven Personalitätsprinzips maßgeblichen Nationalität wurde in Österreich folglich per legislativer Klarstellung eindeutig beantwortet, wobei hinsichtlich der Nationalität von Verbänden nicht der Gründungstheorie gefolgt wurde.[317] Vorliegend relevant sind schließlich die Strafaufhebungsgründe des § 65 IV öStGB, die im Sinne des Erledigungsprinzips einem transnationalen ne bis in idem Rechnung tragen.[318]

dd) Sanktionsanwendungsrecht in Frankreich

Auch in Frankreich wurden keine speziellen strafanwendungsrechtlichen Regeln in Bezug auf die Verantwortlichkeit von juristischen Personen normiert. Vielmehr wurde die Strafbarkeit durch Art. 121–2 NCP in das bestehende Strafrechtssystem implementiert, so dass auch insofern grundsätzlich die allgemeinen Strafanwendungsvorschriften der Art. 113–1 ff. NCP eingreifen.[319] Nach der Systematik der französischen Verbandshaftung ist hierfür ebenfalls grundsätzlich auf die Strafgewalt bezüglich der haftungsbegründenden Anknüpfungstat abzustellen.[320]

(a) Inlandstaten

Nach Art. 113–2 I NCP ist das französische Strafgesetz unabhängig von der Nationalität der Beteiligten für Taten anwendbar, die auf französischem Staatsgebiet begangen werden;[321] Ausgangspunkt ist somit das Territorialitätsprinzip.[322] Eine Tat gilt gem. Art. 113–2 II NCP als auf französischem Staatsgebiet begangen, sobald eines der Tatelemente in Frankreich verwirklicht wurde. Grammatikalisch scheinen somit nur im Inland liegende Tathandlungen vom Anwendungsbereich der Territo-

---

317 Das Abstellen auf die Staatszugehörigkeit des Verbandes selbst stellt (anders als z.B. in Deutschland) dogmatisch auch keinen Bruch dar, da die österreichische Verbandsverantwortlichkeit eine strafrechtliche ist, so dass der Verband selbst als „Täter“ der jeweiligen strafrechtlichen Verbandstat aufgefasst werden kann.

318 Vgl. hierzu *Hochmayr*, in: Sinn, Jurisdiktionskonflikte, S. 345 ff. (351 f.).

319 Gem. Art. 689 der französischen StPO sind die französischen Gerichte zuständig, wenn das französische Strafrecht nach den Vorschriften des Strafgesetzbuches oder eines anderen Gesetzes anwendbar ist oder ein internationales Abkommen sie für zuständig erklärt. Die gerichtliche Zuständigkeit folgt somit grundsätzlich der materiell-rechtlichen Zuständigkeit, vgl. *Lelieur*, in: Sinn, Jurisdiktionskonflikte, S. 291 ff. (292 f.).

320 Vgl. *Lelieur*, in: Böse/Meyer/Schneider, Conflicts of Jurisdiction, Vol. I, S. 107 ff. (114).

321 Übersetzungen folgen *Lüdicke*, Das französische Strafgesetzbuch.

322 Das Territorialitätsprinzip erfährt in Art. 113–1, 113–3 f. NCP eine Präzisierung bzw. Erweiterung, indem der zum Staatsgebiet gehörende Meeres- und Luftraum mit einbezogen wird bzw. i.S.d. Flaggenprinzips die Strafgewalt auf französische Schiffe und Luftfahrzeuge erstreckt wird.

rialität erfasst zu sein.[323] Die gerichtliche und wissenschaftliche Praxis geht jedoch einhellig davon aus, dass auch inländische Taterfolge die französische Strafgewalt begründen und wenden folglich die Ubiquitätstheorie an.[324] Nach dieser extensiven Rechtspraxis begründen jedenfalls (zu einem Teil) im Inland erfolgende Tathandlungen und -erfolge eine französische Strafgewalt.[325]

(b) Auslandstaten

Im Rahmen der Art. 113–6 ff. NCP besteht eine Verfolgungszuständigkeit auch für Taten mit Auslandsbezug. Da die Strafverfolgung in Frankreich grundsätzlich dem Opportunitätsprinzip unterliegt, kann die Staatsanwaltschaft bei Auslandstaten und der damit einhergehenden Tangierung fremder Souveränitätsinteressen theoretisch jedoch stets darauf verzichten, entsprechende Taten zu verfolgen.[326]

Nach dem auf dem aktiven Personalitätsprinzip beruhenden Art. 113–6 NCP gilt französisches Strafrecht für jedes von einem Franzosen im Ausland begangene Verbrechen (Abs. 1), bei Vergehen jedoch nur, soweit die Tat auch am Tatort mit Strafe bedroht ist (Abs. 2);[327] im Rahmen von Übertretungen gilt das aktive Personalitätsprinzip dagegen nicht.[328] Hinsichtlich der Nationalität ist in Frankreich unmittelbar auf die juristische Person abzustellen, da diese nach der französischen Dogmatik

---

323 Vgl. *Lelieur*, in: Böse/Meyer/Schneider, Conflicts of Jurisdiction, Vol. I, S. 107 ff. (108 f.).

324 Vgl. *Lelieur*, in: Sinn, Jurisdiktionskonflikte, S. 291 ff. (297 f.); *Lelieur*, in: Böse/Meyer/Schneider, Conflicts of Jurisdiction, Vol. I, S. 107 ff. (108 ff.). Dieses umfassende Verständnis des Territorialitätsprinzips wird dabei insbesondere von der Rechtsprechung in fragwürdiger Weise noch ausgedehnt, indem eine französische Strafgewalt im Einzelfall bereits dann bestehen soll, wenn auch nur durch einen (nicht zwingend tatbestandlichen) Aspekt der Straftat ein Bezug zum französischen Territorium hergestellt werden kann; z.B. eine in Frankreich erfolgte „Vorbedingung" des eigentlichen Tatbestandes der Untreue in Form der Begründung eines Vermögensbetreuungsverhältnisses, vgl. *Lelieur*, in: Sinn, Jurisdiktionskonflikte, S. 291 ff. (299 f.).

325 Nur im Inland beabsichtigte Taterfolge begründen dagegen keine französische Strafgewalt, vgl. *Satzger*, International Criminal Law, § 4, Rn. 14 m.w.N.

326 Vgl. insofern *Lelieur*, in: Sinn, Jurisdiktionskonflikte, S. 291 ff. (296 f.).

327 Das Vergehen muss nur materiell-rechtlich strafbar sein, eine tatsächliche Verfolgbarkeit nach den Verfahrensregelungen des ausländischen Staates ist nicht erforderlich, vgl. *Lelieur*, in: Sinn, Jurisdiktionskonflikte, S. 291 ff. (301 f.). Einschränkend ist zu beachten, dass bei einer auf dem aktiven Personalitätsprinzip beruhenden Strafgewalt für Vergehen das innerstaatliche Verfahren gem. Art. 113–8 NCP nur von der Staatsanwaltschaft selbst eingeleitet werden kann und dem eine Anzeige des Opfers oder der eine offizielle Anzeige der ausländischen Justizbehörde vorausgehen muss; vgl. *Lelieur*, in: Sinn, Jurisdiktionskonflikte, S. 291 ff. (301 f.).

328 Zur Differenzierung von Verbrechen, Vergehen und Übertretungen vgl. **Teil 1, II., 1., e), aa).**

selbst strafrechtlich agieren und somit „Täter“ der zu sanktionierenden Verbandstat sein kann; die Staatszugehörigkeit soll sich dabei nach dem inländischen Sitz des Verbandes bestimmen.[329] Ob eine Straftat für juristische Personen insofern ein Verbrechen, ein Vergehen oder eine Übertretung darstellt, richtet sich nach dem Charakter der Tat bei Begehung durch eine natürliche Person.[330]

Soweit bei zugrunde liegenden Vergehen nach Art. 113–6 II NCP das Erfordernis einer korrespondierenden (doppelten) Tatortstrafbarkeit greift, ist fraglich, ob dies nur für die Tat der natürlichen Verbandsperson gilt, oder auch eine entsprechende Strafbarkeit der juristischen Person selbst im Tatortstaat erforderlich ist.[331] Geht man davon aus, dass das Erfordernis der doppelten Strafbarkeit eine völkerrechtswidrige Einmischung durch Berücksichtigung des Rechtssystems im Tatortstaat verhindern soll und somit eine Ausprägung des Nichteinmischungsgebotes darstellt,[332] müsste das einschränkende Erfordernis auch für die Strafbarkeit des Verbandes an sich gelten, da sich der intervenierende Staat andernfalls über die nationale Entscheidung gegen die Implementierung einer Strafhaftung hinwegsetzen könnte.[333] Angesichts der aufgezeigten Inkongruenz der Verantwortlichkeit juristischer Personen innerhalb der EU fragt sich dann allerdings, ob hierfür eine (kriminal-)strafrechtliche Haftung im Tatortstaat erforderlich ist oder etwa auch eine bloß ordnungsrechtliche Verantwortlichkeit genügt, zum Beispiel nach dem deutschen § 30 OWiG. Einerseits gehen die mitgliedstaatlichen Rechtsordnungen für das Erfordernis der Tatortstrafbarkeit hinsichtlich des Individualtäters grundsätzlich davon aus, dass nur eine echte (Kriminal-)Strafbarkeit ausreichend ist und bloße ordnungsrechtliche Maßnahmen nicht genügen, da eine extraterritoriale Erstreckung der eigenen Sanktionsgewalt nur dann erfolgen soll, wenn der primär zuständige Tatortstaat ebenfalls eine strafrechtliche Pönalisierung für erforderlich hält.[334] Andererseits ist zu berücksichtigen, dass im Rechtsraum der EU derzeit eine Vielzahl verschiedener Sanktionssysteme gegenüber Verbänden besteht und eine explizit strafrechtliche Haftung seitens der EU bisher nicht gefordert wird. Ist es den Mitgliedstaaten jedoch ausdrücklich freigestellt, unionskonform auch bloß nicht-strafrechtliche Verbandssanktionen vorzusehen, scheint es geboten, die den europäischen Vorgaben entsprechenden nationalen Haftungssysteme in grenzüberschreitender Dimension

---

329 Entgegen der Gründungstheorie somit *Kolarik*, Verantwortlichkeit juristischer Personen, S. 111 m.w.N.

330 Vgl. *Koch*, ZStW 1995, S. 405 ff. (414); **Teil 1, II., 1., e), aa).**

331 Vgl. *Lelieur*, in: Böse/Meyer/Schneider, Conflicts of Jurisdiction, Vol. I, S. 107 ff. (114), Fn. 33; *Kolarik*, Verantwortlichkeit juristischer Personen, S. 111, Fn. 621; *Hartan*, Unternehmensstrafrecht, S. 106 m.w.N.

332 Vgl. *Ambos*, § 3, Rn. 48, 51.

333 Vgl. *Kolarik*, Verantwortlichkeit juristischer Personen, S. 111 f. m.w.N.; a.A. *Wolswijk*, in: Böse/Meyer/Schneider, Conflicts of Jurisdiction, Vol. I, S. 329 ff. (341) m.w.N.

334 Vgl. zur deutschen Rechtslage *Eser*, in: Schönker/Schröder, § 7, Rn. 7; *Ambos*, § 3, Rn. 48.

auch insofern als gleichwertig zu behandeln. Dies ist nicht zuletzt erforderlich, um andernfalls unüberwindbare Friktionen zwischen den nationalen Rechtsordnungen und Verbandshaftungssystemen zu verhindern, die entstehen würden, wenn jeder Staat auf eine dem eigenen Recht entsprechende Verantwortlichkeit am Tatort bestünde. Ohne auf die nachfolgenden Teile dieser Arbeit zu weit vorzugreifen, ist es daher zu befürworten, bei der Verbandshaftung auch eine bloße Strafbarkeit „im weiteren Sinne" für die Bedingung der doppelten Strafbarkeit ausreichen zu lassen, solange das jeweilige mitgliedstaatliche Recht im Sinne der Unionsvorgaben nach dem innerstaatlichen Verständnis hierdurch eine echte Sanktionierbarkeit gegenüber dem Verband selbst vorsieht und somit eine „funktionale Äquivalenz" zu einer Strafbarkeit gewährleistet ist.[335]

ee) Sanktionsanwendungsrechte in weiteren Mitgliedstaaten der EU

Auch die übrigen kontinentaleuropäischen Mitgliedstaaten der Union folgen im Sinne der Beanspruchung umfassender Sanktionsgewalt innerhalb des eigenen Hoheitsgebietes grundsätzlich dem Territorialitätsprinzip, dem überwiegend das Ubiquitätsprinzip zugrunde gelegt und die Territorialität so maximal ausgedehnt wird.[336] Darüber hinaus wird die Verfolgungszuständigkeit durch verschiedene legitimierende Anknüpfungspunkte auch auf bestimmte Auslandssachverhalte erstreckt und eine Sanktionsgewalt somit auch für extraterritoriale Sachverhalte begründet.[337] Die konkreten Ausgestaltungen sämtlicher Sanktionsanwendungsrechte können und sollen hier nicht im Detail dargestellt werden, festzuhalten ist jedoch, dass keiner der Unionsstaaten die eigene Sanktionsgewalt lediglich auf das innerstaatliche Hoheitsgebiet beschränkt, sondern jeweils eine transnationale Erstreckung der Verfolgungskompetenzen erfolgt. Die zwangsläufige Konsequenz ist, dass grenzüberschreitende Sachverhalte regelmäßig die Rechtsordnungen mehrerer Staaten tangieren und diese hierdurch nach ihrem nationalen Sanktionsanwendungsrecht jeweils zur Verfolgung derselben Tat berufen sind.

In diesem Sinne sieht auch das dem angloamerikanischen Rechtskreis zugehörige englische Rechtssystem eine Erstreckung der Strafgewalt über die territorialen Grenzen hinweg vor, wobei das Strafanwendungsrecht **Englands** eine unstrukturierte Materie darstellt, die nur teilweise gesetzlichen Niederschlag gefunden hat. Traditionell galt das englische *common law* grundsätzlich nur für innerhalb des

---

335 I.d.S. auch *Desportes/Le Gunehec*, Droit pénal général, Rn. 587; vgl. hierzu auch **Teil 3, III., 4., c), bb).**

336 Zur Ausgestaltung des Territorialitätsprinzips im internationalen Strafrecht vgl. *Satzger*, International Criminal Law, § 4, Rn. 12 ff.; *Böse/Meyer/Schneider*, in: Böse/Meyer/Schneider, Conflicts of Jurisdiction, Vol. I, S. 411 ff. (412 ff.).

337 Für einen Überblick über die Ausgestaltungen der nationalen Sanktionsanwendungsrechte im Einzelnen vgl. die jeweiligen Landesberichte in: Böse/Meyer/Schneider, Conflicts of Jurisdiciton, Vol. I, S. 27 ff.; Sinn (Hrsg), Jurisdiktionskonflikte, S. 165 ff. sowie bei *Satzger*, International Criminal Law, § 4.

Territoriums begangene Straftaten von natürlichen und juristischen Personen.[338] Bei nur teilweise im Inland begangenen Straftaten soll danach eine Zuständigkeit bestehen, soweit das letzte wesentliche Tatbestandselement im Inland verwirklicht wird.[339] Da durch dieses sog. „*last act*“-Kriterium eine englische Strafgewalt bei transnationalen Sachverhalten trotz eines engen Inlandsbezuges jedoch häufig nicht begründbar war, wurde für bestimmte Delikte eine Zuständigkeit per Gesetz angeordnet, soweit nur ein Bezugsereignis in Form eines Tatbestandsmerkmals in England verwirklicht wurde.[340] Überdies hat das englische Strafanwendungsrecht zuletzt eine Ausdehnung auch auf reine Auslandssachverhalte erfahren.[341] Eine solche extraterritoriale Strafgewalt kommt jedoch nur bei expliziter gesetzlicher Anordnung in Betracht, wobei regelmäßig eine besondere Beziehung der Tat oder des Täters zum Inland bestehen muss.[342] Neben Delikten wie Mord[343] und völkerrechtlichen Verbrechen[344] zählen hierzu insbesondere die im „UK Bribery Act“ normierten Tatbestände der Bestechung und Korruption, wonach eine Sanktionszuständigkeit Englands auch ohne inländischen Tatbeitrag unter anderem bereits dann bestehen kann, soweit es sich um eine im Inland eingetragene Gesellschaft handelt oder das (ausländische) Unternehmen dort lediglich geschäftlich agiert.[345] Ursprünglich auf das eigene Territorium beschränkt, hat sich das englische Strafanwendungsrecht somit insbesondere auf dem Gebiet der Wirtschaftsstraftaten zu einem äußerst extensiven Geltungsbereich entwickelt.[346]

---

338 *Huber*, in: Sinn, Jurisdiktionskonflikte, S. 263 ff. (265 f., 270 ff.); *Satzger*, International Criminal Law, § 4, Rn. 12; *Hirst*, in: Böse/Meyer/Schneider, Conflicts of Jurisdiction, Vol. I, S. 27 ff. (27, 29 ff.).

339 Die Rechtsprechung unterscheidet in diesem Zusammenhang zwischen sog. Handlungs- und Erfolgsdelikten. Kommt es bei dem jeweiligen Tatbestand auf die Tathandlung an, ist allein die inländische Vollendungshandlung entscheidend, wohingegen bei Erfolgsdelikten der Ort des in England stattfindenden Erfolgseintritts entscheidend sei, vgl. *Hirst*, in: Böse/Meyer/Schneider, Conflicts of Jurisdiction, Vol. I, S. 27 ff. (31 ff.); *Huber*, in: Sinn, Jurisdiktionskonflikte, S. 263 ff. (271 f.) m.w.N.; *Satzger*, International Criminal Law, § 4, Rn. 12.

340 Durch den am 1.1.1999 in Kraft getretenen Criminal Justice Act, z.B. für Diebstahl, Erpressung, Betrug, vgl. *Huber*, in: Sinn, Jurisdiktionskonflikte, S. 263 ff. (272); *Satzger*, International Criminal Law, § 4, Rn. 12.

341 Auch bei Auslandstaten gilt das im englischen Strafrecht grundsätzlich geltende Opportunitätsprinzip, so dass von einer Strafverfolgung abgesehen werden kann, vgl. *Huber*, in: Sinn, Jurisdiktionskonflikte, S. 263 ff. (268 f.).

342 Vgl. *Huber*, in: Sinn, Jurisdiktionskonflikte, S. 263 ff. (274 ff.).

343 Offences against the Person Act 1861.

344 International Criminal Courts Act 2001.

345 Vgl. *Daniel/Rubner*, NJW-Spezial 2011, S. 335 f. (335); vgl. bereits **Teil 1, II., 1., f).**

346 Zu den im englischen Recht bei Taten mit Auslandsbezug bestehenden Opportunitätsregelungen, vgl. *Huber*, in: Sinn, Jurisdiktionskonflikte, S. 263 ff. (268 f.).

c) *Zwischenergebnis*

Als Teil der innerstaatlichen Rechtsordnungen legt das Sanktionsanwendungsrecht Umfang und Grenzen des räumlichen Geltungsbereiches der jeweils eigenen Verfolgungszuständigkeiten einseitig fest. Spezielle Regelungen in Bezug auf die Sanktionierung juristischer Personen sehen die mitgliedstaatlichen Vorschriften jedoch weitestgehend nicht vor, so dass auch im Rahmen der Verbandshaftung grundsätzlich die für natürliche Personen konzipierten allgemeinen Regelungen Anwendung finden. Aufgrund der systematischen sowie dogmatischen Besonderheiten einer Haftungsbegründung gegenüber juristischen Personen sind hierbei jedoch einige unternehmensspezifische Eigenarten zu berücksichtigen.

So ist der Begehungsort der Verbandstat grundsätzlich entsprechend dem Handlungsort der natürlichen Person zu lokalisieren; besteht danach eine Kompetenz für die Anknüpfungstat, gilt Gleiches auch für die Verbandstat selbst. Nur wenn das nationale Recht Elemente einer originären Verbandshaftung enthält, kommt (zusätzlich) der Ort einer dem Verband selbst vorgeworfenen mangelhaften Organisationsstruktur als tatortkonstituierend in Betracht, welcher dann am Ort der wesentlichen tatsächlichen Aktivitäten („*centre of main interests*") zu verorten ist.

Stellt das mitgliedstaatliche Sanktionsanwendungsrecht auf die Nationalität des Täters der zu verfolgenden Tat ab, ist bezüglich der Verbandssanktionierung die Staatszugehörigkeit der juristischen Person maßgeblich, soweit das nationale Recht dies explizit vorsieht oder der Verband selbst als „Täter" der Verbandstat angesehen werden kann; innerhalb der EU soll die Nationalität von juristischen Personen dabei nach der Gründungstheorie zu bestimmen sein. Im Übrigen ist auf die Nationalität der tatausführenden natürlichen Person abzustellen.

Im Beispielsfall der Windkraft AG besteht demnach eine Verfolgungszuständigkeit aller vier beteiligten Staaten: Für Deutschland folgt die Kompetenz aus dem aktiven Personalitätsprinzip gem. § 7 II, Nr. 1 StGB, wobei auf die deutsche Nationalität des Täters G als natürliche Person abzustellen ist. Für Italien besteht gem. Art. 6 I, II CP aufgrund des im Inland liegenden Erfolgsortes der Tat eine Zuständigkeit nach dem Territorialitätsprinzip, für Österreich folgt diese gem. § 12 I VbVG i.V.m. §§ 62, 67 II öStGB aus dem der Windkraft AG zuzurechnenden inländischen Handlungsort des G. Frankreich ist gem. Art. 113-6 NCP ebenso nach dem aktiven Personalitätsprinzip verfolgungsbefugt, da die in Frankreich gegründete und ansässige AG nach der französischen Dogmatik selbst als „Täter" der Verbandstat anzusehen ist.

Nach den nationalen Sanktionsanwendungsvorschriften bestehen mithin jeweils hinreichend legitimierende Anknüpfungspunkte, so dass es in Bezug auf die Windkraft AG zu kumulativen Verfolgungszuständigkeiten in derselben Sache kommt.

Inhaltlich hat die Untersuchung der mitgliedstaatlichen Sanktionsanwendungsrechte gezeigt, dass sämtliche europäische Staaten zur Begründung der eigenen

Sanktionsgewalt zunächst an das Territorialitätsprinzip anknüpfen.[347] Allerdings belässt es keiner der Mitgliedstaaten bei einem in diesem Sinne streng auf das eigene Hoheitsgebiet beschränkten Sanktionsanspruch, welcher konfliktträchtigen Mehrfachkompetenzen vorbeugen würde. Vielmehr erfährt bereits die Territorialität eine weitestmögliche Ausdehnung, indem dieser regelmäßig das Ubiquitätsprinzip zugrunde gelegt wird, wonach nicht nur ein inländischer Handlungs- oder Erfolgsort, sondern darüber hinaus jeder tatbestandliche Teilakt im Ausführungsstadium der konkreten Tat eine Sanktionszuständigkeit begründet. Bei mehreren Handlungs- oder Erfolgsorten kann eine Tat somit schon hiernach mehrere Tatorte haben, zumal im Rahmen grenzüberschreitender Sachverhalte eine Zuständigkeit für die gesamte Tat bereits dann besteht, wenn auch nur ein Tatort(-teil) des tatbestandsmäßigem Gesamtgeschehens im Inland liegt. Schon ein derart extensiv gehandhabtes Territorialprinzip führt dazu, dass dieselbe Tat bei transnationalen Rechtsverstößen regelmäßig für mehrere Staaten gleichzeitig eine Inlandstat darstellen kann und diese somit jeweils zur Verfolgung berufen sind.

Hinzu kommt indes, dass sämtliche Mitgliedstaaten ihre Sanktionskompetenz insbesondere unter Anknüpfung an das aktive und passive Personalitätsprinzip sowie das Staatsschutzprinzip auch auf reine Auslandstaten ausdehnen.[348] Diese extraterritoriale Erstreckung der Sanktionsgewalt hat nicht nur einen Eingriff in die Souveränität der Tatortstaaten zur Folge, sondern führt insbesondere auch dazu, dass bei transnationalen Sachverhalten zwangsläufig verschiedene Rechtsordnungen tangiert und so mehrere Staaten für die Verfolgung und Sanktionierung derselben Taten zuständig sind.

Das bereits aus einem extensiven Territorialitätsprinzip häufig folgende Nebeneinander nationaler Sanktionsgewalten wird durch eine derartige extraterritoriale Erstreckung noch wesentlich verschärft. Zu beachten ist dabei, dass vor allem aufgrund völker- und europarechtlicher Verpflichtungen die Tendenz besteht, den Geltungsbereich der nationalen Sanktionsrechte sogar noch zu erweitern und auf internationale Sachverhalte auszudehnen, um im Sinne eines „Netzgedankens“ ein möglichst enges Netz kumulativer Sanktionsgewalten zu spannen.[349] Insbesondere

347 Für eine rechtsvergleichende Analyse nationaler Strafanwendungsrechte vgl. *Böse/Meyer/Schneider*, in: Böse/Meyer/Schneider, Conflicts of Jurisdiction, Vol. I, S. 411 ff. (412 ff.); *Sinn*, in: Sinn, Jurisdiktionskonflikte, S. 501 ff.

348 Die Anerkennung der völkerrechtlichen Anknüpfungspunkte durch die nationalen Rechtsordnungen stellt insofern ein weitgehend einheitliches Bild dar, welches sich nur in Nuancen der konkreten Ausgestaltung unterscheidet, vgl. *Sinn*, in: Sinn, Jurisdiktionskonflikte, S. 501 ff. (505).

349 Besonders deutlich wird dies in dem Entwurf eines Rahmenbeschlusses über Übertragung von Strafverfahren, in dem es heißt: „Alle Mitgliedstaaten sollten [...] in gewissem Umfang verpflichtet sein, ihre nationalen Zuständigkeitsregeln auf andere außerhalb ihres Hoheitsgebiets begangene strafbare Handlungen auszudehnen. Damit würde ein Beitrag zur Bekämpfung der grenzüberschreitenden Kriminalität geleistet.“ (vgl. Erwägungsgrund 13 des Ratsdok. 16437/09); vgl. i.Ü.

bei grenzüberschreitenden Rechtsverstößen besteht aufgrund der jeweils isolierten Geltung der nationalen Sanktionsanwendungsrechte daher regelmäßig eine Mehrfachzuständigkeit und somit ein potenzieller Wettbewerb der mitgliedstaatlichen Kompetenzen.[350] Die hieraus folgenden parallelen Sanktionsgewalten treten in entsprechender Weise bei der Verfolgung juristischer Personen auf, so dass auch diesen gegenüber eine Konkurrenz der verschiedenen Rechtsordnungen droht. Die im Rahmen von Zurechnungsmodellen insofern gebotene Anknüpfung an die Bezugstat der natürlichen Person führt hier zudem dazu, dass Unternehmen für die von Mitarbeitern im Ausland begangenen Rechtsverstöße haftbar sind, selbst wenn kein fester organisatorischer oder personeller Bezug zu dem Tatortstaat besteht. In Anbetracht der stetig voranschreitenden europäischen Integration sowie der zunehmenden gesellschaftlichen und wirtschaftlichen Verflechtung auf globalisierten Märkten, sind derartige multinationale Sachverhalte in Zukunft vermehrt zu erwarten,[351] weshalb gerade häufig grenzüberschreitend agierende juristische Personen damit rechnen müssen, im Falle eines Rechtsverstoßes der Sanktionsgewalt mehrerer Staaten zu unterfallen.[352] Die Sanktionsadressaten sehen sich in diesen Fällen einer parallelen oder sukzessiven Mehrfachverfolgung verschiedener Staaten ausgesetzt, was es angesichts der hieraus resultierenden und nachfolgend dargestellten Konflikte sowie deren Folgeprobleme in einem europäischen Raum der Freiheit, der Sicherheit und des Rechts zu verhindern gilt.

Art. 9 I des Rahmenbeschlusses zur Terrorismusbekämpfung, ABl. EU L 164/3 ff. v. 22.06.2002; Art. 4 I des Übereinkommens über den Schutz der finanziellen Interessen der Europäischen Gemeinschaften, ABl. EG C 316/49 ff. v. 27.11.1995; zu den Einflüssen des EU-Rechts auf die Entstehung von Kompetenzkonflikten vgl. *Zimmermann*, Strafgewaltkonflikte, S. 100 ff.; *Hecker*, in: Sinn, Jurisdiktionskonflikte, S. 85 ff. (86 ff.); *Eisele*, ZStW 2013, S. 1 ff. (4). Darüber hinaus wird die extraterritoriale Durchführung von Strafverfolgungsmaßnahmen und somit auch die Möglichkeit zur grenzüberschreitenden Ausübung der nationalen Strafgewalt durch die neuen europäischen Instrumente der strafrechtlichen Zusammenarbeit erheblich erleichtert und erweitert, vgl. *Böse/Meyer*, ZIS 2011, S. 336 ff. (336); *Rekate*, Die Vermeidung von Jurisdiktionskonflikten, S. 113 f.

350 Wenn auch tatsächliche Kompetenzstreitigkeiten in der bisherigen Rechtspraxis selten sind, vgl. *Herrnfeld*, in: Sinn, Jurisdiktionskonflikte, S. 141 ff. (147); vgl. hierzu auch den Bericht von Eurojust, Ratsdok. Nr. 9474/15 v. 02.06.2015.

351 Vgl. *Eser*, in: Sieber/Satzger/v.Heintschel-Heinegg, Europäisches Strafrecht, § 36, Rn. 5. Ein erhöhtes Konfliktpotenzial folgt zudem daraus, dass alle Mitgliedstaaten durch die aus Art. 4 III EUV abgeleitete Loyalitätspflicht gehalten sind, die Rechtsgüter der EU dem Schutz der eigenen Rechtsordnung zu unterstellen; bei einschlägigen Rechtsverstößen ist daher grundsätzlich jeder EU-Staat zur Verfolgung berufen bzw. ihr nationales Straf(-anwendungs-)recht entsprechend auszudehnen, vgl. hierzu *Zimmermann*, Strafgewaltkonflikte, S. 115 ff.; *Hecker*, in: Sinn, Jurisdiktionskonflikte, S. 85 ff. (86 f.).

352 Vgl. *Vogel*, in: Volk, § 15, Rn. 2a.

III. Konflikte nationaler Verfolgungszuständigkeiten

Sind demnach im Einzelfall mehrere Mitgliedstaaten nach ihrem innerstaatlichen Sanktionsanwendungsrecht für die Verfolgung und Sanktionierung ein und derselben Tat zuständig, können die jeweiligen Kompetenzansprüche kollidieren und auf internationaler Ebene in Konkurrenz zueinander treten. Beanspruchen daraufhin gleichwohl mehrere der zur Verfolgung legitimierten Länder, ihre Sanktionsgewalt auf den konkreten Sachverhalt zu erstrecken, entstehen zwischen den beteiligten Staaten sog. positive Kompetenzkonflikte. Da das nationale Sanktionsanwendungsrecht nur einseitig und nicht im Sinne echter Kollisionsregelungen ausgestaltet ist, stehen womöglich koexistierende Zuständigkeiten anderer Länder der Begründung und Durchsetzung der jeweils eigenen Verfolgungszuständigkeit grundsätzlich nicht entgegen, so dass die resultierenden Kompetenzkonflikte eine zwangsläufige Folge des Nebeneinanders mehrerer Sanktionsgewalten sind.[353] Die hier nicht weiter untersuchten negativen Kompetenzkonflikte treten dagegen auf, wenn keiner der an sich zuständigen Staaten eine Verfolgung betreibt.[354]

Eine entsprechende Beanspruchung der Verfolgungszuständigkeit durch mehrere Staaten ist völkerrechtlich nicht zu beanstanden, solange jeder der Sanktionsansprüche durch einen konkret legitimierenden Anknüpfungspunkt gedeckt ist.[355] Die hieraus resultierende Überschneidung nationaler Sanktionszuständigkeiten ist rechtspolitisch sogar durchaus gewollt, um der zunehmend grenzüberschreitenden Kriminalität durch ein möglichst dichtes Netz multinationaler Strafverfolgungskompetenzen zu begegnen, eventuellen Lücken der nationalen Sanktionssysteme entgegen zu wirken und negativen Kompetenzkonflikten vorzubeugen.[356] Was allerdings im Interesse einer europaweit umfassend sichergestellten Verfolgung, Sanktionierung und Vollstreckung aus kriminalpräventiver Sicht legitim erscheinen mag, birgt in seiner Konsequenz insbesondere transnational eine Vielzahl an rechtsstaatlichen Problemen und erhebliches politisches Konfliktpotenzial:[357]

So steht aus Sicht der involvierten Staaten zunächst zu befürchten, dass eine unkoordinierte Konkurrenz mehrerer nationaler Zuständigkeiten und insbesondere eine extraterritoriale Beanspruchung der Sanktionsgewalt zu zwischenstaatlichen Spannungen führt, soweit kein Einvernehmen über eine Koordination und

---

353 Anders z.B. das internationale Privatrecht, welches als echtes Kollisionsrecht ausgestaltet ist und unter Rücksicht auf ausländische Interessen das im Einzelfall anzuwendende Recht festlegt, vgl. *Ambos*, § 1, Rn. 2.

354 Vgl. *Eisele*, ZStW 2013, S. 1 ff. (2 f.); *Safferling*, § 3, Rn. 6.

355 *Hecker*, in: Sinn, Jurisdiktionskonflikte, S. 85 ff. (86).

356 Sog. Netzgedanke, vgl. hierzu *Eisele*, in: ZStW 2013, S. 1 ff. (4); *Böse/Meyer*, ZIS 2011, S. 336 ff. (337).

357 Ausführlich zu den durch parallele Sanktionskompetenzen tangierten (individuellen sowie staatlichen) Interessen und Rechten vgl. auch *Zimmermann*, Strafgewaltkonflikte, S. 137 ff.

Konzentration der Verfolgungsmaßnahmen erreicht werden kann.[358] Denn was für den einen Staat die souveräne Ausübung der eigenen Staatsgewalt bedeutet, stellt für den anderen Staat womöglich eine unerwünschte Einmischung in dessen innere Angelegenheiten dar.[359] Ein jeweiliges Beanspruchen einer eigenen Sanktionszuständigkeit ist vor allem zu befürchten, soweit ein gegenseitiges Vertrauen in die fremde Rechtsordnung und deren prozessuale Gewährleistungen (noch) nicht gegeben ist oder originär nationale Interessen und Rechtsgüter tangiert sind. Hinzu kommt, dass jeder Staat die dem eigenen Recht zugrunde liegenden und von anderen Staaten (insbesondere in Bezug auf eine Verbandshaftung) womöglich abweichenden Wertevorstellungen grundsätzlich selbst durchsetzen will.

Das Nebeneinander mehrerer Sanktionskompetenzen kann zwischen den beteiligten Staaten zudem zu einem konfliktträchtigen Wettlauf um die Erstentscheidung führen. Denn seitdem das Verbot der Doppelbestrafung durch Art. 50 GRC und Art. 54 SDÜ in der EU heute auch transnational verwirklicht wird, müssen die Verfolgungsbehörden fürchten, dass eine zuvorkommende klageverbrauchende Sanktionsentscheidung eines anderen Staates eine weitere Durchführung und anschließende Vollstreckung des eigenen Verfahrens hindert.[360] In diesen Fällen entscheidet letztlich das Prioritätsprinzip über den im Einzelfall sanktionsbefugten Mitgliedstaat, so dass ohne sachgerechte Kriterien zur Bestimmung der Zuständigkeiten zufällige oder gar willkürliche Ergebnisse entstehen.[361] Hinzu kommt, dass die justiziellen Ressourcen hier letztlich nutzlos eingesetzt zu werden drohen und es eine unkoordinierte Doppelarbeit mehrerer Verfolgungsbehörden auch aus prozessökonomischen Erwägungen schon grundsätzlich zu verhindern gilt.[362]

Aus Sicht der Beschuldigten birgt die Überschneidung nationaler Zuständigkeiten insbesondere die Gefahr, mehrfach (parallel oder sukzessiv) den Verfolgungsmaßnahmen verschiedener Staaten ausgesetzt zu sein und gegebenenfalls sogar wiederholt Adressat von Sanktionen und Vollstreckungsmaßnahmen nach den jeweiligen (womöglich unterschiedlichen) Rechtsordnungen zu werden:

Die im Rahmen kumulativer Verfolgungskompetenzen möglichen mehrfachen, und nach den verschiedenen Rechtsordnungen gegebenenfalls divergierenden, Ermittlungsmaßnahmen stellen eine zusätzliche Belastung des Betroffenen dar und stehen im Widerspruch zu dessen Rechten und Interessen. So tangiert eine mehrfache Verfolgung in verschiedenen Mitgliedstaaten der EU und die hiermit

---

358 Vgl. *Hecker*, ZIS 2011, S. 60 ff. (60); *Eser*, in: Sieber/Satzger/v.Heintschel-Heinegg, Europäisches Strafrecht, § 36, Rn. 23 ff.

359 *Ambos*, in: MüKo-StGB, Bd. I, Vor §§ 3–7, Rn. 12.

360 Vgl. *Eisele*, ZStW 2013, S. 1 ff. (6 f.); *Hecker*, ZIS 2011, S. 60 ff. (60); vgl. hierzu **Teil 3.**

361 Grünbuch über Kompetenzkonflikte und den Grundsatz *ne bis in idem* in Strafverfahren, KOM (2005) 696 endg. v. 23.12.2005, S. 3; *Eisele*, ZStW 2013, S. 1 ff. (7).

362 Vgl. Erwägungsgrund 4 des Rahmenbeschlusses 2009/948/JI des Rates vom 30. November 2009 zur Vermeidung und Beilegung von Kompetenzkonflikten in Strafverfahren, ABl. EU L 328/42 ff. v. 15.12.2009; *Hecker*, ZIS 2011, S. 60 ff. (60).

einhergehenden Restriktionen der persönlichen Freiheit insbesondere das Recht auf Freizügigkeit (Art. 21 AEUV) und erfordert zudem eine kompliziertere sowie finanziell intensivere multinationale anwaltliche Verteidigung.[363] Ähnliches gilt für die Opfer der Tat, welche gegebenenfalls wiederholt verhört werden müssen und denen hierdurch eine zusätzliche Viktimisierung droht.[364] Schutz ist insofern unabhängig von konkreten Ermittlungs- oder Verfolgungsmaßnahmen geboten, da bereits die schlichte Tatsache einer Verfahrenseinleitung aufgrund des hiermit verbundenen Inkulpationsaktes für die Betroffenen eine Belastung darstellt.[365] Diese Einwände gelten in gleicher Weise in Bezug auf juristische Personen. Denn auch diesen gegenüber stellt es eine ihre Rechte und Interessen tangierende zusätzliche Belastung dar, wenn wegen derselben Tat nach verschiedenen Rechtsordnungen (gegebenenfalls divergierende) Verfolgungsmaßnahmen durchgeführt werden, wenn unternehmensangehörige Individualtäter in verschiedenen Staaten geladen werden und eine kostenintensivere sowie komplexere multinationale Verteidigung erforderlich wird. Zudem bedeutet allein der Umstand, dass (mehrfache) Ermittlungsmaßnahmen durchgeführt werden, gerade für in der Öffentlichkeit stehende Unternehmen einen erheblichen Vertrauens- und Imageverlust, der in aller Regel auch wirtschaftlich nachteilige Auswirkungen hat.[366] Schließlich drohen Verbände in gleicher Weise in ihren europäischen Grundfreiheiten beeinträchtigt zu werden, wenn sie durch eine potenzielle Mehrfachverfolgung von einer wirtschaftlichen Betätigung in anderen Mitgliedstaaten abgehalten und hierdurch insbesondere in ihrer Niederlassungs- und Dienstleistungsfreiheit nach Art. 49 I, 54, 56 I, 62 AEUV tangiert werden.[367]

Obwohl die Errichtung eines gemeinsamen Raumes der Freiheit, der Sicherheit und des Rechts gem. Art. 3 II EUV eines der primären Ziele der Union ist, sehen sich die Adressaten hierbei den Rechtsordnungen verschiedener Mitgliedstaaten ausgesetzt, was insbesondere im Rahmen der inkongruenten sanktionsrechtlichen

---

363 Grünbuch über Kompetenzkonflikte und den Grundsatz *ne bis in idem* in Strafverfahren, KOM (2005) 696 endg. v. 23.12.2005, S. 3; vgl. EuGH, Urt. v. 11.02.2003, Rs. C-187/01, C-385/01, Slg. 2003, I-01345, Rn. 38 – Gözütok und Brügge; vgl. auch *Hecker*, ZIS 2011, S. 60 ff. (60); *Vogel*, in: Volk, § 15, Rn. 3 f.; *Rekate*, Die Vermeidung von Jurisdiktionskonflikten, S. 132 f.

364 *Eisele*, ZStW 2013, S. 1 ff. (10); vgl. auch Grünbuch über Kompetenzkonflikte und den Grundsatz *ne bis in idem* in Strafverfahren, KOM (2005) 696 endg. v. 23.12.2005, S. 3.

365 Vgl. *Zimmermann*, Strafgewaltkonflikte, S. 177; *Rekate*, Die Vermeidung von Jurisdiktionskonflikten, S. 129 ff.

366 „Verfahren als Strafe", vgl. *Rödiger*, Strafverfolgung von Unternehmen, S. 47.

367 Vgl. *Böse/Meyer*, ZIS 2011, S. 336 ff. (340); ausdrücklich in Bezug auf eine das Recht auf Freizügigkeit tangierende Gefahr der mehrfachen Strafverfolgung: EuGH, Urt. v. 11.02.2003, Rs. C-187/01, C-385/01, Slg. 2003, I-01345, Rn. 38 – Gözütok und Brügge; Grünbuch über Kompetenzkonflikte und den Grundsatz *ne bis in idem* in Strafverfahren, KOM (2005) 696 endg. v. 23.12.2005, S. 3.

Verantwortlichkeit juristischer Personen dazu führen kann, dass die Verbandstat nach der einen Rechtsordnung legal, nach einer anderen hingegen pönalisiert ist. Selbst wenn jedoch jeweils eine Verbandshaftung besteht, werden die betroffenen Adressaten mit unterschiedlichen nationalen Sanktionssystemen und dementsprechend divergierenden materiellen sowie prozessualen Voraussetzungen und Rechtsfolgen konfrontiert. Als Konsequenz kann der Adressat nicht mehr vorhersehen, durch welche Behörde und nach welchem Rechtssystem die Tat letztlich verfolgt und sanktioniert wird und an welchen Vorschriften er sein Handeln dementsprechend ausrichten soll, was zu einer erheblichen Rechtsunsicherheit führen kann.[368] Die Tatsache der parallelen Anwendbarkeit mehrerer Rechtsordnungen kann auf der anderen Seite darüber hinaus dazu führen, dass die Unterschiede der nationalen Normen von den Ermittlungsbehörden bewusst ausgenutzt werden, indem sie Maßnahmen nach der punitivsten Rechtsordnung durchführen und dort eine Sanktionierung anstreben, sog. *forum shopping*.[369] Gleichzeitig können dies allerdings auch die Adressaten ausnutzen, indem sie eine Verfolgung und klageverbrauchende Entscheidung in einem für sie vorteilhaften Forum anstreben und insbesondere auch Verbände sich in möglichst liberalen Staaten ansiedeln, um das in der EU divergierende Pönalisierungsniveau zu ihrem Vorteil auszunutzen.[370]

Die aus kumulativen Zuständigkeiten erwachsenden Kompetenzkonflikte führen schließlich dazu, dass die Gefahr einer wiederholten Sanktionierung besteht, was entgegen dem Grundsatz ne bis in idem zu einem Konflikt mit dem Verbot der mehrfachen Bestrafung in derselben Sache führen kann.[371] Eine potenzielle Mehrfachsanktionierung ist wiederum im Kontext der inkongruenten Verbandshaftung besonders prekär, da sich die nationalen Sanktionssysteme in Rechtsnatur und Verfahren teilweise unterscheiden, so dass sich bereits grundsätzlich die Frage nach einem Eingreifen von Art. 50 GRC sowie Art. 54 SDÜ stellen kann. Etwa wenn in einem Mitgliedstaat bloß behördliche oder nicht-kriminalstrafrechtliche Sanktionen gegen einen Verband festgesetzt worden sind und deshalb fraglich ist, ob diese überhaupt von dem „Verbot der Doppelbestrafung" beziehungsweise dem Recht „nicht zweimal strafrechtlich verfolgt" zu werden, erfasst sind und so einer erneuten Sanktionierung in derselben Sache entgegenstehen.[372]

---

368 Vgl. hierzu *Zimmermann*, Strafgewaltkonflikte, S. 140 ff., 181 ff.; *Gropp*, in: Sinn, Jurisdiktionskonflikte, S. 9 ff. (9); *Rekate*, Die Vermeidung von Jurisdiktionskonflikten, S. 123 f.

369 *Eisele*, ZStW 2013, S. 1 ff. (9); *Lagodny*, Gutachten, S. 65 ff.; *Rekate*, Die Vermeidung von Jurisdiktionskonflikten, S. 124 ff., 173 f.

370 Zur Möglichkeit des *forum shoppings* seitens der Unternehmen vgl. *Pedrazzi*, in: Tiedemann, Multinationale Unternehmen, S. 81 ff. (83 f.); *Engelhart*, in: Müller-Gugenberger, § 4, Rn. 1.

371 Vgl. *Eisele*, ZStW 2013, S. 1 ff. (6 ff.) sowie **Teil 3.**

372 Vgl. ausführlich **Teil 3, III., 6.**

Beanspruchen etwa im Beispielsfall mit Deutschland, Österreich, Italien und Frankreich alle vier der zur Verfolgung legitimierten Staaten, ihre Sanktionsgewalt auf die Tat zu erstrecken und Ermittlungen gegen die Windkraft AG durchzuführen, kommt es zur Konkurrenz mehrerer Jurisdiktionen und einem positiven Kompetenzkonflikt, soweit die Verfahren nicht koordiniert geführt werden. Dabei könnten insbesondere Österreich und Italien die extraterritoriale Beanspruchung der Sanktionsgewalt durch Deutschland und Frankreich als eine unerwünschte Einmischung in ihre eigenen Angelegenheiten auffassen; auf der anderen Seite könnte etwa Frankreich nicht bereit sein, zugunsten der bloß ordnungsrechtlichen Verbandssanktionen Deutschlands auf eine eigene Verfolgung und Sanktionierung der Windkraft AG zu verzichten.

Neben den hierdurch drohenden zwischenstaatlichen Konflikten bestünde aus Sicht der AG die Gefahr, mehrfachen Verfolgungs- oder gar Sanktionsmaßnahmen durch die verschiedenen Rechtsordnungen ausgesetzt zu sein und durch mögliche (Zweit-) Verfahren von einem zukünftigen Engagement in den weiteren Staaten abgeschreckt und so in ihrer Niederlassungs- und Dienstleistungsfreiheit tangiert zu werden; zumal sich bereits eine Einleitung von Ermittlungen in mehreren Staaten nachteilig auf den Ruf und die künftige Unternehmensentwicklung der AG auswirken würde.

Es ist somit auf der einen Seite zwar durchaus zuzugestehen und zu befürworten, dass eine effektive Bekämpfung der zunehmend grenzüberschreitenden Rechtsverstöße eine transnationale und unionsweit koordinierte Verfolgung erforderlich macht und zu diesem Zweck eine intensivierte Zusammenarbeit der Ermittlungsorgane auf europäischer Ebene geboten ist. Auch ist anzuerkennen, dass parallele Ermittlungen in mehreren Staaten hierfür zunächst durchaus erforderlich sein können, um durch koordinierte sog. „Spiegelverfahren“ eine effektive Verfolgung transnationaler Rechtsverstöße überhaupt erst zu ermöglichen,[373] so dass eine Mehrfachzuständigkeit im Einzelfall nötige Voraussetzung zur Gewährleistung umfassend grenzüberschreitender Ermittlungen sein kann.[374] Die dargestellten Auswirkungen von Kompetenzkonflikten machen auf der anderen Seite jedoch Folgendes deutlich: „In einem Raum der Freiheit, der Sicherheit und des Rechts sollten solche negativen Wirkungen nach Möglichkeit vermieden und die Mehrfachverfolgung wegen ein und derselben [Tat] begrenzt werden“.[375] Erfordert die effektive Bekämpfung transnationaler Kriminalität demnach zwar einerseits ein dichtes Netz konkurrierender Sanktionsgewalten, gebieten die Rechte der Betroffenen sowie rechtsstaatliche Grundsätze auf der anderen Seite jedoch, die hieraus potenziell resultierenden Konflikte sowie deren negative Auswirkungen weitestgehend zu verhindern. Dies gilt im Besonderen in einem avisierten europäischen

373 *Herrnfeld*, in: Sinn, Jurisdiktionskonflikte, S. 141 ff. (147).
374 Vgl. *Wörner/Wörner*, in: Sinn, Jurisdiktionskonflikte, S. 203 ff. (247 f.).
375 Grünbuch über Kompetenzkonflikte und den Grundsatz *ne bis in idem* in Strafverfahren, KOM (2005) 696 endg. v. 23.12.2005, S. 3.

Raum der Freiheit, der Sicherheit und des Rechts.[376] Denn die Maximen Freiheit, Sicherheit und Recht im Sinne des Art. 3 II EUV dürfen nicht als einseitig repressiver Auftrag gehandhabt werden, sondern sind in ihrer Zielrichtung miteinander verschränkt und in einen wechselseitigen Ausgleich zu bringen.[377] Ein „Mehr“ an Sicherheit darf daher nicht auf Kosten der Freiheit gehen, sondern beide Elemente sind gegensätzlich angelegt, so dass zwischen ihnen ein ausgewogenes Verhältnis zu wahren ist.[378] Dieses Bedürfnis wurde auch rechtspolitisch erkannt, so dass auf nationaler und insbesondere europäischer Ebene verschiedene Instrumentarien zur Vermeidung und Beilegung von Kompetenzkonflikten implementiert wurden, die nachfolgend im spezifischen Unternehmenskontext untersucht werden sollen.

IV. Zusammenfassung und Ausblick

Im Zuge der voranschreitenden europäischen Integration und der Errichtung eines gemeinsamen Rechts- und Wirtschaftsraumes agieren auch Unternehmen vermehrt grenzüberschreitend. Die zunehmend internationale Aktivität auf europäischen Märkten führt jedoch auch dazu, dass verbandsbezogene Rechtsverstöße über Staatsgrenzen hinweg begangen werden und somit eine sanktionsrechtliche Verantwortlichkeit der Unternehmen selbst begründen können. Werden hierdurch die Rechtsordnungen mehrerer Mitgliedstaaten tangiert, stellt sich auch gegenüber juristischen Personen und Personenverbänden die Frage des Entstehens kumulativer Verfolgungszuständigkeiten und potenzieller Jurisdiktionskonflikte.

Für die Frage, wann eine Verfolgungskompetenz gegenüber juristischen Personen besteht und inwiefern sich dabei die dogmatischen und systematischen Besonderheiten sowie die innerstaatlichen Unterschiede der Verbandshaftung auswirken, war zunächst jedoch zu klären, auf welche Weise die sanktionsrechtliche Haftung juristischer Personen in den mitgliedstaatlichen Rechtsordnungen konstruiert ist. Insofern hat die Darstellung gezeigt, dass die nationalen Sanktionssysteme nicht homogen und zwischenstaatlich koordiniert normiert sind, sondern in den Haftungsvoraussetzungen, Rechtsfolgen und vor allem der Rechtsnatur teilweise inkongruente Regelungsmodelle implementiert wurden. Gleichwohl folgen die Bedingungen der Verantwortlichkeit juristischer Personen im Kern oft ähnlichen Grundstrukturen. So wird als haftungsbegründender Rechtsverstoß in der Regel eine verbandsbezogene Anknüpfungstat einer natürlichen Person gefordert, wobei zum Teil auch der juristischen Person selbst vorgeworfene Organisationsmängel eine Voraussetzung der sanktionsrechtlichen Verantwortlichkeit darstellen.

In welchen Fällen auf dieser Grundlage eine Verfolgungszuständigkeit gegenüber juristischen Personen besteht und inwiefern es in transnationalen Sachverhalten

---

376 Dies belegt nicht zuletzt der normative Auftrag durch Art. 82 I UAbs. 2, lit. b) AEUV, vgl. *Rekate*, Die Vermeidung von Jurisdiktionskonflikten, S. 135 ff.

377 *Böse/Meyer*, ZIS 2011, S. 336 ff. (341).

378 Vgl. *Weiß/Satzger*, in: Streinz EUV/AEUV, Art. 67, Rn. 27, 33.

danach zu einer Konkurrenz mehrerer Rechtsordnungen kommen kann, richtet sich nach den nationalen Sanktionsanwendungsrechten, die Umfang und Grenzen des räumlichen Geltungsbereiches der jeweils eigenen Verfolgungszuständigkeit einseitig festlegen. Spezifische Regelungen in Bezug auf die Sanktionierung von juristischen Personen sind hierbei allerdings weitgehend nicht vorgesehen, so dass grundsätzlich auch insofern die für natürliche Personen konzipierten allgemeinen Vorschriften anzuwenden sind. Wegen der Besonderheiten der Verbandshaftung sind dabei allerdings unternehmensspezifische Eigenarten zu berücksichtigen. So entspricht der Begehungsort der Verbandstat grundsätzlich dem Handlungsort der natürlichen Person; besteht daher eine Zuständigkeit für die Anknüpfungstat, ist der jeweilige Mitgliedstaat auch gegenüber der juristischen Person verfolgungsbefugt. Sieht eine nationale Rechtsordnung dagegen auch Elemente einer originären Verbandsverantwortlichkeit vor, kommt (zusätzlich) der Ort einer dem Verband selbst vorgeworfenen defizitären Organisationsstruktur als tatortkonstituierend in Betracht, welcher dann regelmäßig am Ort der wesentlichen geschäftlichen und organisatorischen Aktivitäten zu lokalisieren ist. Kommt es für die Bestimmung der Verfolgungszuständigkeiten auf die Nationalität des Täters an, ist die Staatszugehörigkeit der juristischen Person nur dann maßgeblich, wenn das nationale Recht dies ausdrücklich vorsieht oder der Verband selbst als „Täter" angesehen werden kann; in der EU soll die Nationalität juristischer Personen dabei nach der Gründungstheorie zu bestimmen sein. Ansonsten ist auch im Rahmen der Verbandshaftung die Nationalität der tatausführenden natürlichen Person maßgeblich.

Unter dieser Prämisse hat die Untersuchung der nationalen Sanktionsanwendungsrechte gezeigt, dass bereits durch den im Sinne des Ubiquitätsprinzips normierten Territorialitätsgrundsatz eine umfassende Ausdehnung der eigenen Verfolgungszuständigkeiten in allen EU-Staaten erfolgt. Durch Anknüpfung insbesondere an das aktive und passive Personalitätsprinzip sowie das Staatsschutzprinzip findet darüber hinaus eine extraterritoriale Erstreckung auch auf reine Auslandssachverhalte statt. Als Folge sind bei transnationalen Rechtsverstößen insbesondere auch im Unternehmenskontext regelmäßig die Rechtsordnungen mehrerer Mitgliedstaaten tangiert, so dass parallele Verfolgungskompetenzen entstehen und die nationalen Sanktionsgewalten auf europäischer Ebene in Konkurrenz zueinander treten können. Die hieraus potenziell resultierenden Kompetenzkonflikte gilt es in einem europäischen Raum der Freiheit, der Sicherheit und des Rechts aufgrund ihrer negativen Auswirkungen in Form zwischenstaatlicher Spannungen, einer letztlich willkürlichen Bestimmung des jeweiligen Sanktionsstaates, eines ineffizienten Einsatzes behördlicher Ermittlungsressourcen sowie der Gefahr einer mehrfachen Sanktionierung nach den inkongruenten mitgliedstaatlichen Rechtsordnungen auch in Bezug auf die Verfolgung juristischer Personen zu vermeiden.

Der Grund für positive Kompetenzkonflikte im Unternehmenskontext ist mithin in erster Linie die durch die einseitigen Sanktionsanwendungsrechte nationalstaatlich geprägte Verfolgungspraxis der EU-Staaten. Die Inkongruenz der nationalen Verbandshaftungssysteme stellt insofern zwar keine unmittelbare Ursache für die *Entstehung* von Jurisdiktionskonflikten gegenüber juristischen Personen dar (so führten transnationale Verbandstaten auch bei unionsweit harmonisierter Haftung zu kumulativen Zuständigkeiten), sie ist für deren *Bewältigung* aber von zentraler Bedeutung, da angesichts der dargestellten Unterschiede in Rechtsnatur und prozessualer Gestaltung fraglich ist, inwieweit eine zwischenstaatliche Verfahrenskoordination zur Vermeidung von Kompetenzkonflikten möglich ist.

Wie Jurisdiktionskonflikte sowie die aufgezeigten negativen Folgen auf europäischer Ebene verhindert werden können, welche Instrumentarien hierfür bestehen und ob juristische Personen sowie deren Verfolgung von diesen überhaupt erfasst werden, wird im nachfolgenden zweiten Teil dieser Arbeit untersucht.

Teil 2: Vermeidung und Beilegung von Kompetenzkonflikten im Verbandskontext

I. Einleitung

Um die auch gegenüber juristischen Personen drohende Konkurrenz nationaler Sanktionsgewalten sowie die hieraus potenziell folgenden Kompetenzkonflikte zu vermeiden, gilt es, das unkoordinierte Nebeneinander mehrerer mitgliedstaatlicher Zuständigkeiten durch eine transnational abgestimmte Verfolgungspraxis in der EU zu ersetzen. Es bedarf daher Kriterien und Verfahren, die eine Koordination und Konzentration der nationalen Sanktionsgewalten ermöglichen, um etwaige Kompetenzkonflikte beizulegen beziehungsweise diesen bereits vorzubeugen.

Der hierfür seitens der EU erlassene Rahmenbeschluss zur Vermeidung und Beilegung von Kompetenzkonflikten in Strafverfahren[379] erfasst juristische Personen sowie nicht-strafrechtliche und behördliche Verfahren jedoch nicht ausdrücklich. Es ist daher fraglich, ob und inwiefern die gegenwärtigen Mechanismen zur Vermeidung von Kompetenzkonflikten auch auf die Verfolgung juristischer Personen anwendbar sind beziehungsweise jedenfalls sein sollten. Hierzu werden nachfolgend die auf nationaler sowie internationaler Ebene bestehenden Instrumentarien der Verfahrenskoordination diskutiert, bevor vor allem der Rahmenbeschluss zur Vermeidung und Beilegung von Kompetenzkonflikten in Strafverfahren im spezifischen Kontext der inkongruenten mitgliedstaatlichen Verbandssanktionierung untersucht und konkrete punktuelle Reformvorschläge entwickelt werden.

Insofern geht es weniger um die Erarbeitung neuer genereller Mechanismen zur europäischen Verfahrenskoordination, als um eine adäquate Bestimmung von Umfang und Anwendungsbereich der bestehenden Rechtsakte. Ziel ist hierbei die Gewährleistung einer transnationalen Koordination der Verfahren auch gegenüber juristischen Personen und trotz der unterschiedlichen Haftungssysteme, um Kompetenzkonflikten auch im Unternehmenskontext angemessen begegnen zu können.

II. Mitgliedstaatliche Instrumentarien

Zwar sehen die mitgliedstaatlichen Rechtsordnungen bei transnationalen Bezügen keine gegenseitigen Pflichten zur Information und Konsultation vor, um auf diese Weise eine Verfahrenskoordination zu ermöglichen, gleichwohl finden parallele

379 Rahmenbeschluss 2009/948/JI des Rates vom 30. November 2009 zur Vermeidung und Beilegung von Kompetenzkonflikten in Strafverfahren, ABl. EU L 328/42 ff. v. 15.12.2009.

Zuständigkeiten sowie im Ausland getroffene Sanktionsentscheidungen in mehreren Staaten und in unterschiedlicher Form prozessuale Berücksichtigung.[380]

So sehen einige Mitgliedstaaten bei Sachverhalten mit Auslandsbezug entgegen dem generell geltenden Legalitätsprinzip Opportunitätsregelungen vor, wonach unter bestimmten Umständen von der Verfolgung von Auslandstaten abgesehen werden kann.[381] Andere Länder folgen dagegen grundsätzlich dem Opportunitätsprinzip, so dass auch bei transnationalen Rechtsverstößen stets eine Verfahrenseinstellung in Betracht kommt.[382] Zwar stellen derartige Opportunitätsregelungen eine taugliche Möglichkeit dar, um einem extensiven Strafanwendungsrecht sowie den hieraus folgenden Kompetenzkonflikten zu begegnen, sie gelten allerdings nur in einigen Mitgliedstaaten und stehen dort jeweils im Ermessen der nationalen Verfolgungsbehörden, so dass sie zu einer grundsätzlichen und vor allem unionsweiten Vermeidung von Sanktionsanwendungskonflikten nicht geeignet sind.[383]

Entsprechendes gilt für das in den Unionsstaaten in unterschiedlicher Ausprägung vorgesehene Prinzip ne bis in idem, wonach eine mehrfache Bestrafung wegen derselben Tat grundsätzlich ausgeschlossen ist.[384] Unabhängig davon, dass sich die nationalen Regelungen weitgehend nur auf eine wiederholte innerstaatliche Sanktionierung beziehen, greift das Verbot der Doppelbestrafung erst ein, nachdem eine strafklageverbrauchende Erstentscheidung bereits ergangen (und gegebenenfalls vollstreckt) ist und kann eine parallele Mehrfachverfolgung durch verschiedene Staaten sowie die hieraus resultierenden Kompetenzkonflikte daher schon grundsätzlich nicht verhindern.[385]

Die auf mitgliedstaatlicher Ebene bestehenden Instrumente ermöglichen folglich keine europaweite und insbesondere keine einheitlichen Grundsätzen folgende

---

380 Für eine rechtsvergleichende Analyse einschlägiger nationaler Regelungen vgl. *Böse/Meyer/Schneider*, in: Böse/Meyer/Schneider, Conflicts of Jurisdiction, Vol. I, S. 411 ff. (442 ff.); *Sinn*, in: Sinn, Jurisdiktionskonflikte, S. 501 ff. (510 ff.).

381 Insbesondere in Deutschland gem. §§ 153c, 153f StPO; vgl. *Wörner/Wörner*, in: Sinn, Jurisdiktionskonflikte, S. 203 ff. (224 ff.), wonach diese Regelungen ausdrücklich der Korrektur des weiten Strafanwendungsrechts dienen. Vgl. auch Österreich gem. § 192 I, Nr. 2 öStPO. In Italien ist bei Auslandstaten gem. Art. 11 II CP bei vorheriger Aburteilung im Ausland eine erneute Strafverfolgung nur auf Ersuchen des Justizministers möglich, wohingegen gem. Art. 11 I CP bei Inlandstaten sogar zwingend ein erneutes Verfahren im Inland durchzuführen ist, vgl. *Foffani/Orlandi/Ruggeri*, in: Sinn, Jurisdiktionskonflikte, S. 307 ff. (312 f.).

382 Z.B. in England und Frankreich, vgl. *Lelieur*, in: Sinn, Jurisdiktionskonflikte, S. 291 ff. (296 f.).

383 So auch *Wörner/Wörner*, in: Sinn, Jurisdiktionskonflikte, S. 203 ff. (226).

384 Vgl. z.B. für Deutschland Art. 103 III GG, für Frankreich Art. 113–9 NCP, für Österreich § 65 IV öStGB sowie ausführlich **Teil 3, III., 1.**

385 Vgl. *Sinn*, in: Sinn, Jurisdiktionskonflikte, S. 501 ff. (512 f.); *Hecker*, ZIS 2011, S. 60 ff. (60). Etwas anderes würde sich dagegen ergeben, wenn man aus dem ne bis in idem Prinzip bereits ein Verbot der Einleitung paralleler Ermittlungsverfahren ableiten würde, vgl. hierzu *Lucke*, HRRS 2014, S. 407 ff. (412 ff.).

Koordinierung der nationalen Sanktionszuständigkeiten. Sie sind daher zu einer adäquaten Lösung von Kompetenzkonflikten nicht geeignet und werden vor allem dem Anspruch an einen gemeinsamen europäischen Rechtsraum nicht gerecht.

III. Zwischenstaatliche Instrumentarien

Auch zwischenstaatlich wurden vereinzelte Übereinkommen zur Koordinierung paralleler Verfolgungszuständigkeiten getroffen, um so potenzielle Konflikte der Sanktionsgewalten einvernehmlich und interessengerecht zu lösen.[386] Als bi- und multilaterale völkerrechtliche Verträge bewirken diese eine Abstimmung der nationalen Sanktionsanwendungsrechte im Sinne des sog. Kompetenzverteilungsprinzips.[387] Hierzu sind im weitesten Sinne auch die im Rahmen des Europarates getroffenen völkerrechtlichen Verträge zu zählen. Zu nennen ist im vorliegenden Kontext insbesondere das Europäische Übereinkommen über die Übertragung der Strafverfolgung vom 15. Mai 1972,[388] welches zwar eine Abstimmung der transnationalen Strafverfolgung bezweckt,[389] bis heute jedoch nicht von allen Unionsstaaten umgesetzt wurde.[390] Die in der EU gebotene umfassende Koordinierung der nationalen Zuständigkeiten im Sinne einer abgestimmten Rechtspraxis kann mit derart fragmentarischen zwischenstaatlichen Abkommen sowie den nicht vollständig ratifizierten Übereinkommen des Europarates jedenfalls nicht gewährleistet werden, weshalb sie zu einer unionsweiten Lösung nicht geeignet sind.

---

386 Vgl. z.B. die Channel Tunnel Order 1993, 1994, welche die Verfolgungszuständigkeiten bei Straftaten innerhalb des Eurotunnels zwischen Frankreich und England regeln; das sog. NATO-Truppenstatut nebst Zusatzabkommen und Unterzeichnungsprotokoll, welches die Rechtstellung der NATO-Truppen auf fremden Territorium regelt und in Art. VII Abs. 3 Regeln im Falle konkurrierender Strafgewalten normiert (BGBl II 1961, S. 1183, 1190; BGBl. II 1963, S. 745); das UN-Übereinkommen gegen grenzüberschreitende organisierte Kriminalität, welches in Art. 21 die Übertragung von Strafverfahren vorsieht (BGBl. II 2005, S. 956). Rechtsvergleichend vgl. iÜ. *Böse/Meyer/Schneider*, in: Böse/Meyer/Schneider, Conflicts of Jurisdiction, Vol. I, S. 411 ff. (454 ff.).

387 Vgl. hierzu *Wörner/Wörner*, in: Sinn, Jurisdiktionskonflikte, S. 203 ff. (212 f.); *Satzger*, § 4, Rn. 17 m.w.N.

388 Europäisches Übereinkommen vom 15. Mai 1972 über die Übertragung der Strafverfolgung, (ETS Nr. 73); vgl. ferner das Europäische Übereinkommen über die internationale Geltung von Strafurteilen vom 28.5.1970 (ETS Nr. 70); das Europäische Übereinkommen über die Ahndung von Zuwiderhandlungen im Straßenverkehr vom 30.11.1964 (ETS Nr. 52), welche jedoch nicht primär einer präventiven Vermeidung von Kompetenzkonflikten dienen.

389 Vgl. *Lagodny/Schomburg*, in: Schomburg/Lagodny/Gleß/Hackner, Internationale Rechtshilfe, II D 7, Rn. 5.

390 So haben u.a. Deutschland, Frankreich und Italien das Übereinkommen bisher nicht ratifiziert.

IV. Europäische Instrumentarien

Eine derart uneinheitliche Rechtslage bezüglich der Vermeidung von Kompetenzkonflikten führt zu Rechtsunsicherheiten und steht im Widerspruch zu dem Ziel eines gemeinsamen Rechtsraumes. Dies wurde auch auf Ebene der EU erkannt, so dass die zunehmende Dringlichkeit der Problematik konkurrierender nationaler Sanktionsgewalten sowie die hieraus potenziell folgenden Kompetenzkonflikte verstärkt in den Fokus europäischer Legislativbemühungen geraten sind. So soll nach dem vom Europäischen Rat 2004 angenommenen Haager Programm[391] „im Hinblick auf eine effizientere Strafverfolgung bei gleichzeitiger Gewährleistung einer adäquaten Rechtspflege [...] den Möglichkeiten der Konzentration der Strafverfolgung in grenzüberschreitenden multilateralen Fällen in einem Mitgliedstaat besondere Aufmerksamkeit gelten" und stellte die Kommission in dem 2005 vorgelegten Grünbuch über Kompetenzkonflikte und den Grundsatz ne bis in idem in Strafverfahren[392] fest: „In dem Maße, wie Straftäter zunehmend international agieren, ist die Strafjustiz in der EU immer häufiger mit Situationen konfrontiert, in denen mehrere Mitgliedstaaten in einem bestimmten Fall für die Strafverfolgung zuständig sind. [...] Die Mehrfachverfolgung derselben Straftat steht im Widerspruch zu den Rechten und Interessen der Betroffenen und hat u.U. unnötigen Doppelaufwand zur Folge." Eine parallele oder wiederholte Verfolgung eines Rechtsverstoßes in mehreren Mitgliedstaaten ist in einem avisierten Raum der Freiheit, der Sicherheit und des Rechts folglich zu vermeiden. Hierzu verfolgt die EU angesichts der zuvor bloß fragmentarisch bestehenden Regelungen einen ganzheitlichen Ansatz in Form eines einheitlichen europäischen Rechtsaktes, um auf diese Weise eine unionsweit koordinierte Rechtspraxis sowie eine umfassende Kooperation aller Mitgliedstaaten zu ermöglichen. Denn dem zur Gewährleistung einer effektiven transnationalen Verfolgung durchaus bezweckten dichten Netz nationaler Zuständigkeiten muss nicht zuletzt aufgrund der Grundfreiheiten und -rechte der Betroffenen eine rechtsstaatliche Rechtspflege gegenüber stehen, welche die negativen Folgen von Mehrfachzuständigkeiten verhindert.[393] Hierzu bietet die Union als Rechts- und Wertegemeinschaft

391 Haager Programm zur Stärkung von Freiheit, Sicherheit und Recht in der Europäischen Union, ABl. EU C 53/1 ff. v. 03.03.2005, vgl. Punkt 3.3.

392 Grünbuch über Kompetenzkonflikte und den Grundsatz *ne bis in idem* in Strafverfahren, KOM (2005) 696 endg. v. 23.12.2005, S. 3; vgl. bereits zuvor das Maßnahmenprogramm zur Umsetzung des Grundsatzes der gegenseitigen Anerkennung gerichtlicher Entscheidungen in Strafsachen, ABl. EG C 12/10 ff. v. 15.01.2001, insbesondere Maßnahmen Nr. 1, 11; vgl. ferner die Mitteilung der Kommission an den Rat und das Europäische Parlament – Gegenseitige Anerkennung von Endentscheidungen in Strafsachen, KOM (2000) 495 endg. v. 26.07.2000, insbesondere Nr. 13.

393 Vgl. Haager Programm zur Stärkung von Freiheit, Sicherheit und Recht in der Europäischen Union, ABl. EU C 53/1 ff. v. 03.03.2005, Punkt 3.3.: „effizientere Strafverfolgung bei gleichzeitiger Gewährleistung einer adäquaten Rechtspflege".

im Sinne der Art. 2, 6 EUV den tauglichen rechtlichen Rahmen, um auf Grundlage gegenseitigen Vertrauens in die Effektivität und Rechtsstaatlichkeit der nationalen Rechtsordnungen die Verfolgung multinationaler Rechtsverstöße mit Hilfe europäischer Rechtsakte zu koordinieren und konfliktträchtige Mehrfachzuständigkeiten sowie Kompetenzkonflikte adäquat zu verhindern.[394] Entsprechende Erwägungen liegen den auf EU-Ebene wiederholt geäußerten Forderungen zugrunde, kumulative Zuständigkeiten mit Hilfe europäischer Legislativakte zu koordinieren.[395] Hierzu bestehen verschiedene Lösungsmöglichkeiten und -instrumentarien:

Insofern wurde bereits konstatiert, dass ein gegebenenfalls aus Art. 54 SDÜ und Art. 50 GRC folgendes transnationales ne bis in idem schon grundsätzlich nicht geeignet ist, parallele Mehrfachzuständigkeiten und positive Kompetenzkonflikte adäquat zu lösen, da hierfür stets eine klageverbrauchende Sanktionsentscheidung vorweggehen muss.[396] Ein transnationales Verbot der Mehrfachsanktionierung dient aufgrund des hierdurch drohenden konfliktträchtigen Wettlaufes um die Erstentscheidung daher nicht der Lösung kumulativer Zuständigkeiten, sondern ist vielmehr ein Grund, diesen schon vorbeugend zu begegnen. Für eine effektive Vermeidung und Beilegung von Kompetenzkonflikten gilt es daher nicht bloß auf Erstentscheidungen zu reagieren, sondern bereits präventiv auf die Vermeidung einer kumulativen Geltendmachung eigener Sanktionsgewalten hinzuwirken.[397]

In diesem Sinne sehen vereinzelte, deliktspezifische europäische Rechtsakte im Falle einer Mehrfachzuständigkeit ein ausdrückliches Gebot zur Zusammenarbeit der Mitgliedstaaten vor, um einvernehmlich darüber zu entscheiden, wer im Einzelfall die Verfolgung übernimmt und diese somit nach Möglichkeit in nur einem

---

394 *Böse/Meyer*, ZIS 2011, S. 336 ff. (336).

395 Vgl. Mitteilung der Kommission an den Rat und das Europäische Parlament – Gegenseitige Anerkennung von Endentscheidungen in Strafsachen, KOM (2000) 495 endg. v. 26.07.2000, Punkt 13; Maßnahmenprogramm zur Umsetzung des Grundsatzes der gegenseitigen Anerkennung gerichtlicher Entscheidungen in Strafsachen, ABl. EG C 12/10 ff.v. 15.01.2001, Maßnahmen 1, 11; Haager Programm zur Stärkung von Freiheit, Sicherheit und Recht in der Europäischen Union, ABl. EU C 53/1 ff. v. 03.03.2005, Punkt 3.3.

396 Vgl. *Zimmermann*, Strafgewaltkonflikte, S. 280 f.; *Rekate*, Die Vermeidung von Jurisdiktionskonflikten, S. 169 ff.; *Eckstein*, ZStW 2012, S. 490 ff. (501). Auch der in Art. 57 SDÜ vorgesehene Konsultationsmechanismus greift erst nach einer Erstentscheidung ein. Entsprechendes gilt für den Rahmenbeschluss über die Durchführung und den Inhalt des Austausches von Informationen aus dem Strafregister zwischen den Mitgliedstaaten, ABl. EU L 93/23 ff. v. 07.04.2009, der u.a. den Austausch von Information über die Verurteilung fremder Staatsangehöriger vorsieht.

397 Vgl. *Eser*, in: Sieber/Satzger/v.Heintschel-Heinegg, Europäisches Strafrecht, § 36, Rn. 9, 95 ff.; *Vogel/Eisele*, in: Grabitz/Hilf/Nettesheim, Bd. I, Art. 82 AEUV, Rn. 76 (57. Lfg.); vgl. auch Grünbuch über Kompetenzkonflikte und den Grundsatz *ne bis in idem* in Strafverfahren, KOM (2005) 696 endg. v. 23.12.2005, S. 3.

einzigen Unionsstaat zu konzentrieren.[398] Derartige Regelungen gelten allerdings ausschließlich für die jeweils erfassten Kriminalitätsbereiche und sind zu einer grundsätzlichen Lösung positiver Kompetenzkonflikte daher nicht geeignet.[399]

Zur Konfliktvermeidung beitragen könnte hingegen die Umsetzung des Entwurfes eines Rahmenbeschlusses über die Übertragung von Strafverfahren, wonach ein anderer Mitgliedstaat fakultativ und nach vorheriger Konsultation um Übernahme der Durchführung der Strafverfolgung ersucht werden können soll, soweit dies eine effiziente und geordnete Rechtspflege verbessern würde.[400] Der Ratsentwurf des Rahmenbeschlusses wurde bislang jedoch nicht weiter verfolgt, geschweige denn umgesetzt und hat bisher daher keinen maßgeblichen Einfluss erlangt.

Ein Instrument, das zur Vermeidung und Beilegung von Kompetenzkonflikten beitragen kann, ist der sog. Eurojust-Beschluss.[401] Nach dessen Art. 6 I, lit. a) können die nationalen Eurojust-Mitglieder die Behörden der betroffenen Staaten unter anderem ersuchen, in Erwägung zu ziehen, zu bestimmten Tatbeständen Ermittlungen zu führen oder die Strafverfolgung aufzunehmen, sich einverstanden zu erklären, dass eine andere Behörde hierzu gegebenenfalls besser in der Lage ist oder eine Koordinierung zwischen den zuständigen Behörden der betroffenen Mitgliedstaaten vorzunehmen.[402] Zudem unterstützt Eurojust gem. Art. 6 I, lit. c) die nationalen Behörden auf deren Ersuchen hin, um eine optimale Koordinierung

398 Vgl. z.B. Art. 6 II des Übereinkommens über den Schutz der finanziellen Interessen der Europäischen Gemeinschaften, ABl. EG C 316/49 ff. v. 27.11.1995; Art. 7 III des Rahmenbeschlusses über die Verstärkung des mit strafrechtlichen und anderen Sanktionen bewehrten Schutzes gegen Geldfälschung im Hinblick auf die Einführung des Euro, ABl. EG L 140/1 ff. v. 14.06.2000; Art. 9 II des Rahmenbeschlusses zur Terrorismusbekämpfung, ABl. EG L 164/3 ff. v. 22.06.2002. Vgl. hierzu auch *Hecker*, in: Sinn, Jurisdiktionskonflikte, S. 85 ff. (91 ff.).

399 Allgemein zu den auf europäischer Ebene angestrebten bzw. bestehenden (fragmentarischen) Instrumenten zur Lösung bzw. Abmilderung von Strafgewaltkonflikten vgl. *Zimmermann*, Strafgewaltkonflikte, S. 286 ff.; *Rekate*, Die Vermeidung von Jurisdiktionskonflikten, S. 190 ff. Auch die Initiative der Hellenischen Republik zu einem Rahmenbeschluss über die Anwendung des „ne bis in idem"-Prinzips enthielt Vorschriften zur Lösung von Kompetenzkonflikten und der Bestimmung des zuständigen Staates, er wurde jedoch nie geltendes Recht, vgl. ABl. EU C 100/24 ff. v. 26.04.2003 (vgl. Art. 3).

400 Ratsdok. Nr. 16437/09 v. 24.11.2009; vgl. hierzu *Zimmermann*, Strafgewaltkonflikte, S. 307 ff.; *Eisele*, ZStW 2013, S. 1 ff. (19 f.).

401 Beschluss über die Errichtung von Eurojust zur Verstärkung der Bekämpfung der schweren Kriminalität, ABl. EG L 63/1 ff. v. 06.03.2002, geändert durch den Beschluss zur Stärkung von Eurojust und zur Änderung des Beschlusses über die Errichtung von Eurojust zur Verstärkung der Bekämpfung der schweren Kriminalität, Abl. L 138/14 ff. v. 04.06.2009. Zur Rolle von Eurojust bei der Beilegung von Kompetenzkonflikten, vgl. *Herrnfeld*, in: Sinn, Jurisdiktionskonflikte, S. 141 ff.

402 I.R.d. Art. 7 I, lit. a) sind die jeweiligen Maßnahmen auch durch das Eurojust-Kollegium möglich.

der Ermittlungen und Strafverfolgungsmaßnahmen zu erreichen. Die mitgliedstaatlichen Maßnahmen können mithin (fakultativ) koordiniert werden. Sofern zwischen den nationalen Behörden hierbei kein Einvernehmen erreicht werden kann, ist gem. Art. 7 II das Eurojust-Kollegium zu ersuchen, um diesbezüglich eine unverbindliche Stellungnahme abzugeben. Nach Art. 13 VII, lit. a) besteht zudem eine Pflicht der Mitgliedstaaten, ihr nationales Eurojust-Mitglied über die Fälle zu informieren, in denen Kompetenzkonflikte aufgetreten sind oder wahrscheinlich auftreten werden. Mit Hilfe derartiger Informationspflichten sowie der Einbeziehung von Eurojust wird zwar grundsätzlich eine Abstimmung der Verfolgungsmaßnahmen ermöglicht,[403] ein verbindlich und umfassend ausgestalteter Verfahrensrahmen zur Bewältigung von kumulativen Zuständigkeiten und Kompetenzkonflikten ist allerdings wiederum nicht vorgesehen, so dass eine adäquate Verfahrenskoordinierung auch hiernach nicht gewährleistet ist.[404]

Einen deliktsübergreifenden Ansatz zur Implementierung eines unionsweit einheitlichen und obligatorischen Verfahrens zur Koordinierung mitgliedstaatlicher Verfolgungszuständigkeiten verfolgte hingegen erstmals der im Dezember 2009 in Kraft getretene Rahmenbeschluss zur Vermeidung und Beilegung von Kompetenzkonflikten in Strafverfahren.[405] Der auf Grundlage von Art. 31 I, lit. c), d) EUV a.F. erlassene Rechtsakt bezweckt im Wege polizeilicher und justizieller Zusammenarbeit in Strafsachen und unter Umsetzung des Grundsatzes der gegenseitigen Anerkennung die Einführung eines Mechanismus zur Koordinierung nationaler Verfolgungsmaßnahmen und stellt so den ersten bedeutenden Schritt zur Bewältigung von Kompetenzkonflikten nach Unionsrecht dar.[406]

---

403 Zu den bisherigen Praxiserfahrungen von Eurojust in Bezug auf die Vermeidung und Beilegung von Kompetenzkonflikten vgl. den diesbezüglichen Bericht, Ratsdok. Nr. 9474/15 v. 02.06.2015.

404 Gleiches gilt für die verschiedenen Rechtshilfe-Übereinkommen auf europäischer Ebene, die zwar eine engere Zusammenarbeit der Mitgliedstaaten in Bezug auf die Strafverfolgung bezwecken, jedoch keine allgemeingültigen Vorgaben oder Mechanismen bezüglich der Vermeidung von Kompetenzkonflikten enthalten; vgl. insbesondere Europäisches Übereinkommen vom 20. April 1959 über die Rechtshilfe in Strafsachen, ETS Nr. 30; Übereinkommen vom 29. Mai 2000 über die Rechtshilfe in Strafsachen zwischen den Mitgliedstaaten der Europäischen Union, ABl. EG C 197/1 ff. v. 12.07.2000.

405 Rahmenbeschluss 2009/948/JI des Rates vom 30. November 2009 zur Vermeidung und Beilegung von Kompetenzkonflikten in Strafverfahren, ABl. EU L 328/42 ff. v. 15.12.2009; vgl. hierzu ausführlich *Rekate*, Die Vermeidung von Jurisdiktionskonflikten, S. 205 ff.

406 Vgl. den Bericht der Kommission über die Umsetzung des Rahmenbeschlusses, KOM (2014) 313 endg. v. 02.06.2014, S. 3.

1. Rahmenbeschluss zur Vermeidung und Beilegung von Kompetenzkonflikten in Strafverfahren

Zentrales Ziel des Rahmenbeschlusses ist es gem. Art. 1 I, die Zusammenarbeit zwischen den zuständigen Behörden zweier oder mehrerer Mitgliedstaaten, die Strafverfahren führen, enger zu gestalten, um so eine effizientere und ordnungsgemäße Rechtspflege zu fördern. Hierdurch soll gem. Art. 1 II, lit. a) vermieden werden, dass gegen dieselbe Person wegen derselben Tat parallele Strafverfahren in verschiedenen Staaten geführt werden, was zu rechtskräftigen Entscheidungen in zwei oder mehr Mitgliedstaaten führen und einen Verstoß gegen den ne bis in indem Grundsatz darstellen könnte. Es soll deshalb ein Einvernehmen über eine effiziente Lösung herbeigeführt werden, bei der die nachteiligen Folgen von parallel geführten Verfahren vermieden werden, Art. 1 II, lit. b).[407]

Mit Hilfe des Rahmenbeschlusses soll folglich ein Mechanismus auf Unionsebene geschaffen werden, um potenzielle Kompetenzkonflikte frühzeitig zu erkennen und zu lösen. Aufgrund der hierzu geförderten Kooperation der mitgliedstaatlichen Behörden dient der Rechtsakt nicht nur dazu, Verstöße gegen das ne bis in idem Prinzip zu verhindern sowie die Ressourcen der Verfolgungsbehörden zu schonen, sondern auch dazu, transnationale Taten in ihrer Gesamtheit zu erfassen und durch die Abstimmung der mitgliedstaatlichen Maßnahmen eine effektive grenzüberschreitende Verfolgung und Sanktionierung zu gewährleisten.[408]

Um die hierfür gebotene zwischenstaatliche Zusammenarbeit der Mitgliedstaaten zu verbessern, sieht der Rahmenbeschluss einen im Wesentlichen zweigliedrigen Verfahrensrahmen vor, welcher einen obligatorischen Informationsaustausch (Art. 5 bis 9) sowie die Aufnahme direkter zwischenstaatlicher Konsultationen (Art. 10 bis 13) statuiert, um auf diese Weise eine einvernehmliche Koordinierung der nationalen Verfolgungs- und Sanktionszuständigkeiten zu ermöglichen.[409]

Gem. Art. 5 I besteht daher die Pflicht der mitgliedstaatlichen Behörden, Kontakt zu den zuständigen Behörden eines anderen Mitgliedstaates aufzunehmen, soweit hinreichender Grund zu der Annahme besteht, dass in diesem wegen derselben

---

407 Die Problematik negativer Kompetenzkonflikte wird von dem Rahmenbeschluss dagegen nicht thematisiert.

408 *Schomburg/Trautmann*, in: Schomburg/Lagodny/Gleß/Hackner, Internationale Rechtshilfe, III D 1, Rn. 2.

409 Ausführlich zu dem im Rahmenbeschluss vorgesehenen Verfahren vgl. *Rekate*, Die Vermeidung von Jurisdiktionskonflikten, S. 210 ff. Um parallele Verfahren und somit potenzielle Kompetenzkonflikte überhaupt erkennen zu können und den Kommunikationsfluss zwischen den Mitgliedstaaten zu verbessern, fordert *Eisele* die Schaffung eines zentralen oder dezentralen Verfahrensregisters, vgl. *Eisele*, ZStW 2013, S. 1 ff. (18 f.); vgl. hierzu auch *Rekate*, Die Vermeidung von Jurisdiktionskonflikten, S. 363 f.

Tat ein paralleles Verfahren geführt wird.[410] Welche Behörde hierfür innerstaatlich zuständig ist, bestimmen die Staaten im Rahmen ihrer Verfahrensautonomie selbst, Art. 4.[411] Hinreichende Gründe für das Vorliegen paralleler Verfahren können sich vor allem aus einschlägigen Angaben der Beteiligten, Erkenntnissen der Ermittlungsbehörden oder etwa einem bestehenden Rechtshilfeersuchen eines anderen Staates ergeben.[412] Zur Vereinfachung der behördlichen Kooperation beruht die mitgliedstaatliche Zusammenarbeit auf dem obligatorischen Austausch standardisierter Informationen in Form der in Art. 8 I normierten Mindestangaben, die insbesondere eine Identifizierung der beteiligten Personen sowie Feststellungen zu Art und Stadium des Verfahrens ermöglichen sollen. Die kontaktierte Behörde bestätigt daraufhin, ob und inwiefern ein paralleles Verfahren anhängig ist, Art. 6, 9 I. Die Kontaktaufnahme dient folglich dazu, in Erfahrung zu bringen, ob in einem anderen Mitgliedstaat gegen dieselbe Person bereits ein Ermittlungs- oder Gerichtsverfahren wegen desselben Sachverhaltes anhängig ist.[413]

Wird daraufhin festgestellt, dass Verfahren parallel geführt werden, nehmen die Behörden der betreffenden Mitgliedstaaten gem. Art. 10 I direkte Konsultationen auf, um zu einem Einvernehmen über eine effiziente Lösung zu gelangen, bei der die nachteiligen Folgen mehrfacher Verfolgung vermieden werden. Die konkrete Gestaltung einer effizienten Lösung zur Koordination der Zuständigkeiten ist den nationalen Behörden überlassen und kann gegebenenfalls zu einer Konzentration des Verfahrens in nur einem Mitgliedstaat führen. In diesem Fall muss der jeweils andere Staat die Nichtfortführung des innerstaatlichen Verfahrens entsprechend den eigenen prozessualen Regelungen bewältigen.[414] Im Wege der obligatorischen Zusammenarbeit soll somit ein gegenseitiges Einvernehmen über die Lösung von

410 Art. 5 I ist somit keine Ermessensvorschrift, vgl. *Schneider*, in: Grützner/Pötz/Kreß, Ordner 4, III A 3.17, Rn. 12 (34. Lfg.); *Rekate*, Die Vermeidung von Jurisdiktionskonflikten, S. 213; a.A. *Schomburg/Trautmann*, in: Schomburg/Lagodny/Gleß/Hackner, Internationale Rechtshilfe, III D 1, Rn. 6.

411 In Deutschland sind dies derzeit die Staatsanwaltschaften, vgl. Ratsdok. Nr. 8437/12 v. 02.04.2012, S. 2; *Schneider*, in: Grützner/Pötz/Kreß, Ordner 4, III A 3.17, Rn. 10 (34. Lfg.).

412 Vgl. Erwägungsgrund 5; insoweit kritisch *Eisele*, ZStW 2013, 1 ff. (18).

413 Art. 3 a) definiert „parallele Verfahren“ als Strafverfahren, einschließlich sowohl des Ermittlungs- als auch des Gerichtsverfahrens, die in zwei oder mehreren Mitgliedstaaten wegen derselben Tat gegen dieselbe Person anhängig sind.

414 Hierzu müsste das Verfahren eingestellt werden, in Deutschland z.B. nach § 153c StPO, vgl. *Eisele*, ZStW 2013, 1, (18). Zu der insofern bestehenden Problematik im Hinblick auf das Legalitätsprinzip vgl. *Schneider*, in: Grützner/Pötz/Kreß, Ordner 4, III A 3.17, Rn. 23 (34. Lfg.). Nach der Argumentation im Grünbuch über Kompetenzkonflikte und den Grundsatz *ne bis in idem* in Strafverfahren, KOM (2005) 696 endg. v. 23.12.2005, S. 4 sowie Erwägungsgrund 12 des Rahmenbeschlusses, ist dem Legalitätsprinzip in einem gemeinsamen Raum der Freiheit, der Sicherheit und des Rechts in diesen Fällen genüge getan, wenn ein anderer Mitgliedstaat den Rechtsverstoß verfolgt.

Kompetenzkonflikten gefunden werden. Gem. Art. 11 sind hierbei die gesamte Sach- und Rechtslage sowie alle als sachdienlich erachteten Faktoren des Einzelfalles zu prüfen. Ein in der Entwurfsfassung noch enthaltener Kriterienkatalog zur Bestimmung des adäquaten Forums wurde letztlich nicht in den Rahmenbeschluss aufgenommen.[415] Nach Erwägungsgrund (9) werden aber jedenfalls bestimmte Kriterien als eine Empfehlung aufgegriffen und die mitgliedstaatlichen Behörden angehalten, diese bei der Herbeiführung eines Einvernehmens in Erwägung zu ziehen.[416] Kann trotz direkten Konsultationen keine Einigung über eine effiziente Lösung der kumulativen Verfolgungsansprüche erzielt werden, ist gem. Art. 12 II Eurojust (im Rahmen der allgemeinen Zuständigkeiten) zu befassen.[417] Eurojust tritt daraufhin als außenstehende Instanz vermittelnd auf und gibt gegebenenfalls eine schriftliche Stellungnahme bezüglich des aus seiner Sicht zur Verfolgung geeignetsten Staates ab.[418] Zwar müssen die mitgliedstaatlichen Behörden eine Abweichung von der Eurojust-Empfehlung gem. Art. 8 des Eurojust-Beschlusses begründen, verbindlich ist diese gleichwohl nicht.[419] Vielmehr soll auch nach dem Rahmenbeschluss zur Vermeidung und Beilegung von Kompetenzkonflikten kein Mitgliedstaat verpflichtet werden, die eigene Zuständigkeit gegen seinen Willen abzutreten oder auszuüben. Die mitgliedstaatlichen Behörden sollen daher auch weiterhin die Möglichkeit haben, wegen jeder Straftat, für deren Verfolgung sie nach ihrem innerstaatlichen Recht zuständig sind, ein Verfahren zu führen, soweit kein Einvernehmen über eine Verfahrenszusammenlegung erzielt wurde.[420] Das im Grünbuch über Kompetenzkonflikte zur Diskussion gestellte Verweisungsverfahren, wonach Kompetenzkonflikte gegebenenfalls durch die verbindliche Entscheidung einer

---

415 Vgl. Art. 15 des Rahmenbeschlussvorschlags, Ratsdok. 5208/09 v. 20.01.2009; vgl. hierzu auch *Hecker*, in: Sinn, Jurisdiktionskonflikte, S. 85 ff. (95 f.).

416 Hierzu werden u.a. genannt: der Ort, an dem die Tatbegehung hauptsächlich erfolgt ist, der Ort, an dem der größte Schaden eingetreten ist, der Aufenhaltsort, die Staatsangehörigkeit oder der Wohnsitz des Verdächtigen. Zudem wird ausdrücklich auf die im Eurojust-Jahresbericht 2003 veröffentlichten Leitlinien verwiesen (abrufbar unter: http://www.eurojust.europa.eu/doclibrary/ corporate/eurojust%20 Annual%20Reports/Annual%20Report%202003/Annual-Report-2003-EN.pdf (zuletzt abgerufen am 10.10.2016).

417 *Hecker*, in: Sinn, Jurisdiktionskonflikte, S. 85 ff. (94); gegen eine Pflicht zur Befassung von Eurojust indes *Schneider*, in: Grützner/Pötz/Kreß, Ordner 4, III A 3.17, Rn. 26 (34. Lfg.). Gem. Art. 12 I wird der Eurojust-Beschluss lediglich ergänzt, so dass die Aufgaben von Eurojust nicht erweitert werden und daher im jeweiligen Fall stets eine Zuständigkeit gem. Art. 4 I Eurojust-Beschluss bestehen muss, vgl. *Rekate*, Die Vermeidung von Jurisdiktionskonflikten, S. 219 f.

418 Vgl. insoweit die bereits erörterten Art. 6 I, lit. c), 7 II des Eurojust-Beschlusses sowie *Herrnfeld*, in: Sinn, Jurisdiktionskonflikte, S. 141 ff. (149 f.).

419 Gleichwohl entsteht so ein erhöhter Einigungsdruck, *Hecker*, in: Sinn, Jurisdiktionskonflikte, S. 85 ff. (94).

420 So die ausdrückliche Anordnung in Erwägungsgrund 11; vgl. insofern auch *Rekate*, Die Vermeidung von Jurisdiktionskonflikten, S. 220 f.

Einrichtung auf Unionsebene aufzulösen sind, war dagegen nicht konsensfähig.[421] Das Scheitern einer einvernehmlichen Koordination hat somit keinerlei Konsequenzen für die innerstaatliche Sanktionszuständigkeit, so dass der Rahmenbeschluss in seinen Rechtsfolgen weitgehend unverbindlich bleibt und seine Zielerreichung auf dem guten Willen der Beteiligten beruht.[422]

Ein verbindliches Verfahren zur Bestimmung des verfolgungsbefugten Staates, welches Kompetenzkonflikte umfassend auflösen und die Mitgliedstaaten gegebenenfalls zwingen würde, auf ihren nationalen Sanktionsanspruch zu verzichten, besteht somit auch weiterhin nicht. Die selbstbestimmte Ausübung der nationalen Sanktionsgewalt stellt für die meisten EU-Staaten offenbar weiterhin einen derart originären Ausdruck ihrer staatlichen Souveränität dar, dass sie auch im Rahmen des gemeinsamen Rechtsraumes der Union bislang nicht bereit sind, zugunsten eines anderen Mitgliedstaates zwingend hierauf zu verzichten. Es bleibt folglich dabei, dass derzeit kein Mitgliedstaat nach Unionsrecht dazu verpflichtet werden kann, seine Zuständigkeit gegen seinen Willen abzutreten oder auszuüben.

Gleichwohl ist zu konstatieren, dass der Rahmenbeschluss zur Vermeidung und Beilegung von Kompetenzkonflikten in Strafverfahren einen Fortschritt gegenüber der zuvor bestehenden Rechtslage darstellt und die unionsweite Zusammenarbeit im Rahmen transnationaler Rechtsverstöße gefördert und vereinfacht hat. So wurde hierdurch auf europäischer Ebene erstmals ein deliktsübergreifender und generell anzuwendender Mechanismus zur Koordinierung von Mehrfachzuständigkeiten sowie zur Lösung positiver Kompetenzkonflikte geschaffen.[423] Wenn auch die Fälle gleichwohl fortbestehender Zuständigkeitskonflikte nicht verbindlich gelöst werden können, fördert der Rahmenbeschluss doch jedenfalls die Zusammenarbeit der Mitgliedstaaten und somit eine Effektivierung der grenzüberschreitenden Verfolgung von Rechtsverstößen. Die Einhaltung der in dem Rahmenbeschluss hierfür statuierten Pflichten zur Information und Konsultation unterliegt der Überwachung durch die Kommission, die bei Nichtbefolgung ein Vertragsverletzungsverfahren gem. Art. 258 ff. AEUV wegen eines Verstoßes gegen die Pflicht zu unionstreuem Verhalten (Art. 4 III EUV) anstrengen kann.[424]

Der Rahmenbeschluss bedarf zu seiner innerstaatlichen Wirksamkeit gem. Art. 34 II, lit. b) EUV a.F. der Transformation in nationales Recht und ist hinsichtlich des zu erreichenden Ziels verbindlich, überlässt den Mitgliedstaaten jedoch die

421 Vgl. hierzu Grünbuch über Kompetenzkonflikte und den Grundsatz *ne bis in idem* in Strafverfahren, KOM (2005) 696 endg. v. 23.12.2005, S. 4 ff.

422 *Schomburg/Trautmann*, in: Schomburg/Lagodny/Gleß/Hackner, Internationale Rechtshilfe, III D 1, Rn. 4.

423 *Hecker*, in: Sinn, Jurisdiktionskonflikte, S. 85 ff. (96); *Rekate*, Die Vermeidung von Jurisdiktionskonflikten, S. 222 f.

424 So jedenfalls seit dem 01.12.2014, vgl. *Schneider*, in: Grützner/Pötz/Kreß, Ordner 4, III A 3.17, Rn. 3, 15 (34. Lfg.); *Hecker*, ZIS 2011, S. 60 ff. (61).

Wahl der Form und Mittel.[425] Dies war nach dem im Juni 2014 veröffentlichten Bericht der Kommission über die Umsetzung des Rahmenbeschlusses zum damaligen Zeitpunkt erst in 15 Mitgliedstaaten geschehen, in weiteren sieben Staaten waren Umsetzungsmaßnahmen in Vorbereitung.[426] In Deutschland wurde der Rahmenbeschluss nicht durch eine Gesetzesänderung, sondern durch eine entsprechend angepasste Auslegung der bereits zuvor existenten Generalklauseln des § 59 des Gesetzes über die internationale Rechtshilfe in Strafsachen (IRG) sowie des § 160 StPO umgesetzt;[427] danach umfasst die Pflicht zur Sachverhaltsaufklärung nach § 160 StPO auch die Prüfung des Vorliegens paralleler Verfahren. Ob dieser Weg den Vorgaben des Rahmenbeschlusses allerdings gerecht wird, ist fraglich.[428]

Nachdem die allgemeinen Grundsätze des Rahmenbeschlusses dargestellt worden sind, soll zunächst auf diesbezügliche Reformbestrebungen eingegangen werden, bevor in dem hier maßgeblichen Kontext der Unternehmenssanktionierung vor allem zu untersuchen ist, ob und inwiefern der Rechtsakt auch auf juristische Personen sowie die diesen gegenüber in den Mitgliedstaaten geführten Sanktionsverfahren anwendbar ist und insofern Kompetenzkonflikten vorbeugen kann.

a) Kritik und Reformbestrebungen

Der Rahmenbeschluss zur Vermeidung und Beilegung von Kompetenzkonflikten in Strafverfahren sieht sich von Beginn an der grundsätzlichen Kritik ausgesetzt, aufgrund seiner weitgehend unverbindlichen Natur handele es sich eher um eine Problembeschreibung und vage Handlungsanregung als um eine adäquate Lösung von Kompetenzkonflikten.[429] Kritisiert wird vor allem, dass die Mitgliedstaaten letztlich weiterhin nicht verpflichtet werden können, Zuständigkeiten gegen ihren Willen abzutreten oder auszuüben,[430] so dass das zentrale Ziel der Vermeidung paralleler Verfahren bei fehlendem Einvernehmen auch weiterhin nicht erreicht

---

425 Zwar wurde der Rahmenbeschluss mit dem Vertrag von Lissabon als legislative Handlungsform abgeschafft, gem. Art. 9 des Protokolls Nr. 36 über Übergangsbestimmungen behalten die nach altem Recht i.R.d. polizeilichen und justiziellen Zusammenarbeit ergangenen Rechtsakte jedoch bis auf Weiteres Rechtswirkung, vgl. *Satzger*, § 9 Rn. 115; *Dorra*, Strafrechtliche Legislativkompetenzen, S. 183.

426 Vgl. KOM (2014) 313 endg. v. 02.06.2014, S. 5. Vgl. hierzu auch Ratsdok. Nr. 5881/15 v. 04.02.2015. Gem. Art. 16 hätte der Rahmenbeschluss allerdings bereits bis zum 15. Juni 2012 von allen Mitgliedstaaten umgesetzt werden müssen.

427 Vgl. Ratsdok. Nr. 8437/12 v. 02.04.2012; *Schneider*, in: Grützner/Pötz/Kreß, Ordner 4, III A 3.17, Rn. 29 (34. Lfg.).

428 Vgl. weiterführend *Schneider*, in: Grützner/Pötz/Kreß, Ordner 4, III A 3.17, Rn. 29 ff. (34. Lfg.).

429 *Schomburg*, in: Schomburg/Lagodny/Gleß/Hackner, Internationale Rechtshilfe, III E 1, Exkurs: Vor Art. 54–58 SDÜ, Rn. 22.

430 Vgl. Erwägungsgrund 11 des Rahmenbeschlusses.

werden kann.[431] Bloß freiwillige Modelle ohne eine verbindliche Bestimmung des verfolgungsberechtigten Staates stellen nach überwiegender Ansicht daher keine ausreichende Lösung dar.[432] Der Verzicht auf Kriterien für die Bestimmung des adäquaten Forums führe zudem zu einer intransparenten Entscheidungsfindung, die einer Rechtsunsicherheit sowie fragwürdigen Verfahrensabsprachen Vorschub leiste.[433] Der Rahmenbeschluss habe es deshalb verpasst, taugliche Lösungsmechanismen zu entwickeln, die dem Anspruch an einen Raum der Freiheit, der Sicherheit und des Rechts gerecht werden und sei daher „enttäuschend".[434]

Nicht zuletzt aufgrund dieser kritisierten Defizite der bestehenden Mechanismen hat sich die adäquate Vermeidung von Kompetenzkonflikten in Strafsachen zu einem „brennenden transnationalen rechtlichen Problem"[435] entwickelt, das verstärkt in den Fokus von Wissenschaft und Praxis geraten ist. Aus diesem wissenschaftlichen Diskurs sind zahlreiche Reformvorschläge hervorgegangen, welche sich – trotz inhaltlicher Unterschiede im Detail – in ihrer abstrakten Ausprägung vielfach überschneiden. Vorliegend können und sollen deshalb nicht sämtliche Modelle erschöpfend diskutiert, sondern nur die wesentlichen Strömungen kurz dargestellt und im Kontext der Unternehmenssanktionierung eingeordnet werden, da es gerade nicht um eine grundsätzliche Revision der bestehenden Rechtslage, sondern deren Anwendbarkeit in Bezug auf die Sanktionierung von Verbänden geht; im Übrigen ist auf die umfangreiche einschlägige Literatur zu verweisen.[436]

---

431 Vgl. *Anagnostopoulos*, in: FS-Hassemer, S. 1121 ff. (1140); *Zimmermann*, Strafgewaltkonflikte, S. 315 f.; *Sinn*, ZIS 2013, S. 1 ff. (4); *Rekate*, Die Vermeidung von Jurisdiktionskonflikten, S. 224 ff. Vgl. auch European Criminal Policy Initiative, Manifest zum Europäischen Strafverfahrensrecht, ZIS 2013, S. 412 ff. (418, 423).

432 Vgl. *Eisele*, ZStW 2013, S. 1 ff. (21) m.w.N.

433 *Sinn*, ZIS 2013, S. 1 ff. (4); *Rekate*, Die Vermeidung von Jurisdiktionskonflikten, S. 226 ff.; vgl. *Hecker*, in: Sinn, Jurisdiktionskonflikte, S. 85 ff. (96); *Zimmermann*, Strafgewaltkonflikte, S. 317.

434 *Sinn*, ZIS 2013, S. 1 ff. (1, 4); vgl. auch *Rekate*, Die Vermeidung von Jurisdiktionskonflikten, S. 246 ff.

435 *Vander Beken/Vermeulen/Lagodny*, NStZ 2002, S. 624 ff. (624); vgl. auch *Werle/Jeßberger*, in: LK-StGB, Bd. I, Vor § 3, Rn. 46: „eines der drängendsten Probleme des Strafanwendungsrechts".

436 Vgl. u.a. *Zimmermann*, Strafgewaltkonflikte, passim, S. 320 ff.; *Rekate*, Die Vermeidung von Jurisdiktionskonflikten, passim, S. 251 ff.; *Eisele*, ZStW 2013, S. 1 ff.; *Sinn*, ZIS 2013, S. 1 ff.; *EAK+*, in: Sinn, Jurisdiktionskonflikte, S. 575 ff.; *Eser*, in: Sinn, Jurisdiktionskonflikte, S. 557 ff.; *Hecker*, in: Sinn, Jurisdiktionskonflikte, S. 85 ff.; *Hecker*, ZIS 2011, S. 60 ff.; *Vander Beken/Vermeulen/Lagodny*, NStZ 2002, S. 624 ff.; *Eicker*, StV 2005, S. 631 ff.; *Böse/Meyer*, ZIS 2011, S. 336 ff.; *Böse*, in: FS-Wolter, S. 1311 ff.; *Böse/Meyer/Schneider*, GA 2014, S. 572 ff.; *Schünemann*, Gesamtkonzept, S. 4 ff.; *Böse/Meyer/Schneider*, in: Böse/Meyer/Schneider, Conflicts of Jurisdiction, Vol. II, S. 381 ff.; *Lagodny*, Gutachten, passim; *Hein*, Zuständigkeitskonflikte, S. 125 ff.; *Biehler/Kniebühler/Lelieur-Fischer/Stein*, Freiburg

aa) Harmonisierung der mitgliedstaatlichen Sanktionsanwendungsrechte

Der insofern weitreichendste Ansatz strebt durch eine Harmonisierung der nationalen Anwendungsrechte eine Reduzierung der extraterritorialen Anknüpfungspunkte unter wesentlicher Rückbesinnung auf das Territorialitätsprinzip an, um das Entstehen von Kompetenzüberschneidungen hierdurch bereits im Vorfeld zu vermeiden.[437] In einem gemeinsamen Raum der Freiheit, der Sicherheit und des Rechts bestehe für die Ausübung originärer Strafgewalt außerhalb des eigenen Hoheitsgebietes schon keine zwingende Notwendigkeit, soweit ein hinreichender Rechtsgüterschutz durch den jeweiligen Tatortstaat gewährleistet sei.[438] Nicht zuletzt aufgrund des in Art. 82 I UAbs. 2, lit. b) AEUV enthaltenen Regelungsauftrages zur Vermeidung von Kompetenzkonflikten sei daher eine Restriktion der nationalen Sanktionsgewalten unter weitgehendem Verzicht auf das aktive und passive Personalitätsprinzip sowie das Schutzprinzip geboten.[439] Auf diese Weise würde nicht nur parallelen Zuständigkeiten vorgebeugt, sondern zugleich das Maß der Rechtssicherheit für den Normadressaten erhöht.[440] Mit diesem Ansatz der Einschränkung originärer Strafgewalten häufig einher geht die Forderung nach einer Entkoppelung von materiellem und prozessualem Recht. Danach sei zunächst anhand der im vorstehenden Sinne harmonisierten Strafanwendungsrechte zu bestimmen, welche Sanktionsgewalten auf eine Tat grundsätzlich anwendbar seien, bevor auf dieser Grundlage erst in einem zweiten Schritt der tatsächlich verfolgungsbefugte Staat ermittelt werde.[441] Dies sei in der Regel der anhand des Handlungsortes zu

---

Proposal, passim; *Ambos*, in: MüKo-StGB, Bd. I, Vor §§ 3–7, Rn. 54 ff.; *Ambos*, § 4, Rn. 10 ff. Vgl. hierzu auch *Kniebühler*, Transnationales ne bis in idem, S. 70 ff.

437 Vgl. u.a. *Böse/Meyer/Schneider*, GA 2014, S. 572 ff.; *Böse/Meyer/Schneider*, in: Böse/Meyer/Schneider, Conflicts of Jurisdiction, Vol. II, S. 381 ff.; *Böse/Meyer*, ZIS 2011, S. 336 ff. (337, 341 ff.); *Böse*, in: FS-Wolter, S. 1311 ff. (1321 ff.); *Eser/Burchard*, in: FS-Meyer, S. 499 ff. (521 ff.); vgl. auch *Vogel*, in: FS-Schroeder, S. 877 ff. (893).

438 Vgl. *Böse/Meyer*, ZIS 2011, S. 336 ff. (342).

439 *Böse*, in: FS-Wolter, S. 1311 ff. (1321); *Böse/Meyer/Schneider*, GA 2014, S. 572 ff. (573 ff.); *Vogel*, in: FS-Schroeder, S. 877 ff. (893). Die Abschaffung der Personalität als legitimen Anknüpfungspunkt wird dabei z.T. mit einer andernfalls drohenden Verletzung europäischer Grundfreiheiten begründet, da eine diesbezügliche Differenzierung allein nach der Nationalität der Beteiligten gegen das Diskriminierungsverbot des Art. 18 AEUV verstoßen würde, vgl. *Böse*, in: Böse/Meyer/Schneider, Conflicts of Jurisdiction, Vol. II, S. 43 ff. (45 ff., 58 ff.).

440 Vgl. hierzu *Böse*, in: FS-Wolter, S. 1311 ff. (1318 ff.); *Böse/Meyer/Schneider*, GA 2014, S. 572 ff. (573).

441 Es käme insofern zu einer Trennung zwischen der *„jurisdiction to prescribe"* einerseits und der *„jurisdiction to adjudicate* bzw. *to enforce"* andererseits, vgl. *Böse*, in: FS-Wolter, S. 1311 ff. (1318 ff., 1325 ff.); *Böse/Meyer/Schneider*, GA 2014, S. 572 ff. (573, 578 ff.); *Böse/Meyer/Schneider*, in: Böse/Meyer/Schneider, Conflicts of Jurisdiction, Vol. II, S. 381 ff. (vgl. Part I: „jurisdiction to prescribe" und Part II: "jurisdiction to adjudicate and to enforce"); *Eser/Burchard*, in: FS-Meyer, S. 499 ff. (524).

bestimmende Tatortstaat; auf Grundlage weiterer Kriterien und legitimierender Faktoren könne im Einzelfall jedoch auch ein anderer Staat zur Verfolgung besser geeignet und daher zuständig beziehungsweise das Verfahren auf ihn zu übertragen sein,[442] woraufhin es zu einer Fremdrechtsanwendung kommen könne.[443] Eine derartige Differenzierung zwischen den materiellen und prozessualen Ebenen ermögliche den gebotenen Ausgleich zwischen der Rechtssicherheit bei der Bestimmung des anwendbaren materiellen Rechts und der zu fordernden Flexibilität in Bezug auf den im Einzelfall adäquaten Forumsstaat.[444]

Ob ein solcher Ansatz allerdings realisierbar ist, muss bezweifelt werden. So wird bereits das Bestehen eines europäischen Kompetenztitels zu einer entsprechenden Harmonisierung der nationalen Sanktionsanwendungsrechte in Frage gestellt.[445] Selbst wenn man indes davon ausgeht, dass Art. 82 I UAbs. 2, lit. b) AEUV eine deliktsübergreifende Rechtsangleichung zur Vermeidung von Kompetenzkonflikten erfasst,[446] spricht gegen eine umfassende Harmonisierung jedenfalls das aus Art. 4 II, 5 EUV i.V.m. Art. 67 I, 82 II, S. 2 AEUV abgeleitete „strafrechtsspezifische Schonungsgebot" sowie das in Art. 5 I, S. 2, IV EUV normierte Verhältnismäßigkeitsprinzip,

442 Dabei werden auch hier teilweise hierarchische, teilweise flexible Kriterien zur Bestimmung des adäquaten Forums einbezogen; vgl. für einen Vorschlag der zu berücksichtigenden Kriterien Art. 7 ff. des Modellentwurfes von *Böse/Meyer/Schneider*, GA 2014, S. 572 ff. (578 ff.); Art. 7 ff. bei *Böse/Meyer/Schneider*, in: Böse/Meyer/Schneider, Conflicts of Jurisdiction, Vol. II, S. 381 ff. (403 ff.), wonach ein Antragsrecht zur Übertragung der Zuständigkeit sowohl den Staaten als auch Täter und Opfer zustehen soll (vgl. Art. 8, 9); *Böse*, in: FS-Wolter, S. 1311 ff. (1325 ff.).

443 Vgl. Art. 15 des Modellentwurfes von *Böse/Meyer/Schneider*, GA 2014, S. 572 ff. (586 f.); Art. 15 bei *Böse/Meyer/Schneider*, in: Böse/Meyer/Schneider, Conflicts of Jurisdiction, Vol. II, S. 381 ff. (433 ff.). Vgl. hierzu auch *Deiters*, ZIS 2006, S. 472 ff. (477 ff.), der im Hauptverfahren eine Fremdrechtsanwendung über das Prinzip der stellvertretenden Strafrechtspflege anregt. Gegen eine Fremdrechtsanwendung sowie zu der hiermit verbundenen verfassungsrechtlichen und praktischen Problematik vgl. *Sinn*, ZIS 2013, S. 1 ff. (6); *Sinn*, in: Sinn, Jurisdiktionskonflikte, S. 575 ff. (583, 585); *Mosiek*, StV 2008, S. 94 ff. (99 f.).

444 *Böse*, in: FS-Wolter, S. 1311 ff. (1312 ff., 1327); *Böse/Meyer/Schneider*, GA 2014, S. 572 ff. (573).

445 Vgl. *Eisele*, ZStW 2013, S. 1 ff. (11 ff.); *EAK+*, in: Sinn, Jurisdiktionskonflikte, S. 575 ff. (579); vgl. hierzu auch *Vogel/Eisele*, in: Grabitz/Hilf/Nettesheim, Bd. I, Art. 82, Rn. 74 (57. Lfg.).

446 So ausdrücklich *Böse*, in: Böse/Meyer/Schneider, Conflicts of Jurisdiction, Vol. II, S. 367 ff. (367 ff.); *Böse/Meyer/Schneider*, GA 2014, S. 572 ff (573 ff.); der jeweilige Modellentwurf soll dabei im Wege einer Verordnung nach Art. 82 I UAbs. 2, lit. b) AEUV umgesetzt werden, vgl. hierzu *Böse*, in: Böse/Meyer/Schneider, Conflicts of Jurisdiction, Vol. II, S. 367 ff. (375 f.).

wonach die Mitgliedstaaten gerade im sensiblen Bereich des nationalen Strafrechts vor zu weitreichenden Eingriffen zu schützen sind.[447]

bb) Modelle eines hierarchisierten Kriterienkataloges

Andere Reformvorschläge gehen dagegen unter grundsätzlicher Beibehaltung der nationalen Sanktionsanwendungsrechte davon aus, dass es zunächst auch weiterhin zu überschneidenden Kompetenzen kommen kann, die Zuständigkeit daraufhin jedoch anhand bestimmter Kriterien allein dem hierzu „am besten geeigneten" Mitgliedstaat verbindlich zuzuweisen ist.[448] Nach einem eher statischen Ansatz soll dies mit Hilfe hierarchisierter Anknüpfungsprinzipien geschehen, die in einer grundsätzlich verbindlichen Rangfolge das adäquate Forum abstrakt festlegen.[449] Ergänzend wird auch hier zum Teil die Einbeziehung flexibler Kriterien[450] oder eine Begrenzung der innerstaatlichen Sanktionsanwendungsrechte gefordert.[451] Mit Hilfe der Modelle hierarchisierter Kriterien soll der verfolgungsbefugte Staat bereits vor der Tat bestimmbar sein und Kompetenzkonflikte sowie ineffiziente Doppelermittlungen auf diese Weise vermieden werden.[452] Die hierdurch bewirkte erhöhte Transparenz der Zuständigkeitsbestimmung sowie vor allem die Vorhersehbarkeit der im Einzelfall

---

447 *Eisele*, ZStW 2013, S. 1 ff. (14); *Vogel/Eisele*, in: Grabitz/Hilf/Nettesheim, Bd. I, Art. 82, Rn. 74 (57. Lfg.). Auch *Eser/Burchard*, in: FS-Meyer, S. 499 ff. (524); *Vogel*, in: FS-Schroeder, S. 877 ff. (893) räumen dem Vorhaben daher eine derzeit nur geringe Realisierungschance ein.

448 Teilweise wird dieser Ansatz jedoch ebenfalls mit der Forderung einer Reduzierung der legitimierenden Anknüpfungspunkte verbunden, vgl. z.B. *Sinn*, ZIS 2013, S. 1 ff. (6 f.).

449 Sog. „Modell der gesetzlich bestimmten Gerichtsbarkeit", vgl. *EAK+*, in: Sinn, Jurisdiktionskonflikte, S. 575 ff. (585 ff.); *Sinn*, ZIS 2013, S. 1 ff. (6 ff.); *Ambos*, in: MüKo-StGB, Bd. I, Vor §§ 3–7, Rn. 54 ff.; *Ambos*, § 4, Rn. 10 ff., der aber zugleich für flexible Lösungen anhand qualitativer Kriterien offen ist, vgl. § 4, Rn. 23; *Schünemann*, Gesamtkonzept, S. 4 ff. (vgl. Art. 2 II), der bei einem anderen Schwerpunkt der Tat eine Abweichung zulässt, vgl. Art. 2 III; *Rekate*, Die Vermeidung von Jurisdiktionskonflikten, S. 348 ff. (vgl. Art. 5, 6, 7); *Hein*, Zuständigkeitskonflikte, S. 254 ff., der subsidiär aber ein Bestimmungsrecht des Beschuldigten befürwortet; vgl. auch die Stellungnahme Nr. 7/2006, S. 4 der Bundesrechtsanwaltskammer; abrufbar unter: www.brak.de/zur-rechtspolitik/stellungnahmen/ (zuletzt abgerufen am 10.10.2016) sowie bereits die Mitteilung der Kommission zur Gegenseitigen Anerkennung von Endentscheidungen in Strafsachen, KOM 2000 (495) endg. v. 26.07.2000, Punkt 13.2.

450 Vgl. etwa *Zimmermann*, Strafgewaltkonflikte, S. 369 ff., 469 ff., der neben hierarchischen Kriterien (Art. 3 I) auf einer zweiten Stufe eine flexible Klausel vorsieht, um im Einzelfall sachgerechte Lösungen zu ermöglichen (vgl. Art. 4, 9); vgl. auch *Ambos*, § 4, Rn. 23.

451 Vgl. *Sinn*, ZIS 2013, S. 1 ff. (6 f.); *EAK+*, in: Sinn, Jurisdiktionskonflikte, S. 575 ff. (585 ff.).

452 Vgl. *Eser*, in: Sinn, Jurisdiktionskonflikte, S. 557 ff. (569); *Sinn*, ZIS 2013, S. 1 ff. (6 f.).

maßgeblichen Rechtsordnung tragen außerdem der Rechtssicherheit Rechnung. Denn im Gegensatz zum vorstehenden Ansatz wird eine Koppelung von materiellem und prozessualem Recht befürwortet, so dass die jeweils maßgebliche materielle Rechtsordnung akzessorisch der Verfolgungszuständigkeit folgt und der Adressat somit bereits im Vorfeld absehen kann, an welchen Normen er sein Verhalten auszurichten hat.[453] Da das Völkerrecht keine Rangfolge legitimierender Anknüpfungspunkte vorgibt,[454] ist eine hierarchische Stufung der Kriterien zur Begründung einer Sanktionsgewalt zu entwickeln.[455] Gemein ist den Modellen zur Einführung eines verbindlichen Kriterienkataloges dabei, dass weitgehend ein Vorrang des Territorialitätsprinzips befürwortet wird, welches anhand des Handlungsortes zu lokalisieren sei.[456] Ist eine eindeutige Bestimmung des zuständigen Staates danach nicht möglich, werden subsidiär und in hierarchischer Abstufung als weitere Kriterien insbesondere der Erfolgsort, der Wohnsitz oder gewöhnliche Aufenthaltsort des Beschuldigten sowie der Ort der wesentlichen Beweismittel genannt.[457] Welcher Staat danach im Einzelfall zuständig ist, soll (bei bestehenden Zweifeln) entweder nur im Falle eines fehlenden Einvernehmens der Mitgliedstaaten oder grundsätzlich und unmittelbar von einer transnationalen Instanz auf Unionsebene entschieden

---

453 *EAK+*, in: Sinn, Jurisdiktionskonflikte, S. 575 ff. (585 f.); *Sinn*, ZIS 2013, S. 1 ff. (6 f.); vgl. auch *Schünemann*, Gesamtkonzept, S. 6 ff. (vgl. Art. 2 VI).

454 *Hecker*, in: Sinn, Jurisdiktionskonflikte, S. 85 ff. (97); *Vander Beken/Vermeulen/Lagodny*, NStZ 2002, S. 624 ff. (625); *Rekate*, Die Vermeidung von Jurisdiktionskonflikten, S. 90 f.; a.A. *Ambos*, § 4, Rn. 11 ff.; *Ambos*, in: MüKo-StGB, Bd. I, Vor §§ 3–7, Rn. 64.

455 Derartige konkrete Kriterienkataloge sind bereits in älteren Lösungsansätzen sowie in bereichsspezifischen europäischen Regelungen vorgesehen, vgl. etwa Empfehlung Nr. 420 des Eurparates von 1965, „European Convention on Conflicts of Jurisdiction in Criminal Matters“; Art. 9 II des Rahmenbeschlusses zur Terrorismusbekämpfung, ABl. EG L 164/3 ff. v. 22.06.2002. Trotz dieser Hierarchisierung ist hiermit jedoch noch keine verbindliche Zuständigkeitsbestimmung verbunden, vgl. *Eisele*, ZStW 2013, S. 1 ff. (23).

456 Vgl. *Sinn*, ZIS 2013, S. 1 ff. (7) m.w.N.; *Schünemann*, Gesamtkonzept, S. 5 ff. (vgl. Art. 2 II); *Zimmermann*, Strafgewaltkonflikte, S. 388 ff., 470 (Art. 3 I); *Rekate*, Die Vermeidung von Jurisdiktionskonflikten, S. 348 ff. stellt auf den (somit subsidiären) sog. Ausübungsort jedoch nur ab, soweit keine als vorrangig eingestufte Verletzung „staatlicher Kerninteressen“ gegeben ist (vgl. Art. 6 I, 5).

457 Vgl. z.B. Art. 1 ff. des „Modelles der gesetzlich bestimmten Gerichtsbarkeit“, *EAK+*, in: Sinn, Jurisdiktionskonflikte, S. 575 ff. (588 ff.); *Sinn*, ZIS 2013, S. 1 ff. (6 ff.); Art. 2 II des Ansatzes von *Schünemann*, Gesamtkonzept, S. 5 ff.; Art. 3 I, II des Ansatzes von *Zimmermann*, Strafgewaltkonflikte, S. 469 ff.; Art. 6, 7 des Ansatzes von *Rekate*, Die Vermeidung von Jurisdiktionskonflikten, S. 359 ff.; *Ambos*, § 4, Rn. 12 ff. *Schünemann* sieht zudem die Möglichkeit einer abweichenden Zuständigkeit vor, soweit der Schwerpunkt der Tat oder berechtigte Interessen der Beteiligten dies fordern, Gesamtkonzept, S. 6 ff. (Art. 2 III).

werden.[458] Da Eurojust die Staaten bereits heute bei der Koordinierung paralleler Verfahren unterstütze und hierfür daher fachlich besonders geeignet sei, biete sich insofern eine Übertragung der Entscheidungsgewalt auf Eurojust an.[459] Die verbindlichen Entscheidungen von Eurojust wären daraufhin vom EuGH überprüfbar, Art. 263 I UAbs. 1, S. 2 AEUV.[460] Regelungstechnisch könnte ein derartiges Modell an den bestehenden Rahmenbeschluss anknüpfen und diesen durch die Einführung eines Kriterienkataloges im Wege einer Richtlinie nach Art. 82 I UAbs. 2, lit. b) AEUV reformieren;[461] die hierfür nötige Kompetenzerweiterung von Eurojust wäre mittels einer Verordnung nach Art. 85 I UAbs. 2, lit. c) AEUV zu realisieren.[462]

cc) Modelle eines flexiblen Kriterienkataloges

Ein weiterer Ansatz geht schließlich ebenso davon aus, dass die Sanktionsgewalt bei Kompetenzüberschneidungen einem Mitgliedstaat verbindlich zuzuweisen ist, anders als das vorstehende Modell soll dies allerdings nicht anhand hierarchischer Kriterien erfolgen, sondern eine flexible, einzelfallorientierte Zuteilung mit Hilfe abzuwägender Qualitätskriterien vorgenommen werden.[463] Hierzu wird unmittelbar an

---

458 Nach *Schünemann*, Gesamtkonzept, S. 6 (vgl. Art. 2 IV) ist das Forum grundsätzlich einvernehmlich von den Mitgliedstaaten zu bestimmen und Eurojust nur im Falle fehlender Einigung zuständig; ähnlich *Zimmermann*, Strafgewaltkonflikte, S. 407 ff., (vgl. Art. 3 III, 4 II, 9); nach *Sinn*, ZIS 2013, S. 1 ff. (8) soll die Entscheidungsgewalt indes grundsätzlich auf Eurojust übertragen werden, vgl. Art. 7 I.

459 *Sinn*, ZIS 2013, S. 1 ff. (8); *Hecker*, in: Sinn, Jurisdiktionskonflikte, S. 85 ff. (100); *Rekate*, Die Vermeidung von Jurisdiktionskonflikten, S. 357 f., 361 (vgl. Art. 3 III). Eine Beschränkung auf die nur allgemeine Zuständigkeit von Eurojust, wie diese gegenwärtig in Art. 12 II des Rahmenbeschlusses existiert, soll dabei nicht bestehen.

460 Vgl. *Hecker*, in: Sinn, Jurisdiktionskonflikte, S. 85 ff. (100); *Zimmermann*, Strafgewaltkonflikte, S. 410 f.; *Rekate*, Die Vermeidung von Jurisdiktionskoonflikten, S. 353 ff. (vgl. Art. 3 VII); *Sinn*, ZIS 2013, S. 1 ff. (8), wonach neben den Mitgliedstaaten auch der Beschuldigte als Betroffener klagebefugt sein soll, vgl. Art. 8; vgl. auch *Schünemann*, Gesamtkonzept, S. 9 f. (Art. 3), der hierfür ein Strafgericht der EU fordert.

461 So *Sinn*, ZIS 2013, S. 1 ff. (9); *Rekate*, Die Vermeidung von Jurisdiktionskonflikten, S. 365. *Zimmermann*, Strafgewaltkonflikte, S. 369 ff. stellt dagegen auf eine unmittelbar anwendbare Verordnung gem. Art. 82 I, UAbs. 2, lit. b) AEUV ab.

462 Vgl. *Sinn*, ZIS 2013, S. 1 ff. (9); *Eisele*, ZStW 2013, S. 1 ff. (24); *Hecker*, ZIS 2011, S. 60 ff. (62); *Zimmermann*, Strafgewaltkonflikte, S. 408 f.

463 Sog. „Modell der vereinbarten Gerichtsbarkeit", *EAK+*, in: Sinn, Jurisdiktionskonflikte, S. 575 ff. (579 ff.); *Sinn*, ZIS 2013, S. 1 ff. (4 ff.); *Hecker*, ZIS 2011, S. 60 ff. (62 f.); *Vander Beken/Vermeulen/Lagodny*, NStZ 2002, S. 624 ff. (625 ff.); *Lagodny*, Gutachten, S. 104 ff., 132 f.; *Biehler/Kniebühler/Lelieur-Fischer/Stein*, Freiburg Proposal, S. 13 ff. (vgl. § 1 III); *Eicker*, StV 2005, S. 631 ff. (633 ff.); vgl. auch das Grünbuch über Kompetenzkonflikte und den Grundsatz *ne bis in idem* in Strafverfahren, KOM (2005) 696 endg. v. 23.12.2005, S. 8 f.

den bestehenden Rahmenbeschluss zur Vermeidung und Beilegung von Kompetenzkonflikten in Strafverfahren angeknüpft und dessen Mechanismen zur Herstellung des Einvernehmens durch hierbei einzubeziehende Kriterien ergänzt. Zwar steht die konkrete Zuständigkeit somit nicht bereits vor der Tat fest, sondern ist erst das Ergebnis anschließender Koordinierung der Mitgliedstaaten, doch wird dem zentralen Interesse der Betroffenen, wegen derselben Tat nicht kumulativ verfolgt zu werden, gleichwohl Rechnung getragen.[464] Eine Abwägung anhand qualitativer Kriterien soll insbesondere die bei der Bestimmung des im konkreten Fall adäquaten Forums gebotene Flexibilität gewährleisten und somit die Einzelfallgerechtigkeit erhöhen.[465] Da es hierbei nicht mehr um die bloße Legitimation der Sanktionsgewalt an sich geht, sondern eine Bestimmung des zur Verfolgung am geeignetsten Staates erfolgen soll, werden neben beziehungsweise anstatt der strafanwendungsrechtlichen Anknüpfungspunkte auch prozessökonomische sowie materielle und soziale Kriterien einbezogen.[466] Einen solchen Kriterienkatalog sah bereits der insofern verworfene Entwurf des Rahmenbeschlusses zur Vermeidung und Beilegung von Kompetenzkonflikten in Strafverfahren vor.[467] Danach sollte im Sinne einer widerleglichen Vermutung primär derjenige Staat zuständig sein, in dem der wesentliche Teil der Tat begangen wurde; soweit jedoch andere wichtige Faktoren für die Zuständigkeit eines anderen Staates sprechen, sei dies von den zuständigen Behörden im Rahmen des Einvernehmens zu berücksichtigen.[468] Als solche Faktoren wurden etwa genannt: Der Ergreifungsort der Beschuldigten und die Möglichkeit ihrer Überstellung oder Auslieferung; die Staatsangehörigkeit oder der Wohnsitz der Beschuldigten; der Ort des meisten Schadens; erhebliche Interessen der Opfer, der Beschuldigten und Zeugen; der Ort wichtiger Beweismittel; der Verfahrensstand sowie die Verfahrensökonomie. Dieser Ansatz wird von den Reformbestrebungen aufgegriffen und weiterentwickelt, indem sowohl individuelle Belange, prozessuale Aspekte sowie staatliche Verfolgungsinteressen Berücksichtigung finden sollen.[469] Hierfür wird überwiegend ebenfalls von einer Regelvermutung für die Territorialität nach dem Ubiquitätsprinzip ausgegangen, von der jedoch im Einzelfall unter wertender Berücksichtigung weiterer Kriterien abgewichen werden kann, soweit diesen ein

---

464 *Sinn*, ZIS 2013, S. 1 ff. (4 ff.), der aber zugibt, dass das eigentliche Problem von Kompetenzkonflikten hierdurch nur zum Teil entschärft wird, da eine Koordination erst nach der Tat erfolgt und die Quelle des Konflikts somit nicht beseitigt wird.

465 Vgl. *Hecker*, in: Sinn, Jurisdiktionskonflikte, S. 85 ff. (99)

466 Vgl. *Eisele*, ZStW 2013, S. 1 ff. (22); *Vander Beken/Vermeulen/Lagodny*, NStZ 2002, S. 624 ff. (625 f.).

467 Ratsdok. 5208/09 v. 20.01.2009, Art. 15; vgl. hierzu bereits Grünbuch über Kompetenzkonflikte und den Grundsatz *ne bis in idem* in Strafverfahren, KOM (2005) 696 endg. v. 23.12.2005, S. 8 f.

468 Vgl. Art. 15 der Entwurfsfassung; *de lege lata* sollen dagegen nur unverbindlich „alle Umstände des Einzelfalles" bei der Herbeiführung des Einvernehmens berücksichtigt werden, vgl. Erwägungsgrund Nr. 9 des Rahmenbeschlusses.

469 Vgl. *Hecker*, in: Sinn, Jurisdiktionskonflikte, S. 85 ff. (99).

stärkeres Gewicht beizumessen ist.[470] Genannt werden insofern etwa der Ort des größten (materiellen oder immateriellen) Schadens, die Staatsangehörigkeit und der Wohnsitz der Beschuldigten, der Ort wichtiger Beweismittel, erhebliche Interessen von Opfern, Beschuldigten und Zeugen, die Verfahrensökonomie sowie der Schwerpunkt des charakteristischen Unrechts.[471] Diese zum Teil widerstreitenden Kriterien sind im Sinne praktischer Konkordanz in einen interessengerechten Ausgleich zu bringen,[472] wobei das adäquate Forum in Anknüpfung an die gegenwärtige Rechtslage grundsätzlich einvernehmlich durch die Mitgliedstaaten bestimmt werden soll.[473] Kann hierbei keine Einigung erzielt werden, wird auch nach diesem Ansatz überwiegend die Übertragung der Entscheidungsgewalt auf Eurojust befürwortet, woraufhin anhand der Kriterien eine verbindliche Entscheidung über die Zuständigkeit ergehen soll.[474] Denn der Bedarf nach einer externen Entscheidung sei umso größer, je mehr Kriterien abzuwägen seien und sich das Verfahren von einer klaren

---

470 Vgl. Art. 13 des „Modells der vereinbarten Gerichtsbarkeit", *EAK+*, in: Sinn, Jurisdiktionskonflikte, S. 575 ff. (581); *Sinn*, ZIS 2013, S. 1 ff. (5); *Hecker*, ZIS 2011, S. 60 ff. (62). Von einer grundsätzlichen Gleichrangigkeit aller einzubeziehenden Kriterien gehen dagegen aus: *Vander Beken/Vermeulen/Lagodny*, NStZ 2002, S. 624 ff. (626); *Lagodny*, Gutachten, S. 104 ff., 132 f.; vgl. auch *Biehler/Kniebühler/Lelieur-Fischer/Stein*, Freiburg Proposal, S. 14 f. (§ 1 III).

471 Vgl. die sich in Einzelheiten teilweise unterscheidenden Kriterien bei: „Modell der vereinbarten Gerichtsbarkeit", *EAK+*, in: Sinn, Jurisdiktionskonflikte, S. 575 ff. (579 ff.); *Sinn*, ZIS 2013, S. 1 ff. (5); *Hecker*, ZIS 2011, S. 60 ff. (62); *Vander Beken/Vermeulen/Lagodny*, NStZ 2002, S. 624 ff. (626); *Lagodny*, Gutachten, S. 104 ff., 132 f.; *Biehler/Kniebühler/Lelieur-Fischer/Stein*, Freiburg Proposal, S. 14 f. (vgl. § 1 III). Vgl. insofern auch Art. 3 lit. a) der Initiative der Hellenischen Republik im Hinblick auf die Annahme eines Rahmenbeschlusses über die Anwendung des „ne bis in idem"-Prinzips, ABl. EU C 100/24 ff. v. 26.04.2003.

472 Vgl. *Vander Beken/Vermeulen/Lagodny*, NStZ 2002, S. 624 ff. (625).

473 Zu dem Ansatz der Einschaltung einer konsentierten transnationalen Entscheidungsinstanz, vgl. *Vander Beken/Vermeulen/Lagodny*, NStZ 2002, S. 624 ff. (626 ff.). Teilweise wird die Einführung einer Missbrauchsklausel angeregt, um ein willkürliches *forum shopping* zum Nachteil der Beschuldigten zu vermeiden und so die Manipulationsresistenz zu erhöhen, vgl. Art. 13 III des „Modells der vereinbarten Gerichtsbarkeit", *EAK+*, in: Sinn, Jurisdiktionskonflikte, S. 575 ff. (583); *Hecker*, ZIS 2011, S. 60 ff. (62); *Sinn*, ZIS 2013, S. 1 ff. (4).

474 Vgl. Art. 14 III des „Modells der vereinbarten Gerichtsbarkeit", *EAK+*, in: Sinn, Jurisdiktionskonflikte, S. 575 ff. (584); *Sinn*, ZIS 2013, S. 1 ff. (8); *Hecker*, in: Sinn, Jurisdiktionskonflikte, S. 85 ff. (100); *Hecker*, ZIS 2011, S. 60 ff. (62). Dagegen erwägen *Biehler/Kniebühler/Lelieur-Fischer/Stein*, Freiburg Proposal (§ 3) sowie *Vander Beken/Vermeulen/Lagodny*, NStZ 2002, S. 624 ff. (628) und *Lagodny*, Gutachten, S. 127 ff., 132 dem EuGH eine Entscheidungsgewalt zu übertragen; *de lege lata* ist eine solche Kompetenz jedoch nicht vorgesehen, so dass es hierfür einer Änderung der europäischen Verträge bedürfte, vgl. *Eisele*, ZStW 2013, S. 1 ff. (24); *Hecker*, in: Sinn, Jurisdiktionskonflikte, S. 85 ff. (101).

Rangfolge entferne.[475] Die Auswahlentscheidung durch Eurojust soll wiederum vor dem EuGH überprüfbar sein, Art. 263 I UAbs. 1, S. 2 AEUV.[476]

Das Modell eines flexiblen Kriterienkataloges wäre ebenfalls in Form einer Richtlinie nach Art. 82 I UAbs. 2, lit. b) AEUV zu realisieren, die Entscheidungsgewalt von Eurojust könnte über Art. 85 I UAbs. 2, lit. c) AEUV eingeführt werden.[477]

b) Zwischenergebnis

Der Rahmenbeschluss zur Vermeidung und Beilegung von Kompetenzkonflikten in Strafverfahren sieht sich – insbesondere aufgrund seiner letztlich nur unverbindlichen Natur – bereits seit Beginn Kritik und Reformbestrebungen ausgesetzt. Die verschiedenen Modelle zur Reform des Rahmenbeschlusses verbindet das gemeinsame Anliegen, bei transnationalen Rechtsverstößen die jeweils „beste Strafgewalt" zur Verfolgung und Sanktionierung der Tat zu bestimmen, um auf diese Weise eine effektivere sowie adäquatere Vermeidung und Beilegung von Kompetenzkonflikten zu ermöglichen. In ihrer konkreten Ausgestaltung sowie potenziellen Umsetzung unterscheiden sich die Ansätze indes teilweise erheblich und spiegeln dabei zugleich ein unterschiedliches Maß der europäischen Strafrechtsintegration wider. Denn während ein an den bestehenden Rahmenbeschluss anknüpfender flexibler Kriterienkatalog unter gegebenenfalls verbindlicher Zuordnung der Sanktionsgewalt durch Eurojust die Souveränität der Mitgliedstaaten vergleichsweise wenig tangieren würde, stellt eine Harmonisierung der nationalen Strafanwendungsrechte unter Reduzierung extraterritorialer Sanktionsgewalten einen elementaren Eingriff in die souveräne Hoheitsgewalt dar, der grundlegende Aspekte der Strafrechtsordnungen berührt und weit über den gegenwärtigen Stand der europäischen Integration hinausgeht.[478] Dementsprechend müssen auch die derzeitigen Realisierungschancen der verschiedenen Reformansätze eingeordnet werden, so dass dem Modell eines flexiblen Kriterienkataloges in naher Zukunft wohl das größte Umsetzungspotenzial beizumessen ist.[479]

---

475 *Eisele*, ZStW 2013, S. 1 ff. (24).

476 Vgl. Art. 15 des „Modells der vereinbarten Gerichtsbarkeit", *EAK+*, in: Sinn, Jurisdiktionskonflikte, S. 575 ff. (584), wonach ein Antragsrecht des Betroffenen sowie der tangierten Staaten bestehen soll; *Sinn*, ZIS 2013, S. 1 ff. (8). Gegen ein Antragsrecht des Beschuldigten *Hecker*, ZIS 2011, S. 60 ff. (63); *Hecker*, in: Sinn, Jurisdiktionskonflikte, S. 85 ff. (100 f.); vgl. *Eisele*, ZStW 2013, S. 1 ff. (26 ff.).

477 Vgl. *Sinn*, ZIS 2013, S. 1 ff. (9); *Eisele*, ZStW 2013, S. 1 ff. (24); *Hecker*, ZIS 2011, S. 60 ff. (62).

478 Vgl. *Eisele*, ZStW 2013, S. 1 ff. (14 f.).

479 I.d.S. wird das sog. „Modell der vereinbarten Gerichtsbarkeit" bei *Sinn*, ZIS 2013, S. 1 ff. (4 ff.) auch als „Nahziel" bezeichnet, wohingegen in Bezug auf das sog. „Modell der gesetzlich bestimmten Gerichtsbarkeit" vom „Fernziel" gesprochen wird. Vgl. auch *Eser*, in: Sinn, Jurisdiktionskonflikte, S. 557 ff. (571).

Unabhängig von der eher rechtspolitischen Frage der Umsetzbarkeit ist allerdings zu konstatieren, dass für einen Reformansatz, der das adäquate Forum im Wege einer umfassenden Abwägung anhand flexibler Kriterien ermittelt, auch die Tatsache spricht, dass auf diese Weise die vielen, teilweise konträren, Interessen und Faktoren im Rahmen der Entscheidungsfindung berücksichtigt werden können. Nur durch die hiermit ermöglichte einzelfallorientierte Gewichtung und die dabei anzustrebende Herstellung einer praktischen Konkordanz der widerstreitenden Positionen kann für jeden Fall der tatsächlich tauglichste Verfolgungsstaat bestimmt werden. Denn gerade bei grenzüberschreitenden Rechtsverstößen und der anschließenden transnationalen Strafverfolgung werden die das adäquate Forum bestimmenden Interessen in der Regel unterschiedlich gelagert und zu gewichten sein, so dass eine vorherige abstrakte Bestimmung nach hierarchisierten Kriterien oder ein grundsätzlicher Vorrang des Territorialitätsprinzips nicht geeignet scheint, die gebotene Einzelfallgerechtigkeit zu gewährleisten.[480] Denn jeder Fall ist einzigartig und als solcher auch gesondert zu beurteilen. Die hieraus folgende erhöhte Komplexität der Entscheidungsfindung scheint mit der gewonnenen Einzelfallgerechtigkeit kompensierbar und die Einbuße an Rechtssicherheit deshalb verkraftbar, weil der Grundsatz der gesetzlichen Bestimmtheit (*nullum crimen, nulla poena sine lege*, Art. 103 II GG, Art. 7 EMRK, Art. 49 GRC) nur die Vorhersehbarkeit der Strafbarkeit und der möglichen Zuständigkeiten an sich garantiert, nicht aber die Vorhersehbarkeit des für die spätere Aburteilung konkret zuständigen Gerichtes.[481] Ein transnational rechtsbrechender Täter muss sich vielmehr bewusst sein, verschiedene Rechtsordnungen zu tangieren und damit auch den jeweiligen Sanktionsgewalten zu unterliegen.[482]

Das Erfordernis einer einzelfallorientierten Bestimmung des adäquaten Forums unter Berücksichtigung flexibler Kriterien wird auch und gerade im Rahmen der transnationalen Verfolgung von Unternehmen deutlich. Denn insbesondere in den oft ermittlungsintensiven und wesentliche (ökonomische) Schäden bewirkenden internationalen Wirtschaftsdelikten unter Beteiligung von juristischen Personen kann eine vorherige abstrakte Bestimmung des zuständigen Staates nicht immer zu sachgerechten Ergebnissen führen, sondern sind die womöglich widerstreitenden

---

480 Vgl. auch *Eicker*, StV 2005, S. 631 ff. (634); *Hackner*, NStZ 2011, S. 425 ff. (425).

481 Vgl. *Böse*, in: FS-Wolter, S. 1311 ff. (1318 ff.) m.w.N.; *Eckstein*, ZStW 2012, S. 490 ff. (505); *Lagodny*, Gutachten, S. 114 ff. Zur erhöhten Komplexität und dem Mehraufwand in der Rechtspraxis, vgl. *Hecker*, in: Sinn, Jurisdiktionskonflikte, S. 85 ff. (99).

482 Dem Einwand, dass durch eine nachträgliche Bestimmung des Gerichtsstandes der Grundsatz des gesetzlichen Richters (Art. 101 I, S. 2 GG) verletzt werde (vgl. *Mansdörfer*, Das Prinzip des ne bis in idem, S. 164), wird dadurch begegnet, dass dieser Grundsatz nur innerhalb der jeweiligen Rechtsordnung gewährleistet sei, vgl. *Eser/Burchard*, in: FS-Meyer, S. 499 ff. (518 f.); *Lagodny*, Gutachten, S. 114.

Interessen im jeweiligen Einzelfall in Ausgleich zu bringen.[483] So kann sich etwa die Verfolgung und Sanktionierung des Verbandes im Tatortstaat als unbillig erweisen, wenn der Tatort anhand der Anknüpfungstat der agierenden natürlichen Person lokalisiert wird. Denn häufig wird die Tathandlung in diesen Fällen nur das kleinste Zahnrad in einem primär in dem Unternehmen selbst begründeten „Unrechtszahnwerk" darstellen und die eigentliche kriminelle Energie, der Ort des materiellen oder immateriellen Schadens, zentrale Beweismittel oder der Schwerpunkt des charakteristischen Unrechts an einem anderen Ort liegen. Zumal bei einem ausländischen Unternehmenssitz auch die Vollstreckbarkeit der Sanktionen problematisch sein kann,[484] so dass auch die Frage der Durchsetzbarkeit von Verfolgungs- und Vollstreckungsmaßnahmen bei Bestimmung des zuständigen Staates gegebenenfalls einzubeziehen ist. Derartige Umstände sind gerade gegenüber Unternehmen häufig von größerer Relevanz als der Tatort oder die Nationalität der Täter. Sie sind daher für eine effektive Verfolgung und Vollstreckung von entscheidender Bedeutung und bei der Wahl des Forums zu berücksichtigen, was bei einer weitgehenden Rückbesinnung auf die Territorialität oder zwingenden Hierarchisierung der Kriterien nicht möglich wäre. Vielmehr ist den Eigenheiten der Verbandshaftung durch eine Einbeziehung von etwa auch dem Sitz und der Niederlassung einer juristischen Person Rechnung zu tragen.[485] Diese konträren Interessen und Besonderheiten des Einzelfalles lassen sich kaum in ein allgemeingültiges Rangverhältnis bringen.[486] Hinzu kommt, dass hierdurch die jeweilige Sachmaterie berücksichtigt werden

483 Zur Kritik an statisch-abstrakten Kriterienkatalogen vgl. auch *Hecker*, in: Sinn, Jurisdiktionskonflikte, S. 85 ff. (98); *Hein*, Zuständigkeitskonflikte, S. 139 ff.; *Eicker*, StV 2005, 631 ff. (632 f.). Zudem wird darauf hingewiesen, dass eine Vorherbestimmung der alleinigen Verfolgungszuständigkeit geradezu als Einladung zu einem *forum shopping* des Täters verstanden werden könne, *Eser*, in: Sinn, Jurisdiktionskonflikte, S. 557 ff. (566 f.). Schließlich wird angemerkt, dass es gerade bei internationalen Wirtschaftsdelikten notwendig sein könne, die Ressourcen der verschiedenen betroffenen Justizsysteme i.R.v. Spiegelermittlungsverfahren zunächst gemeinsam zu nutzen, was ebenfalls gegen eine vorschnelle pauschale Konzentration der Verfolgung in nur einem Staat spreche, vgl. *Vogel*, in: Volk, § 15, Rn. 96.

484 Eine transnationale Vollstreckbarkeit gegenüber juristischen Personen nach dem Grundsatz der gegenseitigen Anerkennung wird auf Unionsebene durch den Rahmenbeschluss 2005/214/JI des Rates vom 24. Februar 2005 über die Anwendung des Grundsatzes der gegenseitigen Anerkennung von Geldstrafen und Geldbußen (ABl. EU L 76/16 ff. v. 22.03.2005) bislang lediglich in Bezug auf monetäre Sanktionen ermöglicht.

485 Der Anknüpfungspunkt des Sitzes juristischer Personen wird bereits in einigen Rechtsakten der EU explizit genannt, vgl. Art. 9 I, lit. d) des Rahmenbeschlusses zur Terrorismusbekämpfung, ABl. EG L 164, S. 3 ff. v. 22.06.2002; Art. 5 III, lit. c) des Vorschlages eines Rahmenbeschlusses zur Verstärkung des strafrechtlichen Rahmens zur Ahndung der Verletzung geistigen Eigentums, KOM 2005 (276) endg. v. 12.07.2005; vgl. *Eisele*, ZStW 2013, S. 1 ff. (31).

486 Vgl. *Eckstein*, ZStW 2012, S. 490 ff. (504).

kann, um beispielsweise eine Differenzierung nach den tangierten Rechtsgütern zu ermöglichen: So sind im Rahmen von unternehmensbezogenen Delikten womöglich eher prozessökonomische sowie strafverfolgungsrechtliche Erwägungen maßgeblich, wohingegen bei Fällen von Menschenhandel dem Opferschutz besondere Bedeutung zukommen mag.[487]

Die Möglichkeit der Einbeziehung flexibler Kriterien ist daher geboten, um auch gegenüber juristischen Personen den im Einzelfall zur Verfolgung am besten geeigneten Staat zu bestimmen und hierbei den Besonderheiten der Verfolgung und Sanktionierung von Unternehmen hinreichend Rechnung tragen zu können.[488] Dem Modell eines flexiblen Kriterienkataloges ist deshalb nicht nur das größte politische Umsetzungspotenzial beizumessen, es ist darüber hinaus – gerade auch im Kontext der Verbandsverantwortlichkeit – auch grundsätzlich zu bevorzugen.

Trotz der anhaltenden Kritik und den dargestellten Reformbestrebungen ist jedoch gleichwohl festzuhalten, dass der Rahmenbeschluss auch in der aktuellen Fassung einen Fortschritt gegenüber der vorherigen Rechtslage darstellt und erstmals einen allgemeingültigen Mechanismus zur Koordinierung von Mehrfachzuständigkeiten sowie zur Lösung positiver Kompetenzkonflikte geschaffen hat. Die unionsweite Zusammenarbeit im Rahmen transnationaler Rechtsverstöße wurde hierdurch gefördert und wesentlich vereinfacht. Als gegenwärtig geltender Rechtsakt ist der Rahmenbeschluss daher auch der weiteren Untersuchung zugrunde zu legen.

2. Anwendbarkeit des Rahmenbeschlusses auf die Sanktionierung juristischer Personen

Unabhängig von der grundsätzlichen Reformdiskussion stellt sich im hier maßgeblichen Kontext jedoch vor allem die Frage, ob Kompetenzkonflikten nach derzeitiger Rechtslage auch in Bezug auf juristische Personen adäquat vorgebeugt werden kann.[489] Es ist daher zu untersuchen, ob und inwieweit juristische Personen sowie die diesen gegenüber in den Mitgliedstaaten geführten Sanktionsverfahren überhaupt von den Mechanismen des Rahmenbeschlusses zur Vermeidung und Beilegung von Kompetenzkonflikten in Strafverfahren, als dem *de lege lata* maßgeblichen Rechtsakt, erfasst werden. Die diesbezüglichen Darstellungen sind auch für die künftige Rechtsentwicklung von Bedeutung und gegebenenfalls zu erarbeitende (verbandsspezifische) Reformvorschläge auf künftige Rechtsakte übertragbar, da die Frage der Einbeziehung juristischer Personen unabhängig von dem abstrakten rechtlichen Rahmen und möglichen Reformen der Klärung bedarf.

---

487 Vgl. auch *Eisele*, ZStW 2013, S. 1 ff. (30).

488 Explizit einbezogen werden die Besonderheiten der Verbandsverantwortlichkeit in dem Modellentwurf zur Vermeidung von Jurisdiktionskonflikten von *Böse/Meyer/Schneider*, GA 2014, S. 572 ff., (575), vgl. Art. 2 II 3.

489 Nach *Brodowski et al.*, in: Brodowski et al., Regulating Corporate Criminal Liability, S. 1 ff. (5), handelt es sich bei Jurisdiktionskonflikten im Verbandskontext gar um *„a most pressing issue in corporate criminal justice"*.

So stellt sich im Beispielsfall der Windkraft AG für die Verfolgungsbehörden der beteiligten Staaten die Frage, ob bei Anhaltspunkten für parallel geführte Verfahren eine Pflicht zum Informationsaustausch und zur Aufnahme direkter Konsultationen auch im Hinblick auf die vom Rahmenbeschluss nicht explizit erfassten juristischen Personen besteht oder die Mechanismen des Rechtsaktes nur auf Verfahren gegen natürliche Personen Anwendung finden. Ferner ist für die übrigen Staaten vor allem fraglich, ob eine zwischenstaatliche Koordinierung der nationalen Verfahren auch zu erfolgen hat, wenn in anderen Staaten gar keine kriminal-strafrechtlichen Sanktionen drohen oder ein Verfahren (bloß) von Ordnungsbehörden geführt wird – etwa wenn italienische Behörden durch Aussagen des G Kenntnis von einem bereits in Deutschland gegen die Windkraft AG anhängigen Sanktionsverfahren erlangen.

a) Anwendbarkeit auf juristische Personen

Der Rahmenbeschluss zur Vermeidung und Beilegung von Kompetenzkonflikten in Strafverfahren erfasst juristische Personen nicht ausdrücklich. Gleichwohl hat die Untersuchung der nationalen Sanktionsanwendungsrechte gezeigt, dass es auch bei Rechtsverstößen im Unternehmenskontext zu parallelen Verfolgungszuständigkeiten und potenziellen Kompetenzkonflikten kommen kann. Auch im Rahmen der Haftung juristischer Personen gilt es deshalb, ein unkoordiniertes Nebeneinander mehrerer Sanktionsgewalten sowie hieraus folgende Kompetenzkonflikte zu vermeiden. Denn auch hier drohen andernfalls zwischenstaatliche Spannungen, eine letztlich willkürliche Bestimmung des zuständigen Sanktionsstaates, ein ineffizienter Einsatz behördlicher Ermittlungsressourcen sowie die Gefahr einer Mehrfachsanktionierung nach den inkongruenten innerstaatlichen Verbandshaftungssystemen. Es fragt sich deshalb, ob und inwieweit die in dem Rahmenbeschluss vorgesehenen Mechanismen zur Koordinierung der nationalen Verfolgungszuständigkeiten auch auf juristische Personen anwendbar sind.

Insofern ist zunächst zu klären, ob eine explizite Erfassung juristischer Personen für eine Vermeidung von Kompetenzkonflikten im Rahmen verbandsbezogener Taten überhaupt erforderlich ist. Denn wie die Darstellung der mitgliedstaatlichen Haftungsregime gezeigt hat, knüpfen diese die Verbandshaftung regelmäßig an die Bezugstat einer natürlichen Person. Werden daraufhin in mehreren Staaten Ermittlungen gegen die tatausführende natürliche Person eingeleitet, finden die Mechanismen des Rahmenbeschlusses hierauf ohne Weiteres Anwendung, so dass es insofern zu einem Informationsaustausch sowie direkten Konsultationen zwischen den zuständigen nationalen Behörden kommt. Zu beachten ist jedoch, dass die Sanktionsverfahren der natürlichen Verbandspersonen und des Verbandes in den meisten Mitgliedstaaten grundsätzlich zusammenhängend in einem verbundenen Verfahren geführt werden.[490] Diese prozessuale Verklammerung mit der

---

490 So folgt der Grundsatz der Verfahrensverklammerung etwa in Deutschland aus einem Gegenschluss zu § 30 IV, S. 1,2 OWiG, wonach ein selbstständiges Verbandsverfahren nur unter bestimmten Voraussetzungen zulässig ist – z.B. weil ein

Anknüpfungstat soll eine Verfahrenskonzentration bewirken und hierdurch eine höhere Prozesseffizienz sowie wirksame Beteiligungsrechte des betroffenen Verbandes ermöglichen.[491] Wird das Verfahren des Verbandes aber verbunden mit dem (von dem Rahmenbeschluss erfassten) Verfahren der Individualtat geführt, ist auch die Verfolgung des Verbandes von der im Rahmenbeschluss statuierten Pflicht zur Kontaktaufnahme und Konsultation mit erfasst. Es findet daher auch insofern eine Koordinierung der parallelen Verfahren statt, so dass eine explizite Erstreckung des Rahmenbeschlusses auf juristische Personen zur Vermeidung diesbezüglicher Kompetenzkonflikte womöglich obsolet sein könnte.

Zu berücksichtigen ist allerdings, dass die sanktionsrechtlichen Verfahren gegen natürliche und juristische Personen nicht in allen Mitgliedstaaten grundsätzlich verbunden geführt werden[492] und eine Verklammerung der Verfahren auch im Übrigen nur den Regelfall darstellt, der zahlreiche Ausnahmen zulässt.[493] Neben den gesetzlich normierten Ausnahmen zusammenhängender Ermittlungen, kommt ein selbstständiges Verfahren gegen die juristische Person insbesondere auch dann in Betracht, wenn der konkrete Täter der Anknüpfungstat nicht identifiziert werden kann und eine individuelle Tatzuordnung daher scheitert, gegenüber dem Verband aber gleichwohl alle haftungsbegründenden Elemente gegeben sind.[494] Ferner haben die nationalen Sanktionsanwendungsrechte verdeutlicht, dass es bei transnationalen Rechtsverstößen zu einem Auseinanderfallen der Kompetenzen gegenüber natürlicher und juristischer Person kommen kann: Begeht etwa ein australischer Täter eine taugliche Anknüpfungstat in Hongkong zugunsten eines französischen Unternehmens, besteht eine Verfolgungszuständigkeit Frankreichs grundsätzlich nur gegenüber der inländischen juristischen Person, wohingegen es in Bezug auf den Täter an einem legitimierenden Anknüpfungspunkt fehlt. Auch in diesen Fällen kann ein Verfahren demnach grundsätzlich nur gegenüber dem Verband geführt

---

Verfahren bezüglich der Anknüpfungstat nicht eingeleitet oder eingestellt wird. Vergleichbare Regelungen sind beispielsweise auch in Italien (vgl. Art. 38 I D.Lgs. 231/2001) und Österreich (§ 15 I, S. 1 VbVG) vorgesehen.

491 So sollen insbesondere ineffziente (innerstaatliche) Mehrfachermittlungen in derselben Sache verhindert werden; der Verband ist an dem gemeinsam geführten Verfahren zu beteiligen und hat hierbei regelmäßig die Verfahrens- und Beteiligungsrechte eines Beschuldigten, vgl. etwa § 444 StPO; Art. 35 D.Lgs. 231/2001; § 13 I, S. 2 VbVG.

492 So ist Voraussetzung einer Verbandssanktionierung in Polen grundsätzlich eine vorherige Verurteilung der natürlichen Person, vgl. *H. Eidam/Eidam*, in: Eidam, Unternehmen und Strafe, Kapitel 5, Rn. 632; *Weigend*, in: Sieber/Cornils, Bd. 4, S. 449 ff. (456). Und auch in Schweden besteht keine obligatorische Verknüpfung der jeweiligen Verfahren, vgl. *Cornils*, in: Sieber/Cornils, Bd. 4, S. 476 ff. (485).

493 Zu der Zulässigkeit eines isoliert geführten Sanktionsverfahrens gegenüber einem Verband vgl. z.B. § 30 IV, S. 1, 2 OWiG; Art. 38 II D.Lgs. 231/2001; § 15 II VbVG.

494 Sog. „anonyme Verbandsgeldbuße", vgl. *Meyberg*, in: BeckOK-OWiG, § 30, Rn. 133; *Rogall*, in: KK-OWiG, § 30, Rn. 186, 188.

werden.[495] Schließlich kommt ein isoliertes Verfahren auch dann in Betracht, soweit ein Mitgliedstaat für die Verantwortlichkeit des Verbandes allein auf einen diesem gegenüber erhobenen originären Vorwurf abstellt.[496]

Es ist in diesen Fällen jeweils nicht gewährleistet, dass durch eine Verfahrenskoordination in Bezug auf die Anknüpfungstat der natürlichen Person auch hinsichtlich der Verfolgung des Verbandes ein Informationsaustausch sowie eine Konsultation zwischen den zuständigen Behörden stattfindet und Kompetenzkonflikte auch insofern vermieden werden. Die Intention des Rahmenbeschlusses würde in Bezug auf die Verbandstat folglich nicht erreicht. Ferner ist zu beachten, dass juristische Personen als eigene Rechtssubjekte im Rahmen der mitgliedstaatlichen Sanktionsverfahren die Stellung eines Verfahrensbeteiligten haben und ihnen hierbei weitgehend die prozessualen Beteiligungs- und Verteidigungsrechte eines Beschuldigten zukommen.[497] Es ist daher schon grundsätzlich von Interesse, ob auch juristischen Personen als selbstständigen Verfahrenssubjekten Schutz vor kumulativen Sanktionsgewalten und Verfolgungsmaßnahmen zuzugestehen ist.

Damit ist die aufgeworfene Frage, ob juristische Personen von dem Anwendungsbereich des Rahmenbeschlusses zur Vermeidung und Beilegung von Kompetenzkonflikten in Strafverfahren erfasst werden beziehungsweise jedenfalls erfasst werden sollten, sehr wohl relevant und daher überprüfungsbedürftig.

Hierzu sind in erster Linie der Rechtsakt selbst sowie die begleitenden Materialien zu untersuchen. Der Wortlaut des Rahmenbeschlusses erfasst juristische Personen nicht ausdrücklich. Vielmehr werden parallele Verfahren in Art. 3 lit. a) als gegen „dieselbe Person" anhängige Ermittlungs- und Gerichtsverfahren definiert und spricht der Normtext auch im Übrigen nur abstrakt von „Person".[498] Fraglich ist, ob juristische Personen hiervon erfasst sind. Da der Rahmenbeschluss andererseits auch nicht ausdrücklich von natürlichen (in Abgrenzung zu juristischen) Personen spricht, lässt der Wortlaut durchaus Raum für eine weite Interpretation im Sinne der Erfassung von sowohl natürlichen als auch juristischen Personen. Auch die weiteren Materialien, welche dem Rahmenbeschluss zugrunde liegen, sprechen nur generell von Personen und nehmen im Übrigen keine Differenzierung gegenüber juristischen Personen vor.[499] Zwar folgt aus der Nichtnennung nicht zwangsläufig

495 Wobei in Deutschland wohl ein Fall des § 30 IV, S. 3 OWiG vorliegen würde, da bei fehlender Zuständigkeit gegenüber der natürlichen Person ein Verfahrenshindernis besteht, so dass die Anknüpfungstat aus rechtlichen Gründen nicht verfolgt werden kann, vgl. *Rogall*, in: KK-OWiG, § 30, Rn. 190.

496 Auch wenn – wie gezeigt – derzeit noch kein Staat ausschließlich einen originären Vorwurf gegenüber Verbänden erhebt, ist auf diesem Gebiet Klarheit zu schaffen.

497 Vgl. etwa § 444 StPO; Art. 35 D.Lgs. 231/2001; § 13 I, S. 2 VbVG.

498 Der englische Wortlaut des Rahmenbeschlusses spricht insofern von *„same person"* bzw. allgemein von *„person"*.

499 Vgl. z.B. den Erläuternden Bericht zur Initiative des Rahmenbeschlusses, Ratsdok. Nr. 5208/09 sowie das Grünbuch über Kompetenzkonflikte und den Grundsatz *ne bis in idem* in Strafverfahren, KOM (2005) 696 endg. v. 23.12.2005.

eine Nichterfassung; dass die explizite Einbeziehung juristischer Personen in früheren, ebenfalls auf dem Prinzip gegenseitiger Anerkennung beruhenden Rechtsakten jedoch nicht übernommen wurde,[500] spricht eher dafür, dass dies bewusst geschehen ist. Zwingend steht dies einer Erfassung juristischer Personen jedoch nicht entgegen. So zeigt etwa das österreichische Umsetzungsgesetz, das Verbände ausdrücklich mit einbezieht, dass die legislativen Vorgaben durch den Rahmenbeschluss durchaus unterschiedlich interpretiert werden können.[501]

Es kann mithin konstatiert werden, dass juristische Personen nicht ausdrücklich von dem Anwendungsbereich des Rahmenbeschlusses ausgeschlossen sind und ihre Subsumtion unter den Begriff „dieselbe Person" im Rahmen der Wortlautgrenze daher durchaus möglich ist. Jedoch ist zu berücksichtigen, dass Rahmenbeschlüsse nicht innerstaatlich unmittelbar geltendes Recht schaffen, sondern der Umsetzung durch die Mitgliedstaaten bedürfen und hierbei lediglich hinsichtlich ihrer Ziele verbindlich sind, die Wahl und Form der Mittel gem. Art. 34 II, lit. b) EUV a.F. jedoch den nationalen Stellen überlassen. Sollen Verfahren gegenüber juristischen Personen daher ebenfalls einer Koordinierung nach dem Rahmenbeschluss unterliegen, muss dies auch deutlich zum Ausdruck gebracht werden, damit gegenüber den nationalen Gesetzgebern ein klarer Transformationsbefehl ergeht. Dies ist derzeit nicht der Fall. Für eine explizite Erstreckung des Rahmenbeschlusses auf juristische Personen und somit eine entsprechende Anpassung des Wortlautes spricht jedoch, dass die hinter dem Rechtsakt stehende Ratio auf Verfahren gegen juristische Personen in gleicher Weise Anwendung findet und diese ein entsprechendes Schutzinteresse gegen parallele beziehungsweise sukzessive Mehrfachverfolgungen haben.[502] Denn nach den Normen der mitgliedstaatlichen Sanktionsanwendungsrechte können auch im Rahmen transnationaler Verbandstaten mehrere Rechtsordnungen zur

---

500 Vgl. z.B. Art. 1 lit. a) des Rahmenbeschlusses über die Anwendung des Grundsatzes der gegenseitigen Anerkennung von Geldstrafen und Geldbußen, ABl. EU L 76/16 ff. v. 22.03.2005; Art. 7, 8 des Rahmenbeschlusses zur Terrorismusbekämpfung, ABl. EG L 164/3 ff. v. 22.06.2002. Vgl. auch aktuell Art. 4 lit. d) der Richtlinie 2014/41/EU über die Europäische Ermittlungsanordnung in Strafsachen, ABl. EU L 130/1 ff. v. 01.05.2014. Insofern ist auch die Entwurfsfassung des Art. 1 IV des Rahmenbeschlusses zur Vermeidung und Beilegung von Kompetenzkonflikten in Strafverfahren, wonach dieser nicht für Verfahren gilt, die gegen Unternehmen angestrengt werden, wenn diese Verfahren die Anwendung des Wettbewerbsrechts der Europäischen Gemeinschaft zum Gegenstand haben, wenig aussagekräftig, da, wie Art. 2 II der konsolidierten Fassung des Rahmenbeschlusses zeigt, offensichtlich nur die Verfahren nach europäischem Wettbewerbsrecht von dem Anwendungsbereich ausgenommen werden sollten. Eine generelle Exklusion juristischer Personen geht damit nicht einher.

501 Vgl. § 1 I des Bundesgesetzes über die justizielle Zusammenarbeit in Strafsachen mit den Mitgliedstaaten der Europäischen Union, BGBl. I Nr. 36/2004, zuletzt geändert durch BGBl. I Nr. 107/2014.

502 Vgl. hierzu bereits **Teil 1, III**.

Verfolgung und Sanktionierung desselben Rechtsverstoßes berufen sein und somit auf europäischer Ebene in Konkurrenz zueinander treten.

Überschneidungen nationaler Zuständigkeiten sowie positive Kompetenzkonflikte sind in einem europäischen Raum der Freiheit, der Sicherheit und des Rechts jedoch auch in Bezug auf unternehmensbezogene Rechtsverstöße zu vermeiden. So drohen die negativen Folgen von unkoordinierten kumulativen Zuständigkeiten in Form von zwischenstaatlichen Spannungen, der willkürlichen Bestimmungen des jeweiligen Sanktionsstaates, ineffizienten Doppelermittlungen sowie der Gefahr, einer mehrfachen Sanktionierung durch verschiedene Staaten ausgesetzt zu sein, auch in Bezug auf die Verfolgung juristischer Personen. Denn auch Verbänden gegenüber stellt es eine ihre Rechte und Interessen tangierende zusätzliche Belastung dar, wenn wegen derselben Tat nach verschiedenen Rechtsordnungen (gegebenenfalls divergierende) Verfolgungsmaßnahmen durchgeführt werden, wenn die unternehmensangehörigen Individualtäter und Zeugen in verschiedenen Staaten geladen werden und eine kostenintensivere sowie komplexere multinationale Verteidigung erforderlich wird. Ferner drohen juristische Personen in gleicher Weise in ihren europäischen Grundfreiheiten beeinträchtigt zu werden, wenn sie durch eine drohende Mehrfachverfolgung von einer wirtschaftlichen Betätigung in anderen Mitgliedstaaten abgehalten und hierdurch insbesondere in ihrer Niederlassungs- und Dienstleistungsfreiheit nach Art. 49 I, 54, 56 I, 62 AEUV tangiert werden.[503] Hinzu kommt, dass sich auch juristische Personen im Falle paralleler Zuständigkeiten den Normbefehlen mehrerer Staaten ausgesetzt sehen, für sie aufgrund der inkongruenten mitgliedstaatlichen Haftungssysteme jedoch nicht mehr vorhersehbar ist, nach welchen materiellen sowie prozessualen Voraussetzungen und mit welchen Rechtsfolgen die Ermittlungs- und Sanktionsmaßnahmen im Einzelfall durchgeführt werden und an welcher Rechtsordnung sie ihr Handeln dementsprechend ausrichten müssen. Dies führt gerade bei den häufig grenzüberschreitend agierenden Unternehmen zu einer Erschwerung des Rechtsschutzes und schafft zudem Raum für ein *forum shopping* aller Beteiligten. So steht zu befürchten, dass Ermittlungsbehörden die Sanktionierung des Verbandes bewusst nach der repressivsten Rechtsordnung anstreben und die Verbände ihrerseits versuchen, sich in möglichst wenig punitiven Staaten anzusiedeln, um das in der EU divergierende Pönalisierungsniveau zu ihrem Vorteil auszunutzen.[504]

Ein wesentliches Argument für die Erstreckung des Rahmenbeschlusses auch auf Verfahren gegen juristische Personen ist darüber hinaus, dass zentrales Ziel des Rechtsaktes ist, unnötige parallele Verfahren zu vermeiden, die zu einem Verstoß

---

503 Vgl. *Böse/Meyer*, ZIS 2011, S. 336 ff. (340); ausdrücklich in Bezug auf eine das Recht auf Freizügigkeit tangierende Gefahr der mehrfachen Strafverfolgung: EuGH, Urt. v. 11.02.2003, Rs. C-187/01, C-385/01, Slg. 2003, I-01345, Rn. 38 – Gözütok und Brügge; Grünbuch über Kompetenzkonflikte und den Grundsatz *ne bis in idem* in Strafverfahren, KOM (2005) 696 endg. v. 23.12.2005, S. 3.

504 Vgl. zur Möglichkeit eines (beidseitigen) *forum shoppings* bereits **Teil 1, III**.

gegen den ne bis in idem Grundsatz führen könnten.[505] Wie jedoch zu zeigen sein wird, ist der Schutz des transnationalen ne bis in idem Prinzips nach Art. 54 SDÜ, Art. 50 GRC auch juristischen Personen gegenüber zu gewähren.[506] Können aber wiederholte Verbandssanktionen einen ne bis in idem Verstoß darstellen, dessen Vermeidung doch gerade das Ziel des Rahmenbeschlusses ist, so sind auch die Mechanismen zur Vorbeugung derartiger Mehrfachverfolgungen grundsätzlich auf Sanktionsverfahren gegenüber juristischen Personen zu erstrecken. Denn nur so kann auch in Bezug auf juristische Personen ein andernfalls zu befürchtender konfliktträchtiger Wettlauf um eine Erstentscheidung durch die Koordinierung der nationalen Sanktionsgewalten bereits vorbeugend vermieden werden.

Die demnach auch in Verbandsverfahren gebotene Zusammenarbeit nationaler Behörden wurde offenbar auch auf Ebene der Union erkannt, indem nach dem Europäischen Rechtshilfeübereinkommen gem. Art. 3 II Rechtshilfe ausdrücklich auch bei Verfahren in Bezug auf Straftaten oder Zuwiderhandlungen geleistet wird, für die juristische Personen verantwortlich gemacht werden können.[507] Auch wenn das Übereinkommen keine verbindlichen Mechanismen zur Vermeidung von Kompetenzkonflikten vorsieht und seine Umsetzung gem. Art. 34 II, lit. d) EUV a.F. nicht verbindlich ist, wird gleichwohl das erkannte Bedürfnis deutlich, eine Verfahrenskooperation auch bei juristischen Personen zu ermöglichen.

Zu berücksichtigen ist des Weiteren, dass der in den nationalen Rechtsordnungen festzustellende Trend zu einer zunehmenden Pönalisierung juristischer Personen maßgeblich durch legislative Vorgaben seitens der Union initiiert und beeinflusst wurde und hierbei ein Mindestniveau der sanktionsrechtlichen Verantwortlichkeit juristischer Personen verbindlich vorgegeben wurde.[508] Hinzu kommt, dass die europäischen Rechtsakte, welche die Mitgliedstaaten verpflichten, den Geltungsbereich ihrer Sanktionsrechte auch auf extraterritoriale Sachverhalte auszudehnen, häufig juristische Personen und die diesen gegenüber festzusetzenden Sanktionen explizit erfassen und somit wesentlich zu potenziellen Kompetenzkonflikten im Rahmen der Verfolgung von Verbänden beitragen.[509] Schließlich sind nach den Vorgaben des Rahmenbeschlusses über die Anwendung des Grundsatzes der gegenseitigen Anerkennung von Geldstrafen und Geldbußen derartige nationale Sanktionsentscheidungen innerhalb der EU auch gegenüber juristischen Personen transnational anzuerkennen und zu vollstrecken und dies gem. Art. 9 III selbst dann, wenn der

505 Vgl. Erwägungsgrund 12.

506 Vgl. **Teil 3, III., 6., a)**.

507 Übereinkommen vom 29. Mai 2000 über die Rechtshilfe in Strafsachen zwischen den Mitgliedstaaten der Europäischen Union, ABl. EG, C 197/1 ff. v. 12.07.2000.

508 Vgl. zu den legislativen Vorgaben der EU **Teil 1, II., 1., a)**.

509 Vgl. z.B. Art. 9 I, lit. d) des Rahmenbeschlusses zur Terrorismusbekämpfung, ABl. EG L 164/3 ff. v. 22.06.2002; Art. 8 I, lit. c) des Rahmenbeschlusses zur Festlegung von Mindestvorschriften über die Tatbestandsmerkmale strafbarer Handlungen und Strafen im Bereich des illegalen Drogenhandels, ABl. EU L 335/8 ff. v. 11.11.2004.

Grundsatz der strafrechtlichen Verantwortlichkeit juristischer Personen in dem Vollstreckungsstaat nicht anerkannt ist.[510] Forciert die EU durch solche legislative Maßnahmen allerdings einerseits die Einführung eines Mindeststandards der sanktionsrechtlichen Verantwortlichkeit juristischer Personen sowie eine extraterritoriale Erstreckung nationaler Sanktionsgewalten und weitet den Grundsatz der gegenseitigen Anerkennung andererseits zum Nachteil der hiervon betroffenen juristischen Personen auch auf bestimmte Verbandssanktionen aus, muss sie die somit bewirkte repressivere und effektivierte grenzüberschreitende Verfolgung juristischer Personen auf der anderen Seite durch die Gewährleistung rechtsstaatlicher sowie prozessualer Garantien ausgleichen, um den negativen Folgen von positiven Kompetenzkonflikten vorzubeugen und die einseitige Verschiebung des Sanktionssystems zulasten der Adressaten zu verhindern. Nur dann wahrt eine transnationale Verfolgung rechtsstaatliche Grundsätze und wird dem Anspruch an einen europäischen Raum der Freiheit, der Sicherheit und des Rechts gerecht. Denn auch insofern gilt, dass der nach Art. 3 II EUV, Art. 67 I, III AEUV angestrebte europäische Raum des Rechts, in dem durch die Bekämpfung der Kriminalität ein hohes Maß an Sicherheit gewährleistet wird, nicht als einseitiger primärrechtlicher Auftrag zur Ausweitung und Effektivierung der Strafverfolgung verstanden werden darf, sondern die Maximen Freiheit, Sicherheit und Recht im Wege einer ganzheitlichen Betrachtung miteinander verschränkt und im Zuge ihrer Verwirklichung in Ausgleich zu bringen sind.[511]

Zu den in diesem Sinne gegenüber juristischen Personen gebotenen verfahrensrechtlichen Garantien zählt auch der Schutz, in einem gemeinsamen Rechtsraum nicht einer unkoordinierten Mehrfachverfolgung sowie den hierdurch bedingten negativen Folgen von Zuständigkeitskonflikten ausgesetzt zu sein. Der Rahmenbeschluss zur Vermeidung und Beilegung von Kompetenzkonflikten in Strafverfahren ist daher ausdrücklich auf juristische Personen zu erstrecken und der Wortlaut des Art. 3 lit. a) hierfür klarstellend zu ändern:[512] Als „parallele Verfahren" im Sinne des Rahmenbeschlusses sind demnach solche Strafverfahren zu erfassen, die in zwei oder mehreren Mitgliedstaaten wegen derselben Tat gegen dieselbe **natürliche oder juristische Person** geführt werden.[513]

---

510 Rahmenbeschluss 2005/214/JI des Rates vom 24. Februar 2005 über die Anwendung des Grundsatzes der gegenseitigen Anerkennung von Geldstrafen und Geldbußen, ABl. EU L 76/16 ff. v. 22.03.2005.

511 Vgl. *Böse/Meyer*, ZIS 2011, S. 336 ff. (341); *Mansdörfer*, HRRS 2010, S. 11 ff. (13 f.).

512 Zu der hierfür erforderlichen Rechtsgrundlage sowie rechtlichen Handlungsform, vgl. nachstehend **Teil 2, IV., 3.**

513 Als „juristische Personen" i.d.S. sind alle Verbände zu erfassen, denen nach dem jeweiligen nationalen Recht (Teil-)Rechtsfähigkeit zukommt.

b) Anwendbarkeit auf Sanktionsverfahren gegen juristische Personen

Sind die Mechanismen zur Vermeidung und Beilegung von Kompetenzkonflikten demnach auf juristische Personen zu erstrecken, ist in einem zweiten Schritt zu untersuchen, ob der Anwendungsbereich des Rahmenbeschlusses überhaupt die verschiedenen mitgliedstaatlichen Verbandssanktionen und deren jeweilige innerstaatliche Verfahrensformen erfasst. Denn durch eine Einbeziehung juristischer Personen wäre wenig gewonnen, wenn die diesen gegenüber geführten Sanktionsverfahren dem Rahmenbeschluss nicht unterfallen würden.

Erklärtes Ziel des Rahmenbeschlusses ist nach dessen Titel die Vermeidung und Beilegung von Kompetenzkonflikten in Strafverfahren. Der den Anwendungsbereich des Rechtsaktes insofern umgrenzende Ausdruck „parallele Verfahren" bezeichnet nach der ausdrücklichen Begriffsbestimmung des Art. 3 lit. a) „Strafverfahren, einschließlich sowohl des Ermittlungs- als auch des Gerichtsverfahrens (...)". Dem Wortlaut nach scheinen somit nur von einem *Gericht* zu ahndende *Strafverfahren* einer Koordinierung durch den Rahmenbeschluss zu unterliegen.[514] Fraglich ist, was hieraus in Bezug auf die auch gegenüber juristischen Personen gebotene Vermeidung von positiven Kompetenzkonflikten folgt. Denn die Darstellung der Verbandsverantwortlichkeit in den EU-Staaten hat gezeigt, dass diese nicht überall strafrechtlich ausgestaltet ist, sondern verschiedene, innerstaatlich zum Teil umstrittene, Haftungsregime bestehen.[515] So ist zwar in einem Großteil der nationalen Rechtsordnungen mittlerweile eine Strafhaftung von juristischen Personen implementiert,[516] jedoch halten mehrere Mitgliedstaaten auch weiterhin an einer nicht-(kriminal-)strafrechtlichen Verbandsverantwortlichkeit fest.[517] In prozessualer Hinsicht kommt hinzu, dass die Verbandssanktionierung zwar überwiegend in einem (straf-)gerichtlichen Verfahren erfolgt,[518] zum Teil jedoch auch eine behördliche Zuständigkeit vorgesehen ist: So differenziert die Verfolgungs- und Sanktionszuständigkeit etwa in Deutschland danach, ob als Anknüpfungstat eine Straftat oder eine Ordnungswidrigkeit zugrunde liegt. In Fällen einer Straftat ist gem. § 40 OWiG grundsätzlich die Staatsanwaltschaft zur Verfolgung der Tat auch in Bezug auf die Verbandsgeldbuße zuständig, wobei die Sanktionierung sodann durch das zuständige Gericht erfolgt, § 45 OWiG.[519] Liegt der Verbandshaftung dagegen

514 Die englische Fassung des Rahmenbeschlusses spricht insofern von *„criminal proceedings, including both the pre-trial and the trial phases (...)"*.

515 Vgl. ausführlich **Teil 1, II., 1**.

516 Z.B. in Frankreich, Dänemark, Spanien und den Niederlanden.

517 Während v.a. Deutschland und Griechenland eine dem Verwaltungsrecht zugeordnete Haftung vorsehen, wurde z.B. in Italien und Ungarn ein Mittelweg zwischen dem Straf- und Verwaltungsrecht beschritten.

518 Z.B. in Italien (vgl. Art. 34, 65 ff. D.Lgs. 231/2001), Österreich (vgl. §§ 14 I, 22 ff. VbVG) und Frankreich (vgl. Art. 706–41 f. franz.StPO).

519 § 42 OWiG ist dagegen nicht einschlägig, da es um dasselbe haftungsauslösende Tatgeschehen geht, welches unter verschiedenen rechtlichen Gesichtspunkten

eine Ordnungswidrigkeit zugrunde, ist gem. §§ 35 I, 88 OWiG grundsätzlich die zur Verfolgung der Ordnungswidrigkeit berufene Verwaltungsbehörde auch gegenüber dem Verband verfolgungsbefugt und gem. § 35 II OWiG zugleich ahndungsbefugt.[520] Im Kontext der Unternehmenssanktionierung fragt sich daher, ob auch derartige nicht-strafrechtliche sowie behördliche Verbandssanktionen und deren Verfahren von dem Rahmenbeschluss erfasst werden und einer unionsweiten Koordinierung unterliegen (sollten), oder es insofern zu einer Differenzierung nach den jeweiligen nationalen Haftungssystemen kommt.

Hierfür ist entscheidend, was unter einem „Strafverfahren" im Sinne des Rahmenbeschlusses zu verstehen ist. Der Rechtsakt selbst sowie die zugrunde liegenden Materialien liefern hierzu keine klarstellenden Hinweise, da nur allgemein von Strafverfahren oder Strafverfolgung gesprochen wird.[521] Insofern ließe sich zunächst vertreten, den Begriff „Strafverfahren" anhand des jeweiligen Verständnisses der nationalen Rechtsordnungen sowie deren Kriterien eines entsprechenden Verfahrens zu bestimmen. Ob ein innerstaatliches Sanktionsverfahren von den Mechanismen des Rahmenbeschlusses erfasst ist, unterläge damit der Disposition der Mitgliedstaaten. Dies scheint im Rahmen eines gemeinsamen Rechtsraumes allerdings wenig praktikabel, da die insofern gebotene einheitliche Auslegung und Anwendung der europäischen Rechtsakte in diesem Fall nicht gewährleistet wäre. So hat auch der EuGH entschieden, dass Vorschriften des Gemeinschaftsrechts, die nicht ausdrücklich auf das Recht der Mitgliedstaaten verweisen, einheitlich und autonom unter Berücksichtigung ihrer jeweiligen Zielsetzungen auszulegen sind.[522] Ist der Begriff eines „Strafverfahrens" demzufolge autonom europäisch auszulegen, fragt sich gleichwohl weiterhin, was genau hierunter zu verstehen ist.

So liegt es im Sinne eines engen Verständnisses zunächst nahe, nur Verfahren aufgrund von (Kriminal-)Straftaten einzubeziehen und einer Koordinierung auf europäischer Ebene zu unterwerfen. Für eine derart enge Interpretation spricht, dass die Mitgliedstaaten nach Erwägungsgrund Nr. 11 des Rahmenbeschlusses die Möglichkeit haben sollen, wegen jeder „Straftat" ein Strafverfahren fortzuführen

---

beurteilt wird und nicht um zwei selbstständige prozessuale Taten (§ 42 I, S. 2, 1. Var. OWiG) oder eine prozessuale Tat, hinsichtlich der verschiedene (natürliche) Personen beschuldigt werden (§ 42 I, S. 2, 2. Var. OWiG). Vgl. hierzu sowie zur Abgrenzung der beiden Normen auch *Lampe*, in: KK-OWiG, § 42, Rn. 1 ff.

520 Spezielle Zuständigkeiten bestehen etwa bei zugrunde liegenden Steuervergehen (Finanzbehörden, § 409 AO) oder bei Kartellverstößen (Kartellbehörden, § 82 S. 1 GWB), vgl. *Meyberg*, in: BeckOK-OWiG, § 30, Rn. 118 ff.

521 Vgl. Haager Programm zur Stärkung von Freiheit, Sicherheit und Recht in der Europäischen Union, ABl. EU C 53/1 ff. v. 03.03.2005, Punkt 3.3.; Grünbuch über Kompetenzkonflikte und den Grundsatz *ne bis in idem* in Strafverfahren, KOM (2005) 696 endg. v. 23.12.2005; den Erläuternden Bericht zum Rahmenbeschluss, Ratsdok. Nr. 5208/09 v. 20.01.2009, S. 2 ff.

522 EuGH, Urt. v. 18.01.1984, Rs. 327/82, Rn. 11; vgl. hierzu auch *Hecker*, 4, Rn. 60 ff.

und dass auch Erwägungsgrund Nr. 12 explizit von einer „Straftat" spricht,[523] Rechtsverstöße unterhalb der Qualität einer Straftat dagegen jedoch an keiner Stelle genannt werden. Auch die Materialien sprechen insofern nur von Straftaten beziehungsweise Straftätern und lassen somit keinen abweichenden Willen der Normgeber erkennen.[524] Dies hätte zur Konsequenz, dass die in Mitgliedstaaten ohne eine strafrechtliche Verbandshaftung (isoliert) geführten Sanktionsverfahren nicht von den Mechanismen des Rahmenbeschlusses erfasst wären, da diesen in Form der „Verbandstat" keine Straftat zugrunde liegt und so kein „Strafverfahren" im Sinne des Rahmenbeschlusses gegeben wäre. Die auch in Bezug auf Verfahren gegen juristische Personen gebotene Koordinierung der nationalen Verfolgungstätigkeiten wäre in der EU folglich nicht einheitlich und umfassend gewährleistet, sondern hinge von der Ausgestaltung der Verbandsverantwortlichkeit durch die mitgliedstaatlichen Gesetzgeber ab. Insbesondere die in Deutschland gegenüber Unternehmen geführten Verfahren unterfielen demnach nicht dem Anwendungsbereich des Rahmenbeschlusses. Allein hierdurch wäre allerdings ein wesentlicher Teil unternehmensbezogener Rechtsverstöße auf dem europäischen Binnenmarkt einer unionsweiten Koordinierung entzogen; stellt Deutschland doch die größte Volkswirtschaft der EU dar, in der als geografisch bedingtem Transitland zahlreiche Unternehmen multinational agieren und so (jedenfalls auch) der deutschen Sanktionsgewalt sowie den hiesigen nicht-strafrechtlichen Verbandssanktionen unterliegen. Auch in Griechenland, Bulgarien, Lettland und Schweden geführte Verbandsverfahren wären von dem Rahmenbeschluss demnach nicht erfasst.[525] In Ländern wie Italien oder Ungarn, wo die Rechtsnatur der Verbandssanktionen innerstaatlich umstritten ist,[526] wäre eine Anwendbarkeit der Mechanismen des Rahmenbeschlusses jedenfalls fraglich. Eine auf Unionsebene derart inkongruente und nur in Abhängigkeit von der jeweiligen Rechtsnatur der nationalen Verbandsverantwortlichkeit gewährleistete Verfahrenskoordination würde dem Anspruch an einen gemeinsamen Rechtsraum allerdings kaum gerecht werden.

Unter anderem aufgrund derartiger Bedenken lässt sich daher auch vertreten, die von dem Rahmenbeschluss erfassten „Strafverfahren" in einem weiten Sinne und unabhängig von der Qualifikation der nationalen Sanktionsmaßnahmen durch die Mitgliedstaaten zu definieren. So wird insbesondere in Bezug auf die

---

523 Die englische Fassung des Rahmenbeschlusses spricht insofern von *„criminal offence"*.

524 Vgl. z.B. den Erläuternden Bericht zum Rahmenbeschluss, Ratsdok. Nr. 5208/09 v. 20.01.2009, S. 2 ff.; Grünbuch über Kompetenzkonflikte und den Grundsatz *ne bis in idem* in Strafverfahren, KOM (2005) 696 endg. v. 23.12.2005, S. 3 ff. I.d.S. erfasst auch das österreichische Transformationsgesetz ausdrücklich nur Verfahren aufgrund einer Straftat, vgl. § 59a I des Bundesgesetzes über die justizielle Zusammenarbeit in Strafsachen mit den Mitgliedstaaten der Europäischen Union, BGBl. I Nr. 36/2004, zuletzt geändert durch BGBl. I Nr. 107/2014.

525 Vgl. hierzu bereits **Teil 1, II., 1., f)**.

526 Vgl. **Teil 1, II. 1., c), cc); f)**.

primärrechtlichen Kompetenztitel der Union gefordert, den Begriff des Strafrechts im europäischen Sinne autonom und anhand materieller Kriterien in Anlehnung an die Rechtsprechung des Europäischen Gerichtshofes für Menschenrechte (EGMR) zu Art. 6 I EMRK zu bestimmen.[527] Danach sind die strafprozessualen Garantien der EMRK in einem extensiven Verständnis einer „strafrechtlichen Anklage" neben den innerstaatlich dem Strafrecht zugeordneten Sanktionen auch in Bezug auf alle Verfahren zu gewähren, deren zugrunde liegende allgemeingeltende Sanktionen repressiver Natur und mit besonders schwerwiegenden Rechtsgutseinbußen für den Adressaten verbunden sind.[528] Es kommt danach nicht auf die formale Qualifikation der Sanktionen durch das nationale Recht, sondern vielmehr auf Art und Grad ihrer Schwere an. Überträgt man diesen weiten Ansatz auf den Rahmenbeschluss und die hiervon betroffenen „Strafverfahren", könnten auch Verfahren aufgrund nicht (kriminal-)strafrechtlicher Sanktionen und somit etwa die nicht-strafrechtlichen Verbandssanktionen hiervon erfasst sein, soweit diese materiell einer Strafe gleichstehen.[529] Der EuGH hat sich hierzu bislang nicht klarstellend geäußert.[530] Selbst wenn man jedoch davon ausgeht, dass eine derart umfassende Definition des Strafrechts aus europäischer Sicht auch für die Kompetenztitel der EU geboten ist, kann hieraus nicht geschlussfolgert werden, dass Gleiches auch für die vom Rahmenbeschluss geregelten „Strafverfahren" gilt. Denn erstens folgt aus einer weiten Regelungskompetenz der Union nicht, dass von dieser auch vollumfänglich Gebrauch gemacht wurde und zweitens müsste dies im Interesse der Rechtssicherheit wiederum unzweifelhaft zum Ausdruck gebracht werden, um gegenüber den Mitgliedstaaten einen klaren Transformationsbefehl zu erteilen und hierdurch ein einheitliches Schutzniveau in der Union zu gewährleisten, wie dies bei anderen EU-Rechtsakten bereits explizit geschehen ist.[531] Die aufgezeigten verschiedenen Auslegungsmöglichkeiten zeigen jedoch gerade, dass dem Begriff „Strafverfahren" kein gemeinsames Verständnis zugrunde liegt und daher eine unterschiedliche Auslegung und Umsetzung durch die nationalen Gesetzgeber droht, was zu einem uneinheitlichen Geltungsbereich des Rahmenbeschlusses zur Vermeidung und Beilegung von Kompetenzkonflikten führen würde.

---

527 Vgl. hierzu die Schlussanträge des Generalanwalts Van Gerven zu EuGH, Urt. v. 27.11.1991, Rs. C-273/90; *Hecker*, 4, Rn. 59 ff.; *Klip*, European Criminal Law, S. 169 ff.; *Satzger*, § 8, Rn. 5.

528 Vgl. EGMR, Urt. v. 08.06.1976, EuGRZ 1976, 221, Rn. 82 – Engel; EGMR, Urt. v. 21.02.1984, EuGRZ 1985, 62, Rn. 50 – Öztürk; vgl. *Kreicker*, in: Sieber/Satzger/v.Heintschel-Heinegg, Europäisches Strafrecht, § 51, Rn. 15; *Satzger*, § 11, Rn. 59.

529 Für die Erfassung deutscher Ordnungswidrigkeiten vgl. EuGH, Urt. v. 11.02.2003, Rs. C-187/01, C-385/01, Slg. 2003, I-01345 – Gözütok und Brügge; vgl. auch die Mitteilung der Kommission, KOM (2000) 495 endg. v. 26.07.2000; Punkt. 3.3.

530 Vgl. *Klip*, European Criminal Law, S. 169 m.w.N.

531 Vgl. etwa die detaillierte Normierung der erfassten Rechtsverstöße in Art. 1 des Rahmenbeschlusses über die Anwendung des Grundsatzes der gegenseitigen Anerkennung von Geldstrafen und Geldbußen, ABl. EU L 76/16 ff. v. 22.03.2005.

Entsprechende Grundsätze gelten für behördliche Sanktionsverfahren, welche von dem Anwendungsbereich des Rahmenbeschlusses ebenfalls nicht ausdrücklich und (im Interesse eines klaren Transformationsbefehles) eindeutig erfasst werden, so dass auch insofern eine legislative Klarstellung erforderlich wäre.

Ist nach der gegenwärtigen Fassung des Rahmenbeschlusses demzufolge davon auszugehen, dass Verfahren aufgrund nicht-strafrechtlicher Rechtsverstöße und behördliche Sanktionen von diesem jedenfalls nicht ausdrücklich erfasst werden und vor allem die inkongruenten Verbandssanktionen somit keiner umfassenden Koordinierung auf Unionsebene unterliegen, fragt sich, ob eine solche explizite Ausweitung des Anwendungsbereiches jedenfalls *de lege ferenda* geboten ist.

Für eine Erstreckung des Rahmenbeschlusses auf sämtliche mitgliedstaatliche Sanktionsverfahren gegen juristische Personen und somit auch auf bestimmte nicht-strafrechtliche Rechtsverstöße spricht zunächst, dass es andernfalls in der Hand der nationalen Gesetzgeber läge, durch die Gestaltung des innerstaatlichen Verbandshaftungsrechts über die Anwendbarkeit der europäischen Instrumente zur Lösung von Kompetenzkonflikten zu disponieren. Die Gewährleistung eines gegenüber juristischen Personen in entsprechender Weise gebotenen Schutzes vor unkoordinierter Mehrfachverfolgung darf jedoch nicht von der Rechtsnatur der nationalen Haftungsregime abhängen. Denn die mitgliedstaatlichen Sanktionsanwendungsrechte haben gezeigt, dass es auch in Bezug auf nicht-strafrechtliche Sanktionen zu kumulativen Zuständigkeiten mehrerer Mitgliedstaaten kommen kann; dies gilt insbesondere für die deutsche Verbandshaftung nach § 30 OWiG. Die negativen Folgen positiver Kompetenzkonflikte treten hier jedoch in gleicher Weise auf – auch insofern drohen zwischenstaatliche Konflikte, unkoordinierte Parallelverfahren und mögliche Mehrfachsanktionierungen. Gleiches gilt für die in diesen Fällen teilweise bestehende behördliche Sanktionskompetenz: Für die betroffenen Staaten und die tangierten Adressaten macht es grundsätzlich keinen Unterschied, ob die zugrunde liegenden Rechtsverstöße innerstaatlich dem Strafrecht im engeren oder weiteren Sinne zugeordnet sind und ob die Sanktionierung durch ein Gericht oder eine Behörde erfolgt,[532] weshalb es Kompetenzkonflikte in gleicher Weise zu verhindern gilt. Entscheidend zu berücksichtigen ist insofern auch hier die Zielsetzung des Rahmenbeschlusses, wonach parallele Verfahren vermieden werden sollen, die zu einem Verstoß gegen den ne bis in idem Grundsatz führen könnten.[533] Nach der diesbezüglich maßgeblichen Rechtsprechung des EuGH erfasst der Schutzbereich des in der EU durch Art. 54 SDÜ, Art. 50 GRC gewährleisteten transnationalen Verbotes der Doppelbestrafung allerdings nicht ausschließlich strafgerichtliche Sanktionsentscheidungen, sondern können unter bestimmten Umständen auch innerstaatlich nicht dem Strafrecht zugeordnete sowie behördliche Sanktionen ein Hindernis für erneute Verfahren darstellen.[534] Ist jedoch der Anwendungsbereich des ne bis in

---

532 Vgl. *Zimmermann*, Strafgewaltkonflikte, S. 413 f.

533 Vgl. Erwägungsgrund 12.

534 Vgl. hierzu ausführlich **Teil 3, III., 4., c)**.

idem Grundsatzes nicht auf Strafsanktionen beschränkt, scheint eine derartige Begrenzung des Rechtsaktes, dessen Ziel es gerade ist, entsprechende Verstöße zu vermeiden, wenig zielführend. So wäre es eine Verschwendung an Ressourcen, unkoordinierte Parallelverfahren zu führen, welche letzten Endes ohnehin von dem ne bis in idem Grundsatz niedergeschlagen würden; eine Ausweitung des Rahmenbeschlusses würde folglich dazu beitragen, das Ziel des Rechtsaktes umfassender und effektiver zu verwirklichen.

Für eine Erstreckung auf Verfahren aufgrund bestimmter nicht-strafrechtlicher Rechtsverstöße spricht schließlich, dass zuletzt verschiedene europäische Rechtsakte ergangen sind, die der justiziellen Zusammenarbeit in Strafsachen dienen, jedoch auch nicht-strafrechtliche Sanktionsmaßnahmen einbeziehen:[535] So wurde in Bezug auf die Verantwortlichkeit juristischer Personen eine Harmonisierung der nationalen Haftungssysteme verfolgt, um mit Hilfe von Mindeststandards ein angeglichenes Pönalisierungsniveau sowie eine effektivierte Bekämpfung verbandsbezogener Rechtsverstöße zu erreichen.[536] Die konkrete Ausformung der innerstaatlichen Verbandshaftung wurde jedoch weitgehend den Mitgliedstaaten überlassen und diesen hierbei auch nicht-strafrechtliche Sanktionen zugestanden, soweit diese nur „wirksam, angemessen und abschreckend" sind. Werden die nationalen Rechtsordnungen allerdings durch verbindliche europäische Vorgaben angeglichen und steht es den Staaten insofern ausdrücklich frei, auch bloß nicht-strafrechtliche Sanktionen gegen juristische Personen vorzusehen, ist es geboten, die diesen Vorgaben entsprechenden Verbandsverfahren auf europäischer Ebene auch prozessual als gleichwertig zu behandeln und den jeweiligen Verfahrenssubjekten durch Schutz vor unkoordinierter Mehrfachverfolgung ein nämliches Maß an rechtsstaatlichen Garantien zu gewähren. Nur dann wird der den Mitgliedstaaten überlassenen materiellen Gestaltungsfreiheit auch verfahrensrechtlich entsprochen und den verschiedenen nationalen Ansätzen der Verantwortlichkeit juristischer Personen in grenzüberschreitender Dimension hinreichend Rechnung getragen.[537] Dieses Bedürfnis der prozessualen Gleichbehandlung der Verbandsverfahren auf Unionsebene wird durch die Regelungen des Rahmenbeschlusses

---

535 Auch zahlreiche völkerrechtliche Verträge zwischen Deutschland und anderen Staaten erstrecken die Rechtshilfe in Strafsachen ausdrücklich auf Verfahren aufgrund von Ordnungswidrigkeiten, vgl. die Nachweise bei *Seitz*, in: Göhler, Vor § 59, Rn. 23 ff. Nach BGHSt 24, 297 (297 ff.) ist der Begriff der „Rechtshilfe in Strafsachen" in älteren Rechtshilfeverträgen aus deutscher Sicht sogar dahingehend auszulegen, dass hiervon auch Ordnungswidrigkeiten erfasst werden; ob diese Auffassung von den Vertragsstaaten geteilt wird, müsse aber im Zweifel mit dem betroffenen Staat geklärt werden.

536 Vgl. **Teil 1, II., 1., a)**.

537 Auch würde andernfalls gegenüber den Mitgliedstaaten womöglich ein indirekter Druck zur Implementierung einer strafrechtlichen Verbandsverantwortlichkeit entstehen, um so eine umfassende Koordinierung der Verfahren auch in Bezug auf juristische Personen zu ermöglichen.

über die Anwendung des Grundsatzes der gegenseitigen Anerkennung von Geldstrafen und Geldbußen noch verstärkt.[538] Denn indem das Prinzip gegenseitiger Anerkennung, wonach Entscheidungen in anderen Mitgliedstaaten grundsätzlich voraussetzungslos zu vollstrecken sind, nach dessen Art. 1 lit. a) iii) ausdrücklich auch auf bestimmte behördliche Entscheidungen aufgrund nicht-strafrechtlicher Zuwiderhandlungen anzuwenden ist, wird die transnationale Sanktionierung und Vollstreckung auch gegenüber juristischen Personen zum Nachteil der Sanktionsadressaten vereinfacht.[539] Dann muss allerdings auch der Schutz vor mehrfacher Verfolgung sowie die zwischenstaatliche Verfahrenskoordination entsprechend ausgeweitet werden, um eine einseitige Verschiebung der Sanktionssysteme zulasten der Adressaten zu verhindern.[540] Eine Begrenzung des Rahmenbeschlusses auf nur (kriminal-)strafrechtliche Verfahren ist daher nicht angemessen.

c) *Reformvorschlag*

Stellt sich der Rahmenbeschluss zur Vermeidung und Beilegung von Kompetenzkonflikten in Strafverfahren demnach auch und im Besonderen in Bezug auf die gegenüber juristischen Personen geführten Verfahren als zu eng dar, ist fraglich, wie entsprechende Sanktionsverfahren in Zukunft praktikabel erfasst und somit einer Koordinierung auf europäischer Ebene unterzogen werden können.

Hierzu sind abstrakte Abgrenzungskriterien zu finden, die es ermöglichen, auch nicht-strafrechtliche und bestimmte behördliche Verfahren zu erfassen, ohne den Geltungsbereich des Rahmenbeschlusses zu weit auszudehnen. Insofern liegt eine Orientierung am Schutzbereich des transnationalen ne bis in idem Grundsatzes nahe, dessen Verletzung durch den Rahmenbeschluss ja gerade verhindert werden soll. Art. 54 SDÜ normiert das „Verbot der Doppelbestrafung", Art. 50 GRC sieht das „Recht, wegen derselben Straftat nicht zweimal strafrechtlich verfolgt oder bestraft zu werden" vor.[541] Zwar scheint somit jeweils nur eine erneute Bestrafung beziehungsweise strafrechtliche Verfolgung nach einem strafgerichtlichen Urteil

---

538 Rahmenbeschluss 2005/214/JI des Rates vom 24. Februar 2005 über die Anwendung des Grundsatzes der gegenseitigen Anerkennung von Geldstrafen und Geldbußen, ABl. EU L 76/16 ff. v. 22.02.2005.

539 Ebenfalls auf bestimmte nicht-strafrechtliche Handlungen anwendbar ist gem. Art. 1 lit. a. i.V.m. Anlage III das Europäische Übereinkommen über die Übertragung der Strafverfolgung, ETS. Nr. 073 v. 15.05.1972; vgl. auch Art. 3 des Übereinkommens über die Rechtshilfe in Strafsachen zwischen den Mitgliedstaaten der Europäischen Union, ABl. EG C 197/3 ff. v. 12.07.2000.

540 Vgl. hierzu bereits **Teil 1, III.** m.w.N.

541 **Art. 54 SDÜ**: „Wer durch eine Vertragspartei rechtskräftig abgeurteilt worden ist, darf durch eine andere Vertragspartei wegen derselben Tat nicht verfolgt werden, vorausgesetzt, dass im Fall einer Verurteilung die Sanktion bereits vollstreckt worden ist, gerade vollstreckt wird oder nach dem Recht des Urteilsstaats nicht mehr vollstreckt werden kann.". **Art. 50 GRC**: „Niemand darf wegen einer Straftat, derentwegen er bereits in der Union nach dem Gesetz rechtskräftig verurteilt oder

ausgeschlossen zu sein. Ohne inhaltlich bereits zu weit vorzugreifen, werden die Vorschriften nach der Rechtsprechung des EuGH jedoch nicht nur auf (kriminal-) strafrechtliche Sanktionen, sondern im Sinne eines weiten Strafrechtsbegriffes auch auf bestimmte nicht-richterliche Entscheidungen und nicht-strafrechtliche Zuwiderhandlungen angewendet. Danach greift der Schutz vor Doppelverfolgung in Anlehnung an die vom EGMR zu Art. 6 I EMRK entwickelten Maßstäbe auch ein, soweit einer Sanktion nach dem jeweiligen nationalen Recht beziehungsweise nach der Art der Zuwiderhandlung oder der Art und Schwere der angedrohten Rechtsfolge ein Strafcharakter zukommt, sog. „Engel-Kriterien".[542] Konkretisierend wurden vom EuGH weitere Anforderungen aufgestellt, wonach die Sanktion von einer zur Mitwirkung bei der Strafrechtspflege berufenen Behörde getroffen werden und ihr als verfahrensbeendende Entscheidung jedenfalls beschränkte Rechtskraft zukommen muss, um von dem ne bis in idem Grundsatz erfasst zu werden.[543] Zwar erfordern diese abstrakten Kriterien stets eine Beurteilung im Einzelfall und lassen daher keine pauschale Kategorisierung der zu erfassenden Sanktionsmaßnahmen zu. Letztlich verfolgen sie jedoch vor allem die Intention, mit Hilfe generalisierender Merkmale sicher zu stellen, dass den einschlägigen Sanktionen ein gewisser Schweregrad anhaftet und die zugrunde liegenden Verfahren ein hinreichendes Maß an prozessualen Garantien gewährleisten. Dem liegt die legitime Forderung zugrunde, dass sich „gleichartige Sanktionen" mit jedenfalls strafähnlichem Charakter gegenüberstehen müssen, wenn durch eine mitgliedstaatliche Entscheidung ein transnationales Verbot wiederholter Verfolgung bewirkt werden soll.[544] Ein solcher Ansatz der autonomen Abgrenzung anhand materieller Kriterien ist zu befürworten, da es auf europäischer Ebene insofern nicht auf die formale Qualifikation nach nationalem Recht ankommen kann. Neben innerstaatlich formell dem Strafrecht zugeordneten Sanktionen sind daher auch solche im weiteren Sinne zu erfassen, die Strafsanktionen jedenfalls gleichstehen und diesen gegenüber eine funktionale Äquivalenz darstellen. Zudem sind bei einer Verfahrenskoordination zur Vermeidung von Kompetenzkonflikten homogene Standards der im jeweiligen Sanktionsverfahren einzuhaltenden rechtsstaatlichen Grundsätze und Verfahrensgarantien zu fordern. Denn die Vorbehalte gegenüber einer gegenseitigen Anerkennung sowie justiziellen Zusammenarbeit bestehen vor allem dort, wo eine fremde Rechtsordnung kein den eigenen Normen vergleichbares Schutzniveau gewährleistet und die nationalen Verfahrensrechte wesentliche Unterschiede aufweisen.[545] Das gegenseitige Vertrauen der Mitgliedstaaten in die jeweils anderen

---

freigesprochen worden ist, in einem Strafverfahren erneut verfolgt oder bestraft werden.".

542 Vgl. u.a. EuGH, Urt. v. 26.02.2013, Rs. C-617/10, Rn. 35 – Akerberg Fransson, in Anlehnung an EGMR, Urt. v. 21.02.1984, EuGRZ 1985, 62, Rn. 50 – Öztürk. Vgl. **Teil 3, III., 4., c), bb)**.

543 Vgl. ausführlich **Teil 3, III., 4., c)**.

544 Vgl. *Eser*, in: Meyer, GRC, Art. 50, Rn. 8.

545 *Vogel/Eisele*, in: Grabitz/Hilf/Nettesheim, Bd. I, Art. 82 AEUV, Rn. 6 (57. Lfg.).

Rechtsordnungen ist als „Eckstein der justiziellen Zusammenarbeit“ in Strafsachen allerdings die Voraussetzung einer effektiven Kooperation auf europäischer Ebene.[546] Insofern bilden die EMRK sowie die GRC ein gemeinsames Fundament für den Schutz der Verfahrensrechte und das Vertrauen in die prozessualen Garantien der jeweils anderen Staaten.[547]

Fraglich ist, wie diese Kriterien einem Reformvorschlag zugrunde gelegt werden können, um einen klaren und praktikablen Transformationsbefehl zu erteilen.

Um einen korrespondierenden Geltungsbereich der justiziellen Zusammenarbeit in Strafsachen zu ermöglichen und auf bekannten europäischen Grundsätzen aufzubauen, bietet sich insofern eine Orientierung an dem Rahmenbeschluss über die Anwendung des Grundsatzes der gegenseitigen Anerkennung von Geldstrafen und Geldbußen an. Danach findet eine justizielle Zusammenarbeit nicht nur bei gerichtlichen Entscheidungen über nach nationalem Recht strafbare Handlungen (Art. 1 lit. a), i)), sondern auch bei Entscheidungen nicht-gerichtlicher Behörden in Bezug auf strafbare Handlungen oder Zuwiderhandlungen gegen Rechtsvorschriften statt, soweit die Sache vor ein auch in Strafsachen zuständiges Gericht gebracht werden kann (Art. 1 lit. a), ii), iii)). Diese Maßstäbe lassen sich auf die Problematik der Vermeidung von Kompetenzkonflikten übertragen und für die Bestimmung eines adäquaten Anwendungsbereiches fruchtbar machen.

Denn durch Einbeziehung von allgemein als „Zuwiderhandlungen gegen Rechtsvorschriften“ definierten Delikten werden neben national dem (Kriminal-) Strafrecht zugeordneten Taten auch sonstige Rechtsfolgen erfasst, die als staatliche Reaktion auf einen Rechtsverstoß ergehen. Dies ermöglicht im Sinne eines weiten Strafrechtsbegriffes die Erfassung sämtlicher Rechtsverstöße, unabhängig von der innerstaatlichen dogmatischen Einordnung. Danach unterliegt es nicht mehr der Disposition der mitgliedstaatlichen Gesetzgeber, durch die rechtliche Zuordnung von Rechtsverstößen über die Anwendbarkeit der europäischen Instrumentarien zur Vermeidung und Beilegung von Kompetenzkonflikten zu entscheiden. Zudem wird eine zwischenstaatliche Verfahrenskoordinierung hierdurch auch in Bezug auf nicht-strafrechtliche Sanktionsverfahren ermöglicht und den etwa auch bei ordnungsrechtlichen Verfahren drohenden negativen Folgen von potenziellen Kompetenzkonflikten somit umfassend entgegen gewirkt. Schließlich führt dieser weite Ansatz auch zu einer Annäherung an den Schutzbereich des transnationalen ne bis in idem Prinzips, dessen Verletzung durch den Rahmenbeschluss ja gerade

---

546 Vgl. Schlussfolgerung Nr. 33 des Europäischen Rates von Tampere 1999.

547 Zu den i.R.v. Sanktionsverfahren zu fordernden homogenen rechtsstaatlichen Garantien sind daher jedenfalls die durch Art. 6 EMRK sowie Art. 47 ff. GRC gewährleisteten Verfahrensgrundsätze und –rechte in ihrer jeweiligen nationalen Ausformung zu zählen. Zur Anwendbarkeit verfahrensrechtlicher Garantien auf juristische Personen vgl. *Brodowski*, in: Brodowski et al., Regulating Corporate Criminal Liability, S. 211 ff.

vermieden werden soll.[548] Denn auch im Rahmen der Art. 54 SDÜ, Art. 54 SDÜ werden nach der Rechtsprechung des EuGH im Sinne der sog. „Engel-Kriterien" neben Kriminalstrafen auch weitere Sanktionsmaßnahmen einbezogen.

Ist in Anlehnung an den Rahmenbeschluss über die Anwendung des Grundsatzes der gegenseitigen Anerkennung von Geldstrafen und Geldbußen eine Erfassung von „Zuwiderhandlungen gegen Rechtsvorschriften" somit grundsätzlich zu befürworten, ist aufgrund der dogmatischen und systematischen Besonderheiten der Haftungsbegründung gegenüber juristischen Personen allerdings eine Anpassung der Terminologie vorzunehmen: Denn durch die Verwendung der Begriffe „strafbare Handlung" und „Zuwiderhandlung gegen Rechtsvorschriften" wird gerade auf eine *Handlung* als haftungsauslösenden Rechtsverstoß abgestellt. Im Rahmen der sanktionsrechtlichen Verantwortlichkeit juristischer Personen wird jedoch gerade unterschiedlich beantwortet, ob ein Verband überhaupt Handlungsfähigkeit besitzt, ob die Handlung einer natürlichen Person als seine eigene anzusehen oder ihm diese bloß als eine fremde Handlung haftungsbegründend zuzurechnen ist.[549] Auch in Fällen eines originären Haftungsvorwurfes gegenüber einem Verband würde eine handlungsorientierte Begriffsbestimmung deshalb zu Unsicherheiten in Bezug auf die Anwendbarkeit des Rahmenbeschlusses führen. Ist es allerdings gerade Ziel der vorliegenden Untersuchung, auch in Bezug auf die Verfolgung juristischer Personen einen klaren Transformationsbefehl zu erarbeiten und begrifflichen Unsicherheiten vorzubeugen, ist das Anknüpfen an eine Handlung daher zu vermeiden. Es bietet sich vielmehr an, die neutrale Formulierung eines „Rechtsverstoßes" zu verwenden. Auf diese Weise wird letztlich nur auf den deliktischen Erfolg abgestellt: Entscheidend ist allein, dass normative Ge- oder Verbote verletzt wurden; ob dies durch eine eigene oder zugerechnete Handlung erfolgt ist, ist für die Anwendbarkeit des Rahmenbeschlusses nicht entscheidend. Das Abstellen auf einen „Rechtsverstoß" ermöglicht überdies, dass nicht weiter zwischen einer „strafbaren Handlung" und einer „Zuwiderhandlung gegen Rechtsvorschriften" differenziert werden muss, da ein „Rechtsverstoß" insofern den umfassenden Oberbegriff darstellt, ohne zwischen der Rechtsnatur der jeweils zugrunde liegenden Delikte zu unterscheiden. Durch die Einbeziehung von Sanktionsverfahren aufgrund von „Rechtsverstößen" wird in materieller Hinsicht mithin ein adäquater Anwendungsbereich des Rahmenbeschlusses zur Vermeidung und Beilegung von Kompetenzkonflikten in Strafverfahren gewährleistet.

Sind demzufolge auch nicht-strafrechtliche „Rechtsverstöße" einer unionsweiten Verfahrenskoordination zu unterziehen, fragt sich in prozessualer Hinsicht, ob in

548 Eine komplette Konkordanz ist insofern ohnehin nicht möglich, da die von der Rechtsprechung des EuGH und EGMR entwickelten Kriterien letztlich auf Wertungen im Einzelfall unter Einbeziehung und Gewichtung verschiedener Kriterien beruhen, die nicht allgemeingültig in abstrakte Rechtssätze gegossen werden können, sondern denen man sich normativ lediglich annähern kann. Mit Hilfe des hier befürworteten Geltungsbereiches ist jedoch eine bestmögliche Annährung an den Schutzbereich des Doppelverfolgungsverbotes möglich.

549 Vgl. m.w.N. **Teil 1, II., 1.; Teil 1, II., 2., a), aa)**.

Orientierung an den Rahmenbeschluss über die Anwendung des Grundsatzes der gegenseitigen Anerkennung von Geldstrafen und Geldbußen auch Sanktionsverfahren nicht-gerichtlicher Behörden zu umfassen sind. Insofern könnte das als „Eckstein der justiziellen Zusammenarbeit in Strafsachen" erforderliche gegenseitige Vertrauen der Mitgliedstaaten in die jeweils anderen Rechtsordnungen fraglich sein. Denn „bloß" behördliche Entscheidungen verbürgen im Zweifel gerade nicht die Gewährleistung der den Mitgliedstaaten gemeinsamen rechtsstaatlichen Verfahrensgrundsätze sowie der durch die EMRK und die GRC für gerichtliche Strafverfahren gesicherten Garantien; dies gilt etwa für die in Art. 6 EMRK und Art. 47 ff. GRC normierten Rechte auf einen gesetzlich bestimmten, unabhängigen Richter, auf ein faires Verfahren, auf Rechtsmittel sowie auf die elementaren Verteidigungsrechte und die Unschuldsvermutung.[550] Das gebotene gegenseitige Vertrauen erfordert zudem eine gewisse Richtigkeitsgewähr der Entscheidung, welche maßgeblich durch den konkreten Umfang der Kognitionspflicht und der Sachverhaltsaufklärung durch den jeweiligen Entscheidungsträger bestimmt wird. Diese ist beispielsweise bei den summarischen und im Ermessen stehenden ordnungsbehördlichen Verfahren des OWiG jedoch nicht im gleichen Maße wie bei den dem Legalitätsprinzip unterliegenden Strafverfahren gewährleistet.[551] Hinzu kommt, dass einige Staaten eine Differenzierung zwischen Straftaten und Ordnungswidrigkeiten nicht nachvollziehen; sie werden daher kaum bereit sein, sich zu einer Kooperation in Bezug auf ihnen nicht bekannte Verfahrensarten zu verpflichten, geschweige denn im Zuge einer Konsultation (oder einer womöglich einzuführenden verbindlichen Bestimmung des Verfolgungsstaates) zugunsten eines solchen Verfahrens auf die Durchführung des eigenen zu verzichten; dies gilt insbesondere für die auch prozessual inkongruente Verbandssanktionierung.

Die voraussetzungslose Einbeziehung sämtlicher behördlicher Verfahren scheint daher zu weitreichend und mangels eines hinreichenden gegenseitigen Vertrauens kaum realisierbar.[552] Zu beachten ist allerdings, dass Verfahren nicht-gerichtlicher Behörden der justiziellen Zusammenarbeit in Strafsachen nur insoweit zugrunde gelegt werden sollen, soweit der Adressat die Möglichkeit hat, die Sache vor ein „auch in Strafsachen zuständiges Gericht" zu bringen. Dieser Begriff ist nach der Rechtsprechung des EuGH autonom im Sinne des Unionsrechts zu konkretisieren und aufgrund der gebotenen einheitlichen Rechtsanwendung nicht der Beurteilung durch die Mitgliedstaaten zu überlassen.[553] Ob eine nationale Stelle ein „Gericht" in diesem Sinne darstellt, ist demnach in Anlehnung an die zu Art. 267 AEUV aufgestellten Kriterien zu bestimmen, wonach unter anderem eine gesetzliche Grundlage der Einrichtung, eine

---

550 Zur Anwendbarkeit verfahrensrechtlicher Garantien auf juristische Personen vgl. *Brodowski*, in: Brodowski et al., Regulating Corporate Criminal Liability, S. 211 ff.

551 Vgl. *Böse*, GA 2003, S. 744 ff. (753); zu dem Wesen des Bußgeldverfahrens als summarischem verwaltungsrechtlichen Vorverfahren vgl. *Rogall*, in: KK-OWiG, Vor §§ 35 ff., Rn. 35, 38.

552 Für eine grundsätzliche Erfassung von auch behördlichen Verfahren dagegen *Zimmermann*, Strafgewaltkonflikte, S. 413 f.

553 EuGH, Urt. v. 12.11.2013, Rs. C-60/12, Rn. 25 f.

obligatorische Gerichtsbarkeit, die richterliche Unabhängigkeit sowie die Entscheidung auf der Grundlage eines rechtsstaatlich geordneten Verfahrens maßgeblich ist.[554] Für die Bestimmung des Begriffs eines „auch in Strafsachen zuständigen Gerichts" ist nach dem EuGH entscheidend, dass das Gericht ein Verfahren anwendet, das „die wesentlichen Merkmale eines Strafverfahrens in sich vereinigt, ohne dass dieses Gericht jedoch ausschließlich für Strafsachen zuständig sein muss".[555] Die rechtliche Zuordnung der zugrunde liegenden Zuwiderhandlung durch die Mitgliedstaaten ist demgegenüber nicht relevant.[556] Maßgeblich kann vielmehr sein, ob im nationalen Verfahren die in Strafsachen angemessenen verfahrensrechtlichen Garantien zu beachten sind und die Sache rechtlich sowie tatsächlich umfassend geprüft wird.[557]

Soweit die Verfahren vor nicht-gerichtlichen Behörden in diesem Sinne jedenfalls vor ein „auch in Strafsachen zuständiges Gericht" gebracht werden können, ist mithin gewährleistet, dass auch insofern der Weg zu einem gesetzlich bestimmten, unabhängigen Gericht offen steht, das auf Grundlage eines rechtsstaatlichen Verfahrens entscheidet, welches die wesentlichen Merkmale eines Strafverfahrens in sich vereinigt. Der hierdurch eröffnete Rechtsweg verbürgt demzufolge, dass auch im Rahmen von nicht-gerichtlichen Verfahren die elementaren rechtsstaatlichen Grundsätze und prozessualen Garantien gewährleistet sind, soweit der Adressat diese in Anspruch nimmt, indem er die Sache vor ein „auch in Strafsachen zuständiges Gericht" bringt. Diese potenzielle gerichtliche Kontrolle und hierdurch gewährleisteten homogenen Verfahrensstandards entkräften die Vorbehalte gegen eine justizielle Zusammenarbeit in Bezug auf nicht-gerichtliche Verfahren und legitimieren auch insofern ein gegenseitiges Vertrauen der Mitgliedstaaten. Diese werden im Rahmen einer Verfahrenskoordination eher bereit sein, auf die Durchführung eines innerstaatlichen Verfahrens zu verzichten, in dem Wissen, dass bei dem im Ausland geführten Verfahren der Rechtsweg zu unabhängigen, rechtsstaatlichen Gerichten offen steht. Eine zwischenstaatliche Koordination wird danach folglich auch in Bezug auf Verfahren vor nicht-gerichtlichen Behörden ermöglicht. Durch die inhaltliche Orientierung an dem Rahmenbeschluss über die Anwendung des Grundsatzes der gegenseitigen Anerkennung wird zugleich ein Gleichlauf der justiziellen Zusammenarbeit erreicht und eine einseitige zwischenstaatliche Kooperation nur zulasten der Adressaten verhindert.

Gegen eine derartige Erstreckung der transnationalen Verfahrenskoordination auf nicht-gerichtliche Sanktionsverfahren sowie auf „Rechtsverstöße" lässt sich auch nicht einwenden, dass dies zu einem potenziell zu weiten Anwendungsbereich der justiziellen Zusammenarbeit oder einem unzumutbaren Mehraufwand für die zuständigen Verfolgungsbehörden führen würde. Zwar bestehen zwischenstaatliche Informations- und Konsultationspflichten danach etwa auch in Bezug auf

554 EuGH, Urt. v. 12.11.2013, Rs. C-60/12, Rn. 32, in Bezug auf u.a. EuGH, Urt. v. 14.06.2011, Rs. C-196/09, Slg. 2011, I-5105, Rn. 37.
555 EuGH, Urt. v. 12.11.2013, Rs. C-60/12, Rn. 36.
556 EuGH, Urt. v. 12.11.2013, Rs. C-60/12, Rn. 35.
557 Vgl. EuGH, Urt. v. 12.11.2013, Rs. C-60/12, Rn. 47.

einfache Ordnungswidrigkeiten natürlicher Personen, internationale und somit zu koordinierende Sachverhalte dürften hier jedoch die Ausnahme darstellen.[558] Ein unverhältnismäßiger Anstieg des Bürokratieaufwandes ist deshalb nicht zu befürchten, zumal die zwischenstaatliche Rechtshilfe bereits nach bestehenden europäischen Rechtsakten auch behördliche Verfahren erfasst und insofern daher keine grundsätzliche Ausweitung der internationalen Kooperation erfolgt.[559]

Die Erstreckung der zwischenstaatlichen Koordination auf nicht-strafrechtliche Rechtsverstöße und behördliche Sanktionsverfahren, soweit die Sache vor ein auch in Strafsachen zuständiges Gericht gebracht werden kann, stellt folglich einen adäquaten Ansatz zur Reform des Rahmenbeschlusses zur Vermeidung und Beilegung von Kompetenzkonflikten in Strafverfahren dar und gewährleistet durch die Orientierung an bestehenden europäischen Kriterien eine einheitliche Umsetzung und Handhabung durch die Mitgliedstaaten.

Der Anwendungsbereich des Rahmenbeschlusses zur Vermeidung und Beilegung von Kompetenzkonflikten in Strafverfahren ist daher durch eine Neufassung der gem. Art. 3 lit. a) zu erfassenden „parallelen Verfahren" wie folgt zu reformieren:

Artikel 3 – Begriffsbestimmung
Im Sinne dieses Rahmenbeschlusses bezeichnet der Ausdruck

a) „parallele Verfahren" in mehreren Mitgliedstaaten gegen dieselbe natürliche oder juristische Person geführte[560] Sanktionsverfahren, die
   i) aufgrund eines von einem Gericht zu ahndenden Rechtsverstoßes geführt werden;
   ii) aufgrund eines von einer Behörde zu ahndenden Rechtsverstoßes geführt werden, soweit die Sache von dem Betroffenen vor ein auch in Strafsachen zuständiges Gericht gebracht werden kann;

b) (...)

558 Abgesehen von häufig transnational erfolgenden Rechtsverstößen wie etwa Verkehrsdelikten.

559 Vgl. etwa Art. 3 des Übereinkommens über die Rechtshilfe in Strafsachen zwischen den Mitgliedstaaten der Europäischen Union, ABl. EG C 197/1 ff. v.12.07.2000; auch die Richtlinie 2014/41/EU über die Europäische Ermittlungsanordnung in Strafsachen, ABl. EU L 130/1 ff. v. 01.05.2014 erfasst gem. Art. 2 lit. c) ii) behördliche Anordnungen.

560 Entgegen dem aktuellen deutschen Wortlaut sind Verfahren nicht erst dann einer Koordinierung zu unterziehen, sobald sie „anhängig" sind, sondern bereits dann, wenn sie „geführt" werden. Denn eine Koordinierung ist nicht erst ab Eröffnung des Hauptverfahrens geboten, sondern bereits i.R.d. vorhergehenden Ermittlungsverfahrens; bereits hier käme es andernfalls zu womöglich ineffektiven Doppelermittlungen und Mehrfachbelastungen des Adressaten. Eine solche Fassung entspricht auch mehr dem englischen Wortlaut, der von *„conducted"* spricht, was mit führen bzw. durchführen zu übersetzen ist.

Überträgt man die vorstehenden Ansätze auf den Rahmenbeschluss und wendet diesen im Sinne der erforderlichen innerstaatlichen Transformation auf die mitgliedstaatlichen Verbandshaftungssysteme an, zeigt sich, dass die hier erarbeiteten Lösungen auch in der Rechtspraxis zu praktikablen Ergebnissen führen.

Für **Deutschland** hat eine entsprechende Ausweitung der Mechanismen zur Vermeidung und Beilegung von Kompetenzkonflikten insofern zur Folge, dass auch die Verbandssanktionierung nach § 30 OWiG eindeutig von dem Anwendungsbereich des Rahmenbeschlusses zu erfassen und einer zwischenstaatlichen Koordinierung zu unterziehen ist. So führt die Einbeziehung von Verfahren aufgrund von „Rechtsverstößen" in materieller Hinsicht zunächst dazu, dass auch eine Verbandsgeldbuße nach § 30 OWiG als verfahrensgegenständliche Sanktion erfasst wird. Zwar werden Ordnungswidrigkeiten innerstaatlich überwiegend nicht als (kriminal-)strafrechtliche Sanktionen eingeordnet, die weite Formulierung des Reformvorschlages ermöglicht jedoch gerade, auch dem Strafrecht im weiteren Sinne zugeordnete Rechtsverstöße einer Verfahrenskoordination zu unterziehen. In prozessualer Hinsicht ist insofern zwischen den der Verbandsverantwortlichkeit zugrunde liegenden Anknüpfungstaten zu unterscheiden: Soweit die Geldbuße des § 30 OWiG an eine Ordnungswidrigkeit einer natürlichen Person anknüpft, sind gem. § 35 I, II OWiG grundsätzlich die Verwaltungsbehörden verfolgungs- und ahndungszuständig. Zwar stellen diese als Exekutivbehörden kein rechtsprechendes Organ im Sinne eines Gerichtes dar, durch die Erstreckung des Anwendungsbereiches auf auch behördliche Verfahren werden jedoch auch die Verwaltungsverfahren des OWiG erfasst. Da Adressaten gegen behördliche Bußgeldbescheide gem. § 67 I OWiG Einspruch einlegen und (nach erfolglosem Zwischenverfahren) so das Amtsgericht mit der Sache befassen können, § 69 OWiG, steht hier zudem der Rechtsweg zu einem „auch in Strafsachen zuständigen Gericht" offen. Auch bei zugrunde liegenden Ordnungswidrigkeiten werden Verfahren zur Festsetzung einer deutschen Verbandsgeldbuße nach § 30 OWiG somit von den Mechanismen zur Vermeidung und Beilegung von Kompetenzkonflikten erfasst. Liegt der Geldbuße dagegen eine Straftat zugrunde, ist gem. § 40 OWiG die Staatsanwaltschaft zur Verfolgung der Verbandstat zuständig und das für die Anknüpfungsstraftat zuständige Gericht ahndungsbefugt. Insofern handelt es sich demnach um einen „von einem Gericht" zu ahndenden Rechtsverstoß. Auch in diesem Fall unterfällt das Verfahren folglich den Mechanismen des Rahmenbeschlusses und unterliegt somit einer zwischenstaatlichen Koordination auf europäischer Ebene.

Auch in Bezug auf die weiteren Mitgliedstaaten führt der vorliegend erarbeitete Ansatz zu sachgerechten Ergebnissen. Insofern ist zunächst zu konstatieren, dass diejenigen nationalen Rechtsordnungen, welche eine (kriminal-)strafrechtliche Verantwortlichkeit juristischer Personen vorsehen, materiell ohnehin bereits von der bisher geltenden Fassung des Rahmenbeschlusses erfasst waren, da es sich in diesen Fällen auch bei der Verfolgung der Verbandstat um ein „Strafverfahren" im Sinne des Art. 3 lit. a) des Rahmenbeschlusses handelt. Nach der Fassung des Reformvorschlages werden entsprechende Delikte als „Rechtsverstöße" auch weiterhin eindeutig erfasst. Dies gilt etwa für die in **Frankreich** und nach überwiegender

Meinung auch in Österreich dem Kriminalstrafrecht zuzuordnende Haftung juristischer Personen. Da die Verbandsverfahren nach innerstaatlichem Recht jeweils von Strafgerichten zu ahnden sind,[561] sind sie auch in prozessualer Hinsicht von dem Anwendungsbereich des Rahmenbeschlusses erfasst.

Sieht ein Unionsstaat dagegen keine strafrechtliche Verantwortlichkeit juristischer Personen vor oder ist die Rechtsnatur der Verbandshaftung national umstritten, war bisher fraglich, ob die jeweiligen Sanktionsverfahren einer Koordinierung nach dem Rahmenbeschluss unterfallen oder nicht. Der hier entwickelte Reformvorschlag unter Erstreckung auf allgemein als „Rechtsverstöße" definierte Delikte ermöglicht jedoch auch insofern eine adäquate Erfassung der mitgliedstaatlichen Verbandssanktionen und trägt somit zu einer umfassenderen Vermeidung von Kompetenzkonflikten bei. So ist unter anderem die Rechtsnatur der in **Italien** vorgesehenen Verantwortlichkeit juristischer Personen umstritten. Während zum Teil von einer strafrechtlichen Haftung ausgegangen wird, befürworten andere eine Einstufung als verwaltungsrechtliche Verantwortlichkeit, wohingegen wieder andere eine dritte Sanktionsspur zwischen Straf- und Verwaltungsrecht proklamieren.[562] Dieser Streit um die Rechtsnatur der italienischen Regelungen macht deutlich, wie schwer sich eine Einstufung des Verbandsverfahrens als ein „Strafverfahren" im Sinne der gegenwärtigen Fassung des Rahmenbeschlusses gestalten würde; eine unionsweit einheitliche Handhabung und somit effektive zwischenstaatliche Kooperation wäre kaum möglich. Erstreckt man den Geltungsbereich der Instrumentarien jedoch auf (nicht-kriminalstrafrechtliche) „Rechtsverstöße", sind die italienischen Verbandstaten umfassend und letztlich unabhängig von der konkreten Einstufung ihrer Rechtsnatur erfasst; dies gilt selbst dann, wenn man die italienischen Verbandssanktionen dem Verwaltungsrecht zuordnet. Da die von der Staatsanwaltschaft zu verfolgenden Verbandstaten von den Strafgerichten zu ahnden sind,[563] unterfallen sie mithin der Anwendung des Rahmenbeschlusses. Auch in **Schweden**, das gegenüber Verbänden strafähnliche Sanktionen *sui generis* vorsieht,[564] deren Erfassung durch den Rahmenbeschluss derzeit jedenfalls fraglich ist, führt die hier vorgenommene Erstreckung des Geltungsbereiches zu sachgerechten Ergebnissen. Denn unabhängig von der konkreten Rechtsnatur der schwedischen Verbandshaftung sind die diesbezüglichen Rechtsverstöße von den ordentlichen Strafgerichten zu ahnden und unterfallen folglich der Geltung des Rahmenbeschlusses.[565] Entsprechendes gilt für die übrigen Mitgliedstaaten, die eine nicht-(kriminal-)strafrechtliche Verbandsverantwortlichkeit vorsehen oder in denen die Rechtsnatur innerstaatlich nicht abschließend geklärt ist.[566] Soweit

---

561 Vgl. insofern §§ 14 I, 22 ff. VbVG bzw. Art. 706–41 f. franz.StPO.
562 Vgl. ausführlich **Teil 1, II., 1., c), cc)**.
563 Vgl. Art. 34, 65 ff. D.Lgs. 231/2001.
564 Vgl. **Teil 1, II., 1., f)**.
565 Vgl. hierzu *Cornils*, in: Sieber/Cornils, Bd. 4, S. 476 ff. (485 f.).
566 Z.B. Griechenland, Bulgarien, Lettland, Ungarn, vgl. **Teil 1, II., 1., f)**.

die jeweiligen Verbandstaten jedenfalls von einem Gericht oder einer Behörde zu ahnden und von dem Betroffenen vor ein „auch in Strafsachen zuständiges Gericht" gebracht werden können, findet der Rahmenbeschluss Anwendung und es besteht eine entsprechende Transformationspflicht der nationalen Gesetzgeber. Anders als nach der bisherigen Rechtslage hängt dies nicht mehr davon ab, welcher Ansicht man in Bezug auf die Rechtsnatur der innerstaatlichen Verbandsverantwortlichkeit folgt. Auf diese Weise werden (soweit ersichtlich) alle den Unionsvorgaben entsprechenden nationalen Haftungsregime gegenüber juristischen Personen von den Mechanismen zur Vermeidung und Beilegung von Kompetenzkonflikten erfasst und auf europäischer Ebene somit eine adäquate sowie praktikable Zusammenarbeit der nationalen Behörden ermöglicht.

Die materielle Erstreckung des Rahmenbeschlusses auf „Rechtsverstöße" einerseits, sowie auf behördliche Verfahren, „soweit die Sache von dem Betroffenen vor ein auch in Strafsachen zuständiges Gericht gebracht werden kann" andererseits, führt folglich auch in der Praxis zu sachgerechten Ergebnissen. Durch die Erfassung von auch nicht-strafrechtlichen Sanktionen sowie von behördlichen Verfahren wird eine auch insofern gebotene zwischenstaatliche Koordinierung und Vermeidung von positiven Kompetenzkonflikten gewährleistet. In Bezug auf die Haftung von Verbänden wird auf diese Weise insbesondere die Erfassung der mitgliedstaatlichen Sanktionen gegenüber juristischen Personen unter einer weitgehenden prozessualen Gleichbehandlung auf europäischer Ebene ermöglicht, ohne dass es insofern zu einer Differenzierung nach der jeweiligen Rechtsnatur der nationalen Haftungsregime kommt. Auch abseits des Unternehmenskontextes stellt sich der vorliegende herausgearbeitete Reformvorschlag jedoch als adäquate Bestimmung und Begrenzung des Anwendungsbereiches der Mechanismen zur Vermeidung und Beilegung von Kompetenzkonflikten dar.

Im Beispielsfall der Windkraft AG besteht unter Zugrundelegung des Reformvorschlages eine Pflicht zum Informationsaustausch sowie zur Aufnahme direkter Konsultationen (auch) in Bezug auf die Verfolgung der AG selbst: Als juristische Person ist die AG nunmehr eindeutig von dem Anwendungsbereich des Rahmenbeschlusses erfasst; die der AG vorgeworfene Tat ist (unabhängig von der nationalen Rechtsnatur der Verbandshaftung) jeweils ein „Rechtsverstoß", der „von einem Gericht" zu ahnden ist – dies gilt wegen der zugrunde liegenden Straftat des G auch für Deutschland.

Die jeweiligen Verfahren gegen die Windkraft AG in Deutschland, Frankreich, Italien und Österreich stellen somit „parallele Verfahren" im Sinne des Art. 3 lit. a) des Rahmenbeschlusses zur Vermeidung und Beilegung von Kompetenzkonflikten dar, so dass eine Pflicht der nationalen Verfolgungsbehörden besteht, eine zwischenstaatliche Zusammenarbeit gemäß den Vorschriften des Rahmenbeschlusses anzustreben, um zu einer einvernehmlichen Koordinierung der Verfahren zu gelangen und der AG gegenüber die negativen Folgen positiver Kompetenzkonflikte zu vermeiden.

3. Zwischenergebnis

Trotz der auch gegenüber juristischen Personen drohenden positiven Kompetenzkonflikte werden diese bislang nicht ausdrücklich von dem Rahmenbeschluss zur Vermeidung und Beilegung von Kompetenzkonflikten in Strafverfahren erfasst. Um den insofern in entsprechender Weise gebotenen Schutz vor unkoordinierter Mehrfachverfolgung durch verschiedene Jurisdiktionen zu gewährleisten, ist der Anwendungsbereich des Rahmenbeschlusses daher klarstellend auf die gegenüber juristischen Personen parallel geführten Verfahren zu erstrecken.

Von dem Rahmenbeschluss und den danach zu koordinierenden „Strafverfahren" allerdings ebenfalls nicht eindeutig erfasst werden nicht-strafrechtliche Rechtsverstöße sowie behördliche Sanktionsverfahren, so dass insbesondere in Bezug auf die inkongruenten mitgliedstaatlichen Verbandshaftungssysteme gleichwohl keine umfassende Zusammenarbeit auf europäischer Ebene gewährleistet ist. Eine solche ist jedoch unabhängig von der Rechtsnatur der innerstaatlichen Verbandssanktionen und auch in Bezug auf behördliche Verfahren geboten, da es für die betroffenen Staaten und die tangierten Adressaten insofern keinen Unterschied macht, ob die zugrunde liegenden Rechtsverstöße innerstaatlich dem Strafrecht im engeren oder weiteren Sinne zugeordnet sind und ob die Sanktionierung durch ein Gericht oder eine Behörde erfolgt.[567] Zwischenstaatliches Konfliktpotenzial, ein ineffizienter Einsatz von Ermittlungsressourcen und Mehrfachsanktionen drohen hier in entsprechender Weise, so dass positive Kompetenzkonflikte jeweils zu vermeiden sind. Die aktuelle Fassung des Rahmenbeschlusses stellt sich daher auch unter diesem Gesichtspunkt als zu eng dar. In Orientierung an den vom EuGH konkretisierten Schutzbereich des europäischen ne bis in idem Prinzips, ist deshalb eine Erstreckung des Rahmenbeschlusses auch auf bestimmte nicht-strafrechtliche Sanktionen sowie behördliche Verfahren geboten.

Angelehnt an den Geltungsbereich des Rahmenbeschlusses über die Anwendung des Grundsatzes der gegenseitigen Anerkennung von Geldstrafen und Geldbußen, sind die Mechanismen zur Vermeidung und Beilegung von Kompetenzkonflikten hierzu in materieller Hinsicht allgemein auf „Rechtsverstöße" zu erstrecken und prozessual auch behördliche Verfahren einzubeziehen, „soweit die Sache von dem Betroffenen vor ein auch in Strafsachen zuständiges Gericht gebracht werden kann". Durch die Orientierung an bestehenden Maßstäben des Unionsrechts wird auf diese Weise eine adäquate und zugleich praktikable Bestimmung des Anwendungsbereiches ermöglicht. So werden Rechtsverstöße unabhängig von der innerstaatlichen rechtlichen Qualifikation erfasst und die Anwendbarkeit der europäischen Instrumentarien zur Verfahrenskoordination hierdurch der Disposition der nationalen Gesetzgeber entzogen. Im Hinblick auf die gebotene Einbeziehung auch behördlicher Sanktionsverfahren stellt die Sicherung einer gerichtlichen Kontrollinstanz

567 *Zimmermann*, Strafgewaltkonflikte, S. 413, der in Bezug auf nicht-strafrechtliche Sanktionen aber eine abgestufte Intensität der Interessenbeeinträchtigung zugesteht.

zudem sicher, dass im Rahmen der zu koordinierenden Verfahren die wesentlichen strafprozessualen Verfahrensgrundsätze verfügbar und so ein gleichwertiges Maß rechtsstaatlicher Garantien verbürgt ist. Hierdurch wird das erforderliche gegenseitige Vertrauen der Mitgliedstaaten in die jeweils andere Rechtsordnung als „Eckstein der justiziellen Zusammenarbeit" gewährleistet.

Der Reformvorschlag stellt durch eine adäquate Erfassung der mitgliedstaatlichen Verbandssanktionen folglich die auch insofern gebotene unionsweite Verfahrenskoordination unter weitgehender prozessualer Gleichbehandlung auf europäischer Ebene sicher und führt bei der erforderlichen innerstaatlichen Transformation auch abgesehen vom Unternehmenskontext zu sachgerechten Ergebnissen.

Der Rahmenbeschluss zur Vermeidung und Beilegung von Kompetenzkonflikten in Strafverfahren ist daher punktuell durch folgende Formulierung zu reformieren:

Artikel 3 – Begriffsbestimmung
Im Sinne dieses Rahmenbeschlusses bezeichnet der Ausdruck

a) „parallele Verfahren" in mehreren Mitgliedstaaten gegen dieselbe natürliche oder juristische Person geführte Sanktionsverfahren, die
   i) aufgrund eines von einem Gericht zu ahndenden Rechtsverstoßes geführt werden;
   ii) aufgrund eines von einer Behörde zu ahndenden Rechtsverstoßes geführt werden, soweit die Sache von dem Betroffenen vor ein auch in Strafsachen zuständiges Gericht gebracht werden kann;

b) (...)

Um die nach Art. 12 des Rahmenbeschlusses vorgesehene Zusammenarbeit mit Eurojust auch im Hinblick auf nicht-strafrechtliche Delikte zu ermöglichen, müsste Art. 4 des Eurojust-Beschlusses dahingehend geändert werden, dass Eurojust auf Antrag der Behörden der Mitgliedstaaten auch in Bezug auf derartige Rechtsverstöße befasst werden kann.[568]

Zudem sind die nach Art. 4 des Rahmenbeschlusses zu benennenden nationalen Behörden anzupassen, um eine zwischenstaatliche Koordinierung auch in Bezug auf allgemeine Rechtsverstöße sowie behördliche Verfahren zu ermöglichen. Um auch insofern einen hinreichenden Informationsaustausch zu gewährleisten, bietet sich gegebenenfalls die Benennung von zentralen nationalen Behörden im Sinne

568 Hierzu wäre eine Verordnung gem. Art. 85 I UAbs. 2, lit. b), c) AEUV erforderlich. Wobei auch insofern zu berücksichtigen ist, dass bei zusammenhängend geführten Verfahren und zugrunde liegender Straftat bereits aufgrund der Anknüpfungstat eine Koordinierung unter Einbeziehung von Eurojust stattfinden wird, so dass es hier wiederum um die Fälle der isoliert gegenüber juristischen Personen geführten Verfahren geht. Die gem. Art. 12 II des Rahmenbeschlusses vorgesehene obligatorische Befassung Eurojusts im Falle eines gescheiterten Konsultationsverfahrens greift *de lege lata* ohnehin nur i.R.d. allgemeinen Zuständigkeit Eurojusts nach Art. 4 I des Eurojust-Beschlusses und ist daher bereits grundsätzlich zu eng formuliert.

von Art. 4 III an, welche für die administrative Übermittlung und Entgegennahme von Konsultationen zuständig sind und denen gegenüber innerstaatlich eine interne Informationspflicht der verschiedenen nationalen Behörden besteht.

Die Rechtsgrundlage für eine entsprechende Änderung des Rahmenbeschlusses zur Vermeidung und Beilegung von Kompetenzkonflikten in Strafverfahren stellt Art. 82 I UAbs. 2, lit. b), d) AEUV dar.[569] Danach können im Rahmen der justiziellen Zusammenarbeit in Strafsachen gemäß dem ordentlichen Gesetzgebungsverfahren Maßnahmen erlassen werden, um Kompetenzkonflikte zwischen den Mitgliedstaaten zu verhindern und beizulegen (lit. b)) und die Zusammenarbeit zwischen den Justizbehörden oder entsprechenden Behörden der Mitgliedstaaten im Rahmen der Strafverfolgung sowie des Vollzugs und der Vollstreckung von Entscheidungen zu erleichtern (lit. d)). Der diesbezüglich maßgebliche Begriff der justiziellen Zusammenarbeit in Strafsachen ist als Rechtsbegriff des Unionsrechts autonom und unter Berücksichtigung des europarechtlichen Besitzstandes auszulegen.[570] Neben Verfahren aufgrund von Straftaten im engeren Sinne zählen hierzu auch Verfahren aufgrund von Zuwiderhandlungen gegen Rechtsvorschriften, sofern sie mit punitiven Sanktionen bedroht sind; und dies selbst dann, wenn die Rechtsverstöße von Verwaltungs- oder Justizbehörden geahndet werden, sofern gegen sie ein in Strafsachen zuständiges Gericht angerufen werden kann.[571] Auch die Materie des Verwaltungsunrechts sowie des Ordnungswidrigkeitenrechts wird daher von dem Kompetenztitel erfasst. Art. 82 I UAbs. 2, lit. d) AEUV erstreckt die Zusammenarbeit im Übrigen ausdrücklich auch auf die Strafverfolgung durch nicht-gerichtliche Justizbehörden und entsprechende Behörden.[572] Darüber hinaus sind auch Verfahren gegen juristische Personen wegen den von ihnen oder für sie begangenen Rechtsverstößen erfasst; und dies unabhängig davon, ob ein Mitgliedstaat eine (kriminal-) strafrechtliche oder nicht-strafrechtliche Verantwortlichkeit juristischer Personen vorsieht.[573] Nach diesem weiten Verständnis der justiziellen Zusammenarbeit in Strafsachen werden die in dem Reformansatz befürworteten Erstreckungen des Anwendungsbereiches durch die Kompetenzgrundlagen des Art. 82 I AEUV erfasst.

Entsprechende legislative Maßnahmen der justiziellen Zusammenarbeit werden nach Art. 82 I UAbs. 2 AEUV vom Europäischen Parlament und dem Rat gemäß dem ordentlichen Gesetzgebungsverfahren erlassen. Derartige Gesetzgebungsakte

---

569 Art. 82 I UAbs. 2, lit. d) AEUV wird häufig nicht ausdrücklich als Ermächtigungsgrundlage für entsprechende Reformvorschläge genannt; da die vorgesehene Verfahrenskoordination allerdings auch die Zusammenarbeit der beteiligten Behörden erleichtert, wird hier (zusätzlich) auf diese Kompetenznorm abgestellt.

570 *Vogel/Eisele*, in: Grabitz/Hilf/Nettesheim, Bd. I, Art. 82 AEUV, Rn. 11 (57. Lfg.).

571 *Vogel/Eisele*, in: Grabitz/Hilf/Nettesheim, Bd. I, Art. 82 AEUV, Rn. 12 (57. Lfg.).

572 Hiervon erfasst ist daher auch die Zusammenarbeit bestimmter Verwaltungsbehörden, soweit diese mit der Strafverfolgung oder dem Vollzug und der Vollstreckung von Entscheidungen in „Strafsachen“ befasst sind, vgl. *Vogel/Eisele*, in: Grabitz/Hilf/Nettesheim, Bd. I, Art. 82 AEUV, Rn. 78 f. (57. Lfg.).

573 *Vogel/Eisele*, in: Grabitz/Hilf/Nettesheim, Bd. I, Art. 82 AEUV, Rn. 12 (57. Lfg.).

sind nach Art. 289 I AEUV Verordnungen, Richtlinien und Beschlüsse. Nachdem das strafrechtliche Kompetenzgefüge sowie die Legislativkompetenzen der Union durch den Vertrag von Lissabon grundlegend geändert worden sind und die Handlungsform des Rahmenbeschlusses dabei von Art. 288 AEUV nicht aufgegriffen wurde,[574] ist die Reform des Rahmenbeschlusses zur Vermeidung und Beilegung von Kompetenzkonflikten in Form einer Richtlinie gem. Art. 288 UAbs. 3 AEUV umzusetzen.[575] Ein solcher Rechtsakt würde auch den Grundsatz der Subsidiarität nach Art. 5 I, S. 2, III EUV wahren, wonach die Union nur tätig wird, sofern und soweit die jeweiligen Ziele nicht auch auf mitgliedsstaatlicher Ebene ausreichend verwirklicht werden können. Denn die dargestellten Schwächen der derzeitigen Rechtslage zeigen, dass eine adäquate und zugleich praktikable Koordinierung der transnationalen Zusammenarbeit im Rahmen eines europäischen Raumes der Freiheit, der Sicherheit und des Rechts aufgrund der multinationalen Dimension gerade ein gemeinsames Vorgehen auf Unionsebene erfordert.

Abschließend ist darauf hinzuweisen, dass die vorstehenden Untersuchungen und der hierbei erarbeitete Reformvorschlag auch für die künftige Rechtsentwicklung von Bedeutung und auf eine eventuelle grundsätzliche Reform der Mechanismen zur Vermeidung und Beilegung von Kompetenzkonflikten daher übertragbar sind. Denn die ausdrückliche Einbeziehung von juristischen Personen sowie von nicht-strafrechtlichen Rechtsverstößen und bestimmten behördlichen Verfahren, soweit die Sache vor ein auch in Strafsachen zuständiges Gericht gebracht werden kann, ist unabhängig von dem abstrakten rechtlichen Regelungsrahmen geboten.

V. Zusammenfassung und Ausblick

Die aus den weitgehend einseitig ausgestalteten Sanktionsanwendungsrechten bei transnationalen Rechtsverstößen potenziell resultierenden Kompetenzkonflikte gilt es aufgrund ihrer nachteiligen Folgen im europäischen Raum der Freiheit, der Sicherheit und des Rechts auch gegenüber juristischen Personen zu verhindern und durch eine koordinierte sowie konzentrierte Verfolgungspraxis zu ersetzen.

Der hierfür seitens der EU erlassene Rahmenbeschluss zur Vermeidung und Beilegung von Kompetenzkonflikten in Strafverfahren sieht insofern Informations- und Konsultationspflichten zwischen den Mitgliedstaaten vor, um auf diese Weise zu einem Einvernehmen über den zur Verfolgung am besten geeigneten Staat zu gelangen. Juristische Personen und die diesen gegenüber geführten Verfahren sind von dem Rahmenbeschluss allerdings nicht explizit erfasst. Angesichts des diesen gegenüber in nämlicher Weise gebotenen Schutzes vor unkoordinierter

---

574 Vgl. *Dorra*, Strafrechtliche Legislativkompetenzen , S. 183; *Satzger*, § 7, Rn. 7, § 9, Rn. 115 m.w.N.

575 Vgl. insofern *Eisele*, ZStW 2013, S. 1 ff (11); *Satzger*, in: Streinz, EUV/AEUV, Art. 82 AEUV, Rn. 20; vgl. hierzu *Vogel/Eisele*, in: Grabitz/Hilf/Nettesheim, Bd. I, Art. 82 AEUV, Rn. 55 ff. (57. Lfg.).

Mehrfachverfolgung und Jurisdiktionskonflikten ist daher künftig eine klarstellende Erstreckung des Anwendungsbereiches auf juristische Personen geboten.

Von den nach dem Rahmenbeschluss zu koordinierenden „Strafverfahren" ebenfalls nicht ausdrücklich erfasst werden nicht-strafrechtliche Rechtsverstöße und behördliche Sanktionen, so dass unter anderem keine umfassende Koordinierung der inkongruenten und zum Teil nicht dem (Kriminal-)Strafrecht zugeordneten mitgliedstaatlichen Verbandssanktionen gewährleistet ist. Da die Vermeidung von Kompetenzkonflikten jedoch unabhängig von der innerstaatlichen Rechtsnatur einer Maßnahme sowie der nationalen Sanktionszuständigkeit geboten ist, ist der Anwendungsbereich des Rahmenbeschlusses in materieller Hinsicht allgemein auf (auch nicht-strafrechtliche) Rechtsverstöße zu erstrecken und sind prozessual auch behördliche Verfahren zu erfassen, soweit die Sache von dem Betroffenen vor ein auch in Strafsachen zuständiges Gericht gebracht werden kann. Unabhängig von der an dem Rahmenbeschluss mangels verbindlicher Zuweisung der Verfolgungszuständigkeit bestehenden Kritik und den diesbezüglichen Reformbestrebungen, wird auf diese Weise ein adäquater und zugleich praktikabler Anwendungsbereich der Mechanismen zur Vermeidung und Beilegung von Kompetenzkonflikten ermöglicht. Insbesondere wird eine zwischenstaatliche Verfahrenskoordination auch in Bezug auf die inkongruenten mitgliedstaatlichen Verbandssanktionen gewährleistet und ein europäischer Raum der Freiheit, der Sicherheit und des Rechts auch bezüglich der Verantwortlichkeit juristischer Personen verwirklicht.

Lässt sich demnach eine parallele Verfolgung juristischer Personen in Zukunft zwar adäquater vermeiden, kann es im Rahmen transnationaler Rechtsverstöße gleichwohl auch weiterhin zu sukzessiven Mehrfachermittlungen sowie vor allem zu wiederholten Sanktionen gegen juristische Personen kommen. Denn die Frage der Koordinierung kumulativ bestehender Kompetenzen ist von der nachgelagerten Problematik einer möglichen Mehrfachsanktionierung in derselben Sache zu unterscheiden. Ob und inwiefern der Schutz eines europäischen ne bis in idem Prinzips daher auch auf die Verfolgung und Sanktionierung juristischer Personen zu erstrecken ist, wird im nachfolgenden dritten Teil dieser Arbeit untersucht.

Teil 3: Transnationales Mehrfachverfolgungsverbot im Verbandskontext

I. Einleitung

Neben der aus positiven Kompetenzkonflikten potenziell folgenden kumulativen Verfolgung ist vor allem zu befürchten, dass sich der Adressat gar einer parallelen beziehungsweise sukzessiven und somit mehrfachen Sanktionierung durch verschiedene Rechtsordnungen ausgesetzt sieht. Die Problematik der Koordinierung von Zuständigkeiten ist mithin (zeitlich) von dem Verbot einer Mehrfachbestrafung abzuschichten, soweit sich die Konkurrenz nationaler Kompetenzen auf die Ebene der Sanktionierung erstreckt. Eine wiederholte Bestrafung wegen derselben Tat stellt einen unverhältnismäßigen Eingriff in die Rechte und Interessen der Betroffenen dar und ist nach dem Prinzip „ne bis in idem" daher grundsätzlich verboten. Kann es auch im Rahmen der sanktionsrechtlichen Haftung juristischer Personen zu kumulativen Zuständigkeiten kommen, laufen diese in gleicher Weise Gefahr, sich einer mehrfachen Ahndung durch verschiedene Mitgliedstaaten und deren womöglich inkongruente Sanktionssysteme ausgesetzt zu sehen. Auch juristischen Personen gegenüber stellt sich daher die Frage eines (transnationalen) Schutzes vor mehrfacher Verfolgung und Sanktionierung in derselben Sache.

Die Gewährleistung eines unionsweiten Schutzes vor einer erneuten Verfolgung und Bestrafung behält insofern neben dem Problem der Koordinierung der mitgliedstaatlichen Ermittlungstätigkeiten eine eigenständige Bedeutung. Denn da kumulative Zuständigkeiten und die hierdurch bedingte Gefahr einer Mehrfachbestrafung mangels einer exklusiven Zuweisung der Sanktionsgewalt an nur einen Mitgliedstaat durch den Rahmenbeschluss zur Vermeidung und Beilegung von Kompetenzkonflikten in Strafverfahren gegenwärtig nicht umfassend verhindert werden, kann es bis auf Weiteres auch künftig zu mehrfachen Sanktionierungen kommen. Selbst wenn parallele Kompetenzen durch eine Reform des Rahmenbeschlusses allerdings reduziert oder durch eine umfassende Koordinierung sowie Konzentration simultaner Verfahren künftig sogar komplett vermieden würden, bestünde die Gefahr sukzessiver Mehrfachbestrafungen gleichwohl weiterhin. Zur effektiven Gewährleistung eines umfassenden Schutzes vor einer kumulativen Verfolgung und Sanktionierung ist demzufolge eine Kombination von sich ergänzenden Mechanismen zur Koordinierung mitgliedstaatlicher Verfahren einerseits und der Verhinderung einer mehrfachen Sanktionierung andererseits geboten.

Zwar ist der ne bis in idem Grundsatz in allen Staaten der EU als fundamentales Prinzip des Strafrechts anerkannt, jedoch sehen die meisten mitgliedstaatlichen Rechtsordnungen das Verbot einer Mehrfachbestrafung nur innerstaatlich und in Bezug auf wiederholte nationale Sanktionen vor. Auf europäischer Ebene wurde ein transnationales Doppelbestrafungsverbot demgegenüber erstmals in Form von Art. 54 SDÜ und Art. 50 GRC umfassend implementiert, wonach bei bestimmten nationalen Sanktionsentscheidungen grenzüberschreitend ein Verfahrenshindernis statuiert und eine wiederholte Verfolgung in verschiedenen Staaten somit grundsätzlich verboten ist. Im hier maßgeblichen Kontext ist jedoch fraglich, ob diese Normen auf juristische Personen sowie die inkongruenten (innerstaatlich teilweise nicht dem Strafrecht zugeordneten) Verbandssanktionen und deren Verfahren überhaupt Anwendung finden. Neben grundsätzlichen und verbandsspezifischen Fragen des Schutzbereiches ist daher insbesondere zu prüfen, ob und inwiefern auch juristische Personen sowie die diesen gegenüber vorgesehenen repressiven, präventiven und restitutiven Maßnahmen vom europäischen ne bis in idem Schutz zu erfassen sind und inwieweit das Mehrfachverfolgungsverbot im Verhältnis von organisatorischen Untergliederungen eines Unternehmens Anwendung findet.

Ziel der Untersuchung ist insofern die adäquate Gewährleistung des gegenüber juristischen Personen ebenfalls gebotenen transnationalen Schutzes vor mehrfacher Sanktionierung, um einer auf europäischer Ebene andernfalls drohenden Verletzung des ne bis in idem Prinzips auch im Unternehmenskontext effektiv entgegen zu wirken. Hierzu wird nachfolgend zunächst das Doppelbestrafungsverbot grundsätzlich sowie in seinen nationalen Ausprägungen dargestellt, bevor anschließend insbesondere Art. 54 SDÜ sowie Art. 50 GRC unter besonderem Fokus auf die Sanktionierung juristischer Personen untersucht werden.

II. Der Grundsatz ne bis in idem

Der strafprozessuale Grundsatz ne bis in idem gewährleistet in seiner originären Ausprägung als sog. Doppelbestrafungsverbot, dass niemand wegen derselben Tat mehrfach bestraft werden darf.[576] Das hiermit verbürgte Recht auf Einmaligkeit der Strafverfolgung hat als allgemeiner Grundsatz heute Eingang in alle rechtsstaatlichen Strafrechtsordnungen der Welt gefunden und zählt zu den allgemeinen Rechtsgrundsätzen des Unionsrechts.[577] Ursprünglich für rechtsordnungsinterne Sachverhalte konzipiert, stellen sich in Zeiten von Globalisierung und grenzüberschreitender Kriminalität insbesondere in dem gemeinsamen Rechtsraum der EU zunehmend Fragen eines auch transnationalen ne bis in idem Schutzes zur Vermeidung einer Mehrfachsanktionierung durch verschiedene Mitgliedstaaten.

1. Grundlagen und Schutzumfang

Das Verbot einer mehrfachen Bestrafung findet seine Ursprünge bereits im römischen Recht, wo es gemäß dem Grundsatz *bis de eadem re ne sit actio* ‚zweimal

576 *Radtke*, in: Böse, EnzEuR, § 12, Rn. 1; *Esser*, § 7, Rn. 1.

577 *Hecker*, 13, Rn. 2; *Radtke*, in: Böse, EnzEuR, § 12, Rn. 1; *Safferling*, § 12, Rn. 77 m.w.N.

in derselben Sache keine Klage'[578] geben durfte.[579] Das hieraus abgeleitete Prinzip des ne bis in idem Schutzes hat sich nach zwischenzeitlichen Unterbrechungen bis in die modernen Rechtsordnungen fortgetragen und hier in unterschiedlichen Ausprägungen und Gewährleistungen etabliert.[580] Inhaltlich liegt dem Doppelbestrafungsverbot vor allem der Gedanke zugrunde, dass sich der Täter nicht dem Damoklesschwert einer jederzeit drohenden Wiederaufnahme des Verfahrens und erneuten Sanktionierung ausgesetzt sehen soll, soweit über den zugrunde liegenden Sachverhalt bereits verbindlich entschieden wurde.[581] Ist der konkrete Strafanspruch einmal abschließend geltend gemacht, soll der Täter vielmehr darauf vertrauen können, dass die (innerstaatliche) Strafverfolgung mit der Sperrwirkung eines endgültigen Verfahrensabschlusses grundsätzlich erledigt ist und er nicht wiederholt zur Rechenschaft gezogen werden kann.[582] Eine mehrfache Bestrafung in derselben Sache wäre nicht schuldangemessen und träte daher in Konflikt mit dem Verhältnismäßigkeits- sowie dem Gerechtigkeitsprinzip.[583] Die in derartigen Fällen widerstreitenden Interessen einer unbedingten Ermittlung der materiellen Gerechtigkeit auf der einen, sowie der Rechtssicherheit und des Rechtsfriedens der Betroffenen auf der anderen Seite, werden somit grundsätzlich und unter Vorbehalt gewisser Ausnahmen zugunsten des Rechtsfriedens in Ausgleich gebracht.[584] In einem rechtsstaatlichen Verfahren ist materielle Gerechtigkeit mithin nicht um jeden Preis zu erzielen. Selbst bei späteren Zweifeln an der Richtigkeit eines vorherigen Verfahrensabschlusses bleibt dieser daher in den engen Grenzen der nationalen Wiederaufnahmegründe aufrechterhalten.[585] Diesem Schutzzweck entsprechend, steht nicht nur eine sanktionierende Entscheidung der wiederholten Bestrafung entgegen, sondern hindert auch ein verfahrensbeendender Freispruch grundsätzlich

578 Hieraus leitet sich die heutige Bezeichnung ne bzw. non bis in idem ab – nicht zweimal in derselben [Sache].

579 Vgl. *Kniebühler*, Transnationales ne bis in idem, S. 2 ff.; *Jagla*, Zwischenstaatliches ne bis in idem, S. 5 ff.; *Mansdörfer*, Das Prinzip des ne bis in idem, S. 53 ff.

580 Zur historischen Entwicklung des ne bis in idem Prinzips, vgl. *Mansdörfer*, Das Prinzip des ne bis in idem, S. 53 ff.; *Kniebühler*, Transnationales ne bis in idem, S. 2 ff.; *Jagla*, Zwischenstaatliches ne bis in idem, S. 5 ff.

581 *Radtke*, in: Böse, EnzEuR, § 12, Rn. 8; *Spinellis*, Die materielle Rechtskraft, S. 9 f.; *Kniebühler*, Transnationales ne bis in idem, S. 17.

582 *Esser*, § 7, Rn. 1; *Kniebühler*, Transnationales ne bis in idem, S. 5; *Jagla*, Zwischenstaatliches ne bis in idem, S. 21 f.

583 Vgl. *Dannecker*, in: FS-Kohlmann, S. 593 ff. (600); *Eckstein*, ZStW 2012, S. 490 ff. (497); *Radtke/Mahler*, in: FS-Rüping, S. 49 ff. (69 f.).

584 Vgl. *Eckstein*, ZStW 2012, S. 490 ff. (497 ff.); *Dannecker*, in: FS-Kohlmann, S. 593 ff. (601); *Jagla*, Zwischenstaatliches ne bis in idem, S. 10 f. m.w.N.; *Kniebühler*, Transnationales ne bis in idem, S. 17; *Radtke*, in: Böse, EnzEuR, § 12, Rn. 8.

585 In Ausnahmen besteht gleichwohl die Möglichkeit einer nachträglichen Wiederaufnahme des Verfahrens zugunsten und zuungunsten des Betroffenen, vgl. etwa §§ 359 ff. StPO.

eine erneute Befassung in derselben Sache.[586] Zudem wird aus dem ne bis in idem Prinzip heute ganz überwiegend bereits das Verbot einer wiederholten Verfolgung abgeleitet, da nicht erst die tatsächliche mehrfache Bestrafung, sondern bereits eine erneute Einleitung der Strafverfolgung in derselben Sache aufgrund des damit einhergehenden Inkulpationsaktes einen unzulässigen Eingriff in die Interessen und Rechte der Betroffenen darstellt und den zu schützenden Rechtsfrieden erschüttert.[587] Soweit eine verfahrensbeendende Entscheidung ergangen ist, steht der Schutz des ne bis in idem Prinzips daher bereits erneuten Verfolgungsmaßnahmen entgegen, weshalb auch von einem Doppelverfolgungsverbot gesprochen wird.[588] Neben individualschützenden Zwecken bewirkt ne bis in idem somit auch eine Vermeidung unnötiger Mehrfachprozesse und dient hierdurch zugleich der Schonung verfolgungsbehördlicher Ressourcen.[589]

Prozessual verwirklicht der ne bis in idem Grundsatz hierdurch die Schutzwirkung der materiellen Rechtskraft, indem rechtskräftige verfahrensbeendende Entscheidungen in derselben Sache grundsätzlich nicht erneut zu dem Gegenstand eines Strafverfahrens gemacht werden dürfen.[590]

2. Transnationaler ne bis in idem Schutz

Gemäß seiner originären Ausprägung sollte der ne bis in idem Grundsatz in erster Linie eine wiederholte Verfolgung und Bestrafung durch denselben Hoheitsträger und somit innerhalb eines Staates verhindern. In Zeiten von Globalisierung und voranschreitender europäischer Integration sowie der hierdurch bedingten Zunahme grenzüberschreitender Rechtsverstöße auf zusammenwachsenden Märkten stellt sich die Frage des Schutzes vor einer mehrfachen Sanktionierung allerdings verstärkt auch in einer transnationalen, europäischen Dimension.

Der Grund für ein auch im zwischenstaatlichen Bereich bestehendes Schutzbedürfnis sind die bereits im ersten Teil dieser Arbeit dargestellten kumulativen Verfolgungszuständigkeiten mehrerer Staaten, welche im transnationalen Bereich in Konkurrenz zueinander treten können.[591] Durch die einseitige Ausgestaltung der nationalen Sanktionsanwendungsrechte und deren progressive Erstreckung

586 *Hein*, Zuständigkeitskonflikte, S. 50.

587 *Ambos*, § 4, Rn. 6 („*The process is the punishment*"). Vgl. auch *Jagla*, Zwischenstaatliches ne bis in idem, S. 9; *Hein*, Zuständigkeitskonflikte, S. 50; *Zimmermann*, Strafgewaltkonflikte, S. 178.

588 Die Begriffe „res judicata", „double jeopardy" und „Strafklageverbrauch" werden in den verschiedenen Rechtsordnungen letztlich als Synonym zu einem entsprechenden ne bis in idem Grundsatz verwendet, vgl. *Radtke*, in: Böse, EnzEuR, § 12, Rn. 1.

589 *Jagla*, Zwischenstaatliches ne bis in idem, S. 9; *Kniebühler*, Transnationales ne bis in idem, S. 6, 88 f.

590 Vgl. *Beulke*, § 24, Rn. 503.

591 *Eckstein*, ZStW 2012, S. 490 ff. (492 f.); *Hecker*, 13, Rn. 5; vgl. hierzu **Teil 1, II., 2.; III.**

auf auch extraterritoriale Sachverhalte kommt es insbesondere im Rahmen der EU bezüglich derselben Rechtsverstöße zu Mehrfachzuständigkeiten sowie zu potenziellen Kompetenzkonflikten zwischen den Mitgliedstaaten. Der Betroffene kann sich in diesen Fällen nicht nur einer kumulativen Verfolgung durch verschiedene Staaten ausgesetzt sehen, sondern muss im schlimmsten Fall sogar eine parallele beziehungsweise sukzessive Mehrfachbestrafung durch verschiedene Hoheitsträger fürchten.[592] Es stellt sich daher die Frage eines *horizontal* transnationalen ne bis in idem Schutzes, wohingegen die Situation *vertikaler* Mehrfachbestrafung durch die Konkurrenz staatlicher und übergeordneter supranationaler Sanktionsgewalten an dieser Stelle nicht vertieft thematisiert werden soll.[593]

Neben die bereits auf nationaler Ebene bestehende, primär individualrechtliche Problematik der Doppelverfolgung treten in transnationaler Dimension allerdings zusätzlich spezifische Probleme der grenzüberschreitenden Strafverfolgung, die über die bloß rechtsordnungsinterne Dimension des ne bis in idem Grundsatzes hinaus gehen und das akute Bedürfnis für einen transnationalen Schutz deutlich werden lassen.[594] So bedingt die Souveränität der beteiligten Staaten, dass im Ausland getroffene verfahrensbeendende Entscheidungen innerstaatlich grundsätzlich nicht *ipso iure* als Verbot einer eigenen (und somit transnational wiederholten) Bestrafung anerkannt werden.[595] Vielmehr beanspruchen die nationalen Rechtsordnungen aufgrund ihrer Autonomie jeweils eigenständig und unabhängig voneinander Geltung, was zur Folge hat, dass jeder Staat – soweit legitimierende Anknüpfungspunkte bestehen – denselben Sachverhalt grundsätzlich am Maßstab der eigenen Normen messen und sanktionieren darf. Aus völkerrechtlicher Sicht führt dies (mehr noch als in den Fällen bloß unkoordinierter paralleler Ermittlungen)[596] zu einem erheblichen zwischenstaatlichen Konfliktpotenzial.[597] So steht zu befürchten, dass ein Staat die im Ausland erfolgende vorherige beziehungsweise nachfolgende (und inhaltlich womöglich abweichende) Entscheidung desselben

---

592 Nach *Gropp* fühlt sich „der Beschuldigte im Europa des 21. Jahrhunderts [...] zurückgeworfen in eine Zeit, in der der Reisende an jedem Schlagbaum vom Zöllner erneut zur Kasse gebeten wurde“, *Gropp*, in: Sinn, Jurisdiktionskonflikte, S. 41 ff. (55).

593 Vgl. hierzu *Kniebühler*, Transnationales ne bis in idem, S. 374 ff.; *Eser*, in: Sieber/Satzger/v. Heintschel-Heinegg, Europäisches Strafrecht, § 36, Rn. 81 ff. Auch die Kartellsanktionen der EU im Verhältnis zu nationalen Kartellgeldbußen sind vorliegend daher nicht Gegenstand.

594 Vgl. *Stein*, Europäisches ne bis in idem, S. 34 f.; *Radtke*, in: Böse, EnzEuR, § 12, Rn. 1, 9.

595 Vgl. *Eckstein*, ZStW 2012, S. 490 ff. (499); *Eser*, in: Sieber/Satzger/v. Heintschel-Heinegg, Europäisches Strafrecht, § 36, Rn. 8; vgl. auch *Andreou*, Gegenseitige Anerkennung, S. 246.

596 Vgl. hierzu **Teil 1, III**.

597 *Hecker*, 13, Rn. 6; *Eser*, in: Sieber/Satzger/v.Heintschel-Heinegg, Europäisches Strafrecht, § 36, Rn. 8, 22 ff.

Falles als eine Einmischung in seine inneren Angelegenheiten und somit als einen unzulässigen Eingriff in die eigene Souveränität auffassen wird.[598] Individualrechtlich ist unter Gerechtigkeitserwägungen vor allem zu kritisieren, dass es ohne ein transnationales ne bis in idem aufgrund der Autonomie der Rechtsordnungen zu einer schlichten Addition der Einzelstrafen und so zu schuldunangemesseneren Sanktionen als in rein innerstaatlichen Situationen kommen könnte;[599] in Extremfällen wäre sogar eine nachträgliche Korrektur des in einem anderen Staat zuvor erfolgten Freispruches möglich. Die Betroffenen laufen im grenzüberschreitenden Bereich folglich noch mehr Gefahr, zu einem bloßen Objekt staatlichen Handelns degradiert und als Konsequenz „zwischen den nationalen Interessen zerrieben und auf dem Altar konkurrierender Strafansprüche geopfert zu werden".[600] In der EU kommt hinzu, dass die Sanktionsadressaten aufgrund einer in einem anderen Mitgliedstaat womöglich drohenden wiederholten Verfolgung und Sanktionierung von einem dortigen Aufenthalt oder wirtschaftlichen Engagement absehen und hierdurch in ihren europäischen Grundfreiheiten, insbesondere in Form des Freizügigkeitsrechts und der Niederlassungsfreiheit, tangiert werden könnten.[601]

Andererseits birgt die pauschale Forderung nach einem internationalen ne bis in idem jedoch auch Gefahren.[602] So drohen grenzüberschreitende Rechtsverstöße durch das Erstverfahren nicht in ihrer Gesamtheit erfasst und die in einem anderen Staat womöglich wesentlich umfassendere und erfolgversprechendere Verfolgung durch eine klageverbrauchende Erstentscheidung letztlich gesperrt zu werden;[603] in Missbrauchsfällen könnten auf diese Weise sogar bewusst schärfere Sanktionen

598 Anschaulich belegt dies der Fall eines niederländischen Drogenhändlers, der in den 1980er Jahren in den Niederlanden Drogen sowohl an niederländische als auch an deutsche Staatsbürger verkauft hatte und hierfür zunächst von dem Gerichtshof Arnheim zu 20 Wochen Gefängnisstrafe und anschließend wegen derselben Vorwürfe vom Landgericht Düsseldorf zu einer Freiheitsstrafe von zehn Jahren verurteilt wurde (vgl. BGHSt 34, 334 ff.); daraufhin wurde von niederländischer Seite eine Einmischung Deutschlands in die innerstaatlichen Angelegenheiten der Niederlande vorgebracht und beklagt, die deutsche Justiz würde den Niederlanden das eigene Bekämpfungsmodell aufoktroyieren und sich „als Weltrichter für Strafzumessungsfragen" aufspielen, vgl. hierzu *Hecker*, 13, Rn. 6 f.; *Jagla*, Zwischenstaatliches ne bis in idem, S. 24 f.

599 *Zimmermann*, Strafgewaltkonflikte, S. 179.

600 Vgl. *Hecker*, 13, Rn. 8.

601 *Radtke*, in: Böse, EnzEuR, § 12, Rn. 3 f.; vgl. auch *Böse*, in: Böse/Meyer/Schneider, Conflicts of Jurisdiction, Vol. II, S. 43 ff. (72 ff.); Grünbuch über Kompetenzkonflikte und den Grundsatz *ne bis in idem* in Strafverfahren, KOM (2005) 696 endg. v. 23.12.2005, S. 3; EuGH, Urt. v. 11.02.2003, Rs. C-187/01, C-385/01, Slg. 2003, I-01345, Rn. 38 – Gözütok und Brügge.

602 Zu den Bedenken gegen ein internationales ne bis in idem vgl. *Vogel*, in: FS-Schroeder, S. 877 ff. (882 f.).

603 Für ein anschauliches Beispiel hierzu vgl. Strafgericht Eupen, wistra 1999, S. 479 f.

anderer Staaten unterlaufen und ausgeschlossen werden.[604] Als grundsätzliche Aufgabe internationaler Strafverfolgung ist es daher erforderlich, gemeinsame und konsensfähige Voraussetzungen eines transnationalen ne bis in idem Schutzes zu definieren, um eine einheitliche und adäquate Handhabung durch die jeweiligen nationalen Rechtsordnungen zu gewährleisten.[605] Hierfür bietet der gemeinsame Rechtsraum der Union unter der justiziellen Zusammenarbeit und gegenseitigen Anerkennung nationaler Entscheidungen einen tauglichen rechtlichen Rahmen.

Die vorstehenden Erläuterungen machen somit deutlich, dass – angesichts der bei einer in mehreren Staaten erfolgenden Sanktionierung tangierten individuellen sowie kollektiven Interessen – auch im transnationalen Bereich das Bedürfnis für einen ne bis in idem Schutz besteht. Dies gilt jedenfalls und im Besonderen für grenzüberschreitende Rechtsverstöße innerhalb der EU. Denn nimmt man das in Art. 3 II EUV kodifizierte Ziel eines Raumes der Freiheit, der Sicherheit und des Rechtes ernst, sind die grundlegenden rechtsstaatlichen Garantien nicht nur isoliert innerstaatlich, sondern auch übergeordnet im zwischenstaatlichen Verhältnis zu gewährleisten und die Sanktionsadressaten daher auch hier vor wiederholter Verfolgung zu schützen. Insofern können die bereits im ersten Teil gegen unkoordinierte parallele Verfolgungskompetenzen mehrerer Staaten vorgebrachten Argumente weitgehend übertragen werden.[606] Wesentlich für die Befürwortung eines unionsweit geltenden ne bis in idem Schutzes spricht außerdem, dass Rechtssicherheit und Rechtsfrieden auch in europäischer Dimension zu gewährleisten sind, um einen den Rechten der Beschuldigten verpflichteten europäischen Rechtsraum zu verwirklichen.[607] Dies gilt umso mehr, als die Ursache für das Entstehen kumulativer Zuständigkeiten und der hierdurch bedingten Gefahr einer transnationalen Mehrfachverfolgung die häufig auch durch unionale Legislativvorgaben initiierte Ausdehnung der mitgliedstaatlichen Sanktionsgewalten ist.[608] Zudem effektivieren europäische Rechtsakte zunehmend eine europaweite Verfolgung von Rechtsverstößen,[609] weshalb kompensierende Garantien zum Schutz der Betroffenen zu gewährleisten sind, um eine

---

604 Zu derartigen Möglichkeiten eines Missbrauches der Sperrwirkung durch sog. Scheinverfahren und (beidseitiges) *forum shopping* vgl. *Kniebühler*, Transnationales ne bis in idem, S. 128 ff.; *Lagodny*, Gutachten, S. 65 ff.

605 Zu den im zwischenstaatlichen Bereich auftretenden Schwierigkeiten einer einheitlichen Bestimmung des ne bis in idem Grundsatzes vgl. *Radtke*, in: Böse, EnzEuR, § 12, Rn. 1 m.w.N.

606 Vgl. hierzu **Teil 1, III**.

607 *Andreou*, Gegenseitige Anerkennung, S. 240 f.; *Esser*, § 7, Rn. 5, 8; *Satzger*, § 10, Rn. 53 f.

608 Vgl. **Teil 1, III**.

609 Z.B. durch Rechtsinstrumente wie den Europäischen Haftbefehl, die Europäische Ermittlungsanordnung oder eine gegenseitige Anerkennung von Geldstrafen und Geldbußen.

einseitige Verschiebung zu Lasten der Adressaten zu verhindern.[610] Es gilt insofern wiederum, dass die Postulate des Art. 3 II EUV nicht als ein einseitig repressiver Auftrag zu handhaben, sondern in einen wechselseitigen Ausgleich zu bringen sind:[611] Denn transnational effektivierte Strafverfolgung bedingt transnational wirksame Beschuldigtenrechte.[612] Legitimation erfährt das in der EU demnach zu befürwortende Verbot einer transnationalen Mehrfachverfolgung und insbesondere der hierdurch bedingte Eingriff in die staatliche Souveränität der tangierten Mitgliedstaaten durch das avisierte Ziel der Errichtung eines gemeinsamen Raumes der Freiheit, der Sicherheit und des Rechts; beruht doch die strafjustizielle Zusammenarbeit in der EU gerade auf dem Prinzip der gegenseitigen Anerkennung, Art. 82 I AEUV.[613]

3. Eigenständige Relevanz neben der Problematik der Kompetenzkonflikte

Zu beachten ist dabei, dass der Frage eines zwischenstaatlichen ne bis in idem Schutzes in Europa trotz der im zweiten Teil dargestellten Reformbestrebungen zur Problematik kumulativer Verfolgungszuständigkeiten bis auf Weiteres auch künftig eine eigenständige Relevanz zukommen wird und diese daher ebenso im Kontext der Unternehmenssanktionierung zu untersuchen ist.

Denn da der Rahmenbeschluss zur Vermeidung und Beilegung von Kompetenzkonflikten in Strafverfahren gegenwärtig weder obligatorische Mechanismen noch Kriterien zu einer Koordinierung beziehungsweise Konzentration zwischenstaatlicher Verfahren vorsieht und Kompetenzkonflikte *de lege lata* daher nicht verbindlich beizulegen sind,[614] kann es in Fällen fehlenden Einvernehmens in der EU auch weiterhin zu parallel geführten Verfahren und hieraus resultierend zu einer mehrfachen Sanktionierung wegen derselben Tat kommen. Spätestens nach der ersten Entscheidung stellt sich für den potenziellen Zweitverfolgerstaat daher die Frage, in welchem Umfang die Erstentscheidung einer erneuten Verfolgung in derselben Sache entgegensteht.[615] Selbst wenn aber unter Geltung des Rahmenbeschlusses eine Koordinierung der nationalen Verfahren erfolgen sollte, büßt der zunächst verzichtende Staat die eigene Sanktionsbefugnis hierdurch nicht ein und kann den Rechtsverstoß daher (etwa weil er mit der ausländischen Entscheidung nicht einverstanden ist und diese korrigieren möchte) anschließend erneut und gegebenenfalls abweichend sanktionieren.[616] Mangels exklusiver und verbindlicher Zuweisung der

610 Vgl. *Eckstein*, ZStW 2012, S. 490 ff. (500, 527); *Andreou*, Gegenseitige Anerkennung, S. 241; *Anagnostopoulos*, in: FS-Hassemer, S. 1121 ff. (1129); *Hecker*, StV 2001, S. 306 ff. (309).

611 *Böse/Meyer*, ZIS 2011, S. 336 ff. (341); vgl. insofern bereits **Teil 1, III.**

612 *Eckstein*, ZStW 2012, S. 490 ff. (527).

613 Vgl. *Radtke*, in: Böse, EnzEuR, § 12, Rn. 7.

614 Vgl. ausführlich **Teil 2, IV., 1.**

615 *Hußung*, Tatbegriff, S. 229.

616 Vgl. *Andreou*, Gegenseitige Anerkennung, S. 360.

Sanktionsgewalt an nur einen Mitgliedstaat besteht die Gefahr einer transnationalen Mehrfachsanktionierung daher fort.[617]

Doch auch wenn durch eine mögliche Reform des Rahmenbeschlusses kumulative Zuständigkeiten in Zukunft reduziert oder durch eine umfassende Koordinierung und zwingende Konzentration simultaner Verfahren in nur einem Mitgliedstaat sogar vollständig vermieden würden, bestünde ein Potenzial für sukzessive Mehrfachstrafen gleichwohl fort. Denn sogar nach dem weitestgehenden Reformansatz einer (angesichts der politischen Realisierungschancen wenig wahrscheinlichen) vollumfassenden Harmonisierung der mitgliedstaatlichen Sanktionsanwendungsrechte ist es auch weiterhin denkbar, dass etwa aufgrund mehrerer Handlungsorte zunächst verschiedene Staaten zuständig sind.[618] In derartigen Fällen droht eine sukzessive Sanktionierung wegen derselben Tat trotz koordinierter Verfolgungszuständigkeiten beispielsweise dann, wenn von einer vorherigen Bestrafung in einem anderen Staat schlicht keine Kenntnis erlangt oder die vorausgehende Sanktion wegen mangelnden Vertrauens in das ausländische Verfahren oder in Art und Umfang der jeweiligen Sanktion nicht als klageverbrauchend anerkannt wird. Dies ist vor allem im Rahmen der inkongruenten Verbandssanktionierungen zu befürchten. So ist es jedenfalls zweifelhaft, ob ein Mitgliedstaat, der eine strafrechtliche Haftung juristischer Personen vorsieht, eine zuvor in einem anderen Staat festgesetzte bloß ordnungsrechtliche Verbandssanktion innerstaatlich als Hindernis eines eigenen Verfahrens anerkennen und respektieren wird. In diesem Zusammenhang ist ferner zu berücksichtigen, dass – solange ordnungsrechtliche Sanktionsverfahren gegen juristische Personen von einer Koordinierung nach dem Rahmenbeschluss nicht erfasst werden – auch und insbesondere in Bezug auf juristische Personen eine mehrfache Verfolgung und Sanktionierung droht.

So steht auch im Fall der Windkraft AG neben parallel in Deutschland, Frankreich, Italien und Österreich geführten Verfahren insbesondere zu befürchten, dass es durch eine jeweilige Festsetzung von Rechtsfolgen sogar zu mehrfachen Sanktionen in derselben Sache kommt. Denn mangels einer exklusiven Zuweisung der Zuständigkeit durch den Rahmenbeschluss zur Vermeidung und Beilegung von Kompetenzkonflikten können grundsätzlich alle der verfolgungsbefugten Staaten auch Sanktionen der eigenen Rechtsordnung festsetzen und vollstrecken, wenn die zuständigen Behörden kein Einvernehmen über eine Konzentration der Verfahren herstellen können.

Für die Windkraft AG stellt sich deshalb die Frage nach Bestehen und Umfang eines grenzüberschreitenden Schutzes vor Mehrfachsanktionen zu ihren Gunsten.

Der Forderung, für eine effektive Vermeidung unkoordinierter Verfahren in der EU von einem reaktiven Doppelbestrafungsverbot zu einer bereits präventiven

617 Vgl. *Hußung*, Tatbegriff, S. 229.
618 Vgl. zu den Ansätzen der verschiedenen Reformvorschläge **Teil 2, IV., 1., a)**.

Vermeidung kumulativer Zuständigkeiten zu gelangen,[619] mag in der Sache daher zwar zuzustimmen sein, solange aber die Problematik mehrfacher Sanktionsgewalten nicht umfassend gelöst ist, bleibt die Gewährleistung eines unionsweiten ne bis in idem Schutzes ein unverzichtbarer Bestandteil der Verwirklichung einer rechtsstaatlichen Strafverfolgung im Rahmen des europäischen Rechtsraumes.[620] Es ist folglich eine Kombination von sich ergänzenden Instrumentarien zur Koordinierung der nationalen Verfahren einerseits (da der ne bis in idem Grundsatz vor einer verfahrensbeendenden Erstentscheidung noch nicht eingreift) und zur Verhinderung einer mehrfachen Sanktionierung andererseits (da es trotz koordinierter Verfahren auch weiterhin zu sukzessiven Verfahren kommen kann) geboten.

III. Instrumentarien zur Vermeidung einer mehrfachen Sanktionierung

Der ne bis in idem Grundsatz hat auf nationaler sowie internationaler Ebene verschiedene Ausprägungen und Kodifizierungen erfahren. Als ein fundamentales Prinzip eines rechtsstaatlichen Verfahrens ist er in sämtlichen mitgliedstaatlichen Rechtsordnungen der Union anerkannt und gilt als ein allgemeiner Grundsatz des Unionsrechts.[621] Der in der EU demnach scheinbar umfassend gewährleistete Schutz vor mehrfacher Sanktionierung ist allerdings in einem wesentlichen Punkt einzuschränken. So sehen die nationalen Regelungen (bis auf wenige Ausnahmen) ein grundsätzlich nur rechtsordnungsintern geltendes ne bis in idem vor, welches eine wiederholte Bestrafung allein durch den eigenen Hoheitsträger verhindert und einer erneuten Verfolgung nach einer zuvor bereits im Ausland erfolgten Sanktionierung gerade nicht entgegensteht. Auch lässt sich ein transnationaler ne bis in idem Schutz derzeit nicht durch eine entsprechende allgemeine Regel des Völkerrechts im Sinne von Art. 25 GG begründen,[622] da dies eine zwischenstaatliche Geltung des Doppelverfolgungsverbotes als einen von der Staatenmehrheit anerkannten Rechtsgrundsatz erfordern würde, was gerade nicht der Fall ist.[623] Folgt demnach aus den mitgliedstaatlichen Rechtsordnungen kein automatisches Verbot einer wiederholten Strafverfolgung, so gebietet doch jedenfalls der auch unionsrechtlich anerkannte Verhältnismäßigkeitsgrundsatz, dass im europäischen Ausland verhängte Strafen im Rahmen

619 *Eser*, in: Sieber/Satzger/v.Heintschel-Heinegg, Europäisches Strafrecht, § 36, Rn. 9, 95 ff.

620 Vgl. *Radtke*, in: Böse, EnzEuR, § 12, Rn. 2; i.d.S. auch *Hußung*, Tatbegriff, S. 229; *Hackner*, NStZ 2011, S. 425 ff. (425).

621 *Satzger*, § 10, Rn. 52; *Safferling*, § 12, Rn. 77.

622 Vgl. u.a. BVerfGE 75, 1 ff. (23 f.); BVerfG NJW 2012, S. 1202 ff. (1203); *Hecker*, 13, Rn. 3; *Radtke*, in: Böse, EnzEuR, § 12, Rn. 1.

623 *Ambos*, § 4, Rn. 4; vgl. ausführlich *Hußung*, Tatbegriff, S. 106 ff.; *Hein*, Zuständigkeitskonflikte, S. 57 ff.

eines erneuten innerstaatlichen Verfahrens zu berücksichtigen sind.[624] Zwar können bereits festgesetzte Sanktionen auf diese Weise im Zuge eines erneuten Verfahrens angerechnet werden, so dass unbilligen Härten und einer schlichten Addition der Einzelstrafen vorgebeugt werden kann, der Betroffene sieht sich jedoch gleichwohl den Belastungen eines wiederholten Verfahrens ausgesetzt, es kann gleichwohl zu negativen Abweichungen von der ursprünglichen (womöglich freisprechenden) Entscheidung kommen und der erstverfahrende Staat ist gleichwohl mit einer Infragestellung seiner Rechtsordnung sowie dem hiermit verbundenen Eingriff in seine innere Souveränität konfrontiert.[625] Der zentralen Problematik transnationaler Mehrfachverfolgung in Form der hierdurch bedingten Tangierung der Rechtssicherheit und des Rechtsfriedens sowie des hervorgerufenen zwischenstaatlichen Konfliktpotenzials kann durch eine derartige bloße Anrechnungslösung folglich nicht begegnet werden.

Nachdem diese im nationalstaatlichen Denken verhaftete Rechtspraxis gerade im europäischen Raum der Freiheit, der Sicherheit und des Rechts auch politisch als zunehmend unbefriedigend empfunden wurde, wurden auf europäischer Ebene verschiedene Mechanismen implementiert, die ein Doppelverfolgungsverbot auch transnational verwirklichen. Bevor die hierfür zentralen Normen des Art. 54 SDÜ und Art. 50 GRC dargestellt und auf ihre Anwendbarkeit in Bezug auf juristische Personen hin untersucht werden, sollen exemplarisch zunächst einige nationale und zwischenstaatliche Regelungen sowie deren Defizite erörtert werden.

1. Mitgliedstaatliche Instrumentarien

In den mitgliedstaatlichen Rechtsordnungen bestehen verschiedene Regelungen, die eine Berücksichtigung ausländischer Entscheidungen ermöglichen. Aufgrund ihrer weitgehenden Begrenzung auf nationale Entscheidungen soll in dem hier maßgeblichen europäischen Rahmen nur kurz auf sie eingegangen werden.[626]

In **Deutschland** ist das ne bis in idem Prinzip in Art. 103 III GG normiert.[627] Das danach bestehende Recht auf Einmaligkeit der Strafverfolgung gilt allerdings nur in Bezug auf die deutsche Hoheitsgewalt und statuiert somit ein ausschließlich

---

624 *Safferling*, § 12, Rn. 77; *Satzger*, § 10, Rn. 52.

625 Vgl. *Zimmermann*, Strafgewaltkonflikte, S. 180; *Hußung*, Tatbegriff, S. 99 f., 114; *Eckstein*, ZStW 2012, S. 490 ff. (501); *Vogel*, in: FS-Schroeder, S. 877 ff. (880); *Eser*, in: Sieber/Satzger/v.Heintschel-Heinegg, Europäisches Strafrecht, § 36, Rn. 34 ff.

626 Für einen rechtsvergleichenden Überblick vgl. *Böse/Meyer/Schneider*, in: Böse/Meyer/Schneider, Conflicts of Jurisdiction, Vol. I, S. 411 ff. (443 f., 451 f.).

627 Art. 103 III GG: „Niemand darf wegen derselben Tat auf Grund der allgemeinen Strafgesetze mehrmals bestraft werden." Zu den hiervon erfassten nationalen Entscheidungsarten vgl. *Radtke*, Systematik des Strafklageverbrauchs, S. 163 ff.; *Kniebühler*, Transnationales ne bis in idem, S. 21 ff.; *Schmidt-Aßmann*, in: Maunz/Dürig, Art. 103, Rn. 294 ff. (30. Lfg.); *Stein*, Europäisches ne bis in idem, S. 144 ff.

innerstaatlich geltendes Doppelbestrafungsverbot.[628] Im (europäischen) Ausland getroffene Entscheidungen sperren ein erneutes Verfahren somit grundsätzlich nicht.[629] Gleichwohl finden wegen derselben Tat bereits ergangene ausländische Entscheidungen in einem demnach weiterhin zulässigen inländischen Verfahren Berücksichtigung, indem gem. § 51 III StGB bereits vollstreckte ausländische Strafen anzurechnen sind. Zur Kompensation der danach stattfindenden Doppelbestrafung und zur Vermeidung hierdurch drohender unbilliger Härten folgt das deutsche Recht mithin einer „Anrechnungslösung".[630] Die §§ 153c, f StPO bieten zudem die Möglichkeit, eine ausländische Strafverfolgung schon prozessual zu berücksichtigen und unter Opportunitätserwägungen bereits grundsätzlich von einer innerstaatlichen Strafverfolgung abzusehen, um die Unbilligkeiten einer transnationalen Mehrfachverfolgung zu verhindern.[631] Auch in **Italien** gilt der in Art. 649 I codice di procedura penale (CPP) normierte ne bis in idem Grundsatz nur in Bezug auf Sanktionen durch die italienische Hoheitsgewalt und demzufolge nur rechtsordnungsintern.[632] Eine im Ausland zuvor bereits erfolgte Sanktion hindert ein erneutes Verfahren in Italien somit grundsätzlich nicht.[633] Vielmehr wird gem. Art. 11 CP auch bei Sachverhalten mit Auslandsbezug das Legalitätsprinzip

---

628 St. Rspr. des BVerfG seit BVerfGE 12, 62 (66); zuletzt BVerfG NJW 2012, S. 1202 ff. (1203); vgl. *Schmidt-Aßmann*, in: Maunz/Dürig, Art. 103, Rn. 303 m.w.N. (30. Lfg.). Grundlegend zum ne bis in idem Grundsatz in Deutschland vgl. *Mayer*, ne-bis-in-idem-Wirkung, S. 19 ff.

629 Auch der für das Ordnungswidrigkeitenrecht maßgebliche § 84 OWiG gilt nur rechtsordnungsintern; bei vorherigen ausländischen Entscheidungen kann daher allenfalls nach § 47 OWiG von einer innerstaatlichen Verfolgung abgesehen werden. Kommt es zu einem erneuten Verfahren, hat nach dem Gedanken des § 51 III StGB auch hier eine Anrechnung vorhergehender Sanktionen zu erfolgen, vgl. *Seitz*, in: Göhler, § 84, Rn. 18, *Ganter*, in: BeckOK-OWiG, § 84, Rn. 23 f.

630 *Wörner/Wörner*, in: Sinn, Jurisdiktionskonflikte, S. 203 ff. (222 f.); *Thomas*, Einmaligkeit der Strafverfolgung, S. 40 f.

631 Z.B. gem. § 153c II StPO, wenn im Ausland bereits eine Strafe vollstreckt worden ist und die im Inland zu erwartende Strafe nach Anrechnung der ausländischen nicht ins Gewicht fiele, vgl. hierzu *Wörner/Wörner*, in: Sinn, Jurisdiktionskonflikte, S. 203 ff. (222 f.).

632 *Militello/Mangiaracina*, in: Böse/Meyer/Schneider, Conflicts of Jurisdiction, Vol. I, S. 259 ff. (284, 291); *Foffani/Orlandi/Ruggeri*, in: Sinn, Jurisdiktionskonflikte, S. 307 ff. (320 f.).

633 Eine indirekt transnationale Wirkung kommt dem ne bis in idem Prinzip jedoch auch in Italien zu, indem eine bereits erfolgte Sanktionierung der Anerkennung ausländischen Strafentscheidungen sowie einer Auslieferung entgegen stehen kann, vgl. *Foffani/Orlandi/Ruggeri*, in: Sinn, Jurisdiktionskonflikte, S. 307 ff. (318 ff., 322 f.); *Militello/Mangiaracina*, in: Böse/Meyer/Schneider, Conflicts of Jurisdiction, Vol. I, S. 259 ff. (290 f.).

grundsätzlich beibehalten;[634] kompensierend ist eine im Ausland bereits verbüßte Strafe im Rahmen des Zweitverfahrens allerdings jedenfalls auf die erneute innerstaatliche Sanktionierung anzurechnen, Art. 138 CP.

Andere EU-Staaten erkennen dagegen bestimmte ausländische Entscheidungen unter einschränkenden Voraussetzungen und Vorbehalten auch innerstaatlich an und verwirklichen jedenfalls ein begrenztes transnationales ne bis in idem. So gilt etwa das in Österreich durch Art. 4 des 7. Zusatzprotokolls zur EMRK normierte Doppelbestrafungsverbot zwar ebenfalls nur innerstaatlich,[635] indem vorherige ausländische Entscheidungen die nationale Strafbarkeit jedoch entfallen lassen können[636] und bereits verbüßte Strafen bei einer erneuten Verfolgung jedenfalls anzurechnen sind,[637] wird grenzüberschreitender ne bis in idem Schutz zumindest teilweise gewährt.[638] Auch in **England** finden ausländische Urteile im Rahmen des Verbotes einer mehrfachen Bestrafung (sog. „*double jeopardy*") Beachtung und können als Einrede gegen eine erneute Anklage im Inland geltend gemacht werden;[639] allerdings sind auch hier Ausnahmen vorgesehen, wonach trotz ausländischer Entscheidung erneute Verfahren im Inland zulässig bleiben.[640]

634 Vgl. *Mansdörfer*, Das Prinzip des ne bis in idem, S. 76; *Foffani/Orlandi/Ruggeri*, in: Sinn, Jurisdiktionskonflikte, S. 307 ff. (312 f.); *Militello/Mangiaracina*, in: Böse/Meyer/Schneider, Conflicts of Jurisdiction, Vol. I, S. 259 ff. (291).

635 *Ebensperger*, ÖJZ 1999, S. 171 ff. (172); *Mansdörfer*, Das Prinzip des ne bis in idem, S. 62; *Fuchs*, AT I, 5. Kapitel, Rn. 20. Gleichwohl gilt der ne bis in idem Grundsatz auch in Österreich indirekt dadurch transnational, dass rechtskräftige Entscheidungen ein Auslieferungshindernis darstellen, vgl. z.B. §§ 16 III, 17 ARHG; hierzu *Hochmayr*, in: Sinn, Jurisdiktionskonflikte, S. 345 ff. (353 f.).

636 Zwar ist gem. §§ 62 ff. öStGB auch bei bereits im Ausland erfolgter Sanktionierung ein erneutes Verfahren zulässig, doch entfällt eine inländische Strafbarkeit bei Auslandstaten nach den Strafaufhebungsgründen des § 65 IV öStGB u.a., wenn der Täter von dem Tatortstaat freigesprochen oder von einem ausländischen Gericht bereits rechtskräftig verurteilt und die Strafe vollstreckt wurde, vgl. *Hochmayr*, in: Sinn, Jurisdiktionskonflikte, S. 345 ff. (351). Zudem kann nach § 192 I Nr. 2 öStPO unter Opportunitätserwägungen von einer Verfolgung u.a. abgesehen werden, wenn im Ausland bereits ein Strafe erfolgt und im Inland eine strengere Strafe nicht zu erwarten ist, vgl. *Schroll*, in: Fuchs/Ratz, § 192 öStPO, Rn. 57 ff. (77. Lfg.).

637 Vgl. § 66 öStGB.

638 *Hochmayr*, in: Sinn, Jurisdiktionskonflikte, S. 345 ff. (351).

639 Sog. Einreden „*autrefois acquit*" (vorheriger Freispruch) und „*autrefois convict*" (vorherige Verurteilung), vgl. *Huber*, in: Sinn, Jurisdiktionskonflikte, S. 263 ff. (268) m.w.N.; *Hirst*, in: Böse/Meyer/Schneider, Conflicts of Jurisdiction, Vol. I, S. 27 ff. (54 f.); *Mansdörfer*, Das Prinzip des ne bis in idem, S. 80 ff.

640 *Huber*, in: Sinn, Jurisdiktionskonflikte, S. 263 ff. (268) m.w.N.

Eine weitgehende prozessuale Gleichstellung ausländischer Verfahrensabschlüsse und inländischer Entscheidungen ist dagegen in den **Niederlanden** vorgesehen, wo ein transnationales ne bis in idem somit in großem Maße gewährleistet ist.[641]

2. Zwischenstaatliche Instrumentarien

Auch im zwischenstaatlichen Bereich wurden wiederholt Anstrengungen unternommen, um durch bi- und multilaterale Vereinbarungen einen ne bis in idem Schutz grenzüberschreitend zu verwirklichen und einer transnational mehrfachen Verfolgung und Sanktionierung in derselben Sache vorzubeugen.

Neben völkerrechtlichen Verträgen einzelner Länder, wonach das ne bis in idem Prinzip im jeweils wechselseitigen Verhältnis auch grenzüberschreitend anerkannt wird,[642] sind vor allem verschiedene Übereinkommen des Europarates zu nennen, wonach das Verbot der Doppelbestrafung einen Ausschlussgrund im Rahmen der Rechtshilfe[643] oder ein Auslieferungshindernis[644] darstellt.[645] Als bloß regelungsspezifische Hinderungsgründe haben die jeweiligen Vorschriften allerdings einen nur begrenzten Anwendungsbereich,[646] so dass ein einheitlicher und europaweiter Doppelverfolgungsschutz hierdurch nicht erreicht werden kann.

---

641 Vgl. Art. 68 niedStGB; *Wolswijk*, in: Böse/Meyer/Schneider, Conflicts of Jurisdiction, Vol. I, S. 329 ff. (363); *Stein*, Europäisches ne bis in idem, S. 167. Zu den auch hier bestehenden Einschränkungen vgl. *Hein*, Zuständigkeitskonflikte, S. 73 f. m.w.N.; zur Geltung des ne bis in idem Prinzips in der niederländischen Rechtsordnung im Allgemeinen vgl. *Mansdörfer*, Das Prinzip des ne bis in idem, S. 70 ff.

642 Vgl. z.B. die „Konvention über die verwaltungsrechtliche und justizielle Zusammenarbeit im Bereich der Regelungen zur Verwirklichung der Wirtschaftsunion Benelux“ vom 29. April 1969, nach dessen Art. 13 zwischen den beteiligten Staaten eine grenzüberschreitende ne bis in idem Geltung vereinbart wurde, vgl. *Mansdörfer*, Das Prinzip des ne bis in idem, S. 72 m.w.N.

643 Vgl. z.B. Art. 53 ff. des Europäischen Übereinkommens vom 28. Mai 1970 über die internationale Geltung von Strafurteilen (ETS No. 070); Art. 35 ff. des Europäischen Übereinkommens vom 15. Mai 1972 über die Übertragung der Strafverfolgung (ETS No. 073).

644 So z.B. in Art. 9 des Europäischen Auslieferungsübereinkommens vom 13. Dezember 1957 (ETS No. 024); Art. 2 des Zusatzprotokolls vom 15. Oktober 1975 zum Europäischen Auslieferungsübereinkommen vom 13. Dezember 1957 (ETS No. 086).

645 Für einen Überblick einschlägiger Regelungen vgl. *Lagodny*, Gutachten, S. 55 ff.

646 Zudem wurden das Übereinkommen über die internationale Geltung von Strafurteilen sowie das Übereinkommen über die Übertragung der Strafverfolgung u.a. von Deutschland bisher nicht in Kraft gesetzt, vgl. *Schomburg*, in: Schomburg/Lagodny/Gleß/Hackner, Internationale Rechtshilfe, III E 1, Art. 54 SDÜ, Rn. 5.

Zu den zwischenstaatlichen ne bis in idem Regelungen ist schließlich auch Art. 4 des 7. Zusatzprotokolls zur EMRK[647] sowie Art. 14 VII des Internationalen Paktes über bürgerliche und politische Rechte (IPbpR)[648] als völkerrechtliche Verträge zu zählen. Da diese aber schon ihrem ausdrücklichen Wortlaut nach jeweils auf das Verbot einer innerstaatlichen Mehrfachverfolgung beschränkt sind, können auch sie einen transnationalen Doppelverfolgungsschutz nicht gewährleisten.[649]

Es ist daher zu konstatieren, dass weder auf mitgliedstaatlicher Ebene noch im zwischenstaatlichen Bereich ein umfassendes unionsweites Verbot der Mehrfachverfolgung besteht. Vielmehr wird dem ne bis in idem Grundsatz weitestgehend nur rechtsordnungsinterne Wirkung beigemessen, ausländische Entscheidungen allenfalls unter Opportunitätserwägungen berücksichtigt oder eine bereits erfolgte Sanktion im Rahmen erneuter Verfahren durch Anrechnung einbezogen. Der in der EU gebotene umfassende und einheitliche Schutz vor einer transnationalen Mehrfachverfolgung kann hierdurch folglich nicht gewährleistet werden.

3. Europäische Instrumentarien

Insbesondere in einem gemeinsamen Raum der Freiheit, der Sicherheit und des Rechts ist eine mehrfache Verfolgung und Sanktionierung derselben Tat sowie die hiermit einhergehende Tangierung der individuellen und staatlichen Interessen zu verhindern. Nachdem ein solcher Schutz durch die nationalen Rechtsordnungen nicht gewährleistet werden kann (oder soll), wurde das Bedürfnis eines transnationalen Doppelverfolgungsverbotes auch auf Ebene der Union als zunehmend dringlich erkannt und diskutiert.[650] So forderte das Europäische Parlament bereits 1984 die Ausdehnung des Grundsatzes ne bis in idem im paneuropäischen Raum des Europarates.[651] Daraufhin kam es am 25. Mai 1987 zwischen den Staaten der Europäischen Gemeinschaften zum Übereinkommen über das Verbot der doppelten

---

647 Protokoll Nr. 7 vom 22. November 1984 zur Konvention zum Schutze der Menschenrechte und Grundfreiheiten (ETS No. 117); in Deutschland nicht ratifiziert. Hierzu und zu der diesbezüglichen Rechtsprechung des EGMR vgl. *Esser*, in: Hochmayr, Ne bis in idem in Europa, S. 27 ff.

648 Internationaler Pakt über bürgerliche und politische Rechte vom 16. Dezember 1966.

649 Teilweise wurde erwogen, aus dem *fair trial* Gedanken des Art. 6 I EMRK einen grenzüberschreitenden ne bis in idem Schutz auf Ebene der EMRK abzuleiten; entsprechende Ansätze wurden jedoch nicht weiter verfolgt, vgl. hierzu *Eser*, in: Meyer, GRC, Art. 50 GRC, Rn. 3 m.w.N.; *Mayer*, ne-bis-in-idem Wirkung, S. 48 f.; *Mansdörfer*, Das Prinzip des ne bis in idem, S. 100 f.

650 Zur allgemeinen geschichtlichen Entwicklung und konkreten Nachweisen der wissenschaftlichen Forderung nach einem internationalen ne bis in idem, vgl. *Lagodny*, Gutachten, S. 50 ff.

651 Entschließung vom 16. März 1984 zur Anwendung des Grundsatzes „ne bis in idem" in der EG, abgedruckt in EuGRZ 1984, S. 355 f.; vgl. hierzu *Ebensperger*, ÖJZ 1999, S. 171 ff. (180).

Strafverfolgung,[652] welches den ne bis in idem Grundsatz im Raum der EG auch auf ausländische Urteile erstreckte.[653] Da eine Ratifikation allerdings nur in wenigen Staaten erfolgte, trat das Übereinkommen nie vollumfänglich in Kraft; abgesehen von einer teilweise antizipierten Anwendbarkeit zwischen den ratifizierenden Staaten konnte es daher kaum praktische Bedeutung erlangen.[654]

Einen „Meilenstein auf dem Wege zu einem gesamteuropäischen Verbot der doppelten Strafverfolgung“[655] markierte demgegenüber das Schengener Durchführungsübereinkommen vom 19. Juni 1990 (SDÜ),[656] das der Umsetzung der zuvor im Schengener Abkommen[657] vereinbarten Abschaffung der Personenkontrollen an den Binnengrenzen diente und Ausgleichsmaßnahmen für die hierdurch befürchteten Sicherheitsverluste vorsieht.[658] Die Art. 54 bis 58 SDÜ normieren ein „Verbot der Doppelbestrafung“ und gestalten dieses näher aus. Jedenfalls für die Staaten des Schengen Raumes wurde hierdurch erstmals ein transnational anwendbares ne bis in idem Prinzip einheitlich eingeführt, welches den Vertragsstaaten in Art. 55 SDÜ indes weitreichende Anwendungsvorbehalte zugesteht. Zwar stellte das SDÜ

---

652 Übereinkommen vom 25. Mai 1987 zwischen den Mitgliedstaaten der Europäischen Gemeinschaften über das Verbot der doppelten Strafverfolgung, sog. „EG-ne bis in idem-Übereinkommen“. Vgl. hierzu Schomburg/Lagodny/Gleß/Hackner, Internationale Rechtshilfe, 4. Aufl., III E.

653 Art. 1 des Übereinkommens lautet: „Wer in einem Mitgliedstaat rechtskräftig abgeurteilt worden ist, darf in einem anderen Mitgliedstaat wegen derselben Tat nicht verfolgt werden, vorausgesetzt, daß im Fall einer Verurteilung die Sanktion bereits vollstreckt worden ist, gerade vollstreckt wird oder nach dem Recht des Urteilsstaats nicht mehr vollstreckt werden kann.“ Die Norm entspricht folglich dem heutigen Art. 54 SDÜ.

654 Gem. Art. 6 III kann jeder Staat bis zum Inkrafttreten des Übereinkommens erklären, dass dies im Verhältnis zu den dies ebenfalls erklärenden Staaten bereits vorzeitig Anwendung findet; für einen Überblick der Staaten, die im Verhältnis zu Deutschland eine solche Erklärung abgegeben haben vgl. Schomburg/Lagodny/Gleß/Hackner, Internationale Rechtshilfe, 4. Aufl., III E, Rn. 9.

655 *Schomburg*, in: Schomburg/Lagodny/Gleß/Hackner, Internationale Rechtshilfe, III E 1, Exkurs: Vor Art. 54–58 SDÜ, Rn. 8.

656 Übereinkommen vom 19. Juni 1990 zur Durchführung des Übereinkommens von Schengen vom 14. Juni 1985 zwischen den Regierungen der Staaten Benelux-Wirtschaftsunion, der Bundesrepublik Deutschland und der Französischen Republik betreffend den schrittweisen Abbau der Kontrollen an den gemeinsamen Grenzen, ABl. L 239/19 ff. v. 22.09.2000. In Kraft getreten ist das SDÜ erst am 01.09.1993, wobei eine tatsächliche „Inkraftsetzung“ nach Einrichtung der nötigen technischen und rechtlichen Voraussetzungen erst am 26.03.1995 erfolgte, vgl. *Safferling*, § 12, Rn. 70.

657 Übereinkommen vom 14. Juni 1985 zwischen den Regierungen der Staaten der Benelux-Wirtschaftsunion, der Bundesrepublik Deutschland und der Französischen Republik betreffend den schrittweisen Abbau der Kontrollen an den gemeinsamen Grenzen.

658 *Hecker*, 13, Rn. 13; *Safferling*, § 12, Rn. 70.

als ursprünglich völkerrechtlicher Vertrag zunächst keine originären Regelungen des Unionsrechts dar, doch wurde der Schengen Besitzstand[659] im Zuge des Vertrages von Amsterdam 1999 in das EU-Recht überführt und ist seitdem unmittelbar geltendes europäisches Sekundärrecht.[660]

Gleichwohl stellte die Europäische Kommission 2000 fest, dass eine vollständige gegenseitige Anerkennung von Endentscheidungen in Strafsachen nach dem sog. Erledigungsprinzip anzustreben und hierfür gegebenenfalls ein klarstellender Rechtsakt erforderlich sei.[661] Infolgedessen kam es 2003 zu einer Initiative für einen Rahmenbeschluss über die Anwendung des ne bis in idem Prinzips,[662] der ein homogenes europäisches Verbot der Doppelverfolgung einführen sollte, um eine einheitliche Handhabung zu gewährleisten.[663] Da der Entwurf jedoch keinen Konsens finden konnte, wurde er nie als EU-Rahmenbeschluss umgesetzt.

Eine genuin unionsrechtliche Kodifizierung erfuhr das europäische ne bis in idem Prinzip dann allerdings durch die mit dem Vertrag von Lissabon am 1. Dezember 2009 erfolgte rechtsverbindliche Inkorporation der Charta der Grundrechte der Europäischen Union (GRC)[664] in das EU-Primärrecht, Art. 6 I UAbs. 1 EUV.[665] Art. 50 GRC normiert nach seiner Überschrift das „Recht, wegen derselben Straftat nicht zweimal strafrechtlich verfolgt oder bestraft zu werden", als europäisches

---

659 Hierzu zählen die beiden Schengener Abkommen sowie die darauf aufbauenden Rechtsakte in Form von zugehörigen Beitrittsprotokollen und sonstigen Rechtsakten; vgl. hierzu ABl. L 176/1 ff. v. 10.07.1999.

660 Vgl. Protokoll zur Einbeziehung des Schengen-Besitzstandes in den Rahmen der Europäischen Union, ABl. EG C 340/1 ff., 93 ff. v. 10.11.1997. Hierdurch unterfällt das SDÜ dem rechtlichen und institutionellen Rahmen der EU und unterliegt zugleich seiner parlamentarischen und gerichtlichen Kontrolle durch den EuGH, vgl. *Ambos*, § 9, Rn. 18.

661 Vgl. Punkt 6.2 der Mitteilung der Kommission, KOM (2000) 495 endg. vom 26.07.2000.

662 Initiative der Hellenischen Republik im Hinblick auf die Annahme eines Rahmenbeschlusses des Rates über die Anwendung des „ne-bis-in-idem"-Prinzips, ABl. EU C 100/24 ff. v. 26.04.2003.

663 Vgl. Erwägungsgrund 7 der Initiative.

664 Charta der Grundrechte der Europäischen Union vom 7. Dezember 2000 (ABl. EG C 364/1 ff. v. 18.12.2000) in der angepasste Fassung vom 12. Dezember 2007 (ABl. C 303/1 ff. v. 14.12.2007); vgl. auch ABl. C 83/389 ff. v. 30.03.2010; ABl. C 326/391 ff. v. 26.10.2012.

665 Die Charta selbst wurde bereits am 7. Dezember 2000 in Nizza feierlich verkündet und sollte zunächst durch die Aufnahme in den Verfassungsvertrag 2004 rechtsverbindlich werden; nach dessen Scheitern bezog der Vertrag von Lissabon 2009 die Charta in der am 12. Dezember 2007 in Straßburg überarbeiteten und ergänzten Fassung durch Art. 6 I EUV in das Primärrecht ein und bewirkte so deren Rechtsverbindlichkeit, vgl. *Streinz*, in: Streinz, EUV/AEUV, Art. 6 EUV, Rn. 2; *Kingreen*, in: Calliess/Ruffert, EUV/AEUV, Art. 6 EUV, Rn. 8 ff.

Grundrecht. Darüber hinaus findet das ne bis in idem Prinzip heute in zahlreichen deliktspezifischen Rechtsakten der EU fragmentarische Berücksichtigung.[666]

Festzuhalten ist, dass das transnationale ne bis in idem Prinzip Niederschlag in einer Vielzahl nationaler und internationaler Instrumente gefunden hat, welche im inhaltlichen sowie räumlichen Anwendungsbereich jedoch häufig voneinander abweichen und sich dabei teilweise überschneiden.[667] Ein grundsätzlicher sowie europaweit weitgehend einheitlicher Schutz vor einer transnationalen Mehrfachverfolgung wird nur durch Art. 54 ff. SDÜ und Art. 50 GRC gewährt, die den nachfolgenden Untersuchungen daher zugrunde zu legen sind.

Die vorstehend skizzierte (nicht immer ohne nationale Vorbehalte), schrittweise vollzogene Verwirklichung eines transnationalen Mehrfachverfolgungsverbotes spiegelt zugleich den jeweiligen Stand des europäischen Integrationsprozesses wider: Von bloß geopolitisch verbundenen Staaten, in denen den nationalen Entscheidungen angesichts der Souveränität der Rechtsordnungen eine grundsätzlich nur systeminterne Geltung zukommt, über einen vermehrt (auch strafrechtlich) kooperierenden Staatenzusammenschluss, in dem innerstaatlichen Entscheidungen aufgrund völkerrechtlicher Vereinbarungen auch eine zwischenstaatliche Wirkung zugesprochen wird, bis hin zum supranationalen Staatenverbund der EU, in dem mitgliedstaatliche Sanktionsentscheidungen grundsätzlich unionsweite Geltung beanspruchen und hierdurch zu der Schaffung eines gemeinsamen Rechtsraumes beitragen. Auf diese Weise hilft das europäische ne bis in idem auch die justizielle Zusammenarbeit zu fördern und durch wechselseitige Anerkennung nationaler Erledigungsakte ein wesentliches Element der gemeinsamen Strafverfolgung in der EU zu verwirklichen, Art. 82 I AEUV.[668] Insofern ist das Doppelverfolgungsverbot eine beschuldigtenfreundliche Ausprägung des Grundsatzes der gegenseitigen Anerkennung,[669] wonach die in einem Mitgliedstaat rechtmäßig ergangenen justiziellen Entscheidungen in anderen EU-Staaten als gleichwertig anzuerkennen sind, auch wenn das Verfahren nicht identisch ist oder die eigene Rechtsordnung zu anderen Ergebnissen kommen würde;[670] denn Anerkennung von Entscheidungen heißt auch, dass diese von anderen Staaten in Rechnung zu stellen sind und nicht durch erneute Verfahren in derselben Sache in Frage gestellt werden.[671]

---

666 Vgl. z.B. Art. 3 Nr. 2 des Rahmenbeschlusses über den Europäischen Haftbefehl und die Übergabeverfahren zwischen den Mitgliedstaaten, ABl. EG L 190/1 ff. v. 18.07.2002; Art. 7 des Übereinkommens aufgrund von Artikel K.3 des Vertrags über die Europäische Union über den Schutz der finanziellen Interessen der Europäischen Gemeinschaften, ABl. C 316/ 49 ff. v. 27.11.1995 (sog. „PIF-Konvention").

667 Vgl. hierzu *van Bockel*, The Ne Bis In Idem Principle, S. 4, 12 m.w.N.

668 Vgl. *Hecker*, 13, Rn. 20.

669 Vgl. *Rekate*, Die Vermeidung von Jurisdiktionskonflikten, S. 155.

670 Vgl. KOM 2000 (495) endg. vom 26.07.2000, Punkt 3.1; EuGH, Urt. v. 11.02.2003, Rs. C-187/01, C-385/01, Slg. 2003, I-01345, Rn. 33 – Gözütok und Brügge.

671 Vgl. KOM 2000 (495) endg. vom 26.07.2000, Punkt 3.1, 6.2.

4. Art. 54 SDÜ und Art. 50 GRC

Als zentrale Regelungen eines europäischen ne bis in idem Grundsatzes sollen die Art. 54 ff. SDÜ sowie Art. 50 GRC nachfolgend näher erörtert und im speziellen Kontext der Unternehmenssanktionierung analysiert werden. Neben allgemeinen sowie verbandsspezifischen Fragen ist dabei insbesondere zu untersuchen, ob und inwiefern juristische Personen sowie die diesen gegenüber in den Mitgliedstaaten festgesetzten Sanktionen erfasst werden (sollten) und hierdurch auch Verbänden gegenüber ein hinreichender Schutz vor transnationaler Mehrfachsanktionierung gewährleistet werden kann. Ziel ist es auch insofern nicht, neue Instrumentarien zu entwickeln, sondern die bestehenden Regelungen sowie deren Anwendungsbereiche im Verbandskontext zu untersuchen und zu präzisieren.

Sehen Art. 54 SDÜ und Art. 50 GRC demnach zwar jeweils ein transnationales ne bis in idem Prinzip auf europäischer Ebene vor, so weisen sie gleichwohl bereits nach ihrem Wortlaut inhaltliche Unterschiede auf:

Der als „Verbot der Doppelbestrafung“[672] geregelte Art. 54 SDÜ lautet:

Art. 54 SDÜ

„Wer durch eine Vertragspartei rechtskräftig abgeurteilt worden ist, darf durch eine andere Vertragspartei wegen derselben Tat nicht verfolgt werden, vorausgesetzt, dass im Fall einer Verurteilung die Sanktion bereits vollstreckt worden ist, gerade vollstreckt wird oder nach dem Recht des Urteilsstaats nicht mehr vollstreckt werden kann.“

Art. 50 GRC lautet dagegen:

Art. 50 GRC – Recht, wegen derselben Straftat nicht zweimal strafrechtlich verfolgt oder bestraft zu werden

„Niemand darf wegen einer Straftat, derentwegen er bereits in der Union nach dem Gesetz rechtskräftig verurteilt oder freigesprochen worden ist, in einem Strafverfahren erneut verfolgt oder bestraft werden.“

Schon eine unbefangene Lektüre der beiden Vorschriften lässt deutlich werden, dass die jeweiligen Formulierungen sowohl bezüglich ihrer Voraussetzungen als auch Rechtsfolgen scheinbare Unterschiede aufweisen; insbesondere enthält nur Art. 54 SDÜ die Bedingung eines Vollstreckungselementes („vorausgesetzt, dass im Fall einer Verurteilung die Sanktion bereits vollstreckt worden ist, gerade vollstreckt wird oder nach dem Recht des Urteilsstaats nicht mehr vollstreckt werden kann“). Normhierarchisch ist darüber hinaus zu berücksichtigen, dass die Art. 54 ff. SDÜ durch die Überführung des *Schengen-Acquis* in das Unionsrecht „nur“ europäisches Sekundärrecht darstellen, wohingegen Art. 50 GRC nach ausdrücklicher Anordnung

672 Dagegen sprechen der französische und niederländische Wortlaut als ebenfalls authentische Vertragssprachen von der „Anwendung des Grundsatzes ne bis in idem“, vgl. *Hein*, Zuständigkeitskonflikte, S. 81 f. m.w.N.

des Art. 6 I, UAbs. 1 EUV rechtlich gleichrangig zu den Verträgen und somit zum europäischen Primärrecht ist.[673] Zu beachten ist des Weiteren, dass die Vorschriften der GRC im Sinne des *lex posterior* Gedankens zeitlich erst nach dem SDÜ als Unionsrecht in Kraft getreten sind.

Gleichwohl bleiben die inhaltlich im Übrigen weitgehend kongruenten Normen (unter Voraussetzung ihrer räumlichen Geltung) grundsätzlich nebeneinander anwendbar und verfolgen darüber hinaus gleichlaufende Schutzzwecke. In Bezug auf ihren Regelungsgehalt wird daher überwiegend angenommen, dass mit der anschließenden und zum Teil abweichenden Normierung des Art. 50 GRC jedenfalls im Hinblick auf die materiellen Voraussetzungen des Art. 54 SDÜ keine sachlichen Änderungen beabsichtigt waren und die bislang durch Rechtsprechung und Literatur erfolgten Konkretisierungen daher grundsätzlich übertragen werden können.[674] Dies gilt umso mehr, als dass dem EuGH durch die nunmehr jeweils bestehende Vorabentscheidungskompetenz nach Art. 267 AEUV eine umfassende Auslegungshoheit für beide Normen zukommt und dieser so eine koordinierte Auslegung der ne bis in idem Garantien vornehmen kann.[675] Dabei entspricht es der Forderung nach einem gemeinsamen Rechtsraum, trotz des abweichenden Wortlautes einheitliche Kriterien des europäischen Mehrfachverfolgungsverbotes zu entwickeln und eine kongruente Auslegung beider Vorschriften anzustreben, um einer andernfalls drohenden zersplitterten Rechtslage und -anwendung sowie den damit einhergehenden Rechtsunsicherheiten in der EU entgegen zu wirken.[676] Unabhängig von dem konkurrenzrechtlichen Verhältnis der beiden Vorschriften zueinander erfolgt ihre inhaltliche Darstellung und Untersuchung daher zusammenhängend, wobei auf eventuelle Eigenarten gesondert eingegangen wird.

a) Abstrakte Anwendbarkeitsvoraussetzungen

Der Schutzbereich von Art. 54 ff. SDÜ sowie Art. 50 GRC wurde maßgeblich durch die konkretisierende Rechtsprechung des EuGH beeinflusst und zum Teil deutlich über den eigentlichen Wortlaut hinaus erstreckt. Angesichts der insofern bestehenden zahlreichen umstrittenen Fragen konzentriert sich die Darstellung nachfolgend

---

673 Vgl. *Haratsch/Koenig/Pechstein*, Europarecht, Rn. 668.

674 *Hecker*, 13, Rn. 20; *Zöller*, in: FS-Krey, S. 501 ff. (517 f.); *Eser*, in: Meyer, GRC, Art. 50, Rn. 13, Fn. 441.

675 Vgl. *Ambos*, § 9, Rn. 18; *Safferling*, § 12, Rn. 71. Für Art. 54 SDÜ ist die hierdurch gegebene Möglichkeit einer einheitlichen und verbindlichen Norminterpretation erst durch die Einbeziehung des Schengen-Acquis in den Rahmen der EU erfolgt, vgl. *Hecker*, 13, Rn. 21 f. Bis dahin führte die fehlende Auslegungskompetenz des EuGH zu einer „konzeptionslosen und höchst uneinheitlichen Auslegung des Art. 54 SDÜ", *Zöller*, in: FS-Krey, S. 501 ff. (510).

676 Vgl. *Radtke*, in: Böse, EnzEuR, § 12, Rn. 45; *van Bockel*, The Ne Bis In Idem Principle, S. 23 ff.

auf spezifische Probleme im Unternehmenskontext und behandelt allgemeine Fragen nur, soweit für das grundsätzliche Verständnis erforderlich.

Bevor allerdings auf die inhaltlichen Voraussetzungen der Normen eingegangen werden kann, ist zunächst ihr genereller Anwendungsbereich näher zu bestimmen und abzugrenzen. So unterscheiden sich Art. 54 SDÜ und Art. 50 GRC bereits in ihrer abstrakten Wirkrichtung. Denn während Art. 54 SDÜ nur im zwischenstaatlich-horizontalen Bereich Anwendung findet („durch eine andere Vertragspartei"), spricht Art. 50 GRC nur allgemein von erneuter Verfolgung oder Bestrafung „in der Union". Neben horizontal-transnationalen Sachverhalten greift die Norm daher auch im Falle einer innerstaatlich drohenden erneuten Verfolgung im selben Mitgliedstaat und bietet zudem einen auch vertikal-transnationalen Schutz, soweit erneute Sanktionen auf supranationaler Ebene durch die EU beziehungsweise im Verhältnis eines Mitgliedstaates zu der EU drohen.[677] Die Regelungsbereiche der Normen sind in Bezug auf die von ihnen erfassten Sachverhalte folglich nur teilweise kongruent; für die hier maßgebliche zwischenstaatliche Dimension des ne bis in idem Schutzes finden aber jedenfalls beide Vorschriften Anwendung.

In Bezug auf die generelle Anwendbarkeit ist für Art. 50 GRC ferner zu beachten, dass die Charta gem. Art. 51 I, S. 1 GRC „für die Mitgliedstaaten ausschließlich bei der Durchführung des Rechts der Union" gilt. Zweck dieser Einschränkung ist es primär, eine Abgrenzung der europäischen Grundrechte von den nationalen Rechtsordnungen vorzunehmen und hierdurch einer ausufernden Bindung der Mitgliedstaaten entgegenzuwirken.[678] Wann und unter welchen Voraussetzungen eine „Durchführung des Rechts der Union" vorliegt, ist nach wie vor Gegenstand kontroverser Diskussionen, soll hier jedoch nicht erschöpfend erläutert werden.[679] Für den vorliegend maßgeblichen Untersuchungsgegenstand des Art. 50 GRC im Rahmen einer potenziellen transnationalen Mehrfachverfolgung lässt sich die Anwendbarkeit der GRC jedenfalls auf zweifache Weise begründen: So geht vor allem

---

677 *Radtke*, in: Böse, EnzEuR, § 12, Rn. 1, 14; *Eser*, in: Meyer, GRC, Art. 50, Rn. 6 ff.; 11 ff.; 16a; *Meyer*, HRRS 2014, S. 270 ff. (271); *Eser*, in: Sieber/Satzger/v.Heintschel-Heinegg, Europäisches Strafrecht, § 36, Rn. 76, 90; *Eckstein*, ZStW 2012, S. 490 ff. (494). Zu den verschiedenen Dimensionen des Art. 50 GRC vgl. auch *Stalberg*, Anwendungsbereich, S. 41 ff. passim.

678 *Borowsky*, in: Meyer, GRC, Art. 51, Rn. 1 ff., 24 f. mit Verweis auf die Entstehungsgeschichte der Norm.

679 Der EuGH geht in umstrittener aber ständiger Rechtsprechung davon aus, dass der Anwendungsbereich der GRC nach Art. 51 I, S. 1 GRC eröffnet ist, soweit die Mitgliedstaaten entweder Unionsrecht ausführen oder durch nationale Maßnahmen europäische Grundfreiheiten beeinträchtigen, vgl. EuGH, Urt. v. 13.07.1989, Rs. C-5/88 – Wachauf; EuGH, Urt. v. 18.06.1991, Rs. C-260/89, Slg. 1991, I-2925 – ERT; *Borowsky*, in: Meyer, GRC, Art. 51, Rn. 24 ff. Grundsätzlich zu Art. 51 I, S. 1 GRC vgl. *Nusser*, Die Bindung der Mitgliedstaaten, passim; *Heuer*, Art. 51 Abs. 1 Satz 1 GRC, passim; *Borowsky*, in: Meyer, GRC, Art. 51, Rn. 2 ff., 24 ff.; *Eckstein*, ZStW 2012, S. 490 ff. (517 ff.).

das BVerfG davon aus, dass in Fällen einer transnational drohenden Mehrfachverfolgung in der EU stets Art. 54 SDÜ als sekundärrechtliche Unionsnorm im Raum stehe und von den nationalen Gerichten daher anzuwenden sei, so dass auf diese Weise „Recht der Union" im Sinne des Art. 51 I, S. 1 GRC durchgeführt werde.[680] Ferner wird die Anwendbarkeit des Art. 50 GRC damit begründet, dass der ne bis in idem Grundsatz als Ausformung des Prinzips der gegenseitigen Anerkennung für die Mitgliedstaaten nach Art. 82 I AEUV letztlich immer auch eine Durchführung von Unionsrecht darstellt.[681] Es ist daher zu konstatieren, dass in den hier untersuchten horizontal-transnationalen Sachverhalten Art. 50 GRC trotz der Einschränkung durch Art. 51 I, S. 1 GRC Anwendung findet.[682]

Im Hinblick auf Art. 54 SDÜ sind dagegen die einschränkenden Ausnahmen und Vorbehalte des Art. 55 SDÜ zu beachten.[683] Danach können die Vertragsparteien bei der Ratifikation des Übereinkommens erklären, in bestimmten Fällen nicht an Art. 54 SDÜ gebunden zu sein,[684] was insbesondere bei einem starken Inlandsbezug

680 BVerfG NJW 2012, S. 1202 ff. (1204); i.d.S. auch *Burchard/Brodowski*, StraFo 2010, S. 179 ff. (181 f.); *Radtke*, in: Böse, EnzEuR, § 12, Rn. 55; *Merkel/Scheinfeld*, ZIS 2012, S. 206 ff. (208, Fn. 15).

681 Vgl. *Satzger*, § 10, Rn. 56; *Safferling*, § 12, Rn. 82. Unter Berücksichtigung der Rechtsprechung des EuGH lässt sich eine Bindung der Mitgliedstaaten an Art. 50 GRC darüber hinaus mit der bei einer mehrfachen Sanktionierung drohenden Tangierung der europäischen Grundfreiheiten in Form der Freizügigkeit begründen, vgl. *Böse*, in: FS-Kühne, S. 519 ff. (524 f.).

682 Für eine Anwendbarkeit nur auf unmittelbar wirkende europäische Straftatbestände *de lege ferenda* dagegen *Eckstein*, ZStW 2012, S. 490 ff. (520 f.).

683 Z.T. wird vertreten, die ursprünglich auf Grundlage des Art. 55 I SDÜ erklärten Vorbehalte der jeweiligen Staaten seien mangels ausdrücklicher Erwähnung in den Übernahmeprotokollen nicht mit dem Schengen Besitzstand in den Rechtsrahmen der EU überführt worden und hierdurch daher weggefallen, vgl. *Plöckinger/Leidenmühler*, wistra 2003, S. 81 ff. (82 f.); *Anagnostpoulos*, in: FS-Hassemer, S. 1121 ff. (1127 f.); *Hecker*, 13, Rn. 66 f.; *Rekate*, Die Vermeidung von Jurisdiktionskonflikten, S. 168 f. Dem wird jedoch entgegen gehalten, dass die Vorbehalte als nationales Recht kein Teil des Schengen Besitzstandes seien und daher auf eine Übernahme des gesamten Art. 55 GRC hätte verzichtet werden müssen, soweit beabsichtig gewesen wäre, die erklärten Vorbehalte nicht mit in das EU-Recht zu überführen, vgl. *Böse*, in: FS-Kühne, S. 519 ff. (521 ff.); *Radtke*, in: Böse, EnzEuR, § 12, Rn. 34; *Eckstein*, ZStW 2012, S. 490 ff. (509 f.); *Ambos*, § 10, Rn. 117. Der EuGH hat die Frage, ob die nationalen Vorbehalte i.S.d. Art. 55 I SDÜ nach Überführung des Schengen-Besitzstandes in den Rechtsrahmen der EU fortgelten und mit Art. 50, 52 I GRC vereinbar sind bislang offen gelassen, vgl. EuGH, Urt. v. 29.06.2016, Rs. C-486/14.

684 Nach Art. 8 des Protokolls zur Einbeziehung des Schengen-Besitzstands in den Rahmen der Europäischen Union (ABl. C 340/93 ff. v. 10.11.1997) dürfen alle neuen EU-Mitgliedstaaten dagegen keine Vorbehalte mehr i.S.d. Art. 55 SDÜ abgegeben; sie müssen die Schengen-Acquis daher in ihrer Gesamtheit übernehmen.

der Tat zugestanden wird.[685] Unter anderem Deutschland hat einen solchen Vorbehalt geltend gemacht und ist danach nicht an Art. 54 SDÜ gebunden, soweit die Tat ganz oder teilweise auf deutschem Hoheitsgebiet begangen wurde oder einer der enumerativ benannten Tatbestände erfüllt ist.[686] Da mehrere Länder von den Souveränitätsvorbehalten des Art. 55 SDÜ Gebrauch gemacht haben,[687] wird der vermeintlich umfassende Schutz des Art. 54 SDÜ auf nationaler Ebene deutlich beschränkt und entwertet.[688] Als Ausgleich dazu sind gem. Art. 56 SDÜ aber jedenfalls bereits erlittene Freiheitsentziehungen sowie andere Sanktionen in dem Zweitverfahren anzurechnen.[689] Soweit man die Vorbehalte des Art. 55 SDÜ als eine zulässige und verhältnismäßige Schrankenbestimmungen im Sinne des Art. 52 I GRC ansieht, gelten diese auch im Rahmen des Art. 50 GRC.[690]

Der räumliche Geltungsbereich von Art. 54 SDÜ und Art. 50 GRC ist heute weitgehend identisch, nachdem der Kreis der Schengen-Staaten kontinuierlich erweitert wurde. Zwar fand das SDÜ zunächst nur zwischen den ursprünglichen Vertragsparteien Deutschland, Frankreich und den Beneluxstaaten Anwendung, durch die

---

685 So kommt ein Vorbehalt gem. Art. 55 I SDÜ u.a. in Betracht, wenn die Tat im eigenen Hoheitsgebiet begangen wurde (lit. a)) oder eine gegen die Sicherheit des Staates gerichtete Straftat darstellt (lit. b)); vgl. aber die in Art. 55 IV SDÜ vorgesehenen Rückausnahmen zu den Vorbehalten des Abs. I.

686 Vgl. BGBl. II 1994, S. 631; vgl. hierzu EuGH, Urt. v. 29.06.2016, Rs. C-486/14. Zu der teilweisen Unvereinbarkeit dieses Vorbehalts mit Art. 55 I SDÜ vgl. *Schomburg*, in: Schomburg/Lagodny/Gleß/Hackner, Internationale Rechtshilfe, III E 1, Art. 55 SDÜ, Rn. 3.

687 Vgl. *Böse*, in: FS-Kühne, S. 519 ff. (520) m.w.N.; für Österreich vgl. *Schomburg*, in: Schomburg/Lagodny/Gleß/Hackner, Internationale Rechtshilfe, III E 1, Art. 55 SDÜ, Rn. 2.

688 Nach *Zöller* besteht ein umfassendes, wirksames und transnationales Doppelbestrafungsverbot nach Art. 54 SDÜ daher nur auf dem Papier, *Zöller*, in: FS-Krey, S. 501 ff. (514 f.).

689 Dem trägt die deutsche Strafrechtsordnung durch § 51 III StGB zur Vermeidung unbilliger Härten Rechnung.

690 Vgl. hierzu *Böse*, in: FS-Kühne, S. 519 ff. (526 ff.); *Rosbaud*, StV 2013, S. 291 ff. (292 f.) mit Verweis auf die Erläuterungen zu Art. 50 GRC, wonach die Ausnahmen der Art. 54 bis 58 SDÜ von den Schrankenvorbehalten des Art. 52 I GRC gedeckt sind; ausdrücklich hiergegen *Anagnostpoulos*, in: FS-Hassemer, S. 1121 ff. (1137) m.w.N. Nach anderer Ansicht führt das Inkrafttreten des Art. 50 GRC gerade dazu, dass die Vorbehalte des Art. 55 SDÜ insgesamt erloschen sind, soweit sie eine unverhältnismäßige Beschränkung der GRC darstellen, da diese keinen Raum mehr für derartige Vorbehalte lässt, vgl. *Hackner*, NStZ 2011, S. 425 ff. (427); *Schomburg*, in: Schomburg/Lagodny/Gleß/Hackner, Internationale Rechtshilfe, III E 1, Art. 55 SDÜ, Rn. 5; vgl. hierzu auch das Urteil des obersten griechischen Gerichtshofes, Areopag, Urt. v. 09.06.2011 – Rs. 1/2011, wonach die von Griechenland nach Art. 55 I SDÜ eingelegten Vorbehalte nicht mit dem vorbehaltslosen Art. 50 GRC vereinbar seien, vgl. *Böse*, in: FS-Kühne, S. 519 ff. (526). Vom EuGH wurde diese Frage bislang offen gelassen, vgl. EuGH, Urt. v. 29.06.2016, Rs. C-486/14.

Beitrittserklärungen zahlreicher Staaten fand jedoch eine stetige Erweiterung des Schengen-Raumes statt.[691] Nachdem der *Schengen Aquis* 1999 ins Gemeinschaftsrecht inkorporiert wurde,[692] ist er von jedem Beitrittsstaat der EU „vollständig zu übernehmen",[693] so dass eine Angleichung des räumlichen Geltungsbereiches stattfand.[694] Ein Sonderstatus kommt hierbei allerdings Großbritannien und Irland zu, die den Schengener Abkommen nicht uneingeschränkt beigetreten sind, sondern bis auf Weiteres nur bestimmte Teilbereiche anwenden.[695] Da hierzu im Bereich der polizeilichen und justiziellen Zusammenarbeit jedoch unter anderem die Vorschriften zum Verbot der Doppelbestrafung zählen,[696] sind heute zwar nicht alle Unionsstaaten vollumfängliche Mitglieder des Schengen-Raumes, doch finden jedenfalls die Art. 54 ff. SDÜ im gesamten EU-Raum Anwendung.[697] Die GRC gilt grundsätzlich für alle Mitgliedstaaten der EU. Zwar sind für Polen sowie Großbritannien und die Tschechische Republik Einschränkungen vorgesehen,[698] diese

691 Zur Beitrittschronologie vgl. *Gleß*, in: Schomburg/Lagodny/Gleß/Hackner, Internationale Rechtshilfe, III E, Einführung, Rn. 16 ff.

692 Vgl. hierzu bereits **Teil 3, III., 3.**

693 Vgl. Art. 8 des Protokolls zur Einbeziehung des Schengen-Besitzstands in den Rahmen der Europäischen Union, ABl. C 340/93 ff. v. 10.11.1997; *Ambos*, § 9, Rn. 19.

694 *Ambos*, § 9, Rn. 18; *Hecker*, 13, Rn. 13.

695 Vgl. Protokoll Nr. 19 zum Vertrag von Lissabon, ABl. C 83/1 ff., 290 ff. v. 23.03.2010; *Safferling*, § 12, Rn. 72. Eine Sonderregelung besteht auch für Dänemark, wo das Schengen Recht zwar Anwendung findet, jedoch nur auf völkerrechtlicher Basis und nicht als Teil des Unionsrechts; ferner wenden auch Bulgarien, Rumänien und Zypern den Schengen Besitzstand nur teilweise an, vgl. *Safferling*, § 12, Rn. 72 m.w.N.

696 Für Großbritannien vgl. Art. 1 lit. a, i) des Ratsbeschlusses vom 29. Mai 2000, ABl. L 131/43 ff. v. 01.06.2000 sowie Ratsbeschluss vom 1. Dezember 2014, ABl. EU L 345/1 ff. v. 01.12.2014; für Irland vgl. Art. 1 lit. a, i) Ratsbeschluss vom 28. Februar 2002; ABl. L 64/20 ff. v. 07.03.2002.

697 *Zöller*, in: FS-Krey, S. 501 ff. (508); *Hecker*, 13, Rn. 13. Zudem wenden auch die Nicht-EU-Staaten Norwegen, Island, Lichtenstein und Schweiz den Schengen-Besitzstand als assoziierte Mitglieder an, so dass der räumliche Geltungsbereich des SDÜ sogar über den Bereich der EU hinausgeht, vgl. *Ambos*, § 9, Rn. 18; *Safferling*, § 12, Rn. 72.

698 Art. 1 I des Protokolls Nr. 30 über die Anwendung der Charta der Grundrechte der Europäischen Union auf Polen und das Vereinigte Königreich, ABl. C 115/313 ff. v. 09.05.2008, lautet: „Die Charta bewirkt keine Ausweitung der Befugnis des Gerichtshofs der Europäischen Union oder eines Gerichts Polens oder des Vereinigten Königsreichs zu der Feststellung, dass die Rechts- und Verwaltungsvorschriften, die Verwaltungspraxis oder –maßnahmen Polens oder des Vereinigten Königreichs nicht mit den durch die Charta bekräftigten Grundrechten, Freiheiten und Grundsätzen im Einklang stehen." Welche Auswirkungen der EU-Austritt (sog. „Brexit") auf die Geltung der GRC in Großbritannien haben wird, bleibt abzuwarten. Nach Art. 1 des Protokolls über die Anwendung der Charta der Grundrechte der Europäischen Union auf die Tschechische Republik, Ratsdok. 15265/1/09

ändern aber richtigerweise nichts an den grundsätzlich auch dort geltenden Garantien der GRC.[699] Der generelle räumliche Geltungsbereich von Art. 50 GRC und Art. 54 SDÜ ist in Bezug auf die Mitgliedstaaten der EU folglich identisch.

b) Identität der Tat

Die adäquate Bestimmung des Tatbegriffes als Bezugsgegenstand des ne bis in idem Schutzes ist nach wie vor umstritten. Denn darf man nach Art. 54 SDÜ nicht wegen „derselben Tat" und nach Art. 50 GRC nicht wegen „einer Straftat" erneut verfolgt werden, fragt sich, wie und nach welchem Recht der Tatbegriff (das *idem*) zu definieren ist.[700] Der hiermit verbundenen Umgrenzung des relevanten Tatgeschehens kommt neben der Bestimmung des (innerstaatlichen) Verfahrensgegenstandes zugleich Bedeutung für die (auch transnationale) Reichweite der Erledigungswirkung im Sinne der materiellen Rechtskraft zu.[701]

Die nationalen Rechtsordnungen bestimmen den Tatbegriff auf unterschiedliche Art und Weise,[702] weshalb eine Festlegung des Bezugsgegenstandes „derselben Tat"

REV 1 v. 01.12.2009, S. 14, soll das vorstehende Protokoll auch auf die Tschechische Republik Anwendung finden, wobei mittlerweile fraglich ist, ob Tschechien von diesem Vorbehalt überhaupt Gebrauch machen wird, vgl. hierzu *Heuer*, Art. 51 Abs. 1 Satz 1 GRC, S. 15 f., Fn. 58.

699 Entgegen der z.T. vertretenen Auffassung, dass die Protokolle ein sog. Opt-out vorsehen, wonach Art. 50 GRC in besagten Ländern gar keine Anwendung finden würde (vgl. *Hecker*, 13, Rn. 15; *Zöller*, in: FS-Krey, S. 501 ff. (520 f.); *Radtke*, in: Böse, EnzEuR, § 12, Rn. 1, Fn. 10), hat der EuGH (EuGH, Urt. v. 21.12.2011, Rs. C-411/10, C-493/10, Slg. 2011, I-13905, Rn. 116 ff.) entschieden, dass das Protokoll „nicht die Geltung der Charta für das Vereinigte Königreich oder für Polen in Frage stellt" und dass Art. 1 I des Protokolls weder bezweckt „die Republik Polen und das Vereinigte Königreich von der Verpflichtung zur Einhaltung der Bestimmungen der Charta freizustellen, noch, ein Gericht eines dieser Mitgliedstaaten daran zu hindern, für die Einhaltung dieser Bestimmungen zu sorgen." Die grundsätzliche Geltung der GRC ist folglich nicht in Frage gestellt; durch das Protokoll ausgeschlossen wird vielmehr ausdrücklich allein eine Ausweitung der Befugnisse des EuGH und der nationalen Gerichte, vgl. *Pache/Rösch*, EuZW 2008, S. 519 ff. (520); *Heuer*, Art. 51 Abs. 1 Satz 1 GRC, S. 15 ff.; *Borowsky*, in: Meyer, GRC, Vor Titel VII, Rn. 17 f.; vgl. auch *Lindner*, EuR 2008, S. 786 ff. (788 ff.). Nach *Weiß*, EuZW 2013, S. 287 ff. (289) löst Art. 1 I des Protokolls danach „keinerlei rechtliche Wirkung" aus.

700 Zum Tatbegriff vgl. *Hußung*, Tatbegriff, S. 133 ff. passim; *Thomas*, Einmaligkeit der Strafverfolgung, S. 203 ff.; *Radtke*, NStZ 2012, S. 479 ff. (481 ff.); *Schomburg*, in: Schomburg/Lagodny/Gleß/Hackner, Internationale Rechtshilfe, III E 1, Art. 54 SDÜ, Rn. 43 ff.

701 Vgl. *Radtke*, NStZ 2012, S. 479 ff. (479).

702 Zu den unterschiedlichen nationalen Ansätzen der Bestimmung des Tatbegriffes vgl. *Thomas*, Einmaligkeit der Strafverfolgung, S. 188 ff.; *Ambos*, § 10, Rn. 128; *Satzger*, § 10, Rn. 67 f.

durch den Erstverfolgungsstaat unter Anerkennung dieser Bestimmung durch die weiteren Mitgliedstaaten abzulehnen ist:[703] Eine einseitig mitgliedstaatliche Definitionsmacht über den Anwendungsbereich europäischer Vorschriften würde die innerstaatlich inkongruente Rechtslage auf die Ebene der EU erstrecken und das hier gebotene gleichwertige Schutzniveau konterkarieren.[704] In diesem Sinne hat der EuGH zu Art. 54 SDÜ einen autonomen und einheitlichen europäischen Tatbegriff entwickelt, um eine kohärente Handhabung auf europäischer Ebene zu ermöglichen. Danach ist das maßgebende Kriterium die „Identität der materiellen Tat", verstanden als „das Vorhandensein eines Komplexes unlösbar miteinander verbundener Tatsachen, [...] unabhängig von der rechtlichen Qualifizierung dieser Tatsachen oder von dem geschützten rechtlichen Interesse".[705] Es kommt somit auf die Einheitlichkeit des Lebenssachverhaltes an (*idem factum*);[706] ob danach „dieselbe Tat" vorliegt, sollen die Gerichte der Mitgliedstaaten entscheiden.[707]

Zu Art. 50 GRC ist insofern bislang keine konkretisierende Rechtsprechung des EuGH ergangen. Angesichts der identischen Schutzrichtungen beider Normen ist allerdings eine Erstreckung der Auslegung zu Art. 54 SDÜ auf den Tatbegriff des Art. 50 GRC zu befürworten und zu erwarten.[708] So bestehen keine Anhaltspunkte dafür, dass mit der abweichenden Formulierung „Straftat" ein engerer Tatbegriff oder eine Einschränkung des Schutzniveaus beabsichtigt war.[709] Hierfür spricht auch, dass die bei Auslegung der Charta gem. Art. 6 I, UAbs. 3 EUV zu berücksichtigenden

---

703 *Ambos*, § 10, Rn. 128; *Radtke*, NStZ 2008, S. 162 ff. (164); *Böse*, GA 2003, S. 744 ff. (757 f.); dafür aber *Hecker*, 13, Rn. 55; *Stein*, Europäisches ne bis in idem, S. 192 ff.

704 *Ambos*, § 10, Rn. 128.

705 EuGH, Urt. v. 09.03.2006, Rs. C-436/04, Slg. 2006, I-2333. Rn. 36 ff. – Van Esbroeck; sowie u.a. EuGH, Urt. v. 28.09.2006, Rs. C-150/05, Slg. 2006, I-09327, Rn. 40 f.; EuGH, Urt. v. 28.09.2006, Rs. C-467/04, Slg. 2006, I-9199, Rn. 54; kritisch *Ambos*, § 10, Rn. 130 m.w.N.

706 *Radtke*, in: Böse, EnzEuR, § 12, Rn. 48; *Radtke*, NStZ 2012, S. 479 ff. (482 f.). Für einen normativen Tatbegriff i.S.d. *idem crimen* dagegen *Böse*, GA 2003, S. 744 ff. (757 ff.).

707 EuGH, Urt. v. 09.03.2006, Rs. C-436/04, Slg. 2006, I-2333. Rn. 38 – van Esbroeck; *Radtke*, in: Böse, EnzEuR, § 12, Rn. 48.

708 *Radtke*, in: Böse, EnzEuR, § 12, Rn. 50 f.; *Anagnostpoulos*, in: FS-Hassemer, S. 1121 ff. (1136); *Radtke*, NStZ 2012, S. 479 ff. (482); *Safferling*, § 12, Rn. 83; vgl. *Eser*, in: Meyer, GRC, Art. 50, Rn. 15.

709 *Radtke*, NStZ 2012, S. 479 ff. (482). Vgl. aber EuGH, Urt. v. 09.03.2006, Rs. C-436/04, Slg. 2006, I-2333. Rn. 28 – van Esbroeck, wonach der in Art. 4 des 7. Zusatzprotokolls zur EMRK (ebenso wie in Art. 50 GRC) verwendete Begriff der „Straftat" die Relevanz der rechtlichen Qualifizierung der Tat impliziere (*idem crimen*), was ein eher normatives Verständnis nahe legt, soweit man diese Argumentation auf Art. 50 GRC übertragen sollte. Allerdings vertritt der insofern zuständige EGMR auch i.R.d. EMRK einen faktischen Tatbegriff, stellt nicht (mehr) auf das idem crimen ab und hat sich so dem Standpunkt des EuGH angenähert, vgl. EGMR, Urt. v. 10.02.2009, Nr. 14939/03, Rn. 70 ff. – Zolotukhin/Russland, vgl. hierzu

Erläuterungen zu Art. 50 GRC ausdrücklich auf die Art. 54 ff. SDÜ verweisen und die dortigen Regelungen hierdurch explizit in Bezug nehmen;[710] die beiden Vorschriften stehen daher gerade nicht isoliert nebeneinander.

Kommt es danach auf das *idem factum* an, ist im Rahmen der Haftung juristischer Personen hierfür auf den jeweils maßgeblichen Sanktionsgrund abzustellen:[711] Bei Zurechnungsmodellen ist bezüglich der Tatidentität mithin der Lebenssachverhalt der Anknüpfungstat maßgeblich; wird (auch) ein originärer Organisationsvorwurf gegenüber dem Verband selbst erhoben, ist diese Pflichtverletzung dem Tatbegriff ebenfalls als haftungsbegründender Rechtsverstoß zugrunde zu legen.

c) *Erfasste Sanktionsentscheidungen*

Statuieren Art. 54 SDÜ und Art. 50 GRC einen transnationalen Klageverbrauch, soweit dasselbe Tatgeschehen bereits sanktioniert worden ist, kommt es für den Schutzumfang wesentlich darauf an, welche nationalen Sanktionsentscheidungen eine solche ne bis in idem Wirkung auslösen können. Aufgrund der inkongruenten mitgliedstaatlichen Haftungsregime gegenüber Verbänden stellt sich diese Frage auch und insbesondere in dem hier gegenständlichen Kontext der Unternehmenssanktionierung. Während Art. 54 SDÜ insofern voraussetzt, dass der Sanktionsadressat „rechtskräftig abgeurteilt" worden ist, muss dieser nach Art. 50 GRC „rechtskräftig verurteilt oder freigesprochen" worden sein.[712] Es ist daher zu präzisieren, welche Sanktionsentscheidungen jeweils erfasst werden, wobei die Ausformung der Schutzbereiche wesentlich durch den EuGH erfolgte.[713]

Anagnostpoulos, in: FS-Hassemer, S. 1121 ff. (1136 f.) m.w.N.; *Hackner*, NStZ 2011, S. 425 ff. (427).

710 ABl. EU C 303/17 ff. (31) v. 14.12.2007.

711 Da es nicht auf die rechtliche Qualität der Tat ankommt, ist in Bezug auf die Verantwortlichkeit juristischer Personen insbesondere irrelevant, ob diese national strafrechtlichen oder ordnungsrechtlichen Tatbeständen zugeordnet ist, vgl. *Kappel/Ehling*, BB 2011, S. 2115 ff. (2119).

712 Trotz fehlender expliziter Normierung sind nach Sinn und Zweck auch i.R.d. Art. 54 SDÜ rechtskräftige Freisprüche einbezogen; andernfalls wäre auch die Differenzierung zwischen Ab- und Verurteilung nicht verständlich, vgl. EuGH, Urt. v. 28.09.2006, Rs. C-150/05, Slg. 2006, I-09327; *Eser*, in: Sieber/Satzger/v.Heintschel-Heinegg, Europäisches Strafrecht, § 36, Rn. 70; *Kniebühler*, Transnationales ne bis in idem, S. 224 f; *Hecker*, 13, Rn. 23.

713 Für einen Überblick über die einschlägige Rechtsprechung des EuGH zu Art. 54 SDÜ vgl. *Schomburg*, in: Schomburg/Lagodny/Gleß/Hackner, Internationale Rechtshilfe, III E 1, Art. 54 SDÜ, Rn. 23 ff., 70 ff. Vgl. auch *van Bockel*, The Ne Bis In Idem Principle, S. 119 ff.

aa) Rechtliche Qualität der Entscheidungen

Für den Umfang des europäischen ne bis in idem Schutzes ist zunächst relevant, welche rechtliche Qualität die mitgliedstaatlichen Sanktionsentscheidungen haben müssen, um ein Doppelverfolgungsverbot zu bewirken. So ist vor allem fraglich, ob ausschließlich gerichtliche Entscheidungen oder auch bestimmte behördliche Erledigungsformen von Art. 54 SDÜ und Art. 50 GRC erfasst werden (sollten).

Insofern verschafft eine grammatikalische Auslegung der Art. 54 ff. SDÜ keine wesentliche Klarheit.[714] Zwar lässt die Formulierung der deutschen Fassung („abgeurteilt", „Urteilsstaat") darauf schließen, dass eine gerichtliche Entscheidung in Form eines Urteils erforderlich ist, um die Klage transnational zu verbrauchen.[715] Doch verwenden die ebenfalls amtlichen französischen („*jugement*") und niederländischen („*vonnis*") Fassungen Formulierungen,[716] die nach nationaler Rechtssprache neben Gerichtsurteilen auch sonstige Entscheidungsformen einbeziehen und zu einer Präzisierung daher wenig beitragen können.[717] Die deutsche Rechtsprechung stand einer Einbeziehung ausländischer nicht-richterlicher Maßnahmen auf der Grundlage herkömmlicher Auslegungsmethoden zunächst kritisch gegenüber.[718]

---

714 Der ursprünglich völkerrechtliche Charakter des SDÜ führte dazu, dass primär die Auslegungsregeln der Art. 31 ff. des Wiener Übereinkommens über das Recht der Verträge maßgeblich waren. Seit der Überführung des SDÜ in den Rechtsrahmen der EU sind dagegen (auch) die vom EuGH entwickelten Grundsätze zur Auslegung des Unionsrechts zu beachten; danach ist insbesondere i.S.e. dynamischen Auslegung auf die Zielrichtung des jeweiligen Instruments und seine Bedeutung für den europäischen Integrationsverbund abzustellen: der EuGH folgt den klassischen Auslegungskriterien nach Wortlaut, Systematik und Teleologie daher nur begrenzt, vgl. *Vogel/Norouzi*, JuS 2003, S. 1059 ff. (1061); anders *Hecker*, 13, Rn. 30; *Stein*, Europäisches ne bis in idem, S. 97 ff.

715 Dies legt auch die Formulierung „ausländisches Urteil" in Art. 55 I SDÜ nahe.

716 Das SDÜ wurde mit deutsch, niederländisch und französisch ursprünglich in drei amtlichen Sprachen abgefasst, deren Wortlaut gem. Art. 142 II, S. 4 SDÜ jeweils verbindlich sind. Nach Einbeziehung des SDÜ in das Unionsrecht ist nunmehr der Wortlaut aller Amtssprachen der EU verbindlich, doch muss sich eine grammatikalische Auslegung sprachlich zunächst an der authentischen Textfassung und dem hierin zum Ausdruck kommenden originären Regelungsgehalt orientieren, vgl. *Hecker*, 13, Rn. 30 m.w.N. Zur Auslegung anderer Sprachfassungen vgl. *Böse*, GA 2003, S. 744 ff. (747 ff.).

717 *Hecker*, 13, Rn. 31; *Schomburg*, in: Schomburg/Lagodny/Gleß/Hackner, Internationale Rechtshilfe, III E 1, Art. 54 SDÜ, Rn. 31.

718 Vgl. BGH NStZ 1998, S. 149 ff. (151 ff.); BGH NStZ 1999, S. 250 ff. (251 f.), wo jedoch bereits explizit offen gelassen wird, ob ein mit dem belgischen Finanzministerium vereinbarter verwaltungsrechtlicher Vergleich im Zuge der foranschreitenden europäischen Integration durch Art. 54 SDÜ erfasst werden könne; BayObLG StV 2001, S. 263, wonach nur Urteile, zumindest aber gerichtliche Entscheidungen zu erfassen seien; nach OLG Hamburg, wistra 1996, S. 193 ff. (195) könne ein Verfahrenshindernis nur angenommen werden, „wenn die ausländische Entscheidung

Der EuGH hingegen löste sich in seiner Rechtsprechung zu Art. 54 SDÜ von dem eigentlichen Wortlaut der Vorschrift und sieht sich dabei im Wege einer dynamischen Auslegung nicht an den Regelungswillen der ursprünglichen Vertragsparteien gebunden, sondern stellt im Sinne einer teleologischen Auslegung maßgeblich auf Sinn und Zweck des transnationalen Doppelverfolgungsverbotes ab.[719] Danach solle Art. 54 SDÜ verhindern, dass eine Person, die von ihrem Recht auf Freizügigkeit Gebrauch macht, wegen derselben Tat in mehreren Mitgliedstaaten verfolgt wird und so ermöglichen, dass sich die EU zu einem Raum der Freiheit, der Sicherheit und des Rechts entwickelt. Diesem Ziel und Zweck der Vorschrift sei Vorrang gegenüber verfahrensrechtlichen oder rein formalen Aspekten einzuräumen, weshalb Art. 54 SDÜ in beschuldigtenfreundlicher Auslegung auch auf Entscheidungen anwendbar sei, mit denen die Strafverfolgung in einem Mitgliedstaat endgültig beendet werde, „auch wenn sie ohne Mitwirkung eines Gerichts und nicht in Form eines Urteils ergehen."[720] Nur so könne Art. 54 SDÜ zur vollständigen Verwirklichung eines Raumes der Freiheit, der Sicherheit und des Rechts wirksam beitragen, so dass auch bestimmte behördliche Entscheidungen eine transnationale ne bis in idem Wirkung nach Art. 54 SDÜ entfalten. Als Voraussetzung für eine solche Erstreckung des

---

unter Beachtung von verfahrensrechtlichen Mindestanforderungen zustande gekommen ist. Dies [sei] in einem ausreichenden Maße nur bei Gerichtsentscheidungen gewährleistet."

719 EuGH, Urt. v. 11.02.2003, Rs. C-187/01, C-385/01, Slg. 2003, I-01345, Rn. 35 ff. – Gözütok und Brügge; vgl. hierzu die Besprechungen bei *Vogel/Norouzi*, JuS 2003, S. 1059 ff.; *Kühne*, JZ 2003, S. 305 ff.; *Stein*, NJW 2003, S. 1162 ff., die von einem „Meilenstein für das europäische ‚ne bis in idem'" spricht; *Radtke/Busch*, NStZ 2003, S. 281 ff. Vgl. auch *Böse*, GA 2003, S. 744 ff.; kritisch hierzu *Appl*, in: GS-Vogler, S. 109 ff. (117 ff.).

720 EuGH, Urt. v. 11.02.2003, Rs. C-187/01, C-385/01, Slg. 2003, I-01345, Rn. 31, 35, 38 – Gözütok und Brügge; zuletzt EuGH, Urt. v. 29.06.2016, Rs. C-486/14, Rn. 38 f. Z.T. wird kritisiert, dass der EuGH durch diese extensive Auslegung die Grenzen des Wortlautes überschritten und das Recht fortgebildet habe, vgl. *Stein*, NJW 2003, S. 1162 ff. (1163); *Kühne*, JZ 2003, S. 305 ff. (306). Gefordert wird zudem eine gewisse rechtliche Würdigung des Sachverhaltes: nicht erfasst ist daher die Entscheidung eines Gerichts, ein Verfahren für beendet zu erklären, nachdem die Staatsanwaltschaft beschlossen hat, die Strafverfolgung nur deshalb nicht fortzusetzen, weil in einem anderen Staat Verfolgungsmaßnahmen gegen denselben Beschuldigten wegen derselben Tat eingeleitet worden sind, ohne dass eine Prüfung in der Sache erfolgt ist (EuGH, Urt. v. 10.03.2005, Rs. C-469/03, Slg. 2005, I-2009, Rn. 22, 30 – Miraglia) oder eine staatsanwaltliche Einstellung, ohne dass durch eingehende Ermittlungen eine Prüfung in der Sache erfolgt ist (EuGH, Urt. v. 29.06.2016, Rs. C-486/14, Rn. 42 ff.). Ein Freispruch wegen Verjährung (EuGH, Urt. v. 28.09.2006, Rs. C-150/05, Slg. 2006, I-09327, Rn. 61) oder aufgrund mangelnder Beweise (EuGH, Urt. v. 28.09.2006, Rs. C-467/04, Slg. 2006, I-9199, Rn. 28) ist dagegen erfasst, so dass prozessuale Erledigungen nicht pauschal ausgeschlossen sind, vgl. *Zimmermann*, Strafgewaltkonflikte, S. 258 f.

Art. 54 SDÜ auf Verfahrensbeendigungen ohne richterliche Beteiligung und Urteilsform benennt der EuGH, dass die Entscheidung von einer nach nationalem Recht „zur Mitwirkung bei der Strafrechtspflege" berufenen Behörde getroffen werden muss, der verfahrensbeendenden Entscheidung eine gewisse Ahndungswirkung sowie innerstaatlich eine (jedenfalls beschränkte)[721] Rechtskraft zukommen muss.[722] Der EuGH stellt hierdurch maßgeblich auf ein wechselseitiges Vertrauen in die jeweiligen Strafjustizsysteme der Mitgliedstaaten ab und fordert eine gegenseitige Anerkennung auch dann, wenn das nationale Recht zu einem anderen Ergebnis führen oder etwa eine richterliche Mitwirkung erfordern würde.[723] Durch diese ergebnisorientierte Auslegung zieht der EuGH den ne bis in idem Grundsatz über die ursprüngliche Abwehrfunktion hinaus programmatisch auch zur Vertiefung der Europäischen Integration heran.[724] Trotz dieser Präzisierung durch den EuGH wird insbesondere in der Literatur weiterhin kontrovers diskutiert, welche mitgliedstaatlichen Entscheidungsarten im Einzelfall von Art. 54 SDÜ zu erfassen sind.[725] Das Spektrum potenzieller Verfahrensabschlüsse ist groß und in seinem europäischen Ausmaß kaum konkret zu benennen.[726] In Umsetzung der vom EuGH herausgearbeiteten Grundsätze haben nationale Gerichte Art. 54 SDÜ jedenfalls auf strafklageverbrauchende Entscheidungen der Staatsanwaltschaft ohne gerichtliche Mitwirkung angewendet, soweit Auflagen mit Sanktionscharakter zu erfüllen sind.[727]

---

721 Der konkreten Entscheidung lag u.a. eine deutsche staatsanwaltschaftliche Einstellung unter Auflagen nach § 153a i.V.m. § 153 I, S. 2 StPO zugrunde; gem. § 153a I, S. 4 StPO kann die Tat bei Erfüllung der Auflagen und Weisungen nur als Vergehen nicht mehr verfolgt werden, so dass insofern eine nur „beschränkte" Rechtskraft eintritt. Da Art. 54 SDÜ allerdings in Bezug auf den Umfang der Rechtskraft nicht differenziert, wurde aus dem Urteil des EuGH geschlussfolgert, dass auch eine nur beschränkte nationale Rechtskraft für eine transnational umfassende Sperrwirkung ausreichend sei, vgl. *Böse*, GA 2003, S. 744 ff. (754 f.).

722 EuGH, Urt. v. 11.02.2003, Rs. C-187/01, C-385/01, Slg. 2003, I-01345, Rn. 28 ff. – Gözütok und Brügge; vgl. *Eser*, in: Sieber/Satzger/v.Heintschel-Heinegg, Europäisches Strafrecht, § 36, Rn. 71; *Radtke*, in: Böse, EnzEuR, § 12, Rn. 44. Nach *Stein*, NJW 2003, S. 1162 ff. (1164) könne aus dem Urteil allerdings nicht geschlossen werden, ob eine Ahndung zwingende Voraussetzung sei. Nach *Hackner*, NStZ 2011, S. 425 ff. (429) ist hieraus dagegen richtigerweise das Erfordernis eines sanktionierenden Elementes zu folgern, weshalb etwa auflagenfreie Verfahrenseinstellungen nicht erfasst seien.

723 Vgl. EuGH, Urt. v. 11.02.2003, Rs. C-187/01, C-385/01, Slg. 2003, I-01345, Rn. 33 ff. – Gözütok und Brügge: hiermit rekurriert der EuGH letztlich auf dem Grundsatz der gegenseitigen Anerkennung.

724 Vgl. *Hackner*, NStZ 2011, S. 425 ff. (427).

725 Vgl. etwa die ausführliche Diskussion verschiedener nationaler Erledigungsformen bei *Kniebühler*, Transnationales ne bis in idem, S. 223 ff.

726 *Schomburg*, in: Schomburg/Lagodny/Gleß/Hackner, Internatonale Rechtshilfe, III E 1, Art. 54 SDÜ, Rn. 25.

727 Vgl. etwa das Urteil des österr. OGH, v. 17.06.2004 – 12 Os 23/04.

Auch Art. 50 GRC legt nach der deutschen Formulierung „rechtskräftig verurteilt oder freigesprochen“ das Erfordernis eines gerichtlichen Urteils nahe.[728] Zwar ist insofern bislang keine klarstellende Rechtsprechung des EuGH ergangen, doch ist zu befürworten, dass der EuGH trotz des nicht völlig kongruenten Wortlautes die zu Art. 54 SDÜ entwickelten Kriterien auch auf Art. 50 GRC übertragen und die gleichen Anforderungen an die rechtliche Qualität der Sanktionsentscheidungen stellen wird.[729] Hierfür spricht zunächst, dass schon grundsätzlich eine Auslegung der jeweiligen Normen zu bevorzugen ist, die in der EU einheitlich anwendbare Kriterien eines transnationalen ne bis in idem Prinzips gewährleistet und so das Unionsziel eines einheitlichen Rechtsraumes nicht durch zwei in Voraussetzung und Rechtsfolge unterschiedliche Doppelverfolgungsverbote konterkariert. Dem entspricht, dass die Erläuterungen zu Art. 50 GRC ausdrücklich auf Art. 54 SDÜ Bezug nehmen und dessen Schutzbereich als sekundärrechtliche Konkretisierung zu berücksichtigen ist.[730] Darüber hinaus ist zu beachten, dass der EuGH im Sinne der von ihm vorgenommenen „dynamischen Interpretation“ bei Auslegung des Europarechts das Ziel einer möglichst weitgehenden Wirksamkeit (*„effet utile“*) der europäischen Normen verfolgt und hierbei in dem Selbstverständnis eines „Motors der Integration“ agiert.[731] So stellt er bei der Auslegung des Art. 54 SDÜ weniger auf den (von Art. 50 GRC abweichenden) Wortlaut ab, sondern betont die Zielsetzung der EU, die Union als einen Raum der Freiheit, der Sicherheit und des Rechts, in dem der freie Personenverkehr gewährleistet ist, zu erhalten und weiterzuentwickeln.[732] Diesem Ziel aber dienen die primärrechtliche GRC sowie deren Art. 50

---

728 Auch der englische Wortlaut legt ein solches Verständnis mit der Formulierung „finally acquitted or convicted“ (dt.: endgültig freigesprochen oder verurteilt) nahe.

729 I.d.S. auch *Radtke*, in: Böse, EnzEuR, § 12, Rn. 25; *Zöller*, in: FS-Krey, S. 501 ff. (517 f.); *Eser*, in: Meyer, GRC, Art. 50, Rn. 13; *Anagnostpoulos*, in: FS-Hassemer, S. 1121 ff. (1137).

730 Vgl. *Burchard/Brodowski*, StraFo 2010, S. 179 ff. (183); gem. Art. 52 VII GRC sind die der Charta beigefügten Erläuterungen (ABl. EU C 303/17 ff. v. 14.12.2007) als Anleitung für die Auslegung der GRC verfasst wurden und als solche von den Gerichten der Union sowie der Mitgliedstaaten gebührend zu berücksichtigen; sie dienen folglich als Interpretationshilfe, die einzelnen Normen inhaltlich zu konkretisieren – dies bestätigt Art. 6 I, UAbs. 3 EUV. Hierdurch sind die eigentlich rechtlich unverbindlichen Erläuterungen faktisch zu einer rechtsverbindlichen Auslegungshilfe erstarkt, vgl. *Esser*, in: Sieber/Satzger/v.Heintschel-Heinegg, Europäisches Strafrecht, § 53, Rn. 32, Fn. 63 m.w.N.

731 Vgl. *Streinz*, Europarecht, § 8, Rn. 610, 614, *Radtke/Busch*, NStZ 2003, S. 281 ff. (283).

732 *Schomburg*, in: Schomburg/Lagodny/Gleß/Hackner, Internationale Rechtshilfe, III E 1, Art. 54 SDÜ, Rn. 24; nach *Anagnostopoulos*, in: FS-Hassemer, S. 1121 ff. (1123) ist die Rechtsprechung des EuGH zu Art. 54 SDÜ „vom Primat der europäischen Integration“ beherrscht; insofern kritisch *Radtke/Busch*, NStZ 2003, S. 281 ff. (283 f.).

in gleicher Weise;[733] beide ne bis in idem Regelungen haben denselben Schutzzweck, weshalb bei deren Auslegung entsprechende Maßstäbe und Grundsätze heranzuziehen sind. Für die betroffenen Staaten und die Adressaten macht es zudem keinen wesentlichen Unterschied, ob ein erneutes Verfahren nach einem gerichtlichen Urteil oder einer bloß behördlichen Sanktionsentscheidung droht.[734] Zudem würde die Attraktivität der für die Verfolgungspraxis wichtigen außergerichtlichen Verfahrenseinstellungen andernfalls erheblich gemindert.[735] Eine extensive Handhabung des Art. 50 GRC ist schließlich geboten, um gegenüber der durch die EU effektivierten justiziellen Kooperation und der so forcierten unionsweiten Strafverfolgung ein möglichst wirksames rechtsstaatliches Korrektiv zu schaffen und einer einseitigen Verschiebung des Sanktionssystems zulasten der Adressaten vorzubeugen.[736] Die Rechtsprechung des EuGH zu Art. 54 SDÜ ist daher auf Art. 50 GRC zu übertragen und dieser ebenfalls auf nicht-richterliche Sanktionsentscheidungen mit innerstaatlicher Rechtskraft zu erstrecken.[737]

bb) Rechtsnatur der Entscheidungen

Für den Umfang des europäischen ne bis in idem Schutzes und gerade im Kontext der inkongruenten Verbandssanktionen von entscheidender Bedeutung ist zudem die Frage der Rechtsnatur der von Art. 54 SDÜ, Art. 50 GRC erfassten nationalen Sanktionen. Insofern gilt es vor allem zu klären, ob nur (kriminal-)strafrechtliche Maßnahmen oder auch bestimmte nicht-strafrechtliche Sanktionsentscheidungen ein transnationales Verbot erneuter Strafverfolgung auslösen können.

---

733 Vgl. Erwägungsgrund 2 und 3 der Präambel der GRC sowie *Radtke*, in: Böse, EnzEuR, § 12, Rn. 13; *Zöller*, in: FS-Krey, S. 501 ff. (517 f.).

734 Vgl. hierzu bereits die Argumentation in **Teil 2, IV., 2., b)**.

735 Denn kaum ein Betroffener würde sich auf eine Verfahrensbeendigung durch nichtrichterliche Organe, wie etwa eine staatsanwaltliche Einstellung einlassen, wenn er befürchten müsste, anschließend in einem anderen Mitgliedstaat erneut verfolgt und sanktioniert werden zu können, vgl. *Eser*, in: Meyer, GRC, Art. 50, Rn. 13; *Plöckinger/Leidenmühler*, wistra 2003, S. 81 ff. (86).

736 Vgl. *Hecker*, StV 2001, S. 306 ff. (309); *Hecker*, 13, Rn. 34; *Anagnostpoulos*, in: FS-Hassemer, S. 1121 ff. (1129) („Mindestpendant"); *Kniebühler*, Transnationales ne bis in idem, S. 190; vgl. auch *van Bockel*, The Ne Bis In Idem Principle, S. 64 f.

737 Dem steht auch nicht die Formulierung in den Erläuterungen zu Art. 50 GRC entgegen, wonach sich das Verbot der Doppelbestrafung „auf gleichartige Sanktionen, in diesem Fall durch ein Strafgericht verhängte Strafen, bezieht", da sich der EuGH – wie gezeigt – nicht primär an den Wortlaut und den ursprünglichen Regelungswillen gebunden sieht und dieses Erfordernis letztlich nur den Zweck hat, dass sich „gleichartige Sanktionen" gegenüber stehen müssen, um ein Doppelverfolgungsverbot zu bewirken, vgl. *Eser*, in: Meyer, GRC, Art. 50, Rn. 8.

Der Wortlaut des Art. 50 GRC („Straftat", „Strafverfahren") legt zunächst nahe, dass nur strafrechtliche Verfahren im engeren Sinne erfasst werden;[738] repressive Sanktionen im weiteren strafrechtlichen Sinne könnten eine erneute Verfolgung danach nicht hindern. Diesem Verständnis scheinbar entsprechend hat auch der EuGH konstatiert, dass die Anwendung des Art. 50 GRC voraussetze, dass die jeweilige Maßnahme „strafrechtlichen Charakter" habe.[739] Allerdings präzisiert der EuGH diese Aussage dahingehend, dass für die Beurteilung der strafrecht-lichen Natur einer Sanktion „drei Kriterien maßgeblich sind: Erstens die rechtliche Einordnung der Zuwiderhandlung im innerstaatlichen Recht, zweitens die Art der Zuwiderhandlung und drittens die Art und der Schweregrad der angedrohten Sanktion".[740] Hierdurch zieht der EuGH zur Konkretisierung der von Art. 50 GRC erfassten nationalen Maßnahmen die vom EGMR zu Art. 6 I EMRK entwickelten sog. „Engel-Kriterien" heran.[741] Um zu verhindern, dass die Staaten durch eine entsprechende innerstaatliche Zuordnung der Verfahren über den Anwendungs-bereich der fundamentalen Garantien der EMRK disponieren können, legt der EGMR den Begriff der „strafrechtlichen Anklage" autonom aus und stellt hierbei weniger auf die innerstaatliche Einordnung der Maßnahme, denn auf materielle Kriterien ab.[742] Die genannten Bewertungskriterien sind allerdings nur Indizien mit relativem Wert, welche in einer Gesamtbetrachtung alternativ angewendet werden,[743] so dass ein „strafrechtlicher Charakter" auch dann zu bejahen sein kann, wenn eine Sanktion national nicht dem (Kriminal-)Strafrecht zugeordnet ist, soweit der allgemeingültigen Norm jedenfalls ein gewisses Gewicht zukommt, die angedrohte Sanktion eine hinreichende Schwere hat und hierdurch abschrecken soll.[744] In Anwendung dieser Grundsätze hat der EGMR etwa die in Deutschland innerstaatlich nicht dem Strafrecht (im engeren Sinne) zugeordneten Ordnungswidrigkeiten ausdrücklich als unter Art. 6 I EMRK fallende strafrechtliche Maßnahmen deklariert, da es

738 Auch der englische Wortlaut des Art. 50 GRC „criminal proceedings", „criminal offence" (dt.: Strafverfahren, Straftat) legt eine solche Auslegung der Norm nah, vgl. zur Wortlautauslegung auch *Stalberg*, Anwendungsbereich, S. 70 ff., 191.

739 EuGH, Urt. v. 26.02.2013, Rs. C-617/10, Rn. 33 – Åkerberg Fransson.

740 EuGH, Urt. v. 26.02.2013, Rs. C-617/10, Rn. 35 – Åkerberg Fransson. Diese zunächst i.R.e. rechtsordnungsinternen Fallgestaltung entwickelten Grundsätze hat der EuGH mittlerweile in einer transnationalen Rechtssache aufgegriffen und hierdurch auf diese erstreckt, vgl. EuGH, Urt. v. 27.05.2014, Rs. C-129/14, Rn. 53 – Spasic; hierfür bereits *Radtke*, in: Böse, EnzEuR, § 12, Rn. 41.

741 Diesen Bezug zur Rechtsprechung des EGMR stellte der EuGH bereits zuvor in der Entscheidung EuGH, Urt. v. 05.06.2012, Rs. C-489/10, Rn. 26 ff., 37 – Bonda her.

742 Vgl. EGMR, Urt. v. 08.06.1976, EuGRZ 1976, 221, Rn. 82 – Engel; EGMR, Urt. v. 21.02.1984, EuGRZ 1985, 62, Rn. 50 – Öztürk; *Vogler*, in: Pabel/Schmahl, EMRK, Art. 6, Rn. 195 ff. (1. Lfg.); *Meyer-Ladewig*, EMRK, Art. 6 EMRK, Rn. 4, 21 ff.

743 *Meyer-Ladewig*, EMRK, Art. 6 EMRK, Rn. 28; *Peters/Altwicker*, § 19, Rn. 16.

744 Vgl. *Meyer-Ladewig*, EMRK, Art. 6 EMRK, Rn. 24 ff. Zu den danach von Art. 6 EMRK auch ohne innerstaatliche Zuordnung zum Strafrecht (i.e.S.) zu erfassenden Verfahrenstypen vgl. *Peters/Altwicker*, § 19, Rn. 18 f.

dogmatisch eine vollständige Trennung zwischen dem deutschen Strafrecht und dem Recht der Ordnungswidrigkeiten nicht gebe, die vorgesehenen Sanktionen sowohl ahndende als auch abschreckende Zwecke verfolgten und so den Charakter einer Bestrafung hätten.[745]

Indem der EuGH zur Bestimmung der von Art. 50 GRC erfassten Sanktionen eine Parallele zu der Rechtsprechung des EGMR zieht, stellt auch er insofern auf einen weiten Strafrechtsbegriff ab, der neben Kriminalstrafen auch andere repressive Maßnahmen erfasst, soweit diesen nach Art und Umfang eine hinreichende Schwere zukommt.[746] Nur wenn die mehrfachen Sanktionsmaßnahmen jeweils strafrechtliche Natur in diesem Sinne haben, greift der ne bis in idem Grundsatz ein; eine Kumulation strafrechtlicher und rein verwaltungsrechtlicher Sanktionen bleibt demnach auch weiterhin zulässig. Die vom EuGH hierzu herangezogenen materiellen Kriterien lassen keine abstrakte Kategorisierung der von Art. 50 GRC erfassten Sanktionen zu, sondern erfordern in der Regel eine konkrete Wertung im Einzelfall. Angesichts der inkongruenten mitgliedstaatlichen Sanktionssysteme ist eine derart autonom-materielle Bestimmung des Schutzbereiches auch geboten, da eine einheitliche europäische Definition der erfassten Maßnahmen kaum zu realisieren ist, solange insofern keine Harmonisierung der nationalen Rechtsordnungen erfolgt ist. Die konkrete Auslegung der innerstaatlichen Sanktionsmaßnahmen auf ihren strafrechtlichen Charakter im Sinne des Art. 50 GRC überlässt der EuGH den nationalen Gerichten, welche anhand der „Engel-Kriterien“ im Einzelfall zu entscheiden haben, ob eine Maßnahme unter das Doppelverfolgungsverbot fällt oder nicht.[747] Insofern ist zu erwarten, dass sich die mitgliedstaatlichen Gerichte an der Ausformung der „Engel-Kriterien“ durch den EGMR orientieren und diese im Sinne einer kongruenten Auslegung ähnlich extensiv handhaben werden.[748]

745 EGMR, Urt. v. 21.02.1984, EuGRZ 1985, 62, Rn. 51, 53 – Öztürk.

746 Zum grundsätzlich weiten Strafrechtsverständnis i.R.d. GRC vgl. *Jarass*, NStZ 2012, S. 611 ff. (612); *Blanke*, in: Calliess/Ruffert, EUV/AEUV, Art. 50 GRC, Rn. 4 m.w.N.

747 EuGH, Urt. v. 26.02.2013, Rs. C-617/10, Rn. 36 f. – Åkerberg Fransson. Die nationalen Gerichte haben hierbei weiterhin die Möglichkeit, den EuGH im Wege der Vorabentscheidung gem. Art. 267 AEUV anzurufen, um in Zweifelsfällen von diesem verbindlich klären zu lassen, ob eine konkrete innerstaatliche Maßnahme von dem Anwendungsbereich des Art. 50 GRC erfasst ist.

748 So ist Art. 50 GRC gem. Art. 6 I, UAbs. 3 EUV i.V.m. Art. 52 III, S. 1 GRC in Bedeutung und Tragweite korrespondierend dem (aufgrund seiner innerstaatlichen Geltung nur partiell) entsprechenden Art. 4 des 7. Zusatzprotokolls zur EMRK auszulegen, vgl. hierzu *Kingreen*, in: Calliess/Ruffert, EUV/AEUV, Art. 52 GRC, Rn. 34 m.w.N. Auch dort legt der EGMR indes den weiten Strafrechtsbegriff zugrunde (vgl. *Meyer-Ladewig*, EMRK, Protokoll Nr. 7 zur EMRK, Art. 4, Rn. 2), so dass hieraus jedenfalls eine erhebliche Orientierungswirkung auch für die Auslegung des transnationalen Art. 50 GRC folgt, zumal die Grundrechte der EMRK gem. Art. 6 III EUV auch grundsätzlich und ohne inhaltliche Identität eine wesentliche Rechtserkenntnisquelle für die Auslegung der GRC darstellen. Vgl. hierzu auch die Schlussanträge des Generalanwalts Cruz Villalón in der Rechtssache Åkerberg

Im Gegensatz zu Art. 50 GRC fordert Art. 54 SDÜ seinem Wortlaut nach nur eine „Sanktion“ für eine „Tat“ und ist in Bezug auf die Rechtsnatur der erfassten Maßnahmen somit neutral formuliert, was bereits gegen eine Begrenzung des Schutzbereiches auf allein strafrechtliche Maßnahmen im engeren Sinne spricht.[749] Im Interesse eines kongruenten Anwendungsbereiches beider europäischer ne bis in idem Garantien liegt es daher nahe, die zu erfassenden Sanktionsentscheidungen ebenfalls nach den vom EuGH bei Art. 50 GRC angewendeten „Engel-Kriterien“ zu bestimmen. Hierfür spricht zudem, dass Art. 54 SDÜ als sekundärrechtliche Norm in dem Lichte der Charta und somit „grundrechtskonform“ zu Art. 50 GRC auszulegen ist.[750] Ein extensiver Sanktionsbegriff im Sinne der „Engel-Kriterien“ ist schließlich geboten, um nach dem *effet utile* Gedanken einen möglichst weiten Mehrfachverfolgungsschutz zu gewährleisten und diesen auch auf nicht-kriminal-strafrechtliche Sanktionen zu erstrecken. Denn ob eine Sanktion innerstaatlich dem Strafrecht im engeren oder im weiteren Sinne zugeordnet ist, macht für die Betroffenen keinen wesentlichen Unterschied. Rechtssicherheit und Freizügigkeit werden durch drohende Zweitverfahren jeweils tangiert, weshalb ein Schutz vor erneuter Verfolgung auch in Bezug auf strafrechtliche Sanktionen im weiteren Sinne geboten ist,[751] zumal der Anwendungsbereich des europäischen ne bis in idem Prinzips andernfalls der Disposition der Mitgliedstaaten unterläge.

cc) Rechtskraft der Entscheidungen

Sowohl Art. 54 SDÜ als auch Art. 50 GRC fordern, dass die verfahrensbeendende Entscheidung „rechtskräftig“ sein muss, um einen transnationalen Klageverbrauch

---

Fransson, Rn. 70 ff., 80 ff., wobei es dort aufgrund des rechtsordnungsinternen Sachverhaltes allein um das Problem der nur zum Teil und teilweise nur unter Vorbehalt erfolgten Ratifizierung des 7. Zusatzprotokolls ging; der EuGH ging in seinem Urteil dagegen gar nicht auf die insofern bestehende Problematik des Art. 52 III GRC ein, sondern rekurrierte nur abstrakt auf den „Engel-Kriterien“ des EGMR. Vgl. hierzu auch *Weiß*, EuZW 2013, S. 287 ff. (291).

749 Vgl. hierzu auch *Rübenstahl/Schilling*, HRRS 2008, S. 492 ff. (495 ff.). Allerdings lautet die Überschrift des dritten Kapitels in der deutschen Fassung „Verbot der Doppelbestrafung“ und sprechen u.a. auch Art. 55 I, lit. b), II SDÜ von „Straftaten“.

750 Vgl. *Satzger*, § 10, Rn. 57b m.w.N.; *Burchard/Brodowski*, StraFo 2010, S. 179 ff. (181, 186). Dabei stellt es auch keinen Zirkelschluss dar, dass Art. 50 GRC einerseits durch Art. 54 SDÜ sekundärrechtlich konkretisiert wird und Art. 54 SDÜ andererseits im Lichte des Art. 50 GRC auszulegen ist. Denn die gebotene grundrechtskonforme Auslegung folgt aus den hierarchischen Grundsätzen europäischer Grundrechtsinterpretation, wohingegen die Berücksichtigung des Art. 54 SDÜ aus der ausdrücklichen Bezugnahme in den Erläuterungen zu Art. 50 GRC als „Rechtsbesitzstand der Union“ folgt, vgl. *Burchard/Brodowski*, StraFo 2010, S. 179 ff. (182 ff.).

751 Vgl. *Zimmermann*, Strafgewaltkonflikte, S. 275 f.; *Stalberg*, Anwendungsbereich, S. 196.

zu bewirken. Mangels konkretisierender Erläuterungen war zunächst fraglich, wie dieses Rechtskraftkriterium näher zu bestimmen ist und ob hierfür das Rechtsverständnis des Erst- oder Zweitverfolgungsstaates maßgeblich sein soll beziehungsweise ein europarechtlich autonomer Rechtskraftbegriff zu konstruieren ist.[752]

Der EuGH hat zu Art. 54 SDÜ insofern klarstellend ausgeführt, dass eine Tat als „rechtskräftig" abgeurteilt gilt, soweit die Strafklage innerstaatlich aufgrund des jeweiligen Verfahrens verbraucht ist und die Strafverfolgung hierdurch endgültig beendet wird.[753] Er entwickelt folglich keine autonom-materiellen Kriterien zur Bestimmung der Rechtskraft im Sinne des europäischen ne bis in idem,[754] sondern stellt durch einen Rückverweis auf den Erstverfolgungsstaat vielmehr auf dessen nationale Rechtsordnung und das dortige Rechtskraftverständnis ab.[755] Ist eine erneute Verfolgung derselben Tat im Inland danach ausgeschlossen,[756] erstreckt Art. 54 SDÜ diese verfahrensbeendende Wirkung in transnationaler Dimension auch auf andere Mitgliedstaaten. Da der EuGH hierfür jedoch unter anderem den nur in Bezug auf Vergehen klageverbrauchenden § 153a I, II StPO einbezieht,[757] soll auch eine jedenfalls beschränkte Rechtskraft ausreichend sein.[758]

Im Interesse korrespondierender Schutzbereiche und angesichts der expliziten Inbezugnahme des Art. 54 SDÜ durch die Erläuterungen zu Art. 50 GRC ist das Rechtskraftkriterium auch im Rahmen des Art. 50 GRC unter Rückverweis auf den endgültigen Klageverbrauch im Erstverfolgungsstaat zu bestimmen.

---

752 Zu der Diskussion um das Rechtskraftkriterium vgl. u.a. *Radtke/Busch*, NStZ 2003, S. 281 ff. (285 ff.); *Bohnert/Lagodny*, NStZ 2000, S. 636 ff. (639 f.); *Lagodny*, NStZ 1997, S. 265 f. (265 f.).

753 Vgl. EuGH, Urt. v. 11.02.2003, Rs. C-187/01, C-385/01, Slg. 2003, I-01345, Rn. 30, 38 – Gözütok und Brügge; EuGH, Urt. v. 22.12.2008, Rs. C-491/07, Slg. 2008, I-11039, Rn. 32, 34 ff. – Turanský.

754 Für ein materielles Rechtskraftkriterium vgl. *Radtke/Busch*, NStZ 2003, S. 281 ff. (285 ff.); *Bohnert/Lagodny*, NStZ 2000, S. 636 ff. (639 f.).

755 Zustimmend u.a. *Hecker*, 13, Rn. 35 f.; *Kniebühler*, Transnationales ne bis in idem, S. 212 f.; *Thomas*, Einmaligkeit der Strafverfolgung, S. 297, 303 f.; *Vogel/Norouzi*, JuS 2003, S. 1059 ff. (1061 f.).

756 Nationale Wiederaufnahmegründe hindern die Rechtskraft i.d.S. nicht, soweit eine Wiederaufnahme nur in einem hierfür vorgesehen justizförmigen Verfahren möglich ist, vgl. weiterführend *Radtke/Busch*, EuGRZ 2000, S. 421 ff. (429 f.); *Radtke/Busch*, NStZ 2003, S. 281 ff. (286); *Hecker*, StV 2001, S. 306 ff. (310); *Hecker*, in: FS-v.Heintschel-Heinegg, S. 175 ff.

757 Vgl. EuGH, Urt. v. 11.02.2003, Rs. C-187/01, C-385/01, Slg. 2003, I-01345 – Gözütok und Brügge, wonach eine niederländische sog. transactie ebenfalls erfasst ist. Zu Fällen einer innerstaatlich nur beschränkten materiellen Rechtskraft vgl. auch EuGH, Urt. v. 05.06.2014, Rs. C-398/12, NJW 2014, 3010 ff.

758 Vgl. hierzu *Eser/Burchard*, FS-Meyer, S. 499 ff. (514 f.); *Hecker*, 13, Rn. 36; *Hecker*, in: FS-v.Heintschel-Heinegg, S. 175 ff. Zu der diesbezüglichen Problematik i.R.d. steuerstrafrechtlichen Selbstanzeige nach § 398a AO vgl. *Bülte*, NZWiSt, 2014, S. 321 ff.

dd) Zusammenfassung

Nach den vorstehenden Untersuchungen und unter Berücksichtigung der Kriterien des EuGH lassen sich in Bezug auf die von Art. 54 SDÜ, Art. 50 GRC erfassten Sanktionsentscheidungen folgende gemeinsame Kriterien zusammenfassen:

Bezüglich der rechtlichen Qualität der nationalen Entscheidungsarten ist zunächst zu konstatieren, dass im Rahmen des Art. 54 SDÜ nicht nur gerichtliche Urteile, sondern nach Sinn und Zweck auch Verfahrensbeendigungen ohne richterliche Beteiligung und Urteilsform einzubeziehen sind, soweit die Behörde national zur Mitwirkung bei der Strafrechtspflege berufen ist und der Maßnahme Ahndungswirkung sowie Rechtskraft zukommt. Diese extensiven Kriterien sind angesichts der gleichlaufenden Schutzzwecke und im Interesse der gebotenen einheitlichen Auslegung auf Art. 50 GRC zu übertragen und auch hier bestimmte behördliche Sanktionsentscheidungen als transnational klageverbrauchend einzubeziehen.

Die Rechtsnatur der von Art. 50 GRC erfassten Maßnahmen ist nach dem EuGH nicht auf national dem Kriminalstrafrecht zugeordnete Sanktionen beschränkt, sondern unter Heranziehung der „Engel-Kriterien" auf das Strafrecht im weiteren Sinne zu erstrecken. Maßgeblich ist danach die rechtliche Einordnung im innerstaatlichen Recht, die Art der Zuwiderhandlung sowie die Art und Schwere der angedrohten Sanktion. Anhand dieser autonom-europäischen Kriterien sind die jeweils erfassten Sanktionen von den nationalen Gerichten zu beurteilen, wobei eine wertende Gesamtbetrachtung im Einzelfall vorzunehmen ist und neben Kriminalstrafen auch andere Sanktionen erfasst werden, soweit diesen nach Art und Umfang eine hinreichende Schwere zukommt. In Anlehnung an die zu Art. 50 GRC herangezogenen Kriterien ist auch für die Rechtsnatur der von Art. 54 SDÜ erfassten Entscheidungen eine extensive Auslegung geboten und im Sinne eines kongruenten Schutzbereiches ein weiter Strafrechtsbegriff zugrunde zu legen.

Für das Rechtskraftkriterium kommt es nach dem EuGH bei Art. 54 SDÜ darauf an, dass die Strafklage auf nationaler Ebene verbraucht und die Strafverfolgung hierdurch endgültig beendet wird. Hierfür soll jedoch auch eine bloß beschränkte Rechtskraft ausreichend sein. Diese Grundsätze sind auf Art. 50 GRC zu übertragen und das Rechtskraftkriterium auch hier durch einen Rückverweis auf den Erstverfolgungsstaat und den dortigen Klageverbrauch zu bestimmen.

In Zusammenschau beider Normen lassen sich bezüglich der erfassten Sanktionsmaßnahmen mithin folgende kumulative Kriterien nennen: auch nichtgerichtliche Entscheidungen sind erfasst, soweit die jeweilige Behörde nach nationalem Recht zur Mitwirkung bei der Strafrechtspflege berufen ist (1.). Neben Kriminalstrafen werden im Sinne eines weiten Strafrechtsbegriffes auch andere Sanktionen erfasst, wobei die rechtliche Zuordnung im nationalen Recht, die Art der Zuwiderhandlung sowie die Art und Schwere der angedrohten Sanktion maßgeblich sind (2.). Die jeweilige Sanktionsentscheidung muss die Strafklage nach nationalem Recht verbrauchen und die Strafverfolgung hierdurch endgültig beenden (3.).[759]

Trotz des nicht völlig identischen Wortlautes ist demnach eine einheitliche Auslegung der von Art. 54 SDÜ und Art. 50 GRC erfassten Sanktionsentscheidungen geboten, welche sich durch einen weiten Schutzbereich in erster Linie an Sinn und Zweck des europäischen Doppelverfolgungsverbotes orientiert. So löst sich der EuGH im Wege einer dynamischen Auslegung von dem eigentlichen Wortlaut der Normen und räumt durch deren tendenziell extensive Interpretation dem Ziel der Gewährleistung einer umfassenden Freizügigkeit Vorrang gegenüber formalen Aspekten ein.[760] Dabei betont er insbesondere die Zielsetzung der EU, die Union als einen Raum der Freiheit, der Sicherheit und des Rechts zu erhalten und weiterzuentwickeln.[761] Diesen Zielen aber dienen Art. 54 SDÜ und Art. 50 GRC nach ihren Schutzzwecken in gleicher Weise, so dass eine gleichermaßen extensive und inhaltlich gleichlaufende Handhabung beider Vorschriften geboten ist. Dieses materielle Bezugsverhältnis der Normen wird auch durch den Verweis der für die Auslegung des Art. 50 GRC zu beachtenden Erläuterungen auf Art. 54 SDÜ deutlich.[762] Darüber hinaus ist auch grundsätzlich eine Auslegung zu bevorzugen, die in der EU einheitlich anwendbare Kriterien des transnationalen ne bis in idem Prinzips herausarbeitet und so das Unionsziel eines einheitlichen Rechtsraumes nicht durch zwei in Voraussetzungen und Rechtsfolge unterschiedliche Doppelverfolgungsverbote konterkariert. Die jeweiligen Kriterien der erfassten Sanktionsentscheidungen sind daher wechselseitig zu übertragen und zu einheitlichem Schutzbereich des europäischen ne bis in idem Prinzips zusammen zu führen.

Zwar sollen diese Kriterien erst nachfolgend auf konkrete nationale (Verbands-) Sanktionen angewendet und dabei präzisiert werden, auf eine Konsequenz der Entwicklung der EuGH-Rechtsprechung ist allerdings bereits jetzt hinzuweisen: Fordert der EuGH für die Einbeziehung von auch nicht-gerichtlichen Verfahrensbeendigungen, dass „die Strafverfolgung durch eine Entscheidung einer Behörde beendet wird, die zur Mitwirkung bei der Strafrechtspflege in der betreffenden nationalen Rechtsordnung berufen ist",[763] könnte hieraus das Erfordernis einer für

---

759 Unter diesen konkreten Voraussetzungen können auch Freisprüche, Verfahrenseinstellungen und konsensuale Verfahrenserledigungen ein transnationales Doppelverfolgungsverbot bewirken.

760 EuGH, Urt. v. 11.02.2003, Rs. C-187/01, C-385/01, Slg. 2003, I-01345, Rn. 35 ff. – Gözütok und Brügge.

761 *Schomburg*, in: Schomburg/Lagodny/Gleß/Hackner, Internationale Rechtshilfe, III E 1, Art. 54 SDÜ, Rn. 24; insofern kritisch *Radtke/Busch*, NStZ 2003, S. 281 ff. (283 f.).

762 Vgl. *Burchard/Brodowski*, StraFo 2010, S. 179 ff. (181, 186). Dem trägt auch der EuGH durch die Übertragung des Vollstreckungselementes des Art. 54 SDÜ auf Art. 50 GRC Rechnung, vgl. **Teil 3, III., 4., d).**

763 Vgl. EuGH, Urt. v. 11.02.2003, Rs. C-187/01, C-385/01, Slg. 2003, I-01345, Rn. 28 – Gözütok und Brügge.

die Strafrechtspflege im engeren Sinne zuständigen Behörde abgeleitet werden. Danach wären nur für das (Kriminal-)Strafrecht zuständige Behörden sowie deren Entscheidungen erfasst, etwa die nationalen Staatsanwaltschaften. Maßnahmen allgemeiner Verwaltungsbehörden könnten demgegenüber kein transnationales ne bis in idem nach den Art. 54 SDÜ, Art. 50 GRC bewirken. Zwar mag eine solche Begrenzung des Anwendungsbereiches zunächst sachgerecht gewesen sein, weil die Einbeziehung eines engen Kreises von Behörden, welche national nach den Regeln des Strafverfahrensrechts agieren, die Einhaltung gleichwertiger prozessualer und rechtsstaatlicher Standards garantiert und so das für eine gegenseitige Anerkennung erforderliche Vertrauen in die jeweils andere Rechtsordnung gewährleistet.[764] In Anbetracht der späteren Entwicklung der Rechtsprechung des EuGH führt eine solche Begrenzung der erfassten Behörden jedoch zu Wertungswidersprüchen. Denn indem der EuGH (für Art. 50 GRC) entschieden hat, dass auch strafrechtliche Sanktionen im weiteren Sinne ein transnationales ne bis in idem auslösen können, hat er dessen Anwendungsbereich insgesamt entsprechend erweitert. Da derartige Sanktionen des Strafrechts im weiteren Sinne in den mitgliedstaatlichen Rechtsordnungen jedoch regelmäßig von Behörden festgesetzt werden, die national nicht zur Mitwirkung bei der Strafrechtspflege im engeren Sinne berufen sind, wäre es widersprüchlich, entsprechende Sanktionen zwar vom Schutzbereich des ne bis in idem Grundsatzes zu erfassen, die hierfür zuständigen Behörden aber zu exkludieren. Das vom EuGH aufgestellte Erfordernis einer „zur Mitwirkung bei der Strafrechtspflege" berufenen Behörde muss daher im Lichte seiner späteren Rechtsprechung gesehen und entsprechend ausgelegt werden, so dass trotz des Verweises auf die jeweilige nationale Rechtsordnung hiervon auch Behörden des Strafrechts im weiteren Sinne zu erfassen sind. Es können daher grundsätzlich auch Sanktionsentscheidungen allgemeiner Verwaltungsbehörden ein Doppelverfolgungsverbot nach Art. 54 SDÜ, Art. 50 GRC auslösen, soweit die übrigen Kriterien vorliegen.[765] Um im Duktus des EuGH zu bleiben, kann nur eine solche Auslegung dem Ziel und Zweck des ne bis in idem Prinzips Vorrang gegenüber verfahrensrechtlichen oder rein formalen Aspekten einräumen und eine wirksame Anwendung des Mehrfachverfolgungsverbotes gewährleisten. Hinzu kommt, dass die nationalen Normgeber durch entsprechende Verfahrensgestaltung andernfalls über den Umfang des ne bis in idem Prinzips disponieren könnten.

---

764 Vgl. hierzu bereits **Teil 2, IV., 2., c).**

765 Für eine weite Auslegung und die Einbeziehung auch allgemeiner Verwaltungsbehörden auch *Anagnostpoulos*, in: FS-Hassemer, S. 1121 ff. (1131 f.), wonach die „Besonderheiten des nationalen Rechts hinsichtlich der zuständigen Behörden bzw. der Verfahren, in denen Sanktionen mit Strafcharakter verhängt werden, [...] keinen Anlaß geben [dürften], die staatsübergreifende Geltung des Doppelbestrafungsverbots auszuhöhlen"; ebenfalls für ein weites Verständnis unter Einbeziehung auch von Verwaltungsbehörden mit Verfolgungs- und Ahndungszuständigkeiten vgl. *Hackner*, NStZ 2011, S. 425 ff. (429 f.).

d) Vollstreckungselement

Nach Art. 54 SDÜ tritt ein Doppelverfolgungsverbot im Falle einer Verurteilung nur ein, wenn „die Sanktion bereits vollstreckt worden ist, gerade vollstreckt wird oder nach dem Recht des Urteilsstaats nicht mehr vollstreckt werden kann." Dieses sog. Vollstreckungselement soll verhindern, dass sich rechtskräftig Verurteilte durch Flucht in andere Staaten unter Berufung auf das ne bis in idem Prinzip der Vollstreckung entziehen (sog. „*forum fleeing*") oder es aus anderen Gründen tatsächlich nicht zu einer Vollstreckung kommt.[766] Da sich das wehrhafte Recht erst durch seinen Vollzug realisiert,[767] ist in diesen Fällen eine erneute Verfolgung zulässig. Während eine Sanktion nur bei Beendigung der Vollstreckung im Sinne des Art. 54 SDÜ „bereits vollstreckt worden ist", wird diese „gerade vollstreckt", wenn die Vollstreckungsmaßnahme bereits eingeleitet wurde oder andauert;[768] „nicht mehr vollstreckt werden" kann eine Sanktion insbesondere bei einer im Urteilsstaat gewährten Amnestie oder bei einer Vollstreckungsverjährung.[769]

Nachdem mit Art. 50 GRC jedoch ein ne bis in idem Grundsatz im europäischen Primärrecht implementiert wurde, der keine Vollstreckungsklausel enthält, war das Verhältnis beider Normen zueinander insbesondere unter dem Aspekt einer möglichen Fortgeltung des Vollstreckungselementes fraglich und umstritten.[770] So wurde für einen verdrängenden Vorrang des vorbehaltslosen Art. 50 GRC neben dem vermeintlich eindeutigen Wortlaut sowie der Normenhierarchie insbesondere geltend gemacht, dass in der Nichtübernahme der Vollstreckungsklausel in den zeitlich nachfolgenden Art. 50 GRC eine bewusste Entscheidung des Normgebers liege und eine solche Klausel in einem gemeinsamen Rechtsraum gegenseitiger Anerkennung und transnationaler Vollstreckbarkeit strafrechtlicher Sanktionen

---

766 Vgl. *Zöller*, in: FS-Krey, S. 501 ff. (511 f.); *Mansdörfer*, Das Prinzip des ne bis in idem, S. 182; *Böse*, GA 2011, S. 504 ff. (508).

767 Vgl. *Eckstein*, ZStW 2012, S. 490 ff. (509).

768 Hierunter soll auch eine zur Bewährung ausgesetzte Freiheitsstrafe fallen, EuGH, Urt. v. 18.07.2007, Rs. C-288/05, Slg. 2007, I-06441, Rn. 42 ff. – Kretzinger; BGHSt 46, 187 (189); vgl. *Hecker*, 13, Rn. Rn. 43 f.; a.A. noch OLG Saarbrücken, StV 1997, S. 359 ff. (360).

769 Dabei ist nicht erforderlich, dass die Sanktion nach dem Recht des Urteilsstaates zu irgendeinem Zeitpunkt überhaupt einmal unmittelbar vollstreckbar gewesen ist, EuGH, Urt. 11.12.2008, Rs. C-297/07, Rn. 52. Insgesamt zu dem Vollstreckungselement des Art. 54 SDÜ vgl. *Hecker*, 13, Rn. 42 ff.; *Schomburg*, in: Schomburg/Lagodny/Gleß/Hackner, Internationale Rechtshilfe, III E 1, Art. 54 SDÜ, Rn. 51 ff.; *Safferling*, § 12, Rn. 100 ff.

770 Zu der diesbezüglich umfassenden Literatur vgl. u.a. *Merkel/Scheinfeld*, ZIS 2012, S. 206 ff.; *Nestler*, HRRS 2013, S. 337 ff.; *Böse*, GA 2011, S. 504 ff.; *Stalberg*, Anwendungsbereich, S. 168 ff.; *Satzger*, § 10, Rn. 57 ff.; *Burchard/Brodowski*, StraFo 2010, S. 179 ff.; *Eckstein*, ZStW 2012, S. 490 ff. (509 ff.); *Engelhart*, in: Müller-Gugenberger, § 6, Rn. 144; *Meyer*, HRRS 2014, S. 270 ff.; *Hecker*, 13, Rn. 37 ff.; *Radtke*, in: Böse, EnzEuR, § 12, Rn. 57 f.; *Safferling*, § 12, Rn. 84 f.; *Ambos*, § 10, Rn. 131 ff.

zur Vermeidung von Sanktionslücken nicht erforderlich sei.[771] Andere Stimmen befürworteten dagegen eine umfassende Fortgeltung des Art. 54 SDÜ inklusive der Vollstreckungsklausel; diese stelle vielmehr eine nach Art. 52 I GRC zulässige Schrankenbestimmung des Art. 50 GRC dar.[772] Dem folgte auch der hierin vom BVerfG bestätigte BGH, indem er ohne ein Vorabentscheidungsersuchen an den EuGH auf die Erläuterungen zu Art. 50 GRC verwies, welche ausdrücklich auf Art. 54 bis 58 SDÜ als dem Rechtsbesitzstand der Union Bezug nehmen und die dortigen Ausnahmen als von Art. 52 I GRC gedeckt bezeichnen würden.[773]

Klarheit brachte schließlich der EuGH selbst, indem er sich der letztgenannten Ansicht anschloss und die Vollstreckungsklausel als zulässige sowie verhältnismäßige Schrankenbestimmung des Art. 50 GRC im Sinne des Art. 52 I GRC einstufte.[774] Hierzu rekurrierte er ebenfalls auf den Erläuterungen der Charta und betonte, dass die europäischen Instrumente zur Erleichterung der strafrechtlichen Zusammenarbeit eine Vollstreckung der Sanktionen nicht immer garantierten.[775] Demzufolge gehe „die in Art. 54 SDÜ vorgesehene Vollstreckungsbedingung nicht über das hinaus, was erforderlich ist, um in einem grenzüberschreitenden Kontext

---

771 Vgl. *Schomburg*, in: Schomburg/Lagodny/Gleß/Hackner, Internationale Rechtshilfe, III E 1, Art. 54 SDÜ, Rn. 13 ff.; *Stalberg*, Anwendungsbereich, S. 170 ff.; *Eser*, in: Meyer, GRC, Art. 50, Rn. 14; *Merkel/Scheinfeld*, ZIS 2012, S. 206 ff. (210 f.); *Gaede*, NJW 2014, S. 2990 ff. (2990 f.).

772 *Satzger*, § 10, Rn. 57b; *Hecker*, 13, Rn. 39; *Ambos*, § 10, Rn. 132. Nach *Satzger*, § 10, Rn. 57 ist die Vorstellung eines einheitlichen Rechtsraumes, in dem das Vollstreckungselement verzichtbar ist, „jedoch zumindest derzeit eine Illusion", da die einzelnen Anerkennungsinstrumente noch nicht so auf einander abgestimmt seien, dass ein lückenloses System entstanden wäre. Eine Heranziehung des Art. 52 II GRC käme nicht in Betracht, da mit „Verträgen" im dortigen Sinne nur das Primärrecht gemeint sei, das SDÜ aber dem Sekundärrecht zugehöre, vgl. *Satzger*, § 10, Rn. 57a.

773 BGHSt 56, 11 (14 ff.); BGH, Beschl. v. 01.12.2010, vgl. hierzu BVerfG NJW 2012, S. 1202 ff. (1204). Kritisch zur Nichtvorlage an den EuGH *Böse*, GA 2011, S. 504 ff. (512). Ablehnend *Merkel/Scheinfeld*, ZIS 2012, S. 206 ff. (208 ff.), da das Vollstreckungselement Voraussetzung und nicht Ausnahme des ne bis in idem sei und sich die Formulierung in den Erläuterungen allein auf die Ausnahmen des Art. 55 GRC beziehe; i.d.S. auch *Nestler*, HRRS 2013, S. 337 ff. (339); *Böse*, GA 2011, S. 504 ff. (506).

774 EuGH, Urt. v. 27.05.2014, Rs. C-129/14, Rn. 51 ff. – Spasic; kritisch *Meyer*, HRRS 2014, S. 270 ff. (272 ff.).

775 EuGH, Urt. v. 27.05.2014, Rs. C-129/14, Rn. 54 ff., 65 ff. – Spasic. Der EuGH weist insofern darauf hin, dass eine (erneute) Verfolgung in dem durch Art. 54 SDÜ geschaffenen Rahmen (also unter Geltung der Vollstreckungsklausel) nur in Fällen stattfindet, in denen das derzeit im Unionsrecht vorgesehene System nicht ausgereicht hat, um auszuschließen, dass Personen, die in der Union rechtskräftig verurteilt wurden, der Strafe entgehen, vgl. Rn. 71.

zu verhindern, dass Personen, die in einem Mitgliedstaat der Union rechtskräftig verurteilt wurden, der Strafe entgehen."[776]

Die Vollstreckungsklausel gilt demnach (soweit sich die Anwendungsbereiche der beiden Normen überschneiden)[777] auch für Art. 50 GRC und schränkt diesen im Sinne einer Schrankenbestimmung nach Art. 52 I GRC entsprechend ein.

e) Rechtsfolge

Zwar werden Art. 54 SDÜ und Art. 50 GRC häufig als bloße Doppelbestrafungsverbote bezeichnet, tatsächlich sieht ihre Rechtsfolge jedoch nicht erst ein Verbot wiederholter Bestrafung vor, sondern steht bereits einer mehrfachen Verfolgung wegen derselben Tat entgegen. Art. 50 GRC formuliert dies ausdrücklich, indem niemand „erneut verfolgt oder bestraft" werden darf;[778] doch auch Art. 54 SDÜ hindert bereits eine wiederholte Verfolgung, da nicht erst eine tatsächliche mehrfache Bestrafung, sondern schon die Einleitung erneuter Verfolgungsmaßnahmen einen grundsätzlich unzulässigen Eingriff in die Interessen und Rechte der Betroffenen darstellt und deren Rechtsfrieden erschüttert.[779] Es wird folglich ein transnationales Verfahrenshindernis bewirkt,[780] indem Art. 54 SDÜ, Art. 50 GRC die im Erstverfolgungsstaat eingetretene Rechtskraft zwischenstaatlich erstrecken und so einen unionsweiten Klageverbrauch statuieren.[781]

Greift die Rechtsfolge der horizontal-transnationalen ne bis in idem Regelungen in diesem Sinne ein, sind die Verfolgungsbehörden des Zweitverfolgungsstaates bereits daran gehindert, in derselben Sache eine eigene Verfolgung in Form eines Ermittlungsverfahrens zu betreiben, geschweige denn, eine wiederholte Sanktion festzusetzen;[782] soweit sie erst während eines bereits geführten Zweitverfahrens von dem Eingreifen des ne bis in idem Schutzes erfahren, sind schon eingeleitete Maßnahmen zwingend zu beenden und das Verfahren einzustellen.

---

776 EuGH, Urt. v. 27.05.2014, Rs. C-129/14, Rn. 72 – Spasic.

777 Dies ist letztlich nur in transnationalen Sachverhalten der Fall, da Art. 54 SDÜ weder im rein nationalen noch im vertikalen Verhältnis anwendbar ist, vgl. *Radtke*, in: Böse, EnzEuR, § 12, Rn. 58. Kritisch zu der hieraus folgenden Differenzierung *Nestler*, HRRS 2013, S. 337 ff. (339).

778 Vgl. *Eser*, in: Meyer, GRC, Art. 50, Rn. 12; *Zöller*, in: FS-Krey, S. 501 ff. (517).

779 *Hecker*, 13, Rn. 23; *Zöller*, in: FS-Krey, S. 501 ff. (509).

780 Vgl. *Schomburg*, in: Schomburg/Lagodny/Gleß/Hackner, Internationale Rechtshilfe, III E 1, Art. 54 SDÜ, Rn. 18; *Zöller*, in: FS-Krey, S. 501 ff. (509, 517).

781 Zu nationalen Wiederaufnahmegründen in transnationalen Fallgestaltungen vgl. *Radtke/Busch*, EuGRZ 2000, S. 421 ff. (429 f.); *Radtke/Busch*, NStZ 2003, S. 281 ff. (286); *Hecker*, StV 2001, S. 306 ff. (310); *Radtke*, in: Böse, EnzEuR, § 12, Rn. 29 ff.; *Schmoller*, in: Hochmayr, Ne bis in idem in Europa, S. 115 ff.; *Hecker*, in: FS-v. Heintschel-Heinegg, S. 175 ff.

782 *Zöller*, in: FS-Krey, S. 501 ff. (509, 517); *Hecker*, 13, Rn. 23.

5. Zwischenergebnis

Grenzüberschreitende Rechtsverstöße führen auch und insbesondere im Rechtsraum der EU zu der Gefahr einer parallelen beziehungsweise sukzessiven Mehrfachsanktionierung durch verschiedene Hoheitsträger in derselben Sache.

Dem hieraus resultierenden Schutzbedürfnis tragen Art. 54 SDÜ und Art. 50 GRC Rechnung, indem sie ein transnationales Doppelverfolgungsverbot statuieren und die ne bis in idem Garantien so auf zwischenstaatliche Ebene erstrecken. Soweit ihre Voraussetzungen in dem vorstehend konkretisierten Sinne tatbestandsmäßig vorliegen, kann ein wirksamer Schutz vor Mehrfachverfolgung mithin auch transnational gewährleistet werden. Auf diese Weise trägt der durch Art. 54 SDÜ und Art. 50 GRC verbürgte europäische ne bis in idem Grundsatz maßgeblich zu dem von Art. 3 II EUV proklamierten Ziel eines Raumes der Freiheit, der Sicherheit und des Rechtes bei, indem Rechtsfrieden und Rechtssicherheit der Betroffenen grundsätzlich Vorrang vor den in der nationalen Autonomie und Souveränität der Mitgliedstaaten begründeten kumulativen Sanktionsansprüchen gewährt wird und die Interessen der Adressaten so auch grenzüberschreitend verwirklicht werden.

Tatbestandliche Voraussetzung des transnationalen ne bis in idem Schutzes nach Art. 54 SDÜ, Art. 50 GRC ist, dass aufgrund desselben geschichtlichen Lebenssachverhaltes bereits ein rechtskräftiger Verfahrensabschluss ergangen ist, wobei auch nicht-gerichtliche Entscheidungen und entsprechend der „Engel-Kriterien" auch strafrechtliche Sanktionen im weiteren Sinne zu erfassen sind; die Strafklage muss nach nationalem Recht zudem endgültig verbraucht sein und im Falle einer Verurteilung ein Vollstreckungselement vorliegen.

6. Anwendbarkeit von Art. 54 SDÜ, Art. 50 GRC auf die Sanktionierung juristischer Personen

Ist demnach ein transnationaler ne bis in idem Schutz auf europäischer Ebene im Grundsatz gewährleistet, fragt sich in dem hier maßgeblichen Kontext der Unternehmensverantwortlichkeit, ob dieser auch die Sanktionierung von juristischen Personen und Personenvereinigungen erfasst. Denn angesichts der korporativen Verfassung von Verbänden sowie der inkongruenten nationalen Haftungsregime bedarf es näherer Untersuchung, ob und inwiefern auch juristische Personen und die diesen gegenüber in den Mitgliedstaaten vorgesehenen Sanktionen von den ne bis in idem Garantien der Art. 54 SDÜ, Art. 50 GRC erfasst werden (sollten).

So stellt sich in dem Beispielsfall der Windkraft AG für die verfolgungsbefugten und -gewillten Jurisdiktionen die Frage, ob einer vorhergehenden Sanktionierung der AG durch einen anderen EU-Staat eine transnational klageverbrauchende Wirkung nach Art. 54 SDÜ, Art. 50 GRC zukommt, so dass einer anschließenden Festsetzung von eigenen Verbandssanktionen ein Verfahrenshindernis entgegen stehen würde.

Insofern ist für die potenziellen Zweitverfolgungsstaaten nicht nur von wesentlicher Bedeutung, ob die Normen überhaupt auf juristische Personen Anwendung finden, sondern – angesichts der sich zum Teil erheblich unterscheidenden innerstaatlichen Verbandssanktionen – vor allem auch, ob und in welchem Umfang die konkrete Art der bereits festgesetzten Rechtsfolge eine weitere Ahndung der AG hindert.

Kommt es etwa in Deutschland zu einer Geldbuße gem. § 30 I OWiG, fragt sich für die weiteren Staaten, ob auch derartige nicht-kriminalstrafrechtliche Sanktionen eine ne bis in idem Wirkung auslösen können. So könnte beispielsweise Frankreich nicht dazu bereit sein, bloße ordnungsrechtliche ausländische Rechtsfolgen als Hindernis der eigenen Verbandsstrafe nach Art. 121–2 NCP anzuerkennen. Fraglich ist zudem, wie sich die verschiedenen Arten der Rechtsfolgen gegenüber Verbänden zueinander verhalten: Wird etwa am italienischen Tatort eine Geldsanktion gegen die Windkraft AG festgesetzt, ist zu klären, ob am französischen Sitz jedenfalls eine Abschöpfung von durch die Tat unrechtmäßig erlangten Vermögenswerten zulässig bleibt.

a) Anwendbarkeit auf juristische Personen

Zu prüfen ist zunächst, ob gegenüber juristischen Personen als nicht-natürlichen Rechtsträgern überhaupt Schutz vor einer (transnational) mehrfachen Verfolgung und Sanktionierung in derselben Sache zu gewähren ist und diese in persönlicher Hinsicht unter den Anwendungsbereich der Art. 54 SDÜ, Art. 50 GRC fallen.[783]

Die zunehmende Verflechtung des internationalen Wirtschaftsverkehrs führt dazu, dass insbesondere auch Unternehmen grenzüberschreitend agieren und bei verbandsbezogenen Rechtsverstößen so der Gefahr einer Haftbarkeit in mehreren EU-Staaten ausgesetzt sein können. Die Ausführungen in dem ersten Teil dieser Arbeit haben insofern gezeigt, dass es auch und gerade bei der transnationalen Verfolgung juristischer Personen zu parallelen Zuständigkeiten sowie positiven Kompetenzkonflikten kommen kann, so dass diese in der gleichen Weise Gefahr laufen, sich einer kumulativen beziehungsweise sukzessiven Mehrfachverfolgung und -sanktionierung durch verschiedene Mitgliedstaaten und deren (womöglich inkongruente) Sanktionssysteme ausgesetzt zu sehen. Gleichwohl werden juristische Personen von dem Wortlaut der Art. 54 SDÜ, Art. 50 GRC jedenfalls nicht explizit erfasst.[784] Auch durch den EuGH ist insofern bislang keine Klarstellung

783 Als „juristische Personen" sind hier alle körperschaftlich verfassten Personenverbände gemeint, die in den jeweiligen nationalen Rechtsordnungen mit (Teil-) Rechtsfähigkeit ausgestattet sind und als selbstständige Rechtssubjekte somit Träger auch prozessualer Rechte sein können.

784 Diese Problematik wurde auch i.R.d. sog. Freiburg Proposal erkannt und daher konstatiert, dass unter den Begriff „Person" neben natürlichen auch juristische Personen fallen können, die Art. 54 ff. SDÜ diese Frage allerdings nicht aufgreifen. Die dort vorgeschlagene Normfassung einer europäischen ne bis in idem Regelung definiert die von dem Doppelverfolgungsverbot erfassten Personen in § 6 II, lit. (a) daher ausdrücklich als *„any natural or legal person"*, so dass juristische Personen explizit in den Anwendungsbereich einbezogen werden, vgl. *Biehler/Kniebühler/Lelieur-Fischer/Stein*, Freiburg Proposal, S. 18.

erfolgt.[785] Es ist daher fraglich, ob sich auch juristische Personen auf den Schutz des europäischen ne bis in idem Grundsatzes berufen können.

Insofern ist zunächst jedoch wiederum zu klären, ob ein selbstständiger ne bis in idem Schutz juristischer Personen überhaupt erforderlich ist. Denn wie bereits dargestellt wurde, werden die Verfahren der natürlichen Verbandspersonen und der juristischen Personen nach den mitgliedstaatlichen Haftungssystemen in der Regel zusammenhängend geführt.[786] Diese prozessuale Verklammerung kann daher dazu führen, dass eine klageverbrauchende Entscheidung gegenüber einer natürlichen Person mittelbar auch zu einer Sperrwirkung für die Verfolgung des Verbandes führt. Denn ist eine erneute Verfolgung der natürlichen Person durch Art. 54 SDÜ, Art. 50 GRC gesperrt, wäre hierdurch auch die juristische Person indirekt vor einer weiteren Verfolgung in derselben Sache geschützt, so dass für einen eigenständigen ne bis in idem Schutz kein Bedürfnis bestehen könnte. Zu berücksichtigen ist allerdings wiederum, dass die jeweiligen Sanktionsverfahren nicht in allen Mitgliedstaaten grundsätzlich verbunden geführt werden und eine zusammenhängende Verfolgung auch im Übrigen nur den Regelfall darstellt, der zahlreiche Ausnahmen zulässt.[787] Soweit danach ein selbstständiges Verfahren gegen eine juristische Person zulässig ist, scheidet eine mittelbare ne bis in idem Wirkung regelmäßig aus, so dass diese nicht vor einer mehrfachen Verfolgung geschützt wären.[788] Zudem ist es auch insofern bereits von generellem Interesse und klärungsbedürftig, ob juristischen Personen, als mit eigenen (Verfahrens-) Rechten ausgestatteten Rechtssubjekten, ein selbstständiger ne bis in idem Schutz nach den Art. 54 SDÜ, Art. 50 GRC zu gewähren ist.

Im Hinblick auf Art. 50 GRC stellt sich die Frage einer Einbeziehung juristischer Personen primär unter dem Gesichtspunkt der Grundrechtsberechtigten im Sinne der Charta. Die GRC enthält insofern keine (etwa dem deutschen Art. 19 III GG

---

785 Zwar hat der EuGH den ne bis in idem Grundsatz i.R.d. europäischen Kartellrechts auf die Sanktionierung von Unternehmen erstreckt (zu dem diesbezüglichen Unternehmensbegriff des EuGH vgl. **Teil 3, III., 6., d), bb)**), doch stellt er hierbei auf das von ihm (nur) als allgemeinen Grundsatz des Gemeinschaftsrechts ausgeformte und von Art. 54 SDÜ, Art. 50 GRC inhaltlich z.T. abweichende ne bis in idem Prinzip ab, vgl. etwa EuGH, Urt. v. 15.10.2002, Rs. 238/99 P u.a., Slg. 2002, I-8375, Rn. 54 ff. – Limburgse Vinyl Maatschappij; EuGH, Urt. v. 29.06.2006, Rs. C-289/04 P, Slg. 2006, I-5859, Rn. 50 ff.; *Baudisch*, Rechtsstellung des Unternehmens in grenzüberschreitenden Kartellverfahren, S. 193; *van Bockel*, The Ne Bis In Idem Principle, S. 205 ff. Eine Konkretisierung zu Art. 54 SDÜ bzw. Art. 50 GRC ist dagegen bislang nicht erfolgt, vgl. *Tomkin*, in: Peers/Hervey/Kenner/Ward, EU Charter, Art. 50, Rn. 50.42; *Hackner/Schierholt*, Rn. 269.

786 Vgl. hierzu bereits **Teil 2, IV., 2., a)** m.w.N.

787 Vgl. bereits **Teil 2, IV., 2., a)**.

788 Zu den diesbezüglichen Besonderheiten des deutschen Rechts vgl. **Teil 3, III., 6., d), aa)**.

entsprechende) allgemeingültige Regelung.[789] Zwar werden juristische Personen in einzelnen Grundrechten ausdrücklich einbezogen (vgl. Art. 42, 43, 44 GRC), aus einer derart unsystematischen Normierung kann allerdings nicht *e contrario* geschlossen werden, dass sie sich auf die übrigen Rechte nicht berufen können.[790] Der jeweilige EU-Grundrechtsberechtigte ist daher im Einzelfall durch Auslegung der konkreten Garantien zu ermitteln;[791] letztlich kommt es hierfür auch bei der GRC darauf an, ob und welche der Grundrechte „ihrem Wesen nach" auch auf juristische Personen anwendbar sind.[792] Insofern ist zu beachten, dass der EuGH grundsätzlich davon ausgeht, dass auch juristische Personen Träger von Grundrechten sein können.[793] Neben Wortlaut und Systematik stellt der EuGH hierbei insbesondere auf den Sinn und Zweck der jeweiligen Vorschriften ab.[794] Danach konstatierte er ausdrücklich, dass in Titel VI der Charta neben Art. 47 GRC noch weitere justizielle Rechte enthalten sind, die sowohl auf natürliche als auch auf juristische Personen Anwendung finden.[795] Darüber hinaus billigt auch die von der Charta gem. Art. 52 III GRC als Rechtsquelle in Bezug genommene EMRK viele ihrer Rechte ebenfalls auch

---

789 Die Aufnahme einer solchen Klausel wurde vom Grundrechtekonvent zwar diskutiert, letztlich aber abgelehnt; die Frage sollte vielmehr Rechtsprechung und Literatur überlassen werden, vgl. *Borowsky*, in: Meyer, GRC, Art. 51, Rn. 35; *Ladenburger*, in: Tettinger/Stern, Art. 51, Rn. 3.

790 *Borowsky*, in: Meyer, GRC, Art. 51, Rn. 35; *Streinz/Michl*, in: Streinz, EUV/AEUV, Art. 51 GRC, Rn. 2, 20; *Ladenburger*, in: Tettinger/Stern, Art. 51, Rn. 3.

791 *Hatje*, in: Schwarze/Becker/Hatje/Schoo, Art. 51 GRC, Rn. 6; *Streinz/Michl*, in: Streinz, EUV/AEUV, Art. 51 GRC, Rn. 2; *Borowsky*, in: Meyer, GRC, Art. 51, Rn. 35; *Stalberg*, Anwendungsbereich, S. 41.

792 In Anlehnung an Art. 19 III GG, vgl. *Streinz/Michl*, in: Streinz, EUV/AEUV, Art. 51 GRC, Rn. 20 m.w.N.; vgl. auch *Ladenburger*, in: Tettinger/Stern, Art. 51, Rn. 3. In der Rechtsprechung des EuGH findet sich diese Formulierung nicht, er geht vielmehr kasuistisch vor, vgl. *Stalberg*, Anwendungsbereich, S. 42, Fn. 208 m.w.N. Zu der in der deutschen Fassung der Charta insofern vorgenommenen Differenzierung zwischen der Formulierung „jeder Mensch" (höchstpersönliche Rechte) und „jede Person" (grundsätzlich auch auf juristische Personen anwendbare Jedermannsrechte) vgl. *Ladenburger*, in: Tettinger/Stern, Art. 51, Rn. 4; *Stalberg*, Anwendungsbereich, S. 42. Eine Anwendbarkeit der Charta auf juristische Personen scheidet demnach immer dann aus, wenn das jeweilige Grundrecht gerade an Eigenschaften oder Betätigungsformen anknüpft, die gerade natürlichen Personen wesenseigen sind. So sind etwa die Rechte des ersten Titels der Charta ("Würde des Menschen") ersichtlich nicht auf juristische Personen anwendbar.

793 Vgl. z.B. EuGH, Urt. v. 18.06.1991, Rs. C-260/89, Slg. 1991, I-2925 – ERT; EuGH, Urt. v. 26.06.1997, Rs. C-368/95, Slg. 1997, I-3689; EuGH, Urt. v. 22.12.2010, Rs. C-279/09, Slg 2010, I-13849. Vgl. *Ladenburger*, in: Tettinger/Stern, Art. 51, Rn. 3; *Streinz/Michl*, in: Streinz, EUV/AEUV, Art. 51 GRC, Rn. 20; *Hatje*, in: Schwarze/Becker/Hatje/Schoo, Art. 51 GRC, Rn. 6.

794 Vgl. *Tomkin*, in: Peers/Hervey/Kenner/Ward, EU Charter, Art. 50, Rn. 50.42 m.w.N.

795 EuGH, Urt. v. 22.12.2010, Rs. C-279/09, Slg 2010, I-13849, Rn. 40.

juristischen Personen zu.[796] Zu berücksichtigen ist schließlich, dass das Unionsrecht (etwa durch Normierung der Niederlassungsfreiheit oder des Wettbewerbsrechts) in weiten Teilen „Unternehmensrecht“ und als solches gerade für juristische Personen von Bedeutung ist, so dass sich Grundrechtsfragen hier besonders häufig stellen.[797] Neben den unternehmensbezogenen Grundrechten (Art. 15, 16, 17 GRC) sind daher insbesondere auch die justiziellen Garantien des Titels VI der Charta ihrem Wesen nach grundsätzlich auf juristische Personen anwendbar und daher auf diese zu erstrecken.[798]

Speziell in Bezug auf das Doppelverfolgungsverbot des Art. 50 GRC sprechen für eine Einbeziehung juristischer Personen vor allem teleologische Erwägungen:[799] Denn – wie gezeigt – kann es nach den mitgliedstaatlichen Sanktionsanwendungsrechten gerade auch bei unternehmensbezogenen Rechtsverstößen zu kumulativen Verfolgungszuständigkeiten und Sanktionskompetenzen verschiedener Mitgliedstaaten kommen und juristische Personen hierdurch der Gefahr einer mehrfachen Sanktionierung ausgesetzt sein. Auch juristischen Personen gegenüber stellt eine potenzielle Mehrfachverfolgung und -sanktionierung aufgrund desselben Rechtsverstoßes allerdings einen grundsätzlich unzulässigen Eingriff in ihre Rechte und Interessen dar und ist nach der Ratio des prozessualen Grundsatzes ne bis in idem daher zu verhindern.[800] Denn auch hier muss gelten, dass sich der Adressat von Verfolgungsmaßnahmen nicht der ständigen Gefahr einer jederzeit drohenden Wiederaufnahme des Verfahrens und einer erneuten Sanktionierung ausgesetzt sehen darf, soweit über den jeweiligen Sachverhalt (innerhalb eines gemeinsamen Rechtsraumes) bereits rechtskräftig entschieden wurde und der konkrete Sanktionsanspruch hierdurch abschließend geltend gemacht wurde.[801] Zwar sehen sich Verbände, anders als natürliche Personen, nicht den individuellen psychischen Belastungen einer drohenden Verfahrenswiederaufnahme ausgesetzt, doch treffen auch sie im Vertrauen auf die Endgültigkeit einer Entscheidung (wirtschaftliche) Dispositionen und sind in diesem Vertrauen schutzwürdig. Die in einem rechtsstaatlichen Verfahren die unbedingte Ermittlung der inhaltlichen Wahrheit überwiegende Rechtssicherheit sowie der hiermit einhergehende Rechtsfrieden stellen als Ausprägungen der materiellen Rechtskraft allgemeine prozessuale Garantien eines Rechtsstaates dar und sind nach ihrem Sinn und Zweck daher unabhängig

796 *Borowsky*, in: Meyer, GRC, Art. 51, Rn. 35; *Ladenburger*, in: Tettinger/Stern, Art. 51, Rn. 3.

797 Vgl. *Hatje*, in: Schwarze/Becker/Hatje/Schoo, Art. 51 GRC, Rn. 6.

798 Vgl. hierzu EuGH, Urt. v. 22.12.2010, Rs. C-279/09, Slg 2010, I-13849, Rn. 40; *Hatje*, in: Schwarze/Becker/Hatje/Schoo, Art. 51 GRC, Rn. 6; *Borowsky*, in: Meyer, GRC, Art. 51, Rn. 35; vgl. hierzu auch *Tomkin*, in: Peers/Hervey/Kenner/Ward, EU Charter, Art. 50, Rn. 50.42 m.w.N.

799 Für eine grammatikalische sowie systematische Auslegung vgl. *Stalberg*, Anwendungsbereich, S. 42.

800 Vgl. *Tomkin*, in: Peers/Hervey/Kenner/Ward, EU Charter, Art. 50, Rn. 50.42 m.w.N.

801 I.d.S. auch *Stalberg*, Anwendungsbereich, S. 42.

von der natürlichen oder juristischen rechtlichen Eigenschaft des Betroffenen zu gewährleisten.[802] Auch juristischen Personen gegenüber, als mit eigenen Rechten ausgestatteten Verfahrenssubjekten, träte eine mehrfache Verfolgung und Sanktionierung in derselben Sache daher in Konflikt mit dem Verhältnismäßigkeits- und dem Gerechtigkeitsprinzip. Auf internationaler Ebene kommt hinzu, dass gerade auch hier zwischenstaatliche Kompetenzkonflikte durch die Gewährleistung eines einheitlichen ne bis in idem Mechanismus zu verhindern sind. Denn angesichts der inkongruenten mitgliedstaatlichen Verbandsverantwortlichkeiten besteht die akute Gefahr, dass eine im (europäischen) Ausland erfolgte Sanktionierung einer juristischen Person innerstaatlich nicht als Verbot der eigenen (und transnational somit wiederholten) Verfolgung anerkannt wird und die autonomen nationalen Rechtsordnungen daher jeweils Geltung beanspruchen. Dies ist insbesondere zu befürchten, soweit nicht-strafrechtliche und kriminal-strafrechtliche Verbandssanktionen aufeinander treffen. Aufgrund der unterschiedlichen Haftungsregime könnte die in einem anderen EU-Staat erfolgende Sanktionierung einen erheblich abweichenden Schweregrad aufweisen und von den weiteren Staaten zudem als unzulässige Korrektur der eigenen kriminalpolitischen Grundentscheidung hinsichtlich der sanktionsrechtlichen Verantwortlichkeit von Verbänden aufgefasst werden. Schließlich besteht auch hier die Gefahr einer schlichten Addition von Einzelstrafen und ist zudem gerade im Rechtsraum der Union zu bedenken, dass juristische Personen aufgrund einer in einem anderen Mitgliedstaat drohenden Verfolgung und Sanktionierung von einer dortigen wirtschaftlichen Betätigung abgehalten und auf diese Weise in ihren europäischen Grundfreiheiten (vor allem in Form ihrer Niederlassungs- und Dienstleistungsfreiheit, Art. 49, 54, 56 I, 62 AEUV) tangiert zu werden drohen.[803] Die vom EuGH als ein wesentlicher Grund seiner extensiven Auslegung des ne bis in idem Grundsatzes angeführte drohende Beeinträchtigung der Personenfreizügigkeit lässt sich mithin auf dessen Pendant im wirtschaftlichen Kontext und auf juristische Personen übertragen.[804] Prozessökonomisch ist ferner zu beachten, dass auch im Rahmen der Verantwortlichkeit juristischer Personen unnötige Mehrfachverfahren zu vermeiden und verfolgungsbehördliche Ressourcen zu schonen sind. Abschließend ist daran zu erinnern, dass die sanktionsrechtliche Verantwortlichkeit juristischer Personen sowie die territoriale Erstreckung der nationalen Sanktionsanwendungsrechte maßgeblich durch legislative Vorgaben der Union initiiert wurden und nach dem Rahmenbeschluss über die Anwendung des Grundsatzes der gegenseitigen Anerkennung von Geldstrafen und Geldbußen entsprechende Geldsanktionen auch gegenüber juristischen

---

802 Mit einer entsprechenden Argumentation für die deutschen Prozessgrundrechte und somit auch den ne bis in idem Grundsatz des Art. 103 III GG vgl. *Enders*, BeckOK-GG, Art. 19, Rn. 49.

803 Vgl. hierzu bereits **Teil 1, III**.

804 Vgl. zu diesem Gedanken in Bezug auf Art. 54 SDÜ *Nelles/Ahlbrecht*, in: Volk, § 16, Rn. 263.

Personen grenzüberschreitend anzuerkennen und zu vollstrecken sind.[805] Wird die Haftung juristischer Personen sowie das Entstehen diesbezüglicher kumulativer Verfolgungszuständigkeiten aber seitens der EU vorangetrieben und gleichzeitig der Grundsatz der gegenseitigen Anerkennung zu deren Nachteil auf bestimmte Verbandssanktionen ausgeweitet, muss der hierdurch forcierten europaweiten Verfolgung und Sanktionierung von juristischen Personen die Gewährleistung von rechtsstaatlichen Garantien korrespondieren, um einer andernfalls drohenden einseitigen Verschiebung des europäischen Sanktionssystems zulasten der Adressaten zu verhindern.[806] Denn auch insoweit ist der durch Art. 3 II EUV avisierte europäische Rechtsraum nicht als einseitiger Auftrag zur Ausweitung der grenzüberschreitenden Kriminalitätsbekämpfung zu verstehen, sondern sind die Maximen Freiheit, Sicherheit und Recht im Sinne einer wechselseitigen Beschränkung miteinander in Ausgleich zu bringen.[807]

Die Ratio des ne bis in idem Prinzips findet auf die (transnationale) Verfolgung juristischer Personen folglich in entsprechender Weise Anwendung, so dass diese im europäischen Raum der Freiheit, der Sicherheit und des Rechts ebenfalls vor einer mehrfachen Sanktionierung wegen desselben Rechtsverstoßes zu schützen sind;[808] es besteht insofern eine „grundrechtstypische Gefährdungslage". Der ne bis in idem Grundsatz des Art. 50 GRC ist seinem Wesen nach somit auch auf juristische Personen des Privatrechts anwendbar und auf diese zu erstrecken. Sie sind daher vom Schutzbereich des Doppelverfolgungsverbotes in Art. 50 GRC erfasst.[809] Juristische Personen des öffentlichen Rechts kommen zwar auch auf europäischer Ebene grundsätzlich nicht als Träger der primär als Abwehrrechte gegen hoheitliche

805 Vgl. Art. 1, lit. a) des Rahmenbeschlusses 2005/214/JI des Rates vom 24. Februar 2005 über die Anwendung des Grundsatzes der gegenseitigen Anerkennung von Geldstrafen und Geldbußen, ABl. EU L 76/16 ff. v. 22.03.2005; gem. Art. 9 III ist dies selbst dann der Fall, wenn der Grundsatz der strafrechtlichen Verantwortlichkeit juristischer Personen in dem Vollstreckungsstaat nicht anerkannt ist.

806 *Andreou*, Gegenseitige Anerkennung, S. 241; vgl. insofern bereits **Teil 2, IV., 2., a)** m.w.N.

807 Vgl. *Böse/Meyer*, ZIS 2011, S. 336 ff. (341); *Mansdörfer*, HRRS 2010, S. 11 ff. (13 f.).

808 Ausdrücklich hiergegen *Baudisch*, Rechtsstellung des Unternehmens in grenzüberschreitenden Kartellverfahren, S. 271 ff.; 287 ff., der das ne bis in idem Prinzip als Doppelverfolgungsverbot maßgeblich mit der Menschenwürde und einem personalen Achtungsanspruch des Betroffenen begründet, weshalb im Hinblick auf diesen individualschützenden Gehalt keine Übertragung auf juristische Personen möglich und als allgemeine Ausprägung des Verhältnismäßigkeitsgrundsatzes lediglich eine Anrechnung bereits erlittener Sanktionen auf Rechtsfolgenseite geboten sei.

809 So ausdrücklich *Mansdörfer*, Das Prinzip des ne bis in idem, S. 241; *Tomkin*, in: Peers/Hervey/Kenner/Ward, EU Charter, Art. 50, Rn. 50.42 m.w.N.; *Stalberg*, Anwendungsbereich, S. 42 f., wonach Wortlaut und Systematik des Art. 50 GRC allerdings die Erfassung bloß natürlicher Personen nahelegen würden.

Gewalt konzipierten EU-Grundrechte in Betracht.[810] Soweit der EuGH diesen aber jedenfalls die Verfahrensgarantien der Charta zugesteht,[811] ist der ne bis in idem Schutz auch juristischen Personen des öffentlichen Rechts zu gewähren.[812] Anders als beispielsweise die Art. 42 ff. GRC sieht Art. 50 GRC keine Beschränkung auf Unionsbürger vor und findet somit auch auf juristische Personen Anwendung, die ihren satzungsmäßigen Sitz nicht in der EU haben, soweit nur die Sanktionsverfahren jeweils in einem Mitgliedstaat stattfinden.[813]

Auch in Bezug auf den Anwendungsbereich des Art. 54 SDÜ stellt sich die Frage der Erfassung juristischer Personen. Zwar erkennt das SDÜ an anderer Stelle eine explizite Differenzierung zwischen natürlichen und juristischen Personen durchaus an (vgl. etwa Art. 1 SDÜ), mit Blick auf den (seitens des EuGH wiederholt als wesentliches Auslegungskriterium herangezogenen) Sinn und Zweck des ne bis in idem Schutzes ist Art. 54 SDÜ jedoch auch ohne deren ausdrückliche Nennung auf juristische Personen zu erstrecken.[814] Insofern ist die zu Art. 50 GRC entwickelte Argumentation übertragbar: Wiederum gilt es, auch juristischen Personen Rechtssicherheit und Rechtsstaatlichkeit durch die Verfahrensgarantie des Doppelverfolgungsverbotes zu gewähren, diese vor mehrfacher Verfolgung und Sanktionierung in derselben Sache zu schützen und auf europäischer Ebene eine Beeinträchtigung ihrer Grundfreiheiten zu verhindern.[815]

Die demnach gebotene Einbeziehung juristischer Personen in den Schutzbereich der transnationalen ne bis in idem Garantien nach Art. 54 SDÜ, Art. 50 GRC wird schließlich dadurch bestätigt, dass gem. Art. 12 II des sog. Zweiten PIF-Protokolls i.V.m. Art. 7 der sog. PIF-Konvention der dort (bereichspezifisch) normierte ne bis

---

810 *Borowsky*, in: Meyer, GRC, Art. 51, Rn. 35; *Hatje*, in: Schwarze/Becker/Hatje/Schoo, Art. 51 GRC, Rn. 7. Zu der insofern identischen Argumentation im deutschen Verfassungsrecht, vgl. BVerfGE 21, 362 (369 f.).

811 Vgl. z.B. EuGH, Urt. v. 12.02.1992, Rs. C-48/90 und C-66/90 für die Verteidigungsrechte eines Mitgliedstaates.

812 *Ladenburger*, in: Tettinger/Stern, Art. 51, Rn. 4; vgl. auch *Borowsky*, in: Meyer, GRC, Art. 51, Rn. 35; a.A. *Stalberg*, Anwendungsbereich, S. 43 f. Eine ähnliche Ausweitung wird im deutschen Verfassungsrecht für die (grundrechtsähnlichen) sog. Prozessgrundrechte der Art. 101, 103 GG vorgenommen und deren Anwendbarkeit auf juristische Personen (des öffentlichen Rechts) mit Verweis auf den Schutzzweck der verfassungsmäßigen Garantien und unabhängig von Art. 19 III GG bejaht, vgl. *Enders*, in: BeckOK-GG, Art. 19, Rn. 49; vgl. u.a. BVerfGE 6, 45 (49 f.).

813 Art. 50 GRC stellt mithin ein sog. Jedermann-Recht dar, vgl. *Stalberg*, Anwendungsbereich, S. 41.

814 *Rönnau*, in: FS-Volk, S. 583 ff. (590 f.); *Hackner*, NStZ 2011, S. 425 ff. (428); *Hackner/Schierholt*, Rn. 269; *Nelles/Ahlbrecht*, in: Volk, § 16, Rn. 263; von einer grundsätzlichen Anwendbarkeit des Art. 54 SDÜ auf juristische Personen geht ersichtlich auch das LG Darmstadt aus, LG Darmstadt, Urt. v. 14.05.2007 – 712 Js 5213/04 – 9 KLs; BeckRS 2007, 16611.

815 Vgl. *Nelles/Ahlbrecht*, in: Volk, § 16, Rn. 263.

in idem Grundsatz auch auf juristische Personen Anwendung findet.[816] Nach der vorstehenden Argumentation ist hieraus nicht etwa im Sinne einer expliziten Ausnahme die enumerative Erstreckung auf juristische Personen zu erblicken, sondern vielmehr das grundsätzlich auch hier bestehende Bedürfnis für einen Schutz vor Mehrfachverfolgung sowie zugleich die Bestätigung, dass das ne bis in idem Prinzip seinem Wesen nach auch auf juristische Personen anwendbar ist.[817]

Juristische Personen sind demnach durch Art. 54 SDÜ und Art. 50 GRC vor einer mehrfachen Verfolgung und Sanktionierung in derselben Sache geschützt. Hierfür ist allerdings keine klarstellende Änderung des jeweiligen Wortlautes der Normen erforderlich: Denn, anders als bei der im zweiten Teil dieser Arbeit befürworteten Erstreckung des Rahmenbeschlusses zur Vermeidung und Beilegung von Kompetenzkonflikten in Strafverfahren auf juristische Personen, geht es hier nicht darum, einen eindeutigen Transformationsbefehl für innerstaatlich umsetzungsbedürftige Legislativvorgaben zu gewährleisten, sondern um europäische Rechtsvorschriften, die innerstaatlich unmittelbare Geltung beanspruchen und als solche im Sinne der konkretisierenden Auslegung des EuGH anzuwenden sind. Die Einbeziehung von juristischen Personen ist jeweils im Rahmen der Wortlautgrenze möglich, so dass eine entsprechende Auslegung und bei Gelegenheit eine richterliche Klarstellung zu Art. 54 SDÜ, Art. 50 GRC im vorstehenden Sinne durch den EuGH zu fordern ist. In deren Konsequenz haben dann auch die nationalen Behörden und Gerichte den ne bis in idem Grundsatz auf juristische Personen anzuwenden und diese vor einer transnational mehrfachen Verfolgung zu schützen.

b) Anwendbarkeit auf die Sanktionen gegen juristische Personen

Sind juristische Personen als Sanktionsadressaten demnach von Art. 54 SDÜ und Art. 50 GRC zu erfassen, ist in einem zweiten Schritt wiederum fraglich, ob und inwiefern die in den mitgliedstaatlichen Rechtsordnungen gegenüber Verbänden vorgesehenen Sanktionsmaßnahmen ein entsprechendes transnationales

816 Vgl. Art. 12 II des sog. Zweiten PIF-Protokolls (Zweites Protokoll aufgrund von Artikel K.3 des Vertrags über die Europäische Union zum Übereinkommen über den Schutz der finanziellen Interessen der Europäischen Gemeinschaften, ABl. EG C 221/12 ff. v. 19.07.1997); Art. 7 der sog. PIF-Konvention (Übereinkommen aufgrund von Artikel K.3 des Vertrags über die Europäische Union über den Schutz der finanziellen Interessen der Europäischen Gemeinschaften, ABl. EG C 316/49 ff. v. 27.11.1995).

817 Dieser Schluss wird durch den zeitlichen Kontext der Regelungen bestätigt: die Erstreckung des ne bis in idem Grundsatzes auf juristische Personen erfolgte durch das sog. Zweite PIF-Protokoll im Jahre 1997; da das SDÜ aber erst 1999 in das Unionsrecht überführt und die GRC erst 2009 rechtsverbindlich wurde, bestand zu diesem Zeitpunkt noch keine einheitliche unionsrechtliche ne bis in idem Regelung, so dass nicht auf Art. 54 SDÜ oder Art. 50 GRC zurückgegriffen werden konnte, sondern eine explizite Anordnung erforderlich wurde.

Doppelverfolgungsverbot überhaupt auslösen können. Denn auch insofern gilt, dass mit der postulierten Einbeziehung juristischer Personen nicht viel an Rechtsstaatlichkeit gewonnen ist, soweit die gegen sie festgesetzten Sanktionen nicht unter den Anwendungsbereich des ne bis in idem Schutzes fallen. Diese Problematik stellt sich bei den im Hinblick auf ihre Rechtsnatur sowie prozessuale Ausgestaltung zwischenstaatlich divergierenden Verbandssanktionen im besonderen Maße, weshalb nachfolgend verschiedene mitgliedstaatliche Rechtsfolgen gegenüber juristischen Personen exemplarisch auf ihre Erfassung durch Art. 54 SDÜ, Art. 50 GRC untersucht werden sollen. Im Interesse einer einheitlichen Darstellung und in Anknüpfung an die im ersten Teil bereits erfolgten Ausführungen konzentrieren sich die Untersuchungen wiederum auf die Verbandssanktionen in Deutschland, Italien, Österreich und Frankreich. Da die Fragen der Tatidentität, der Rechtskraft und des Vollstreckungselementes weitgehend unabhängig von einer Beteiligung juristischer Personen zu beurteilen sind, geht es hierbei vorwiegend um die rechtliche Qualität sowie die Rechtsnatur der von Art. 54 SDÜ, Art. 50 GRC erfassten Verbandssanktionen. Die insofern anhand der Maßstäbe des EuGH vorstehend herausgearbeiteten Kriterien haben deutlich werden lassen, dass es dabei nicht allein auf die innerstaatliche Zuordnung einer Sanktion zum Strafrecht im engeren oder im weiteren Sinne ankommt, sondern vielmehr eine Gesamtbetrachtung der jeweiligen Maßnahmen geboten ist. Angesichts der in europäischer Dimension kaum abschließend zu erfassenden Vielzahl mitgliedstaatlicher Erledigungsarten werden hierfür in erster Linie die prozessualen Grundformen der verschiedenen Verbandssanktionen untersucht und auf alternative nationale Erledigungsformen nur eingegangen, soweit dies im Unternehmenskontext von Relevanz ist.[818]

aa) Monetäre Sanktionsmaßnahmen

Sämtliche Mitgliedstaaten der EU sehen gegenüber juristischen Personen primär monetäre Geldsanktionen vor, um die im Unternehmenskontext verwirklichten Rechtsverstöße zu ahnden. Soweit diese repressiven Maßnahmen innerstaatlich dem (Kriminal-)Strafrecht zugeordnet sind, fallen sie (bei Vorliegen der weiteren Voraussetzungen) in den Anwendungsbereich der Art. 54 SDÜ, Art. 50 GRC. Im Sinne der „Engel-Kriterien" können jedoch auch national nicht als Kriminalstrafe ausgestaltete Rechtsfolgen ein Doppelverfolgungsverbot auslösen, wenn sie dem Strafrecht im weiteren Sinne zuzuordnen sind. Insofern kommt es nicht auf die formale Bezeichnung als Geldstrafe oder Geldbuße, sondern den tatsächlichen materiellen Gehalt einer Maßnahme an. Die innerstaatliche Einordnung ist daher nur ein Aspekt mit relativer Indizwirkung, so dass für die verschiedenen mitgliedstaatlichen Geldsanktionen eine Untersuchung im Einzelfall zu erfolgen hat.

818 Für eine eingehende Untersuchung deutscher sowie verschiedener weiterer mitgliedstaatlicher prozessualer Erledigungsarten auf ihre Erfassung von Art. 54 SDÜ, vgl. *Kniebühler*, Transnationales ne bis in idem, S. 223 ff.

(a) Geldstrafen in Frankreich

Die in Frankreich in Art. 121–2 NCP vorgesehene sanktionsrechtliche Verbandshaftung sieht als zentrale Rechtsfolge die Festsetzung einer Geldstrafe gegenüber der juristischen Person selbst vor.[819] Gem. Art. 131–37 I, Nr. 1 NCP beziehungsweise gem. Art. 131–40 I, Nr. 1 NCP stellt eine derartige Geldstrafe sowohl bei zugrunde liegenden Verbrechen und Vergehen als auch bei die Verbandshaftung begründenden Übertretungen die Regelstrafe dar. Die innerstaatlich im Kernstrafrecht normierte Geldstrafe verfolgt durch die Sanktionierung des verwirklichten Unrechts repressive Zwecke und wird einhellig als eine Kriminalstrafe im engeren Sinne angesehen.[820] Prozessual gelten grundsätzlich die allgemeinen Regeln des französischen Strafverfahrensrechts, Art. 706–41 ff. der französischen StPO. Für die Verfolgung und Sanktionierung sind daher gem. Art. 706–42 der französischen StPO die Staatsanwaltschaft und das Strafgericht zuständig, so dass das Sanktionsverfahren gegenüber der juristischen Person grundsätzlich durch ein klageverbrauchendes gerichtliches Urteil beendet wird. Es handelt sich insofern um eine gerichtliche Entscheidung über eine Strafe im engeren Sinne, so dass die im Sinne der Rechtsprechung des EuGH vorstehend herausgearbeiteten Kriterien der rechtlichen Qualität sowie der Rechtsnatur der von Art. 54 SDÜ, Art. 50 GRC erfassten Sanktionsentscheidungen erfüllt sind. Die in Frankreich durch rechtskräftige Urteile festgesetzten Verbandsgeldstrafen beziehungsweise entsprechende Freisprüche werden (bei Tatidentität sowie Vollstreckungselement) folglich vom europäischen ne bis in idem Grundsatz erfasst und lösen ein transnationales Verbot erneuter Verfolgung aus.

(b) Geldbußen in Österreich

Auch in Österreich ist als zentrale Sanktion bei einer Verbandsverantwortlichkeit nach § 3 VbVG die Festsetzung einer in Tagessätzen zu bemessenden sog. Verbandsgeldbuße vorgesehen, § 4 VbVG.[821] Trotz ihrer Bezeichnung als eine bloße Geldbuße ist die im VbVG normierte monetäre Verbandshaftung dem (Kriminal-) Strafrecht zuzuordnen. Hierfür spricht nicht nur die normative Einbindung in das materielle Strafrecht, sondern auch die strafgerichtliche Sanktionszuständigkeit sowie die in erster Linie verfolgten repressiven Zwecke;[822] auch nach den „Engel-Kriterien" handelt es sich demnach um eine strafrechtliche Sanktion im engeren Sinne.[823] Das

---

819 Vgl. ausführlich **Teil 1, II., 1., e)**.
820 Vgl. **Teil 1, II., 1., e), cc)**.
821 Vgl. ausführlich **Teil 1, II., 1., d)**.
822 Zur Rechtsnatur der österreichischen Verbandshaftung vgl. bereits **Teil 1, II., 1., d), cc)**.
823 Nach den Gesetzesmaterialien zum VbVG kann „kein Zweifel daran bestehen, dass der Vorwurf einer Verantwortlichkeit [nach dem VbVG] als strafrechtliche Anklage im Sinn des Art. 6 EMRK angesehen werden muss"; vgl. 994 Blg. Nr. XXII. GP, S. 31.

zur Festsetzung einer derartigen Geldbuße vorgesehene Verfahren entspricht unter Berücksichtigung verbandsspezifischer Eigenheiten grundsätzlich dem allgemeinen österreichischen Strafprozessrecht, § 14 I VbVG. Verfolgungszuständig ist daher die Staatsanwaltschaft, woraufhin das zuständige Strafgericht grundsätzlich durch Urteil über die Verbandsgeldbuße entscheidet, § 22 VbVG. Wird die Festsetzung einer Geldbuße daraufhin rechtskräftig,[824] liegt mithin ein gerichtliches Urteil über eine Strafsanktion vor, so dass die Voraussetzungen der durch Art. 54 SDÜ, Art. 50 GRC erfassten nationalen Sanktionsentscheidungen insofern erfüllt sind. Auch eine in Österreich nach dem VbVG rechtskräftig fest-gesetzte Verbandsgeldbuße entfaltet somit unionsweite ne bis in idem Wirkung.[825]

(c) Geldbußen in Deutschland

Sehen die mitgliedstaatlichen Rechtsordnungen dagegen (monetäre) Verbandssanktionen vor, die innerstaatlich nicht (zweifelsfrei) dem Strafrecht im engeren Sinne zuzuordnen sind, bedarf die Frage ihrer Erfassung durch Art. 54 SDÜ und Art. 50 GRC einer eingehenderen Untersuchung im jeweiligen Einzelfall.

So stellt sich vor allem in Bezug auf die im deutschen Ordnungswidrigkeitenrecht normierte sog. Verbandsgeldbuße des § 30 OWiG die Frage nach der Begründung eines transnationalen Doppelverfolgungsverbotes, wobei angesichts dogmatischer sowie prozessualer Besonderheiten der deutschen Verbandshaftung nicht nur die Rechtsnatur, sondern insbesondere auch die verfahrensrechtliche Ausgestaltung sowie die Rechtskraft einer derartigen Geldbuße näher zu untersuchen sind. Nach § 30 I OWiG kann im Falle eines verbandsbezogenen Rechtsverstoßes eine Geldbuße gegen juristische Personen und Personenvereinigungen festgesetzt werden, deren Höchstmaß sich gem. § 30 II OWiG am zugrunde liegenden Rechtsverstoß orientiert und über § 30 III i.V.m. § 17 IV OWiG zur Abschöpfung des erlangten wirtschaftlichen Vorteils eine letztlich unbegrenzte Höhe erreichen kann.[826] Durch die Normierung im OWiG ist die Verbandsgeldbuße formal klar vom deutschen Strafrecht im engeren Sinne abgegrenzt; für ihre Verfolgung und Festsetzung sind Staatsanwaltschaft und Gericht gem. §§ 40, 45 OWiG nur bei zugrunde liegenden Straftaten zuständig, im Übrigen erfolgt die Verfolgung und auch Sanktionierung

---

824 Gem. § 24 VbVG stehen gegen Verbandsurteile nach dem VbVG die allgemeinen Rechtsmittel und Rechtsbehelfe der österreichischen StPO offen.

825 Soweit es zu einer gem. § 19 VbVG auch in Verbandsverfahren möglichen diversionellen Erledigung durch die Staatsanwaltschaft kommt, liegt auch insofern eine Verfahrensbeendigung durch eine i.S.d. Kriterien des EuGH national „zur Mitwirkung bei der Strafrechtspflege" berufene Behörde vor. Ein transnationales ne bis in idem folgt hieraus allerdings nur bei einer innerstaatlich (jedenfalls beschränkten) Rechtskraft, was bei einem endgültigem Verfolgungsverzicht i.d.R. der Fall ist, vgl. hierzu § 14 I VbVG i.V.m. § 205 öStPO; *Schroll*, in: Fuchs/Ratz, § 205 öStPO, Rn. 3 ff., 6/1 (213. Lfg.).

826 Zu der Verbandsgeldbuße nach § 30 OWiG vgl. ausführlich **Teil 1, II., 1., b)**.

durch die Verwaltungsbehörden, § 35 OWiG. Angesichts dieser prozessualen und materiellen Besonderheiten fragt sich folglich, ob und inwiefern eine Verbandsgeldbuße nach § 30 OWiG von den zu Art. 54 SDÜ, Art. 50 GRC konkretisierten Kriterien einer europäischen ne bis in idem Wirkung zu erfassen ist.

Im Hinblick auf die vom EuGH aufgestellten Grundsätze zur rechtlichen Qualität der einbezogenen Sanktionsentscheidungen ist aufgrund der verfahrensrechtlichen Differenzierung des § 30 OWiG zunächst nach dem zugrunde liegenden Rechtsverstoß zu unterscheiden: Liegt der Geldbuße die Straftat einer natürlichen Person zugrunde, ist nach § 40 OWiG grundsätzlich die Staatsanwaltschaft zur Verfolgung der Tat auch unter dem Gesichtspunkt der Verbandsgeldbuße zuständig, wobei die Sanktionierung gem. § 45 OWiG sodann durch das zuständige Gericht zusammenhängend mit dem Urteil des Individualtäters oder (im Falle eines selbstständigen Verfahrens) durch Urteil oder Beschluss erfolgt, § 46 I OWiG i.V.m. §§ 444 III, S. 1, 441 II, III StPO.[827] Im Falle einer die Haftung des Verbandes begründenden Straftat liegt folglich eine insofern von Art. 54 SDÜ, Art. 50 GRC erfasste strafgerichtliche Verfahrensbeendigung vor. Liegt der Verbandsgeldbuße dagegen eine Ordnungswidrigkeit einer natürlichen Person zugrunde, sind für die Verfolgung und Ahndung gem. § 35 OWiG grundsätzlich Verwaltungsbehörden zuständig, welche die Sanktion daraufhin durch Bußgeldbescheid festsetzen. Eine Zuständigkeit der Staatsanwaltschaften und Gerichte wird hier erst im Falle eines Einspruches gegen den Bußgeldbescheid begründet, §§ 67 ff. OWiG. Mangels einer gerichtlichen Beteiligung im verwaltungsbehördlichen Ausgangsverfahren ist daher fraglich, ob die Verbandsgeldbuße auch in diesem Fall von Art. 54 SDÜ, Art. 50 GRC erfasst wird. Zwar sind nach der Rechtsprechung des EuGH auch mitgliedstaatliche Entscheidungen ohne eine richterliche Beteiligung und ohne Urteilsform einzubeziehen, soweit die jeweilige Behörde nach nationalem Recht „zur Mitwirkung bei der Strafrechtspflege" berufen ist, bei den nach dem OWiG zuständigen Verwaltungsbehörden ist dies jedoch gerade fraglich. So vollzieht das deutsche Recht durch seine formale Differenzierung zwischen Ordnungswidrigkeitenrecht und Strafrecht eine strikte Trennung der beiden Sanktionsspuren, die sich auch in den verfahrensrechtlichen Zuständigkeiten und Kompetenzen der Verfolgungsbehörden niederschlägt. In diesem Sinne hat das BVerfG entschieden, dass die Verhängung einer Kriminalstrafe nur durch einen Richter vorgenommen werden darf und es mit der Grundentscheidung der Verfassung nicht vereinbar ist, dass Verwaltungsbehörden eine Strafe verhängen.[828] Nach diesem Verständnis fällt es schwer, deutsche Verwaltungsbehörden als „zur Mitwirkung bei der Strafrechtspflege" berufene Behörden einzustufen; selbst wenn im Bußgeldverfahren gem. § 35 I OWiG die allgemeinen Gesetze über das Strafverfahren sinngemäß Anwendung finden. Zu berücksichtigen ist allerdings, dass der Begriff einer „zur Mitwirkung bei der Strafrechtspflege" berufenen Behörde

827 Gem. §§ 444 II, S. 2, 438 I StPO kann die Verbandsgeldbuße auch im Strafbefehlsverfahren festgesetzt werden.

828 BVerfGE 22, 49 (78 ff.).

vom EUGH im Kontext des europäischen ne bis in idem Prinzips entwickelt wurde. Insofern wurde jedoch bereits dargelegt, dass angesichts der späteren Entwicklung der Rechtsprechung des EuGH zum Geltungsbereich des transnationalen Doppelverfolgungsverbotes eine weite Auslegung der „zur Mitwirkung bei der Strafrechtspflege“ berufenen nationalen Behörden geboten ist, um einen Wertungswiderspruch zur extensiven Erfassung von strafrechtlichen Sanktionen im weiteren Sinne zu verhindern.[829] Unter dieser Prämisse ist daher auch der Begriff der „Strafrechtspflege“ in einem weiten Sinne zu verstehen und auch solche (allgemeinen) Behörden zu erfassen, die national für die Festsetzung von strafrechtlichen Sanktionen im weiteren Sinne zuständig sind. Danach sind auch die bei Ordnungswidrigkeiten gem. § 35 OWiG zuständigen Verwaltungsbehörden als „zur Mitwirkung bei der Strafrechtspflege“ berufen anzusehen und ihre Entscheidungen somit geeignet, eine ne bis in idem Wirkung auszulösen. Die Verbandsgeldbuße des § 30 OWiG ist in Bezug auf die zuständigen nationalen Stellen folglich sowohl bei zugrunde liegenden Straftaten als auch bei Ordnungswidrigkeiten von Art. 54 SDÜ, Art. 50 GRC erfasst.

Weiterhin ist jedoch fraglich, ob die dem deutschen Ordnungswidrigkeitenrecht zugeordnete Verbandsgeldbuße auch im Hinblick auf ihre Rechtsnatur unter den Anwendungsbereich des transnationalen ne bis in idem Grundsatzes fällt. Denn durch die Kodifizierung im OWiG hat der deutsche Gesetzgeber eine bewusste Abgrenzung zu der Materie des (Kriminal-)Strafrechts vorgenommen.[830] Gleichwohl ist die Rechtsnatur des § 30 OWiG innerstaatlich umstritten und wird zum Teil proklamiert, dass angesichts des erheblichen Sanktionsrahmens tatsächlich ein der Kriminalstrafe gleichwertiges Unwerturteil ausgesprochen werde und eine Differenzierung der Rechtsmaterien daher nicht aufrecht zu erhalten sei.[831] Selbst wenn man aber im Sinne einer rein formalen Abgrenzung anhand der jeweiligen Rechtsfolgen einen wesensmäßigen Unterschied zwischen Kriminalstrafen und Geldbußen annimmt, da nur einer Strafe eine sozial-ethische Missbilligung innewohnt, ist zu beachten, dass sich gerade die Verbandsgeldbuße ihrem materiellen Gehalt nach jedenfalls stark an eine strafrechtliche Sanktion angenähert hat. Auch die Befürworter einer formalen Abgrenzung der Rechtsmaterien gehen daher von einer strafrechtlichen Sanktion im weiteren Sinne aus.[832] Entscheidend ist im vorliegenden Kontext jedoch, dass – wie gezeigt – nach der Rechtsprechung des EuGH im Anschluss an den EGMR gerade aufgrund derartiger nationaler Eigenheiten der systematischen Zuordnung von Sanktionen auf europäischer Ebene für den ne bis in idem Grundsatz ein autonom zu bestimmender Strafrechtsbegriff zugrunde zu legen ist. Danach sind für die Beurteilung des strafrechtlichen Charakters einer nationalen Sanktionsmaßnahme im Sinne der „Engel-Kriterien“ und nach einem

829 Vgl. hierzu **Teil 3, III., 4., c), dd)**.

830 Zur innerstaatlich umstrittenen Rechtsnatur der Verbandsgeldbuße des § 30 OWiG vgl. **Teil 1, II., 1., b), cc)**.

831 Vgl. weiterführend **Teil 1, II., 1., b), cc)**.

832 Vgl. **Teil 1, II., 1., b), cc)** m.w.N.

weiten Strafrechtsbegriff folgende Bewertungskriterien maßgeblich: die rechtliche Einordnung der Zuwiderhandlung im innerstaatlichen Recht, die Art der Zuwiderhandlung sowie die Art und der Schweregrad der jeweils angedrohten Sanktion.[833] Unter Einbeziehung dieser materiellen Kriterien kann der strafrechtliche Charakter einer Rechtsfolge nach der vorzunehmenden Gesamtbetrachtung auch dann zu bejahen sein, wenn die Maßnahme innerstaatlich nicht dem Strafrecht im engeren Sinne zugeordnet ist, soweit die repressive Norm jedenfalls ein gewisses Gewicht hat, der angedrohten Sanktion nach Art und Umfang eine hinreichende Schwere zukommt und diese hierdurch abschrecken soll. Im Hinblick auf die Geldbuße des § 30 OWiG ist insofern zu berücksichtigen, dass diese zwar nicht im Strafrecht normiert ist, durch die Sanktionierung für im Verbandskontext verwirklichtes Unrecht und den hierzu erfolgenden Entzug unrechtmäßiger wirtschaftlicher Vorteile jedoch primär repressive Zwecke verfolgt und so gleichzeitig abschrecken will.[834] Die hierfür vorgesehenen pekuniären Sanktionen erhalten angesichts ihrer erheblichen, (durch die Überlagerung der Gewinnabschöpfung nach §§ 30 III, 17 IV OWiG) letztlich unbegrenzten Höhe eine beträchtliche Schwere und stellen einschneidende hoheitliche Maßnahmen dar. Hinzu kommt, dass die nationale Kontroverse um die Rechtsnatur bereits die materielle Nähe zum Strafrecht im engeren Sinne zeigt. Die gebotene Gesamtbetrachtung spricht demnach dafür, die deutschen Ordnungswidrigkeiten und insbesondere die Verbandsgeldbuße des § 30 OWiG als Strafrecht im weiteren Sinne durch den autonomen europäischen Strafrechtsbegriff zu erfassen. So hat auch der EGMR die ordnungsrechtlichen Sanktionen ausdrücklich als unter Art. 6 I EMRK fallende strafrechtliche Maßnahmen deklariert, da eine vollständige dogmatische Trennung zwischen dem deutschen Strafrecht und dem Ordnungswidrigkeitenrecht nicht möglich sei, die Sanktionen sowohl ahndende als auch abschreckende Zwecke verfolgten und hierdurch den Charakter einer Bestrafung hätten.[835] Es ist daher festzuhalten, dass die Verbandsgeldbuße des § 30 OWiG auch in Bezug auf ihre Rechtsnatur von den Art. 54 SDÜ, Art. 50 GRC erfasst wird.[836]

Abschließend bedarf es mithin der Klärung, ob und inwiefern die Geldbuße nach § 30 OWiG auch zu dem vom EuGH geforderten nationalen Strafklageverbrauch führt. Zwar stellt die Frage der innerstaatlichen Rechtskraft grundsätzlich kein Spezifikum der Unternehmenssanktionierung dar, aufgrund der in Deutschland bestehenden dogmatischen Besonderheit der Einbeziehung von Straftaten und Ordnungswidrigkeiten als taugliche Anknüpfungstaten und den hieraus folgenden prozessualen Differenzierungen ist jedoch eine nähere Untersuchung geboten. Denn

---

833 Vgl. hierzu vorstehend **Teil 3, III., 4., c), bb)**.

834 Vgl. **Teil 1, II., 1., b)**.; zwar hat die Geldbuße (über § 17 IV OWiG) auch abschöpfenden Charakter, dies ändert aber nichts an ihrer pönalen Funktion, vgl. *Kappel/Ehling*, BB 2011, S. 2115 ff. (2119).

835 EGMR, Urt. v. 21.02.1984, EuGRZ 1985, 62, Rn. 51, 53 – Öztürk; i.d.S. auch *Peters/Altwicker*, § 19, Rn. 18.

836 So auch *Walther*, WiJ 2013, S. 158 ff. (162, 164); *Kappel/Ehling*, BB 2011, S. 2115 ff. (2118 f.).

der die Wirkung der materiellen Rechtskraft in Bezug auf Ordnungswidrigkeiten regelnde § 84 OWiG unterscheidet insofern zwischen den verschiedenen Sanktionsverfahren und sieht hierfür eine gestufte Rechtsfolge vor:[837] Während eine rechtskräftige gerichtliche Entscheidung über die Tat dazu führt, dass diese gem. § 84 I, 2. Var., II OWiG weder als Ordnungswidrigkeit noch als Straftat erneut verfolgt werden kann,[838] hindern rechtskräftige verwaltungsbehördliche Bußgeldbescheide gem. § 84 I, 1. Var. OWiG zwar eine erneute Verfolgung als Ordnungswidrigkeit, eine Verfolgung als Straftat bleibt *e contrario* § 84 II OWiG allerdings auch weiterhin möglich. Der Grund für diese demnach nur begrenzte Rechtskraft von behördlichen Bußgeldbescheiden ist, dass die bewirkte Rechtskraft nicht weitreichender sein kann, als die inhaltliche Entscheidungsbefugnis der zuständigen Stelle:[839] Während Verwaltungsbehörden kompetenzrechtlich indes gehindert sind, über die Tat auch als Straftat zu entscheiden, überprüfen Gerichte die Tat umfassend unter straf- und ordnungsrechtlichen Gesichtspunkten, §§ 81 I, 82 I OWiG.[840] Als Konsequenz dieser innerstaatlich gestuften Rechtskraft kommt es in Bezug auf die Verbandsgeldbuße des § 30 OWiG zu einer Differenzierung nach der jeweils zugrunde liegenden Anknüpfungstat.[841] Liegt der Geldbuße eine Ordnungswidrigkeit zugrunde und wird das Sanktionsverfahren gem. § 35 OWiG von der zuständigen Verwaltungsbehörde mit rechtskräftigem Bußgeldbescheid abgeschlossen, besteht gem. § 84 I, 1. Var. OWiG nur eine auf die erneute Verfolgung als Ordnungswidrigkeit beschränkte Rechtskraft; wird zuvor jedoch gem. § 67 I OWiG Einspruch eingelegt, (so dass der Bußgeldbescheid vorerst nicht rechtskräftig wird) ist nach erfolglosem Zwischenverfahren das Amtsgericht zur Entscheidung berufen, §§ 69 IV, S. 2, 70 ff. OWiG, welches durch Beschluss oder Urteil über den Einspruch entscheidet, § 72 OWiG. Wird diese gerichtliche Entscheidung daraufhin rechtskräftig, steht sie gem. § 84 II, S. 1, 2 OWiG auch einer Verfolgung der Ordnungswidrigkeit als Straftat entgegen,

---

837 Art. 103 III GG verbietet eine mehrmalige Bestrafung nur aufgrund der „allgemeinen Strafgesetze" und findet auf das Ordnungswidrigkeitenrecht daher keine Anwendung, BVerfGE 21, 391 (401); BVerfGE 43, 101 (105); *Radtke/Hagemeier*, in: BeckOK-GG, Art. 103, Rn. 47; vgl. auch *Göhler*, wistra 1991, S. 91 ff., 131 ff.

838 Dass die Sperrwirkung der wiederholten Strafverfolgung auch bei einer gerichtlichen Entscheidung über die Tat als Straftat eintritt, ist angesichts Art. 103 III GG selbstverständlich und wurde daher nicht explizit normiert, *Seitz*, in: Göhler, § 84, Rn. 1, 16; *Lutz*, in: KK-OWiG, § 84, Rn. 1. Gem. § 84 II, S. 2 OWiG stehen dem rechtskräftigen Urteil der Beschluss nach § 72 OWiG sowie der Beschluss des Beschwerdegerichts über die Tat als Ordnungswidrigkeit gleich, vgl. zu Einzelheiten *Lutz*, in: KK-OWiG, § 84, Rn. 11 ff.

839 *Lutz*, in: KK-OWiG, § 84, Rn. 3; *Seitz*, in: Göhler, § 84, Rn. 4.

840 Es besteht eine umfassende Kognitionspflicht der Gerichte, welche den geschichtlichen Vorgang unter jedem rechtlichen Gesichtspunkt prüfen, vgl. *Seitz*, in: Göhler, § 84, Rn. 16; *Lutz*, in: KK-OWiG, § 84, Rn. 10.

841 Vgl. speziell zur Rechtskraft i.R.d. § 30 OWiG *Göhler*, wistra 1991, S. 131 ff.

so dass hier erst der Einspruch eine umfassende Rechtskraft bewirkt.[842] Liegt der Verbandsgeldbuße dagegen eine Straftat zugrunde, erzeugt die Entscheidung des gem. §§ 40, 45 OWiG auch hinsichtlich der Ordnungswidrigkeit zuständigen Strafgerichts schon von vornherein einen umfassenden Strafklageverbrauch, § 84 II, S. 1 OWiG. Die verfahrensrechtliche Differenzierung nach den als taugliche Anknüpfungstaten jeweils erfassten Straftaten und Ordnungswidrigkeiten führt mithin dazu, dass der Umfang der innerstaatlichen Rechtskraft von der Natur des zugrunde liegenden Rechtsverstoßes sowie der Geltendmachung von Rechtsmitteln abhängt.

Während durch gerichtliche Entscheidungen über eine Verbandsgeldbuße folglich inländischer Strafklageverbrauch eintritt, welcher nach Art. 54 SDÜ, Art. 50 GRC transnational zu erstrecken ist,[843] ist die Rechtskraft eines behördlichen Bußgeldbescheides auf eine erneute Verfolgung als Ordnungswidrigkeit beschränkt. Es ist deshalb fraglich, ob diese Rechtsfolge als ein im Sinne der Kriterien des EuGH endgültiger Verbrauch der Strafklage angesehen werden kann;[844] denn die Strafverfolgung wird ja gerade explizit nicht verbraucht. Wie sich derartige Fälle einer innerstaatlich beschränkten Rechtskraft transnational auswirken, ist umstritten.

Zum Teil wird argumentiert, dass Art. 54 SDÜ sowie Art. 50 GRC bezüglich ihrer Rechtsfolge gerade keine Unterscheidung nach dem Grad oder einer möglichen Beschränkung der innerstaatlichen Rechtskraft vorsehen, sondern eine uneingeschränkte, absolute Sperrwirkung für sämtliche weitere Verfolgung in derselben Sache anordnen und dabei nicht auf das nationale Recht verweisen würden.[845] Hierfür spricht auch, dass der EuGH eine Verfahrenseinstellung nach § 153a StPO explizit als von Art. 54 SDÜ erfasst angesehen hat.[846] Da die nationale Strafklage gem. § 153a I, S. 5 StPO in diesen Fällen allerdings nur in Bezug auf Vergehen verbraucht wird, wurde hieraus geschlussfolgert, dass auch eine innerstaatlich nur beschränkte Rechtskraft für die Bewirkung eines umfassenden transnationalen ne bis in idem Schutzes ausreiche.[847] Überträgt man dies auf die Verbandsgeldbuße und

---

842 Vgl. *Mitsch*, § 24, Rn. 24. Gleiches gilt, wenn gegen den gerichtlichen Beschluss nach § 72 OWiG zuvor gem. § 79 OWiG das Rechtsmittel der Rechtsbeschwerde eingelegt wurde, da für die daraufhin ergehende Entscheidung des Beschwerdegerichts dieselbe Rechtswirkung eingreift, vgl. § 84 II, S. 2, 2.Var. OWiG.

843 Vgl. *Hecker*, StV 2011, S. 306 ff. (310); einschränkend *Kniebühler*, Transnationales ne bis in idem, S. 252 f.

844 Zur einschlägigen Rechtsprechung des EuGH vgl. EuGH, Urt. v. 11.02.2003, Rs. C-187/01, C-385/01, Slg. 2003, I-01345, Rn. 30, 38 – Gözütok und Brügge; EuGH, Urt. v. 22.12.2008, Rs. C-491/07, Slg. 2008, I-11039, Rn. 32, 34 ff. – Turanský.

845 *Böse*, GA 2003, S. 744 ff. (754 f.).

846 EuGH, Urt. v. 11.02.2003, Rs. C-187/01, C-385/01, Slg. 2003, I-01345 – Gözütok und Brügge.

847 Vgl. *Rübenstahl/Krämer*, HRRS 2003, S. 65 ff. (69), vgl. aber auch (71); *Eser/Burchard*, in: FS-Meyer, S. 499 ff. (514 ff.) m.w.N., die aber zugleich die Frage aufwerfen, warum „der Beschuldigte nach außen mehr Sicherheit genießen [soll] als nach innen?"; z.T. wurde allerdings in Frage gestellt, ob es sich um eine bewusste Erfassung einer

§ 84 OWiG, lässt sich daher argumentieren, dass die Reichweite der Rechtskraft hier national in ähnlicher Weise beschränkt ist und § 84 I, 1. Var. OWiG in Fortführung der Maßstäbe des EuGH daher trotz der innerstaatlichen Begrenzung transnational zu einem umfassenden Verbrauch (auch) der Strafklage führt. Gegen eine derartige Gleichstellung einer innerstaatlich nur beschränkten Sperrwirkung wird allerdings eingewendet, dass die Rechtskraftwirkung einer Entscheidung transnational nicht weiter reichen könne, als in der eigenen Rechtsordnung vorgesehen.[848] Die Art. 54 SDÜ, Art. 50 GRC würden vielmehr nur bewirken, dass die nationale Rechtskraft auf die transnationale Ebene transferiert werde, und zwar in dem Umfang wie im Erstverfolgungsstaat.[849] Da ein rechtskräftiger Bußgeldbescheid aber nicht vor erneuter Strafverfolgung in Deutschland schützt, vermag er auch international kein umfassendes Verfolgungshindernis hervorzurufen.[850] Vielmehr sei der Umfang der Rechtskraft auch grenzüberschreitend entsprechend zu beschränken und somit nur eine erneute Auferlegung von (bußgeldähnlichen) nicht-kriminalstrafrechtlichen Sanktionen in anderen Mitgliedstaaten gesperrt. Stelle die Tat im Zweitverfolgungsstaat dagegen eine Straftat dar, sei eine erneute Verfolgung zulässig.[851] Entscheidend gegen eine solche differenzierende Rechtskraftwirkung spricht jedoch der auch hier zu berücksichtigende europäische Kontext sowie der vom EuGH als

---

nur beschränkten Rechtskraft durch den EuGH handelte oder dieser vielmehr nur die deutsche Rechtslage verkannt habe, vgl. *Hackner*, NStZ 2011, S. 425 ff. (429); *Kühne*, JZ 2003, S. 305 ff. (307); *Appl*, in: GS-Vogler, S. 109 ff. (121); *Kniebühler*, Transnationales ne bis in idem, S. 297 f.

848 *Appl*, in: GS-Vogler, S. 109 ff. (121 f.); *Hecker*, StV 2001, S. 306 ff. (310); vgl. auch *Kniebühler*, Transnationales ne bis in idem, S. 297 f.

849 *Appl*, in: GS-Vogler, S. 109 ff. (121 f.); *Hecker*, StV 2001, S. 306 ff. (310); differenzierend *Hecker*, 13, Rn. 61 f., 64 f.; *Hecker*, in: FS-v.Heintschel-Heinegg, S. 175 ff. (182 ff.); vgl. auch *Kniebühler*, Transnationales ne bis in idem, S. 297 f.

850 *Hecker*, StV 2001, S. 306 ff. (310); *Hecker*, 13, Rn. 65; *Stalberg*, Anwendungsbereich, S. 206 ff.

851 *Hecker*, StV 2001, S. 306 ff. (310); *Hecker*, 13, Rn. 65; *Stalberg*, Anwendungsbereich, S. 207 ff., 212. Obwohl *Kniebühler* eine transnationale ne bis in idem Wirkung behördlicher Bußgeldbescheide nach § 84 I, 1. Var. OWiG wegen der Begrenzung auf das vom Strafrecht dogmatisch zu trennende Ordnungswidrigkeitenrecht generell ablehnt, folgert er aus dem Primat der Rechtsordnung des Erstverfolgungsstaates i.Ü., dass in Fällen national nur beschränkter Rechtskraft diese Beschränkung über Art. 54 SDÜ, Art. 50 GRC auch transnational zu erstrecken ist: danach ist die unterschiedliche Systematik und hieraus folgende Differenzierungen der Rechtskraftwirkungen vom Zweistaat zu beachten. Selbst wenn dieser eine entsprechende Unterscheidung eventuell gar nicht kenne, sei eine vergleichbare Grenzziehung des Umfangs der Rechtskraft im Recht des Zweitstaates vorzunehmen; nur so würden die unterschiedlichen Regelungstechniken der beteiligten Rechtsordnungen hinreichend berücksichtigt. Als Konsequenz führe etwa § 153a II StPO dazu, dass die Strafklage transnational nur in Bezug auf Vergehen verbraucht werde, vgl. *Kniebühler*, Transnationales ne bis in idem, S. 235, 250 ff., 297 f.

maßgebliches Auslegungskriterium herangezogene Sinn und Zweck des ne bis in idem Schutzes. So haben die Untersuchungen im zweiten und dritten Teil dieser Arbeit gerade deutlich gemacht, dass im Hinblick auf die Gewährleistung rechtsstaatlicher Verfahrensgarantien auf europäischer Ebene eine weitgehende Gleichstellung des Strafrechts im engeren und weiteren Sinne geboten ist.[852] Dies bestätigt auch der EuGH, indem er den Schutzbereich des ne bis in idem Grundsatzes anhand der „Engel-Kriterien" bestimmt. Dieser materiellen Gleichstellung ist allerdings auch prozessual zu entsprechen, um den gebotenen umfassenden Schutz vor einer transnational mehrfachen Verfolgung und Sanktionierung nicht durch einzelstaatliche prozessuale Besonderheiten einer innerstaatlichen Differenzierung der Rechtskraft zu konterkarieren. Der Umfang des europäischen Mehrfachverfolgungsverbotes hinge andernfalls von nationalen Verfahrensmodalitäten ab, was mit der Autonomie des Unionsrechts und einem gemeinsamen Rechtsraum nur schwerlich zu vereinbaren wäre. In Anlehnung an die Diktion des EuGH kann nur eine solche teleologische Auslegung dem Ziel und Zweck des ne bis in idem Prinzips Vorrang gegenüber verfahrensrechtlichen oder rein formalen Aspekten einräumen und eine wirksame Anwendung des ne bis in idem Schutzes gewährleisten.[853] In einem europäischen Raum der Freiheit, der Sicherheit und des Rechts ist eine gegenseitige Anerkennung von nationalen Sanktionsentscheidungen daher auch dann geboten, wenn das eigene Recht zu einem anderen Ergebnis führen würde.[854] Der für die transnationale Rechtskraft geforderte Verbrauch der „Strafklage" ist folglich im weiten Sinne zu verstehen, so dass auch innerstaatlich auf den Bereich der Ordnungswidrigkeiten begrenzte Sperrwirkungen ein umfassendes Verbot erneuter Verfolgung bewirken können. Auf der anderen Seite rufen rechtskräftige Kriminalstrafen einen unionsweiten Klageverbrauch auch für strafrechtliche Sanktionen im weiteren Sinne hervor. Auf diese Weise wird das Strafrecht im engeren und im weiteren Sinne im Rahmen des europäischen ne bis in idem Grundsatzes prozessual umfassend gleichgestellt.[855] Die danach von dem innerstaatlichen Umfang womöglich abweichende transnationale Rechtskraft einer Entscheidung steht dem nicht zwingend entgegen, sondern ist vielmehr eine Folge der autonom-materiellen Begriffsbestimmung des „Strafrechts" auf der europäischen Ebene.

Die transnationale Rechtskraftwirkung eines behördlichen Bußgeldbescheides ist demnach trotz der innerstaatlichen Begrenzung durch § 84 I, 1. Var. OWiG über Art. 54 SDÜ, Art. 50 GRC auf den gesamten Bereich des Strafrechts im weiteren Sinne zu erstrecken. Neben bußgeldähnlichen, nicht-(kriminal-)strafrechtlichen

852 Vgl. **Teil 2, IV., 2., b)** bzw. **Teil 3, III., 4., c), bb)**.

853 Vgl. EuGH, Urt. v. 11.02.2003, Rs. C-187/01, C-385/01, Slg. 2003, I-01345, Rn. 35 – Gözütok und Brügge.

854 EuGH, Urt. v. 11.02.2003, Rs. C-187/01, C-385/01, Slg. 2003, I-01345, Rn. 33 – Gözütok und Brügge.

855 Diesen Gedanken einer Gleichstellung greift auch *Hecker*, 13, Rn. 65 auf. Zu einer autonomen Bestimmung des Rechtskraftkriteriums vgl. *Kniebühler*, Transnationales ne bis in idem, S. 198 ff. m.w.N.

Sanktionen wird mithin auch eine wiederholte Verfolgung als Straftat im engeren Sinne gesperrt. Für den Bereich der deutschen Verbandsgeldbuße des § 30 OWiG folgt hieraus, dass trotz der prozessualen Differenzierung nach einer behördlichen oder gerichtlichen Sanktionszuständigkeit und dem hieraus resultierenden unterschiedlichen Umfang der nationalen Rechtskraft durch Art. 54 SDÜ, Art. 50 GRC in transnationaler Dimension eine umfassende Sperrwirkung gegen eine erneute Verfolgung und Sanktionierung in derselben Sache bewirkt wird; selbst wenn der Zweitstaat eine kriminalstrafrechtliche Haftung juristischer Personen vorsieht. Unabhängig von dem zugrunde liegenden Rechtsverstoß und einer vorherigen Geltendmachung von Rechtsmitteln ist eine rechtskräftig festgesetzte Verbandsgeldbuße daher von dem europäischen ne bis in idem Grundsatz zu erfassen.

Zusammenfassend ist somit festzuhalten, dass die deutsche Verbandsgeldbuße des § 30 OWiG sowohl in Bezug auf die entscheidenden Stellen und die Rechtsnatur, als auch hinsichtlich der innerstaatlichen Rechtskraft umfassend von Art. 54 SDÜ, Art. 50 GRC erfasst wird und entsprechend sanktionierte Verbände daher transnational vor einer wiederholten Verfolgung in derselben Sache geschützt sind.

(d) Geldsanktionen in Italien

Auch im italienischen Recht ist als zentrale Rechtsfolge einer Verbandshaftung nach dem D.Lgs. 231/2001 gem. Art. 9 I, 10 I D.Lgs. 231/2001 obligatorisch die Festsetzung einer sog. Geldsanktion vorgesehen, deren konkreter Umfang sich unter anderem nach der Schwere der Tat, dem Ausmaß der Verbandsverantwortlichkeit sowie der wirtschaftlichen Situation des Verbandes richtet.[856]

In Bezug auf die Erfassung einer solchen Geldsanktion durch die zu Art. 54 SDÜ, Art. 50 GRC herausgearbeiteten Kriterien ist zu konstatieren, dass das Verfahren der Verbandssanktionierung grundsätzlich dem allgemeinen italienischen Strafprozessrecht entspricht, Art. 34 D.Lgs. 231/2001. Demzufolge ist die Staatsanwaltschaft zur Ermittlung und Verfolgung der Verbandstat zuständig, wobei die Sanktionsentscheidung gem. Art. 36 D.Lgs. 231/2001 durch den für die zugrunde liegende Straftat zuständigen Richter grundsätzlich in Form eines Urteils erfolgt, Art. 66 ff. D.Lgs. 231/2001.[857] Während die italienische Geldsanktionierung im Hinblick auf ihre rechtliche Qualität mithin von Art. 54 SDÜ, Art. 50 GRC erfasst wird, lässt sich ihre Rechtsnatur nicht ohne Weiteres bestimmen. Zwar spricht das Dekret von einer „verwaltungsrechtlichen Verantwortlichkeit", doch finden zu einem großen Teil strafrechtliche sowie strafprozessuale Garantien und Prinzipien Anwendung, weshalb teilweise von einer faktisch strafrechtlichen Natur oder gar

856 Zur Verbandsverantwortlichkeit in Italien vgl. bereits **Teil 1, II., 1., c)**.

857 Gem. Art. 62 ff. D.Lgs. 231/2001 sind auch gegenüber Verbänden besondere Verfahrensformen möglich; soweit es jedoch auch danach zu einem strafrichterlichen Urteil kommt, ergeben sich in Bezug auf die rechtliche Qualität der jeweiligen Entscheidungen keine Unterschiede.

einer dritten Sanktionsspur *sui generis* gesprochen wird.[858] Unabhängig von der konkreten innerstaatlichen Zuordnung der italienischen Geldsanktionen ist unter Zugrundelegung der „Engel-Kriterien" jedoch von einer jedenfalls strafrechtlichen Natur im weiteren Sinne auszugehen: So verfolgen die Geldsanktionen des D.Lgs. 231/2001 vorwiegend repressive Zwecke, indem durch ihre Festsetzung auf einen dem Verband selbst vorgeworfenen Rechtsverstoß reagiert wird und hierzu eine monetäre Sanktion ausgesprochen wird, deren Umfang sich nicht etwa an einem wirtschaftlichen Vorteil, sondern primär der Tatschwere sowie dem Ausmaß der Verbandsverantwortung orientiert. Neben der hiermit verfolgten Abschreckungswirkung zeigt auch die innerstaatliche Kontroverse um die konkrete Rechtsnatur der Verbandshaftung deren Nähe zum Kriminalstrafrecht; nach der gebotenen materiellen Gesamtbetrachtung ist daher von einer strafrechtlichen Sanktion im weiteren Sinne auszugehen. Erlangt eine entsprechende gerichtliche Geldsanktion nach dem D.Lgs. 231/2001 daher innerstaatliche Rechtskraft,[859] bewirkt diese über Art. 54 SDÜ, Art. 50 GRC ein transnationales Verfolgungshindernis.

(e) Geldsanktionen in weiteren Mitgliedstaaten der EU

Die vorstehenden Grundsätze lassen sich abstrakt auf die finanziellen Sanktionen der weiteren EU-Staaten übertragen. Soweit diese eine dem Strafrecht im engeren Sinne zuzuordnende Verantwortlichkeit juristischer Personen vorsehen, sind die monetären Sanktionen in Bezug auf ihre Rechtsnatur stets von dem Anwendungsbereich des europäischen ne bis in idem Prinzips umfasst. Dies gilt etwa für die Niederlande, Norwegen, Finnland, Dänemark, Belgien, Estland, Malta, Litauen, Polen, Slowenien, Rumänien, Portugal, Slowakei, Luxemburg, Tschechien und Spanien, die jeweils eine kriminalstrafrechtliche Haftung implementiert haben.[860] Ist in den Mitgliedstaaten dagegen eine nicht oder jedenfalls nicht eindeutig dem nationalen Kriminalstrafrecht zugeordnete Verbandsverantwortlichkeit normiert, greifen die Art. 54 SDÜ, Art. 50 GRC gleichwohl ein, soweit die Sanktionen nach den „Engel-Kriterien" jedenfalls dem Strafrecht im weiteren Sinne zuzurechnen sind; neben Deutschland und Italien sind hierzu auch Griechenland, Bulgarien, Lettland, Schweden und Ungarn zu zählen.[861] Werden derartige Geldsanktionen innerstaatlich von einem Gericht oder einer zur Mitwirkung bei der Strafrechtspflege (im weiteren Sinne) berufenen Behörde festgesetzt und erlangen daraufhin im Erstverfolgungsstaat (beschränkte) Rechtskraft, liegen die im vorstehenden Sinne konkretisierten Kriterien einer durch Art. 54 SDÜ, Art. 50 GRC erfassten Sanktionsentscheidung vor. Ist im konkreten Fall daher auch Tatidentität und ein gegebenenfalls gebotenes Vollstreckungselement gegeben, greift der europäische ne bis in idem Grundsatz ein,

---

858 Zur Rechtsnatur der Verbandshaftung nach dem D.Lgs. 231/2001 vgl. **Teil 1, II., 1., c), cc)**.

859 Zu den Rechtsmitteln gegen eine Verbandssanktion vgl. Art. 71 ff. D.Lgs. 231/2001.

860 Vgl. insofern bereits **Teil 1, II., 1., f)** m.w.N.

861 Vgl. **Teil 1, II., 1., f)**.

so dass der innerstaatliche Strafklageverbrauch grenzüberschreitend zu erstrecken ist und die juristischen Personen als Sanktionsadressaten vor einer erneuten Verfolgung und Sanktionierung in derselben Sache geschützt werden. Ebenfalls abstrakt übertragbar sind die erarbeiteten Grundsätze bei einer innerstaatlich auf den Bereich nicht-kriminalstrafrechtlicher Sanktionen beschränkten Rechtskraftwirkung: Sieht der Erstverfolgungsstaat eine Trennung zwischen der Rechtskraft in Bezug auf das Strafrecht im engeren und im weiteren Sinne vor, ist eine solche differenzierende Rechtskraftwirkung nach Sinn und Zweck des ne bis in idem Grundsatzes auf europäischer Ebene nicht aufrechtzuerhalten. Um einen wirksamen Schutz der Art. 54 SDÜ, Art. 50 GRC nicht durch derartige einzelstaatliche prozessuale Besonderheiten zu unterlaufen, ist vielmehr auch insofern eine verfahrensrechtliche Gleichstellung des Strafrechts im engeren und im weiteren Sinne geboten und die verbrauchte „Strafklage“ in einem weiten Sinne zu verstehen, so dass transnational ein umfassendes Verbot einer erneuten sanktionsrechtlichen Verfolgung eintritt.

bb) Weitere repressive Sanktionsmaßnahmen

Die monetäre Verbandssanktionierung in Form einer Geldstrafe beziehungsweise einer Geldbuße stellt in allen Mitgliedstaaten die zentrale Reaktion auf einen im Unternehmenskontext begangenen Rechtsverstoß dar. Neben rein finanziellen Sanktionen sind im überwiegenden Teil der nationalen Rechtsordnungen jedoch noch weitere Sanktionsmaßnahmen gegenüber juristischen Personen vorgesehen, die kumulativ oder alternativ zu einer Geldsanktion festgesetzt werden können und zum Teil repressive, zum Teil vorwiegend präventive Zwecke verfolgen. Auch insofern stellt sich deshalb die Frage einer Erfassung derartiger Sanktionsmaßnahmen durch den Schutzbereich der Art. 54 SDÜ, Art. 50 GRC und der Bewirkung eines transnationalen Strafklageverbrauches. Angesichts des weiten Spektrums verschiedener weiterer Verbandssanktionen, welche national zudem häufig in unterschiedlichen Rechtsformen und -bereichen kodifiziert sind, würde eine erschöpfende Untersuchung den Rahmen dieser Arbeit sprengen. Es sollen daher exemplarische Beispiele erörtert werden, aus deren Einordnung sich allgemeingültige Maßstäbe ableiten lassen. Dabei gilt es wiederum, die anhand der Rechtsprechung des EuGH zur Reichweite des transnationalen ne bis in idem Prinzips herausgearbeiteten Kriterien auf die jeweiligen nationalen Sanktionen anzuwenden. Soweit diese nach ihrem prozessualen und materiellen Charakter die rechtliche Qualität sowie Rechtsnatur der Geldsanktionen teilen, sind sie ebenfalls von Art. 54 SDÜ, Art. 50 GRC zu erfassen, so dass ihre Festsetzung in gleicher Weise ein transnationales Mehrfachverfolgungsverbot bewirkt.

So ist etwa in **Frankreich** in den Art. 131–37 ff. NCP ein umfangreiches Regime an Strafen vorgesehen, welche spezifisch auf die Sanktionierung von juristischen Personen zugeschnitten sind. Danach können gem. Art. 131–37 I NCP in Fällen von Verbrechen oder Vergehen neben Geldstrafen auch die in Art. 131–39 NCP aufgezählten Strafen gegen juristische Personen festgesetzt werden, soweit dies in dem Tatbestand der jeweiligen Anknüpfungstaten ausdrücklich vorgesehen ist.

Hierzu zählen unter anderem das Verbot der Ausübung bestimmter beruflicher oder sozialer Tätigkeiten, die Anordnung gerichtlicher Aufsicht, eine öffentliche Bekanntgabe und Verbreitung der Entscheidung, die Einziehung von Tatmitteln und -produkten, die endgültige oder zeitlich beschränkte Betriebsschließung, der Ausschluss von öffentlichen Aufträgen sowie als schwerste Sanktion sogar die Auflösung der juristischen Person.[862] Auch bei der Verbandshaftung zugrunde liegenden Übertretungen sehen die Art. 131–40, 131–42 NCP zum Teil weitere rechtsentziehende sowie rechtseinschränkende Rechtsfolgen vor.[863] Angesichts dieser Vielzahl der in Frankreich möglichen Sanktionsmaßnahmen ist in Bezug auf deren Erfassung durch Art. 54 SDÜ, Art. 50 GRC zunächst zu konstatieren, dass diese im selben Verfahren der kriminalstrafrechtlichen französischen Geldstrafe festgesetzt werden. Lediglich die hierbei angeordnete Rechtsfolge differiert beziehungsweise wird um weitere Sanktionen ergänzt. Kommt es insofern daher zu einem strafgerichtlichen Urteil gegenüber einem Verband, liegt im Hinblick auf die rechtliche Qualität folglich eine identische Sanktionsentscheidung vor. Einzig fraglich in Bezug auf die Anwendbarkeit der Art. 54 SDÜ, Art. 50 GRC ist demnach die Rechtsnatur der weiteren französischen Verbandssanktionen. Denn anders als Geldstrafen verfolgen diese nicht alle vorwiegend repressive, sondern etwa in Form einer gerichtlichen Aufsicht, der (beschränkten) Betriebsschließung und des Verbotes einer beruflichen oder sozialen Tätigkeit vor allem auch präventive Zwecke, indem einem erneuten Rechtsverstoß vorgebeugt werden und nicht allein vergeltend auf zurückliegendes Unrecht reagiert werden soll. Ferner dient etwa eine Einziehung von Tatprodukten jedenfalls auch der Schadensrestitution. Gleichwohl ist nach der vorzunehmenden Gesamtbetrachtung gemäß den „Engel-Kriterien" festzustellen, dass die jeweiligen Sanktionsarten zunächst eindeutig im französischen Kriminalstrafrecht normiert sind, dass sie laut Gesetzeswortlaut ausdrücklich als „Strafen" bezeichnet werden und nach ihrer Art und Schwere erhebliche, zum Teil liquidierende staatliche Eingriffe als Reaktion auf Verbandsstraftaten darstellen. Trotz der durch sie zum Teil (auch) verfolgten präventiven sowie restitutiven Zwecke handelt es sich daher um repressive Maßnahmen, die von dem weiten Strafrechtsbegriff der Art. 54 SDÜ, Art. 50 GRC zu erfassen sind und denen demnach ebenfalls eine transnationale ne bis in idem Wirkung zukommt, beziehungsweise die im Fall einer zuvor bereits im Ausland rechtskräftig erfolgten Verbandssanktionierung in derselben Sache gesperrt sind.

In **Italien** sind neben der stets zu verhängenden Geldsanktion auch die weiteren in Art. 9 I D.Lgs. 231/2001 normierten Rechtsfolgen in Form von

---

862 Vgl. ausführlich sowie m.w.N. **Teil 1, II., 1., e), bb)**.

863 Diese ersetzen die Geldstrafe, können also alternativ festgesetzt werden. Gem. Art. 141–43 NCP können die jeweils zugrunde liegenden Verordnungen zudem Zusatzstrafen gegenüber den juristischen Personen vorsehen. Gem. Art. 131-39-1, 131-44-1 NCP ist ferner die Festsetzung einer sog. Wiedergutmachungsstrafe möglich, wonach entstandene Schäden zu ersetzen ist.

Untersagungssanktionen, der Einziehung sowie der Urteilsveröffentlichung vorgesehen.[864] So kann nach den Voraussetzungen des Art. 13 D.Lgs. 231/2001 eine Untersagungssanktion festgesetzt werden,[865] die unter anderem ein Tätigkeitsverbot, die Aufhebung erforderlicher Genehmigungen oder Lizenzen, ein Vertragsschlussverbot mit der öffentlichen Verwaltung, einen Ausschluss von Finanzierungen sowie ein Werbeverbot beinhalten kann, Art. 9 II D.Lgs. 231/2001.[866] Kommt es zu einer derartigen Untersagungssanktion, kann gem. Art. 18 D.Lgs. 231/2001 zudem die Veröffentlichung des zugrunde liegenden Urteils angeordnet werden. Schließlich ist nach Art. 19 D.Lgs. 231/2001 bei einer Verurteilung des Verbandes stets auch die Einziehung von wirtschaftlichen Vorteilen der Straftat anzuordnen. Was nun die Erfassung derartiger Verbandssanktionen durch Art. 54 SDÜ, Art. 50 GRC angeht, gilt in Bezug auf deren rechtliche Qualität zunächst das bereits vorstehend Ausgeführte: Da die Sanktionen kumulativ zu der italienischen Geldsanktion und im selben Verfahren festgesetzt werden, handelt es sich auch insofern um von dem ne bis in idem Prinzip erfasste strafgerichtliche Urteile, Art. 36, 66 ff. D.Lgs. 231/2001. Bestehen im Hinblick auf die rechtliche Qualität mithin keine grundsätzlichen Abweichungen, bedarf die Rechtsnatur der weiteren Maßnahmen für die Frage ihrer Bewirkung eines transnationalen Klageverbrauches jedoch einer eingehenderen Untersuchung. Denn nicht nur spricht das Dekret auch hier von „verwaltungsrechtlichen Sanktionen" und ordnet sie somit nicht dem italienischen Kriminalstrafrecht zu, vor allem werden jedenfalls mit Untersagungssanktionen (auch) präventive Zwecke verfolgt, indem durch deren Anordnung zukünftigen Rechtsverstößen vorbeugend entgegen gewirkt werden soll.[867] Zudem dient die zwingend festzusetzende Einziehung von Tatmitteln und Taterträgen primär der Restitution unrechtmäßig erlangter wirtschaftlicher Vorteile und hat somit (auch) kondizierenden Charakter.[868] Zwar spricht dies jeweils gegen eine strafähnliche, repressive Natur der in Italien neben einer Geldsanktion vorgesehenen Verbandssanktionen. Für die hier

---

864 Vgl. hierzu bereits m.w.N. **Teil 1, II., 1., c), bb).**

865 *Kuhlmann*, Verbandssanktionierung in Italien, S. 61. Gem. Art. 83 I D.Lgs. 231/2001 greifen bei einem Zusammentreffen von Sanktionen ausschließlich die in dem Dekret Nr. 231 vorgesehenen Untersagungssanktionen; identische oder analoge verwaltungsrechtliche Sanktionen nach italienischem Recht sind mithin gesperrt.

866 Gem. Art. 15 D.Lgs. 231/2001 kann unter bestimmten Umständen alternativ auch die Einsetzung eines gerichtlich bestellten Treuhänders angeordnet werden, welcher die Tätigkeit des Verbandes weiter führt. Unter den Voraussetzungen des Art. 16 D.Lgs. 231/2001 kann eine Untersagungssanktion zudem endgültig angeordnet werden, wobei eine solche gem. Art. 17 D.Lgs. 231/2001 bei Wiedergutmachung der Tatfolgen stets ausscheidet.

867 Vgl. Art. 14 I a.E. D.Lgs. 231/2001, wonach gerade die Eignung zur Vermeidung entsprechender Verstöße bei der Auswahl der jeweiligen Untersagungssanktion Berücksichtigung finden soll.

868 Vgl. hierzu auch LG Darmstadt, Urt. v. 14.05.2007 – 712 Js 5213/04 – 9 KLs, BeckRS 2007, 16611.

maßgebliche Frage der Bewirkung eines transnationalen Mehrfachverfolgungsverbotes ist jedoch entscheidend zu berücksichtigen, dass die kumulativen Sanktionen stets in einem gemeinsamen Verfahren mit den von Art. 54 SDÜ, Art. 50 GRC erfassten Geldsanktionen festgesetzt werden. Selbst wenn man bei einer isolierten Betrachtung daher einen strafrechtlichen Charakter (im weiteren Sinne) verneinen würde, wäre eine erneute Verfolgung und Sanktionierung nach einer Festsetzung der weiteren Sanktionsmaßnahmen gesperrt, da in diesem Fall zwingend auch eine (transnational klageverbrauchende) Geldsanktion ergangen ist.[869] In entsprechender Weise ist bei einer vorherigen ausländischen Verbandssanktionierung eine erneute Verfolgung in Italien auch im Hinblick auf etwaige Untersagungssanktionen oder Einziehungen gesperrt, da diese stets in einem (im weiteren Sinne) strafrechtlichen Verfahren nach dem D.Lgs. 231/2001 ergehen und nicht etwa isoliert angeordnet werden können. Die in Italien gemäß dem D. Lgs. 231/2001 rechtskräftig gegenüber juristischen Personen festgesetzten Maßnahmen werden somit insgesamt von Art. 54 SDÜ, Art. 50 GRC erfasst.

In Österreich ist eine Geldbuße nach § 4 VbVG zwar die einzig selbstständige Verbandssanktion, bei Anordnung einer bedingten Nachsicht gem. § 6 VbVG sind allerdings auch hier weitere Maßnahmen in Form von Weisungen möglich, § 8 VbVG.[870] Danach ist dem Verband aufzutragen, einen entstandenen Schaden wieder gutzumachen und kann etwa auch die Implementierung von technischen, organisatorischen oder personellen Maßnahmen angewiesen werden, um so die Ursachen des Rechtsverstoßes zu beseitigen sowie rechtstreues Verhalten künftig zu gewährleisten.[871] Entsprechende Weisungen verfolgen folglich (auch) einen präventiven Zweck, indem potenzieller Unternehmenskriminalität vorbeugend entgegen gewirkt werden soll. Zwar spricht dies im Sinne der „Engel-Kriterien" gegen einen repressiven Charakter und eine strafrechtliche Sanktion (im weiteren Sinne), doch können entsprechende Weisungen nach österreichischem Recht nur bei einer Verurteilung und der bedingten Nachsicht der strafrechtlichen Geldbuße angeordnet werden, so dass wiederum gilt: Selbst wenn man die Weisungen nach § 8 VbVG nicht

869 Dies gilt auch, wenn eine Verantwortlichkeit des Verbandes aufgrund einer Exkulpation nach Art. 6 D.Lgs. 231/2001 entfällt und es in diesen Fällen lediglich zu einer Einziehung kommt, vgl. Art. 6 V D.Lgs. 231/2001. Denn auch in diesen Fällen findet ein Verfahren statt, welches primär auf die Verhängung einer strafrechtlichen Sanktion (im weiteren Sinne) angelegt ist und welches nach dem ne bis in idem Grundsatz (auch bei tatsächlich nicht erfolgender Sanktionierung) bei einem rechtskräftigen Verfahrensabschluss nicht wiederholt werden darf.

870 Das Institut der bedingten Nachsicht ist mit der deutschen Strafaussetzung auf Bewährung vergleichbar; es erfolgt zwar eine Verurteilung sowie der Ausspruch einer Strafe, diese wird aber unter Festsetzung einer Probezeit nicht vollstreckt; auf den zunächst nur aufgeschobenen Vollzug wird dann bei Nichteintritt eines Widerrufsgrundes endgültig verzichtet, die Tatsache des Strafausspruches an sich bleibt hiervon unberührt, vgl. *Jerabek*, in: Höpfel-Ratz, § 43 öStGB, Rn. 1 f. (44. Lfg.).

871 Vgl. die diesbezüglichen Erläuterungen zum VbVG, 994 Blg. Nr. XXII. GP, S. 29.

als jedenfalls strafähnliche Maßnahmen einstufen wollte, da sie durch Festsetzung der von Art. 54 SDÜ, Art. 50 GRC erfassten Geldbuße bedingt und im selben Verfahren (und nicht etwa isoliert) anzuordnen sind, ergehen sie stets zusammen mit einer strafrechtlichen Sanktion, so dass auch hier der Schutz des transnationalen ne bis in idem Prinzips insgesamt eingreift.

Zusammenfassend lässt sich demnach festhalten, dass in den nationalen Rechtsordnungen kumulativ oder alternativ zu den monetären Verbandssanktionen vorgesehene Maßnahmen ebenfalls von Art. 54 SDÜ, Art. 50 GRC erfasst werden und somit ein transnationales Verbot wiederholter Verfolgung und Sanktionierung auslösen, soweit sie nach ihrer materiellen sowie prozessualen Ausgestaltung die rechtliche Qualität und die Rechtsnatur der (im weiteren Sinne) strafrechtlichen Geldsanktionen teilen und somit ebenfalls die Kriterien des ne bis in idem Grundsatzes erfüllen, oder jedenfalls zwingend im selben, einheitlichen Verfahren einer von Art. 54 SDÜ, Art. 50 GRC erfassten (Geld-)Sanktion festgesetzt werden.

cc) Präventive Maßnahmen

Neben den verschiedenen repressiven Sanktionsmitteln sind in vielen Mitgliedstaaten auch vorwiegend präventive Maßnahmen als Reaktion auf Rechtsverstöße im Verbandskontext vorgesehen. Im Hinblick auf eine potenzielle transnationale Mehrfachverfolgung juristischer Personen stellt sich daher auch hier die Frage, ob entsprechende Rechtsfolgen von Art. 54 SDÜ, Art. 50 GRC erfasst werden.

So bestehen insbesondere in **Deutschland** neben der zentralen Verbandsgeldbuße des § 30 OWiG keine allgemeinen alternativen Sanktionsmittel, sondern sind vielmehr in zahlreichen bereichsspezifischen, unsystematischen Einzelregelungen weitere Maßnahmen gegenüber Verbänden vorgesehen, mit denen ebenfalls auf unternehmensbezogene Rechtsverstöße reagiert werden kann. So können die für gewisse gewerbliche Tätigkeiten erforderlichen behördlichen Genehmigungen und Konzessionen bei einschlägigen Gesetzesverstößen widerrufen werden.[872] Im Rahmen von grundsätzlich erlaubnisfreien Betätigungen kommt dagegen unter anderem nach § 35 I GewO eine Tätigkeitsbeschränkung oder -untersagung in Betracht, soweit sich ein Gewerbetreibender als unzuverlässig erweist,[873] was vor allem durch einschlägige Rechtsverstöße indiziert wird.[874] Insbesondere korruptionsbezogene Straftaten können außerdem zu einem Ausschluss von der Vergabe von öffentlichen

872 Z.B. gem. §§ 30 ff. GewO für Privatkrankenanstalten oder das Bewachungsgewerbe; vgl. *Rödiger*, Strafverfolgung von Unternehmen, S. 73; die Rücknahme bzw. der Widerruf richtet sich (vorbehaltlich spezieller Regelungen) nach den §§ 48, 49 VWVfG, vgl. *Engelhart*, Sanktionierung von Unternehmen, S. 424, Fn. 615.

873 Vgl. insofern etwa auch die speziellen §§ 22, 25 BImSchG.

874 *Hirsch*, ZStW 1995, S. 285 ff. (302); *Engelhart*, Sanktionierung von Unternehmen, S. 425.

Aufträgen führen,[875] da diese gem. § 97 IV, S. 1 GWB nur an gesetzestreue und zuverlässige Unternehmen vergeben werden.[876] Bei rechtswidrigem Handeln von Organen oder Gesellschaftern besteht schließlich als *ultima ratio* sogar die Möglichkeit, einen Verband aufzulösen, etwa nach § 396 AktG oder § 62 GmbHG.[877] Zwar zeigt dieser kursorische Überblick, dass die deutsche Rechtsordnung beachtliche und eingriffsintensive weitere Sanktionsinstrumente auch gegenüber Verbänden bereit hält, doch dienen all diese Maßnahmen in erster Linie einer präventiven Gefahrenabwehr sowie dem Schutz des Gemeinwohls, indem nicht nur repressiv und abschreckend auf zurückliegende Rechtsverstöße reagiert werden, sondern vorwiegend künftigen Taten vorgebeugt werden soll.[878] Sie sind mithin weder dem nationalen Strafrecht zugeordnet, noch werden durch sie repressive Zwecke verfolgt, so dass selbst nach den weiten „Engel-Kriterien" kein strafrechtlicher Charakter (im weiten Sinne) anzunehmen ist. Da die Rechtsfolgen auch nicht zwingend in einem zusammenhängenden Verfahren mit der durch Art. 54 SDÜ, Art. 50 GRC erfassten Verbandsgeldbuße des § 30 OWiG festzusetzen sind, unterliegen die im deutschen Recht vorgesehenen präventiven Maßnahmen nicht dem transnationalen Doppelverfolgungsverbot.

Auch in Österreich sind neben den bereits dargestellten Verbandssanktionen des VbVG in verschiedenen Nebengesetzen weitere Rechtsfolgen vorgesehen, welche auch gegenüber juristischen Personen angeordnet werden können. Hierzu zählen in erster Linie ordnungsrechtliche Maßnahmen, wonach bei bestimmten Rechtsverstößen unter anderem Gewerbeverbote oder gar eine Auflösung des Verbandes möglich sind.[879] Soweit diese jedoch ähnlich der deutschen Rechtslage vorwiegend

---

875 *Kirch-Heim*, Sanktionen gegen Unternehmen, S. 28 ff.; *Rödiger*, Strafverfolgung von Unternehmen, S. 74 ff.

876 Daneben ist bei entsprechenden Verfehlungen die Eintragung in sog. Korruptionsregister möglich, um den öffentlichen Auftraggebern zu ermöglichen, die Zuverlässigkeit eines Bewerbers selbstständig zu beurteilen, diesen gegebenenfalls als unzuverlässig einzustufen und von der Vergabe auszuschließen. Ein derartiges bundesweit einheitliches Verzeichnis ist (weiterhin) in Planung, wohingegen Korruptionsregister auf Landesebene (beispielsweise in Nordrhein-Westfalen und Berlin) bereits bestehen. Ein sog. Gewerbezentralregister, in dem fast alle gegen Unternehmen gem. § 30 OWiG festgesetzte Verbandsgeldbußen eingetragen werden, wird dagegen zentral beim Bundesamt für Justiz geführt. Vgl. *Kirch-Heim*, Sanktionen gegen Unternehmen, S. 30 ff. m.w.N.; *Rödiger*, Strafverfolgung von Unternehmen, S. 77 ff.

877 Vgl. auch § 81 GenG; auch das BVerfG kann gem. §§ 13 Nr. 1, 39 II BVerfGG die Auflösung einer Gesellschaft anordnen, vgl. *Rödiger*, Strafverfolgung von Unternehmen, S. 74.

878 Vgl. *Kirch-Heim*, Sanktionen gegen Unternehmen, S. 27; *Engelhart*, Sanktionierung von Unternehmen, S. 427.

879 Vgl. z.B. § 13 VII öGewO; § 86 I öGmbHG; § 29 I öVereinsG. Zu den außerhalb des VbVG bestehenden Sanktionsmaßnahmen gegenüber juristischen Personen vgl. insgesamt *Kolarik*, Verantwortlichkeit juristischer Personen, S. 33 ff. Die

präventive Zwecke verfolgen,[880] kommt ihnen grundsätzlich kein strafrechtlicher Charakter (im weiteren Sinne) zu, so dass der ne bis in idem Grundsatz der Art. 54 SDÜ, Art. 50 GRC auch insofern nicht eingreift.

Die in **Italien** nach Art. 13, 9 II D.Lgs. 231/2001 vorgesehenen Untersagungssanktionen verfolgen ebenso (jedenfalls auch) präventive Zwecke, indem durch ihre Anordnung künftigen Rechtsverstößen vorgebeugt werden soll.[881] Allerdings sind diese – wie vorstehend bereits aufgezeigt – ausschließlich kumulativ und in einem gemeinsamen Verfahren mit den von Art. 54 SDÜ, Art. 50 GRC erfassten strafrechtlichen Geldsanktionen festzusetzen, so dass eine getrennte Beurteilung ihrer Rechtsnatur und eine isoliert möglicherweise zulässige Mehrfachfestsetzung derartiger Untersagungssanktionen prozessual nicht in Betracht kommt.[882]

Es ist folglich zu konstatieren, dass in den Mitgliedstaaten neben den zentralen, repressiven Verbandssanktionen vorgesehene präventive Sanktionsmaßnahmen nicht von dem ne bis in idem Schutz der Art. 54 SDÜ, Art. 50 GRC zu erfassen sind, soweit ihnen jedenfalls kein strafrechtlicher Charakter (im weiteren Sinne) zukommt und sie prozessual auch nicht zwingend in einem zusammenhängenden Verfahren mit strafrechtlichen Sanktionen festzusetzen sind. Derartige isolierte Präventivmaßnahmen sind in der Union demnach (auch transnational) wiederholt zulässig, was angesichts der in erster Linie verfolgten vorbeugenden Zielsetzung einer Gefahrenabwehr sowie des Gemeinwohlschutzes auch folgerichtig ist. Denn jeder Staat muss die für ihn von Verbänden ausgehenden Gefahren selbstständig und unabhängig von den in anderen, ebenfalls tangierten Rechtsordnungen womöglich bereits getroffenen Maßnahmen abwehren und hierzu im Zweifel auch wiederholt geeignete Rechtsfolgen festsetzen können.

dd) Restitutive Maßnahmen

In zahlreichen Mitgliedstaaten sind neben den zentralen Verbandssanktionen in Form von (vorwiegend) repressiven oder präventiven Rechtsfolgen auch Instrumentarien vorgesehen, die eine Abschöpfung der durch verbandsbezogene Taten erlangten Vermögenswerte gegenüber juristischen Personen ermöglichen.[883] In transnationaler Dimension stellt sich daher auch hier die Problematik eines mehrfach drohenden Zugriffes durch verschiedene Rechtsordnungen und die Frage, ob derartige Maßnahmen von Art. 54 SDÜ, Art. 50 GRC erfasst werden (sollten).

---

zuvor im Nebenstrafrecht vorgesehene Verbandshaftung wurde mit Einführung des insofern abschließenden VbVG aufgehoben, *Kolarik*, Verantwortlichkeit juristischer Personen, S. 32 f., 36 f.

880 Vgl. *Kolarik*, Verantwortlichkeit juristischer Personen, S. 34 f. m.w.N.

881 Vgl. bereits **Teil 3, III., 6., b), bb)**.

882 Vgl. hierzu bereits **Teil 3, III., 6., b), bb)**.

883 Eine allgemeine vergleichende Darstellung ausgewählter nationaler Regelungen mit Abschöpfungsrelevanz findet sich bei *Jacob-Hofbauer*, Gewinnabschöpfung im Ausland, S. 101 ff.

So ist etwa in **Deutschland** das Rechtsinstitut des sog. Verfalls vorgesehen,[884] um für oder aus einem Rechtsverstoß erlangte wirtschaftliche Vorteile zu entziehen und durch die Abschöpfung unrechtmäßiger Vermögensverschiebungen so eine Wiederherstellung der materiellen Gerechtigkeit zu ermöglichen.[885] Der bei (der Verbandshaftung) zugrunde liegenden Straftaten in den §§ 73 ff. StGB und bei Ordnungswidrigkeiten in § 29a OWiG normierte Verfall ist als sog. Drittverfall auch gegenüber tatunbeteiligten Dritten zulässig. Hierzu zählen auch die nach der deutschen Rechtsdogmatik selbst nicht deliktfähigen juristischen Personen und Personenverbände, soweit der Tatbeteiligte für sie gehandelt hat und ihnen durch den jeweiligen Rechtsverstoß vermögenswerte Vorteile zugeflossen sind, § 73 III StGB, § 29a II OWiG.[886] Zwar wird zwischen der Tat und dem Vermögensvorteil ein spezifischer Bereicherungszusammenhang gefordert, welcher

---

884 Im März 2016 wurde ein „Entwurf eines Gesetzes zur Reform der strafrechtlichen Vermögensabschöpfung" vorgelegt, der eine grundlegende Reform der bestehenden Instrumentarien vorsieht, um die Rechtsanwendung und -durchsetzung zu vereinfachen; abrufbar unter: https://www.bmjv.de/SharedDocs/Gesetzgebungs verfahren/Dokumente/RefE_Reform_strafrechtliche_Vermoegensabschoepfung. pdf?__blob=publicationFile&v=2 (zuletzt abgerufen am 10.10.2016). Inhaltliches Kernstück ist die Neuregelung der bislang aufwendigen Opferentschädigung unter Streichung des § 73 I, S. 2 StGB; prozessuale Erleichterungen sollen zudem durch die Ermöglichung einer effektiveren nachträglichen Abschöpfung sowie einer Ausweitung selbstständiger Abschöpfungsverfahren erreicht werden, vgl. S. 50 ff. des Gesetzesentwurfes. Die grundsätzliche Konstruktion der materiellen Verfallsnormen wird jedoch weitgehend beibehalten und durch vereinzelte inhaltliche Anpassungen sowie reformbedingte Folgeänderungen ergänzt. Neu geregelt werden soll u.a. die Abschöpfung gegenüber Drittbegünstigten, indem hierfür mit § 73b des Entwurfes aus systematischen Gründen eine eigene Vorschrift aufgenommen wird. Zur Ermittlung des Abschöpfungsumfanges wird das Bruttoprinzip beibehalten und durch § 73e I des Entwurfes inhaltlich konkretisiert, vgl. S. 51, 58 f., 72 f. des Gesetzesentwurfes. Eine Änderung der Rechtsnatur der Abschöpfungsmaßnahmen ist mit der Reform ausdrücklich nicht verbunden, vgl. S. 53 des Gesetzesentwurfes. Auf die grundsätzlichen nachfolgenden Untersuchungen und Lösungsansätze hätte eine Umsetzung der Gesetzesinitiative daher keine entscheidenden Auswirkungen.

885 BGHSt 31, 145 (146); BVerfGE 110, 1 (14 ff.): „nicht-pönale Maßnahme [...] zur Korrektur einer deliktisch zu Stande gekommenen Vermögenszuordnung"; vgl. *Lackner/Kühl*, § 73, Rn. 1 ff. Vgl. zudem die gegenüber dem Verfall vorrangige Mehrerlösabschöpfung gem. §§ 8, 10 II WiStG. Das Insititut der Einziehung gem. §§ 74 ff. StGB, §§ 22 ff. OWiG ist im Kontext der Doppelverfolgungsproblematik hingegen weniger relevant und wird hier daher nicht weiter untersucht, vgl. hierzu *Eser*, in: Schönke/Schröder, §§ 74 ff. Hinsichtlich der maßgeblichen Grundsätze in Bezug auf Unternehmen vgl. *Kindler*, Das Unternehmen als haftender Täter, S. 184 ff.

886 BGH wistra 1999, 477 (478); *Fischer*, § 73, Rn. 29; *Kindhäuser*, § 73, Rn. 9; *Lackner/Kühl*, § 73, Rn. 9.

die Erstreckung der Haftung auf einen Drittbegünstigten legitimiert.[887] Hierfür soll im Verbandskontext allerdings ausreichend sein, dass die rechtswidrige Tat von einem Organ, Vertreter oder Angehörigen des Verbandes begangen wird, der hierbei im Unternehmensinteresse agiert.[888] Der deutschen Verfallsanordnung unterliegt nach dem sog. Bruttoprinzip der Gesamterlös der Tat, zur Erlangung des Vorteils eventuell getätigte Aufwendungen sind daher nicht abzugsfähig.[889] Prozessual erfolgt die Anordnung des (Dritt-)Verfalls grundsätzlich zusammenhängend im Sanktionsverfahren der tatbeteiligten natürlichen Person, in dem der betroffene Verband als Nebenbeteiligter einzubeziehen ist, §§ 442 I, 431 I StPO.[890] Im Rahmen des § 76a StGB beziehungsweise des § 29a IV OWiG kann jedoch auch eine selbstständige Anordnung in einem isolierten Verfahren erfolgen.[891] Ausgeschlossen wird der Drittverfall gem. § 30 V OWiG durch die Festsetzung einer Verbandsgeldbuße, da die den wirtschaftlichen Vorteil bereits übersteigende Geldbuße die umfassendere Maßnahme darstellt und eine unzulässige Doppelsanktionierung des Verbandes vermieden werden soll;[892] eine (Dritt-)Verfallsanordnung kann gegenüber einem Verband folglich nur alternativ zu § 30 OWiG festgesetzt werden.[893]

Eine ähnliche Regelung vermögensabschöpfender Maßnahmen ist in Österreich normiert, wo gem. § 20 öStGB für oder durch eine Straftat erlangte Vermögenswerte, Nutzungen und Surrogate nach dem Bruttoprinzip für verfallen zu erklären sind;[894] eine Verfallsanordnung ist auch hier gegenüber Dritten und juristischen Personen

887 BGHSt 45, 235 (244 ff.). Der BGH unterscheidet hierbei die drei Fallgruppen der Vertretungsfälle im weiteren Sinne, der Verschiebungs- sowie der Erfüllungsfälle; vgl. hierzu *Joecks*, in: MüKo-StGB, Bd. II, § 73, Rn. 71 ff.; *Schmidt*, Gewinnabschöpfung, Rn. 269 ff.

888 Dies sei schon immer dann der Fall, wenn der Vermögensvorteil tatsächlich zufließt und durch dieses betriebliche Zurechnungsverhältnis der Bereicherungszusammenhang hergestellt werde, vgl. BGHSt 45, 235 (244 ff.).

889 Vgl. BT-Drucks. 12/1134, S. 12; BGHSt 57, 79 (82); *Lackner/Kühl*, § 73, Rn. 4 f. Nach der früheren Rechtslage waren zur Erlangung des Vermögens getätigte Aufwendungen dagegen abzugsfähig, vgl. BGHSt 28, 369 (369); BGHSt 31, 145 (146); *Lackner/Kühl*, § 73, Rn. 4.

890 *Britz*, in: Volk, § 5, Rn. 46; *Kindhäuser*, Vor §§ 73 – 76a, Rn. 26.

891 Zur Möglichkeit eines selbstständigen Verfallverfahrens vgl. *Lackner/Kühl*, § 76a, Rn. 1 ff.

892 Vgl. die Gesetzesbegründung in BT-Drucks. 7/550, S. 344; *Rogall*, in: KK-OWiG, § 30, Rn. 155; *Bohnert*, § 30, Rn. 69.

893 Zwischen den beiden Rechtsfolgen besteht insofern eine Wahlmöglichkeit der Verfolgungsbehörden, LG Saarbrücken, BeckRS 2009, 21862; vgl. auch *Mitsch*, in: KK-OWiG, § 29a, Rn. 2 f.

894 *Fabrizy*, § 20 öStGB, Rn. 2; vgl. *Fuchs/Tipold*, in: Höpfel/Ratz, Vor §§ 19a – 20c öStGB, Rn. 3 ff. (49. Lfg.).

möglich.[895] Prozessual erfolgt ihre Festsetzung gem. § 443 I öStPO grundsätzlich verbunden mit dem Urteil der Anknüpfungstat, kann aber auch in einem selbstständigen Verfahren angeordnet werden, § 445 öStPO.[896]

In **Italien** ist bei einer Verurteilung des Verbandes gem. Art. 19 D.Lgs. 231/2001 zwingend auch die Konfiskation von Tatmitteln und Taterträgen der Verbandstat anzuordnen und unrechtmäßige Vermögenswerte hierdurch abzuschöpfen.[897] Hiervon werden letztlich alle im Zusammenhang mit der Tatbegehung erlangten wirtschaftlichen Vorteile erfasst, wobei umstritten ist, inwiefern das Netto- oder das Bruttoprinzip gelten soll.[898] Die Anordnung der Konfiskation erfolgt stets im einheitlichen Verfahren der Verbandssanktionierung nach dem D.Lgs. 231/2001, welches nach Maßgabe des Art. 38 D.Lgs. 231/2001 grundsätzlich zusammenhängend mit dem Prozess der zugrunde liegenden Individualtat geführt wird.

Auch in **Frankreich** sind gegenüber juristischen Personen vergleichbare Rechtsfolgen mit einer vermögensabschöpfenden Funktion vorgesehen. So kann unter den gesetzlichen Voraussetzungen der Art. 131–39 I, Nr. 8, Art. 131–42 Nr. 2 NCP eine als sog. „Nebenstrafe“[899] bezeichnete Einziehung angeordnet werden, die sich gem. Art. 131–48 V, Art. 131–21 III NCP unter anderem auf unmittelbar oder mittelbar aus der Tat hervorgegangene Tatmittel und Tatprodukte bezieht.[900]

Derartige Abschöpfungsmaßnahmen der mitgliedstaatlichen Rechtsordnungen können im Rahmen transnationaler Rechtsverstöße ebenfalls zu einer Mehrfachverfolgungsproblematik führen. Denn sind mehrere Staaten nach ihrem nationalen Sanktionsanwendungsrecht zur Verfolgung und Sanktionierung einer grenzüberschreitenden Verbandstat berufen und sehen als mögliche Rechtsfolgen jeweils eine Abschöpfung von unrechtmäßig erlangten Vermögensvorteilen vor, laufen die Adressaten der Restitutionsmaßnahmen Gefahr, sich wiederholt dem Entzug ihres Vermögens ausgesetzt zu sehen. Diese Problematik wird in gewisser Weise dadurch verstärkt, dass nach dem Rahmenbeschluss über die Anwendung des Grundsatzes der gegenseitigen Anerkennung auf Einziehungsentscheidungen eine transnationale Vollstreckbarkeit derartiger Maßnahmen auf der Grundlage

---

895 Vgl. *Fuchs/Tipold*, in: Höpfel/Ratz, § 20 öStGB, Rn. 2, § 20a öStGB, Rn. 15 (49. Lfg.); vgl. jedoch die Einschränkungen des § 20a I, II Nr. 1 öStGB; vgl. auch 994 Blg. Nr. XXII. GP, S. 30.

896 Vgl. *Fuchs/Tipold*, in: Fuchs/Ratz, Vor §§ 443 – 446 öStPO, Rn. 3, § 443 öStPO, Rn. 1 ff. (193. Lfg.). Das Verfahren der Anknüpfungstat der natürlichen Person erfolgt wiederum grundsätzlich zusammenhängend mit dem Verbandsverfahren, § 15 VbVG.

897 Vgl. bereits **Teil 1, II., 1., c), bb)** sowie allgemein zum italienischen Abschöpfungsrecht *Jacob-Hofbauer*, Gewinnabschöpfung im Ausland, S. 115 ff.

898 Vgl. *Kuhlmann*, Verbandssanktionierung in Italien, S. 68 ff. m.w.N.; *Rübenstahl*, RIW 2012, S. 505 ff. (510 f.).

899 „*Peine complémentaire*“.

900 Vgl. hierzu bereits **Teil 1, II., 1., e), cc)**; *Hartan*, Unternehmensstrafrecht, S. 180 f.; *Jacob-Hofbauer*, Gewinnabschöpfung im Ausland, S. 110 ff.

gegenseitiger Anerkennung ermöglicht worden ist, so dass ein inländisches Vermögen des Adressaten nicht mehr zwingend erforderlich und eine Abschöpfung somit auch ohne Zugriffsobjekt im Festsetzungsstaat möglich ist.[901] Abgesehen von den hiermit potenziell verbundenen Belastungen durch mehrfache Verfolgungs- und Vollstreckungsmaßnahmen in verschiedenen EU-Staaten, drohen ohne adäquate Schutzmechanismen vor allem jeweils umfassende Abschöpfungen der durch denselben Rechtsverstoß erlangten wirtschaftlichen Vorteile, was letztlich zu einer vielfachen und über den tatsächlichen Gewinn hinausgehenden Belastung führen könnte.[902] Die restituierende Abschöpfung von rechtswidrigen Vermögenswerten ist dabei insbesondere im vorliegenden Kontext der Unternehmenssanktionierung von Bedeutung. Denn die im Rahmen von verbandsbezogenen Rechtsverstößen erlangten wirtschaftlichen Vorteile kommen in aller Regel den Verbänden selbst zugute, so dass die unmittelbar an sie adressierten Abschöpfungen ein wichtiges staatliches Steuerungsinstrument im Kampf gegen die Unternehmenskriminalität darstellen.[903] Angesichts der gerade im Unternehmenskontext häufig ein hohes Ausmaß annehmenden Tatgewinne, besteht daher auch ein finanzielles Interesse der verfolgungsbefugten Rechtsordnungen, die rechtswidrigen Vermögenswerte selbst und im eigenen Staat einzuziehen. Insbesondere transnational agierende Unternehmen mit Niederlassungen und Vermögen in mehreren Mitgliedstaaten drohen daher mehrfach Adressaten von Abschöpfungsmaßnahmen zu werden. Gleichwohl existiert kein ausdrückliches Verbot von (transnational) wiederholten Abschöpfungsmaßnahmen in derselben Sache. Fraglich und bislang weitgehend offen ist deshalb, ob und inwiefern Art. 54 SDÜ, Art. 50 GRC auch auf derartige restitutive Instrumentarien der Mitgliedstaaten Anwendung finden. Mangels einer entsprechenden Klarstellung durch den EuGH besteht insofern auch abseits der Unternehmensverantwortlichkeit ein grundsätzlicher Klärungsbedarf.[904]

---

901 Rahmenbeschluss 2006/783/JI des Rates vom 6. Oktober 2006 über die Anwendung des Grundsatzes der gegenseitigen Anerkennung auf Einziehungsentscheidungen, ABl. EU L 328/59 v. 24.11.2006.

902 Dass die hier skizzierte Gefahr einer transnationalen Mehrfachabschöpfung kein rein theoretisches Problem ist, zeigen nicht zuletzt zwei Entscheidungen deutscher Gerichte, in denen es jeweils um die Frage ging, ob eine im Ausland bereits erfolgte Vermögenseinziehung einer deutschen Verfallsanordnung entgegensteht oder auf diese jedenfalls anzurechnen ist (BGH NStZ 2005, S. 455 f. bzgl einer Erstabschöpfung in der Schweiz; LG Darmstadt, Urt. v. 14.05.2007 – 712 Js 5213/04 – 9 KLs bzgl. einer Erstabschöpfung in Italien).

903 Vgl. *Eidam*, in: Eidam, Unternehmen und Strafe, Kapitel 5, Rn. 427.

904 Zwar hat der EuGH im Zusammenhang mit der Rückabwicklung unionsrechtswidriger Beihilfen entschieden, dass restitutiv ausgerichteten Maßnahmen kein Strafcharakter zukomme; dies wurde jedoch vor allem damit begründet, dass sich der Betroffene dem Beihilfeverfahren freiwillig unterworfen und dabei die Voraussetzungen ihrer Gewährung nicht erfüllt habe, vgl. etwa EuGH, Urt. v. 11.07.2002, Rs. C-210/00, Slg. 2002, I-6453, Rn. 35 ff. Mit der hier in Frage stehenden Abschöpfung

(a) Mittelbares Eingreifen der Art. 54 SDÜ, Art. 50 GRC

Die dargestellte Problematik einer potenziell mehrfachen Vermögensabschöpfung gegenüber juristischen Personen wird zunächst wesentlich durch eine mittelbare ne bis in idem Wirkung der Art. 54 SDÜ, Art. 50 GRC entschärft. Denn unabhängig von der konkreten Einordnung der abschöpfenden Maßnahmen anhand der Kriterien des Mehrfachverfolgungsverbotes und ihrer hieraus womöglich folgenden isolierten Erfassung durch die Art. 54 SDÜ, Art. 50 GRC, ist eine wiederholte Anordnung gegenüber juristischen Personen häufig bereits aufgrund der systematischen Konstruktion der Verbandshaftung faktisch ausgeschlossen.

So scheidet eine mehrfache Anordnung von Abschöpfungsmaßnahmen zunächst immer schon dann aus, wenn über diese nach dem jeweiligen nationalen Recht zwingend im Rahmen eines auf die Festsetzung strafrechtlicher Sanktionen (im weiteren Sinne) angelegten Verfahrens zu entscheiden ist. Denn da jedenfalls die dann zugrunde liegenden strafrechtlichen Verfahren durch Art. 54 SDÜ, Art. 50 GRC erfasst und mögliche Zweitverfahren somit gesperrt werden, kommt auch eine im selben Verfahren festzusetzende Abschöpfung nicht in Betracht. Dies gilt etwa für die nach italienischem Recht gem. Art. 19 D.Lgs. 231/2001 neben einer Geldsanktion stets anzuordnende Einziehung unrechtmäßiger Vermögenswerte; da diese zwingend im Rahmen des von Art. 54 SDÜ, Art. 50 GRC erfassten Sanktionsverfahrens nach dem D.Lgs. 231/2001 festzusetzen ist, sperrt eine vorher im Ausland erfolgende (im weiteren Sinne) strafrechtliche Verbandssanktionierung (unabhängig von einer dortigen Anordnung des Verfalls) ein erneutes Verfahren zur Ausurteilung einer Verbandssanktion nach dem D.Lgs. 231/2001 und somit auch die Möglichkeit einer (Zweit-)Abschöpfung nach Art. 19 D.Lgs. 231/2001. Entsprechendes gilt für all diejenigen Mitgliedstaaten, in denen die Festsetzung von Abschöpfungsmaßnahmen ebenfalls nicht in einem isolierten Verfahren möglich ist, sondern nur zusammenhängend mit vom ne bis in idem Grundsatz erfassten Sanktionen erfolgen kann.[905] Der hierdurch bedingte Verfahrensverbund führt zu einem mittelbaren Eingreifen der Art. 54 SDÜ, Art. 50 GRC.

Ein mittelbarer Schutz speziell von juristischen Personen kann zudem aus den systematischen Besonderheiten der Haftungskonstruktion gegenüber Verbänden folgen. Denn indem die Verbandshaftung in aller Regel an einen Rechtsverstoß natürlicher Personen anknüpft, kann sich deren (transnational klageverbrauchende) Sanktionierung auch auf die Zulässigkeit eines Zweitverfahrens gegenüber der juristischen Person selbst auswirken. Dies ist dann der Fall, wenn das Verfahren

---

deliktisch erlangter Vermögensvorteile sind derartige Fallgestaltungen daher nicht vergleichbar oder übertragbar, vgl. *Walther*, WiJ 2013, S. 158 ff. (162).

905 In Deutschland führt die aus § 30 V OWiG folgende Exklusivität von Verbandsgeldbuße und (Dritt-)Verfall hingegen dazu, dass eine zusammenhängende Festsetzung des Verfalls im Rahmen des von Art. 54 SDÜ, Art. 50 erfassten Verfahrens der Verbandssanktionierung nach der gesetzlichen Systematik zwingend ausgeschlossen ist.

der (Dritt-)Abschöpfung gegenüber einer juristischen Person nach dem jeweiligen nationalen Recht zusammenhängend mit dem Sanktionsverfahren der natürlichen Verbandsperson erfolgt, beziehungsweise eine selbstständige Dritteinziehung nur unter weiteren, einschränkenden Voraussetzungen zulässig ist, wozu ein Klageverbrauch gegenüber der natürlichen Person nicht zählt. So ist der Drittverfall nach deutschem Recht grundsätzlich in dem Verfahren des Tatbeteiligten der Anknüpfungstat festzusetzen, § 73 III StGB, § 29a II OWiG. Kann aber aufgrund einer zuvor bereits in einem anderen Mitgliedstaat erfolgten, transnational strafklageverbrauchenden Sanktionierung der natürlichen Person dieser gegenüber gem. Art. 54 SDÜ, Art. 50 GRC kein erneutes Verfahren in Deutschland geführt werden, scheidet auch ein hierbei anzuordnender Drittverfall aus. Der europäische ne bis in idem Grundsatz wirkt hier folglich mittelbar als eine Sperre für eine Vermögensabschöpfung gegenüber der juristischen Person.[906] In diesen Fällen kommt die Anordnung des Drittverfalls daher allenfalls in einem selbstständigen Verfahren in Betracht, § 76a StGB, § 29a IV OWiG. Liegt der Verbandshaftung eine Straftat zugrunde, fordert § 76a I StGB hierfür (abschließend), dass aus *tatsächlichen* Gründen keine bestimmte Person verfolgt oder verurteilt werden kann. Das aus einem transnationalen Klageverbrauch gegenüber der tatbeteiligten natürlichen Person folgende Verfahrenshindernis stellt jedoch einen *rechtlichen* Hinderungsgrund dar, der nicht von der Ausnahmeregelung des § 76a I StGB erfasst wird.[907] Zwar bezieht § 76a II StGB rechtliche Hindernisse mit ein, doch gilt diese Ergänzung nur für die sicherungsbedingte Einziehung und Unbrauchbarmachung nach § 74 II, Nr. 2, III, § 74d StGB.[908] Auch eine isolierte Verfallsanordnung gegenüber juristischen Personen scheidet bei einem (transnationalen) Klageverbrauch bezüglich der Tatbeteiligten somit aus.[909] Soweit die nationalen Rechtsordnungen daher eine derartige Wechselwirkung des

906 Vgl. *Rönnau*, in: FS-Volk, S. 583 ff. (588 f.).

907 *Rönnau*, in: FS-Volk, S. 583 ff. (590). Anders wäre dies nach dem „Entwurf eines Gesetzes zur Reform der strafrechtlichen Vermögensabschöpfung“, da nach dessen § 76a I eine selbstständige Abschöpfung auch möglich sein soll, wenn einer Verfolgung der zugrunde liegenden Tat rechtliche Gründe (z.B. Strafklageverbrauch) entgegen stehen, vgl. S. 61, 77 f. des Gesetzesentwurfes.

908 Auch greift § 76a III StGB nicht ein, da (ausländische) Ermessenseinstellungen der Staatsanwaltschaft oder des Gerichts nach der Rechtsprechung des EuGH zwar von Art. 54 SDÜ, Art. 50 GRC erfasst werden können, dies führt aber gerade dazu, dass hinsichtlich der natürlichen Person ein umfassender transnationaler Klageverbauch eintritt und somit ein rechtliches Verfahrenshindernis besteht, vgl. *Rönnau*, in: FS-Volk, S. 583 ff. (590), Fn. 35.

909 Anders jedoch bei einer zugrunde liegenden Ordnungswidrigkeit: da § 29a IV OWiG für den selbstständigen Verfall nur fordert, dass gegen den Täter ein Bußgeldverfahren nicht eingeleitet oder eingestellt wird, besteht hier keine Beschränkung auf tatsächliche Hindernisse. Es können daher auch rechtliche Hinderungsgründe wie der Eintritt eines (transnationalen) Strafklageverbrauchs gegenüber dem Täter zur Zulässigkeit eines selbstständigen Drittverfalls führen, vgl. *Mitsch*, in: KK-OWiG, § 29a, Rn. 50 m.w.N.; *Meyberg*, in: BeckOK-OWiG, § 29a, Rn. 98.

Klageverbrauches der natürlichen Verbandspersonen im Verhältnis zu einer (Dritt-) Verfallsanordnung gegenüber der juristischen Person vorsehen, können diesen gegenüber (erneute) Abschöpfungen bereits aufgrund des hieraus folgenden mittelbaren Eingreifens der Art. 54 SDÜ, Art. 50 GRC ausgeschlossen sein.[910]

(b) Unmittelbares Eingreifen der Art. 54 SDÜ, Art. 50 GRC

Weiterhin fraglich bleibt allerdings, ob vorwiegend restitutive Maßnahmen der Mitgliedstaaten auch unabhängig von einer mittelbaren Wirkung nicht bereits unmittelbar durch Art. 54 SDÜ, Art. 50 GRC erfasst werden und ein mehrfacher staatlicher Zugriff auf rechtswidrig erlangte Vermögenswerte somit schon grundsätzlich auszuschließen ist. Neben der allgemeinen wissenschaftlichen Relevanz dieser Problematik stellt sich die Frage im Kontext der Verbandsverantwortlichkeit immer dann, wenn die nationalen Rechtsordnungen keine mittelbare ne bis in idem Wirkung vorsehen oder eine solche im konkreten Fall nicht eingreift; im deutschen Recht etwa, wenn (beispielsweise mangels Individualisierbarkeit des Verbandstäters) eine vorherige Auslandssanktion nur gegenüber der juristischen Person stattgefunden hat, so dass gegenüber der Verbandsperson kein Klageverbrauch eingreift, welcher sich auf den Verfall der juristischen Person auswirken könnte[911] oder (etwa weil wiederholten repressiven Sanktionen die Art. 54 SDÜ, Art. 50 GRC entgegenstehen) nur eine isolierte Zweitabschöpfung droht.[912]

---

910 Auch in Österreich etwa scheidet das gem. § 443 I öStPO grundsätzlich gemeinsame Verfahren aus, soweit das Hauptverfahren aufgrund eines Klageverbrauches gegenüber dem Täter der Anknüpfungstat gesperrt ist; anders als nach dem deutschen § 76a StGB sieht § 445 I öStPO als Voraussetzung eines selbstständigen Verfahrens allerdings nur vor, dass über die (Anknüpfungs-) Tat nicht in einem Strafverfahren entschieden werden kann. Es ist mithin keine Einschränkung auf tatsächliche Hindernisse normiert, so dass auch im Falle von rechtlichen Verfahrenshindernissen (wie einem Klageverbrauch) ein selbstständiges Verfahren des (Dritt-)Verfalls gegenüber juristischen Personen möglich ist; die mittelbare Wirkung der Art. 54 SDÜ, Art. 50 GRC gilt hier folglich nur beschränkt auf die Verfallsanordnung in einem gemeinsamen Verfahren.

911 In diesem Fall liegt ein tatsächliches Verfolgungshindernis in Bezug auf die natürliche Person vor, so dass ein Fall des § 76a I StGB gegeben und eine selbstständige Verfallsanordnung gegenüber dem Verband zulässig ist.

912 Die Frage einer isolierten Zulässigkeit erneuter Abschöpfungsmaßnahmen stellt sich insbesondere in Bezug auf die deutsche Verbandsverantwortlichkeit. Denn da gem. § 30 V OWiG eine Verbandsgeldbuße und der (Dritt-)Verfall nur alternativ angeordnet werden können, die Geldbuße bei einer bereits im Ausland erfolgten Verbandssanktionierung aber über Art. 54 SDÜ, Art. 50 GRC gesperrt sein kann, kommt häufig ohnehin alleine eine isolierte Abschöpfung in Betracht, für die sich dann die Frage der Zulässigkeit stellt.

i) Bestehen einer Sperrwirkung

Maßgeblich für die Beurteilung der generellen Anwendbarkeit der Art. 54 SDÜ, Art. 50 GRC auf vermögensabschöpfende Maßnahmen der Mitgliedstaaten sind wiederum die allgemeinen, zum europäischen ne bis in idem Grundsatz herausgearbeiteten Kriterien. Danach kommt es neben der rechtlichen Qualität und einer innerstaatlichen Rechtskraft der jeweiligen Entscheidungen vor allem darauf an, dass es sich um nationale Maßnahmen mit strafrechtlichem Charakter handelt. Nach den hierfür vom EuGH konkretisierend herangezogenen „Engel-Kriterien" ist dabei ein weiter Strafrechtsbegriff zugrundezulegen, wonach neben den Strafen im engeren Sinne auch andere Sanktionen zu erfassen sind, soweit diesen nach ihrer rechtlichen Zuordnung im nationalen Recht, der Art der Zuwiderhandlung sowie der Art und Schwere der angedrohten Sanktion jedenfalls strafähnlicher Charakter zukommt.[913] Wendet man diese Kriterien auf die mitgliedstaatlichen Abschöpfungsinstrumente an, ist zunächst festzustellen, dass diese weitgehend im nationalen Kernstrafrecht kodifiziert sind und ihre Festsetzung strafverfahrensrechtlichen Grundsätzen folgt.[914] Darüber hinaus liegt einer Abschöpfung in der Regel eine ebenfalls strafrechtliche Zuwiderhandlung als Rechtsverstoß zugrunde.[915] Schließlich ist zu konstatieren, dass mit einer Verfallsanordnung erhebliche (wirtschaftliche) Belastungen für den Adressaten einhergehen können. Vor allem gegenüber auf Gewinnerzielung angelegten Unternehmen führt der Entzug von Kapital dazu, dass dies nicht gewinnbringend investiert werden kann, somit auch das zukünftige Fortkommen beeinträchtigt ist und eine Abschöpfungsmaßnahme daher jedenfalls faktisch schlicht als eine Strafe empfunden werden dürfte.[916] Dies gilt umso mehr, soweit die Berechnung des deliktischen Vorteils (wie etwa in Deutschland oder Österreich) nach dem Bruttoprinzip erfolgt und zu dessen Erlangung getätigte Aufwendungen deshalb nicht gewinnmindernd abzugsfähig sind, selbst wenn der Nettogewinn aufgrund hierfür vorgenommener Investitionen letztlich minimal ist.[917]

---

913 Vgl. **Teil 3, III., 4., c), bb)**.

914 Gleichwohl ist der Verfall in Deutschland als „Maßnahme" (§ 11 I, Nr. 8 StGB) systematisch in einem eigenen Titel des StGB normiert und von der Rechtsfolge einer Strafe begrifflich abgegrenzt.

915 Eine Ausnahme stellt insofern § 29a OWiG für den Bereich einer zugrunde liegenden Ordnungswidrigkeit dar; diese Besonderheit ist in der Differenzierung des deutschen Sanktionsrechts zwischen Straftaten und bloßen Ordnungswidrigkeiten begründet, die jeweils taugliche Anknüpfungstaten einer Verfallsanordnung sind.

916 Vgl. *Kappel/Ehling*, BB 2011, S. 2115 ff. (2120).

917 Werden beispielsweise eine Millionen Euro Bestechungsgelder zur Erlangung eines Auftrages eingesetzt und beträgt der letztlich erzielte Gesamterlös 1,5 Millionen Euro, ist dieser gesamte Betrag für verfallen zu erklären, obwohl der Nettogewinn unter dem Strich nur bei 500.000 Euro liegt. Je höher also der Kostenaufwand des Verfallsadressaten für die begangene Tat ist, desto höher ist auch sein tatsächlicher Vermögensverlust, vgl. *Bahnmüller*, Strafrechtliche Unternehmensverantwortlichkeit, S. 94.

Kommt es unter diesen Voraussetzungen dann sogar zu mehrfachen Abschöpfungen von rechtswidrigen Vermögensvorteilen derselben Tat durch verschiedene Staaten, kann dies eine deutlich über den tatsächlichen Gewinn hinausgehende Belastung darstellen und jedenfalls die Zweitabschöpfung einer Bestrafung gleichkommen. Die vorstehenden Aspekte sprechen demnach dafür, nationale Instrumente zur Abschöpfung deliktischen Vermögens als strafähnliche Maßnahmen im weiteren Sinne einzustufen und von dem Schutz des ne bis in idem Grundsatzes der Art. 54 SDÜ, Art. 50 GRC als erfasst anzusehen.

Hiergegen wird jedoch vor allem in Bezug auf die deutschen Verfallsregelungen vorgebracht, dass der Verfall keine Sanktion mit Strafcharakter sei, sondern als eine „quasi-kondiktionelle Ausgleichsmaßnahme" eigener Art lediglich der Herstellung der materiellen Gerechtigkeit diene, um den wirtschaftlichen Anreiz zur Tatbegehung zu reduzieren.[918] So geht vor allem die deutsche Rechtsprechung davon aus, dass der Verfall selbst unter Geltung des Bruttoprinzips keinen Strafzweck verfolge und keinen strafähnlichen Charakter habe, sondern dem gesetzgeberischen Willen entsprechend allein der Vermögensabschöpfung zur Beseitigung eines rechtswidrigen Zustandes diene.[919] Die gebotene Abschöpfung des über den Nettogewinn hinaus Erlangten verfolge in erster Linie Präventionszwecke, um auf diese Weise gewinnorientierten Straftaten vorzubeugen, da diese bei einer bloßen Abschöpfung des Tatgewinns unter finanziellen Aspekten weitgehend risikolos wären;[920] dies gelte insbesondere auch für den Drittverfall im Bereich der Wirtschafts- und Verbandskriminalität.[921] Zwar könne dem Verfallsadressaten hierdurch ein mitunter erheblicher wirtschaftlicher Nachteil zugefügt werden, es werde allerdings nur auf bemakeltes Vermögen zugegriffen, um Repression oder Vergeltung gehe es daher gerade nicht.[922] Diese Auslegung des BGH wurde vom BVerfG bestätigt, wonach der (erweiterte) Verfall keinen strafähnlichen Charakter habe.[923] Die bloß faktische Wirkung eines Übels reiche hierfür gerade nicht aus, maßgeblich seien vielmehr der Grund der Anordnung sowie die gesetzgeberische Zwecksetzung.[924] Danach verfolge der Verfall primär vermögensordnende sowie normstabilisierende Ziele.[925]

---

918 *Heuchemer*, in: BeckOK-StGB, § 73, Rn. 1; *Joecks*, in: MüKo-StGB, Bd. II, § 73, Rn. 4 ff., 14 f.; *Schmidt*, in: LK-StGB, Bd. III, § 73, Rn. 7 ff., 12. Dem entspricht die überwiegende Meinung im österreichischen Recht, vgl. *Fabrizy*, § 20 öStGB, Rn. 1; a.A. *Fuchs/Tipold*, in: Höpfel/Ratz, Vor §§ 19a – 20c öStGB, Rn. 10 ff., § 20, Rn. 25 f. (49. Lfg.).

919 BGHSt 47, 260 (265); BGHSt 47, 369 (371, 373 ff.).

920 BGHSt 47, 369 (373 ff.); BGHSt 51, 65 (67); BGHSt 56, 191 (195).

921 BGHSt 47, 369 (373 ff.); mit Verweis auf den Rechtsgedanken des § 817, S. 2 BGB. Der Präventionszweck gegenüber Dritten liege darin, dass vor allem hierarchisch organisierte Unternehmen Kontrollmechanismen zur Verhinderung entsprechender Straftaten errichten und auf deren Einhaltung achten sollen.

922 BGHSt 47, 369 (375).

923 BVerfGE 110, 1 (14 ff.).

924 BVerfGE 110, 1 (14).

925 BVerfGE 110, 1 (14, 16 f., 22).

Die Abschöpfung sei mithin zukunftsbezogen und präventiv ausgerichtet, indem die eingetretene Störung der Vermögensordnung beseitigt und gewinnorientierte Deliktanreize reduziert werden sollen.[926] Diese kondiktionsähnliche Natur sei auch nicht durch die Einführung des Bruttoprinzips entfallen; es erfolge lediglich eine umfassende Zuweisung der wirtschaftlichen Verlustrisiken an den Adressaten.[927] Der Verfall sei daher kein vergeltendes Übel für vergangenes normwidriges Verhalten, sondern Antwort auf eine gegenwärtige Störung der Vermögenslage durch einen korrigierenden Eingriff; seine Zielsetzung sei folglich nicht repressiv-vergeltend, sondern präventiv-ordnend.[928]

Legt man diese Prämissen einer Subsumtion des Verfalls unter den Anwendungsbereich der Art. 54 SDÜ, Art. 50 GRC zugrunde und erstreckt die vorstehenden Auslegungsmaßstäbe auch auf die Abschöpfungsinstrumentarien der anderen Mitgliedstaaten, spricht dies gegen einen strafrechtlichen Charakter (im weiteren Sinne). So wird ein Eingreifen des Doppelverfolgungsverbotes unter Anknüpfung an die deutsche Rechtsprechung insbesondere mit der Begründung verneint, dass es angesichts der bloß restitutiv-präventiven Zielsetzung an einer vom EuGH geforderten „Ahndungswirkung" und somit an einem erforderlichen repressiven Sanktionscharakter fehle.[929] Als Konsequenz stünde das europäische ne bis in idem Prinzip einer mehrfachen Abschöpfung bei transnationalen Fallgestaltungen nicht entgegen, so dass insofern ein wiederholter, gegebenenfalls kumulierender Zugriff auf die durch eine Verbandstat erlangten Vermögensvorteile grundsätzlich zulässig wäre. Diese Auffassung lag offensichtlich auch der Entscheidung des LG Darmstadt in der Korruptionsaffäre um die Siemens AG zugrunde: Obwohl gegen diese in derselben Sache bereits ein Verfahren in Italien geführt und in diesem Rahmen eine Vermögensabschöpfung in Höhe von 6,12 Mio. Euro festgesetzt worden war, ordnete das LG Darmstadt bei dem anschließenden Verfahren in Deutschland gegenüber der drittbeteiligten Siemens AG einen Wertersatzverfall in der Höhe von 38 Mio. Euro an und lehnte das mit der anschließenden Revision gerügte Eingreifen des Art. 54 SDÜ ausdrücklich ab.[930] Zur Begründung führte das Gericht aus, dass

---

926 BVerfGE 110, 1 (18 ff.).

927 BVerfGE 110, 1 (20 ff.), mit Verweis auf die gesetzgeberische Orientierung an den §§ 812 ff. BGB.

928 BVerfGE 110, 1 (19, 22).

929 Vgl. *Hackner*, NStZ 2011, S. 425 ff. (430); *Rönnau*, in: FS-Volk, S. 583 ff. (591 f.); vgl. auch *Radtke*, in: Böse, EnzEuR, § 12, Rn. 43; *Jarass*, NStZ 2012, S. 611 ff. (612); *Kappel/Ehling*, BB 2011, S. 2011 ff. (2119 f.).

930 LG Darmstadt, Urt. v. 14.05.2007 – 712 Js 5213/04 – 9 KLs; BeckRS 2007, 16611. Der BGH hatte im anschließenden Revisionsverfahren über die Fragen der Vermögensabschöpfung, der Auslegung des Art. 54 SDÜ und eine möglicherweise gebotene Vorlage an den EuGH letztlich nicht mehr zu entscheiden, da es nach Aufhebung der Verurteilung der verbandsangehörigen natürlichen Personen bereits an einem Anknüpfungsdelikt für eine Verfallsanordnung fehlte, vgl. BGHSt 52, 323 (332, 348).

einer (erneuten) Anordnung des Verfalls das Doppelbestrafungsverbot des Art. 54 SDÜ nicht entgegenstehe, da es sich bei der italienischen Gewinnabschöpfung – wie im deutschen Recht – nicht um eine strafähnliche Maßnahme, sondern um einen kondiktionsartigen Ausgleich handele. Ein solcher Ausgleich führe auch nach italienischem Recht nicht zu einer Wechselwirkung mit der Strafhöhe; es handele sich bei der italienischen Verfallsanordnung daher nicht um Strafe, so dass das Verbot der Doppelbestrafung einem (wiederholten) Verfall nicht entgegenstehe. Zur Vermeidung unbilliger Härten durch eine Doppelbelastung nahm das LG Darmstadt lediglich eine betragsmäßige Anrechnung der in Italien bereits abgeschöpften Summe nach § 76c I, S. 1 StGB vor.[931]

Zwar geht die deutsche Judikatur demnach davon aus, dass Abschöpfungsmaßnahmen im transnationalen Bereich nicht unter die Art. 54 SDÜ, Art. 50 GRC fallen und in derselben Sache folglich mehrfach zulässig sind.[932] Zu beachten ist allerdings, dass es für die Bestimmung des strafrechtlichen Charakters einer mitgliedstaatlichen Sanktionsmaßnahme eben nicht allein auf die nationalen Rechtsauffassungen ankommt, sondern im Sinne der „Engel-Kriterien" vielmehr eine Gesamtbetrachtung geboten ist.[933] So können unter Einbeziehung von Art und Schwere der Sanktion sowie Schutzzweckerwägungen gerade auch Maßnahmen zu erfassen sein, die innerstaatlich nicht als strafrechtlich eingestuft werden.[934] Darüber hinaus bleibt auch der Standpunkt der deutschen Rechtsprechung innerstaatlich nicht unbestritten: So wird gegen eine bloß kondiktionsähnliche Natur von Abschöpfungsmaßnahmen und das hieraus geschlussfolgerte Nichteingreifen der Art. 54 SDÜ, Art. 50 GRC eingewendet, dass die Abschöpfung rechtswidriger Vermögenswerte jedenfalls unter Geltung des Bruttoprinzips einer pönalen Sanktion gleichkomme und daher als eine strafähnliche Maßnahme einzustufen sei.[935] Soweit der jeweilige Gesamterlös ohne Rücksicht auf gewinnschmälernde Kosten erfasst werde, könne materiell letztlich

931 In einem ähnlichen Fall befürwortete auch der BGH die Berücksichtigung einer bereits im Ausland erlittenen Vermögensabschöpfung (nur) über § 73c StGB; da die Erstabschöpfung dort jedoch in der Schweiz stattfand, bestand (damals) kein Anlass zur Prüfung eines Eingreifens des Art. 54 SDÜ, vgl. BGH NStZ 2005, S. 455 f. Seit 2008 gilt Art. 54 SDÜ durch ein Assoziierungsabkommen (ABl. L 53/52 v. 27.02.2008) auch im Verhältnis zu der Schweiz, so dass sich heute auch hier die Frage eines Eingreifens des ne bis in idem Prinzips stellen würde.

932 Eine höchstrichterliche Entscheidung steht in dieser Sache allerdings ebenso aus wie ein Urteil des EuGH.

933 Vgl. *Rübenstahl/Schilling*, HRRS 2008, S. 492 ff. (497). Eine pauschale Kategorisierung mitgliedstaatlicher Abschöpfungsmaßnahmen in einer abstrakten Orientierung an der deutschen Rechtslage ist daher abzulehnen.

934 Auf eine europarechtsautonome Auslegung einer „Sanktion" i.S.d. EuGH stellt auch *Rübenstahl* ab, *Rübenstahl*, in: Leipold/Zöller/Tsambikakis, Anwaltkommentar, § 73, Rn. 62.

935 *Dannecker*, in: FS-Böttcher, S. 465 ff. (480); *Lackner/Kühl*, § 73, Rn. 4b; *Eser*, in: FS-Stree/Wessels, S. 833 ff. (843 f.); *Wohlers*, JR 2003, S. 160 ff. (162 f.); *Dannecker*, NStZ 2006, S. 683 f. (683 f.).

mehr abgeschöpft werden, als durch die Tat faktisch erlangt wurde; über den Bereich einer bloßen Ausgleichsmaßnahme hinaus werde daher ein vergeltendes Übel auferlegt, was zu einem Strafcharakter führe und das Eingreifen strafrechtlicher Garantien erfordere.[936] In diesem Sinne geht auch der EGMR davon aus, dass für die Beurteilung des Rechtscharakters einer staatlichen Maßnahme nicht der Wille des Gesetzgebers, sondern primär die (faktische) Wirkung maßgeblich sei.[937] Danach sei etwa die „confiscation order" nach britischem Recht, welche sich ebenfalls nicht auf den tatsächlichen Gewinn beschränkt, als eine „Strafe" im Sinne des Art. 7 EMRK einzustufen.[938] Dieser Ansatz spricht wiederum dafür, dass der Schutz der Art. 54 SDÜ, Art. 50 GRC auf entsprechende Abschöpfungssanktionen zu erstrecken ist. Hinzu kommt, dass die Nichtanwendbarkeit des ne bis in idem Grundsatzes überwiegend mit dem Fehlen eines Ahndungselementes begründet wird, der Rechtsprechung des EuGH indes gar nicht entnommen werden kann, ob eine solche „Ahndung" zwingende Voraussetzung für ein Eingreifen des Doppelverfolgungsverbotes sein soll.[939] Darüber hinaus ist zu berücksichtigen, dass zwar ein bloß faktisches Übel durch eine (wirtschaftliche) Mehrfachbelastung das Eingreifen der Art. 54 SDÜ, Art. 50 GRC nicht rechtfertigen können soll, die Festsetzung einer Abschöpfung aber regelmäßig strafverfahrensrechtlichen Grundsätzen folgt und somit auch strafrechtliche Ermittlungs- und Eingriffsbefugnisse zur Sachverhaltsaufklärung sowie zur Sicherung und Beschlagnahme der Abschöpfungsgegenstände bestehen.[940] Es drohen folglich erhebliche Belastungen und Beeinträchtigungen der

---

936 *Eser*, in: Schönke/Schröder, Vor § 73, Rn. 19; *Hofmann*, wistra 2008, S. 401 ff. (405 f.); *Wohlers*, JR 2003, S. 160 ff. (162 f.); *Dannecker*, NStZ 2006, S. 683 f. (683 f.); *Eser*, in: FS-Stree/Wessels, S. 833 ff. (843 f.); vgl. hierzu *Hohn*, wistra 2003, S. 321 ff. (324 ff.).

937 Vgl. etwa EGMR, Urt. v. 17.12.2009 – 19359/04, Rn. 120 ff. – M./.Deutschland. Vgl. hierzu auch *Gehrmann*, wistra 2010, S. 346 f. (347).

938 EGMR, Urt. v. 09.02.1995 – 17440/90, Rn. 27 ff., 33, 35 – Welch./. UK; vgl. *Gehrmann*, wistra 2010, S. 346 f. (347) m.w.N.

939 Vgl. *Hecker*, 4. Aufl., § 13, Rn. 36; *Stein*, NJW 2003, S. 1162 ff. (1164); vgl. hierzu auch *Zimmermann*, Strafgewaltkonflikte, S. 257 f. m.w.N.; *Radtke*, in: Böse, EnzEuR, § 12, Rn. 45; *Radtke/Busch*, NStZ 2003, S. 281 ff. (285).

940 So bestehen etwa in Deutschland die allgemeinen verfolgungsbehördlichen Ermittlungsbefugnisse und -instrumente sowie die hiermit potenziell einhergehenden Beeinträchtigungen der Betroffenen auch zur Aufklärung des Sachverhalts in Bezug auf die Anordnung des Verfalls sowie zur Finanzermittlung, vgl. hierzu *Rönnau*, Vermögensabschöpfung, Rn. 110 ff.; *Jacob-Hofbauer*, Gewinnabschöpfung im Ausland, S. 53 ff. Hinzu kommt, dass häufig bereits im Zuge des Ermittlungsverfahrens vorläufige Sicherungsmaßnahmen zur Durchsetzung späterer Anordnungen erlassen werden, vgl. §§ 111b ff. StPO, vgl. hierzu *Eidam*, in: Eidam, Unternehmen und Strafe, Kapitel 5, Rn. 458 ff. Die weitgehende prozessuale Gleichstellung des Straf- sowie des (selbstständigen) Abschöpfungsverfahrens wird auch durch die Nebenbeteiligung des Drittadressaten gem. §§ 431 I, S. 1, 433 I, 1 StPO i.V.m. § 442 I StPO bzw. § 442 II StPO bzw. § 440 III StPO deutlich, wonach diesem die prozessuale Stellung eines Angeklagten zukommt, was zeigt, dass auch das Gesetz

Adressaten, was zu einem legitimen Schutzinteresse gegen (transnational) wiederholte Verfolgungen und Zugriffe in derselben Sache führt. So ist eine mehrfache Abschöpfung in derselben Sache auch nach innerstaatlichem deutschen Recht grundsätzlich nicht zulässig; denn auch wenn man den Verfall mangels eines Strafcharakters nicht unter Art. 103 III GG subsumiert, steht einer erneuten Verfallsanordnung die Rechtskraft der jeweiligen Entscheidung entgegen.[941]

In der hier maßgeblichen europäischen Dimension kommt ein weiterer Gesichtspunkt hinzu: Selbst wenn man davon ausgeht, dass eine einmalige innerstaatliche Abschöpfung deliktischer Vermögensvorteile primär der Herstellung materieller Gerechtigkeit dient und auch eine Bruttoabschöpfung zur Prävention von gewinnorientierten Rechtsverstößen legitim ist, so wird doch die rechtswidrige Störung der Vermögensordnung durch einen einmalig umfassend-korrigierenden Eingriff behoben. Jeder erneute Zugriff in derselben Sache ließe sich nicht mit dem Ziel einer bloß restitutiven Herstellung der materiellen Gerechtigkeit begründen und in einem gemeinsamen Rechtsraum nur schwer rechtfertigen. Kommt es im Zuge transnationaler Rechtsverstöße daher zu entsprechenden Mehrfachabschöpfungen in verschiedenen EU-Staaten, kann diesen in ihrer Zusammenschau kaum eine bloße Kondiktionswirkung beigemessen werden, so dass sich jeder wiederholte Zugriff dem Einwand fehlender Verhältnismäßigkeit ausgesetzt sieht. Soweit die Maßnahmen hierbei ohne eine Anrechnung bereits erfolgter Abschöpfung jeweils den gesamten Betrag erfassen, kommt hinzu, dass jedenfalls die den tatsächlichen Erlös übersteigende (Zweit-)Abschöpfung dem Adressaten letztlich mehr entzieht, als dieser faktisch erlangt hat, so dass derart unkoordinierte und kumulierende Abschöpfungen in ihrer Summe letztlich einer Bruttoabschöpfung gleichstehen beziehungsweise sogar noch darüber hinausgehen. Die Frage der Zulässigkeit mehrfacher Abschöpfungen und eines Eingreifens der Art. 54 SDÜ, Art. 50 GRC stellt

---

von einem entsprechenden Schutzbedürfnis sowie einer eigenen verfahrensrechtlichen Rechtsposition der Betroffenen ausgeht. Auch *Walther* begründet die Erfassung von Abschöpfungsmaßnahmen u.a. mit dem der Verhängung zugrunde liegenden strafrechtlichen Verfahren, vgl. *Walther*, WiJ 2013, S. 158 ff. (163).

941 Vgl. *Eser*, in: Schönke/Schröder, § 73, Rn. 46. Ergeht die Verfallsanordnung i.R.d. Strafverfahrens, nimmt diese an der Rechtskraft der verfahrensbeendenden Entscheidung teil; gleichwohl sind Rechtsmittel auch isoliert in Bezug auf die Rechtsfolge des Verfalls zulässig, vgl. *Rönnau*, Vermögensabschöpfung, Rn. 617. Auch selbstständige Verfallsanordnungen sind jedoch der Rechtskraft fähig, vgl. § 73e StGB („Rechtskraft der Entscheidung"); eine Durchbrechung der Rechtskraft kommt nur i.R.d. Ausnahmevorschrift des § 76 StGB in Betracht. Im Ordnungswidrigkeitenrecht folgt die Rechtskraft einer (selbstständigen) Verfallsanordnung aus § 87 III, S. 2, VI OWiG i.V.m. § 84 I OWiG, wohingegen die i.R.e. Bußgeldbescheides ergangene Verfallsanordnung bereits an dessen Rechtskraft nach § 84 I OWiG teilnimmt, vgl. *Suchy*, Der Verfall im Ordnungswidrigkeitenrecht, S. 121 ff. m.w.N.

sich in grenzüberschreitenden Fallgestaltungen daher auch unabhängig von der innerstaatlichen Geltung des Netto- oder des Bruttoprinzips.

Für eine Anwendbarkeit des ne bis in idem Prinzips auf nationale Abschöpfungsmaßnahmen lassen sich schließlich (unabhängig von Netto- und Bruttoprinzip) teleologische Erwägungen anführen. Insofern ist zu beachten, dass der EuGH bei seiner Rechtsprechung zu Art. 54 SDÜ, Art. 50 GRC im Sinne einer dynamischen Auslegung maßgeblich auf den Sinn und Zweck eines transnationalen Mehrfachverfolgungsverbotes abstellt und sich hierbei nicht zwingend an den Wortlaut der Normen gebunden sieht.[942] Danach soll der ne bis in idem Schutz gerade verhindern, dass eine Person durch die in einem anderen EU-Staat wiederholt drohende Verfolgung und Sanktionierung in ihrer europäischen Freizügigkeit tangiert wird und so zu der Verwirklichung eines Raumes der Freiheit, der Sicherheit und des Rechts beitragen. Auch eine Vermögensabschöpfung und die zu ihrer Festsetzung erforderlichen Ermittlungsmaßnahmen können dem Adressaten jedoch schwerwiegende (wirtschaftliche) Nachteile zufügen und mit erheblichen Eingriffen in dessen Rechte und Interessen verbunden sein; muss dieser im Rahmen von transnationalen Rechtsverstößen daher befürchten, in anderen Unionsstaaten erneut entsprechenden Zugriffen ausgesetzt zu sein, droht er hierdurch ebenfalls in seiner europäischen Freizügigkeit tangiert zu werden.[943] Dies gilt selbst dann, wenn im jeweiligen Verfahren allein der Nettogewinn eingezogen wird. In gleicher Weise können auch juristische Personen durch eine erneut drohende Abschöpfung von einer wirtschaftlichen Betätigung sowie einer unternehmerischen Eingliederung in anderen Mitgliedstaaten abgehalten und so in ihren europäischen Grundfreiheiten, insbesondere in Form der Niederlassungs- und der Dienstleistungsfreiheit, beeinträchtigt werden, Art. 49, 54, 56 I, 62 AEUV.[944] Droht trotz einer bereits erfolgten Abschöpfung ein wiederholter Vermögensverlust in einem anderen Staat, kann das betroffene Kapital zudem nicht mehr ohne (faktische) Hindernisse zwischen den Unionsstaaten bewegt werden, so dass auch die Freiheit des Kapitalverkehrs tangiert ist, Art. 63 AEUV.[945] Eine am Schutzzweck des ne bis in idem Grundsatzes sowie dem Unionsziel der Schaffung eines gemeinsamen europäischen Raumes der Freiheit, der Sicherheit und des Rechts orientierte Auslegung spricht deshalb dafür, mehrfache Abschöpfungen in derselben Sache zu verhindern und im Sinne einer

---

942 Vgl. hierzu bereits **Teil 3, III., 4., c)** m.w.N.

943 Vgl. *Rübenstahl/Schilling*, HRRS 2008, S. 492 ff. (497); *Kappel/Ehling*, BB 2011, S. 2115 ff. (2120); *Rübenstahl*, in: Leipold/Zöller/Tsambikakis, Anwaltkommentar, § 73, Rn. 62.

944 Vgl. *Kappel/Ehling*, BB 2011, S. 2115 ff. (2120); *Radtke*, in: Böse, EnzEuR, § 12, Rn. 43; *Rübenstahl/Schilling*, HRRS 2008, S. 492 ff. (497 f.).

945 *Rönnau*, in: FS-Volk, S. 583 ff. (598), Fn. 86; *Rübenstahl/Schilling*, HRRS 2008, S. 492 ff. (498).

adressatenfreundlichen Schutzbereichsbestimmung als von den Art. 54 SDÜ, Art. 50 GRC erfasst anzusehen.[946]

Dies gilt umso mehr, seitdem auf europäischer Ebene durch den Rahmenbeschluss über die Anwendung des Grundsatzes der gegenseitigen Anerkennung auf Einziehungsentscheidungen Regelungen implementiert wurden, welche die justizielle Zusammenarbeit in Strafsachen auf Einziehungsentscheidungen erstrecken und hierzu eine transnationale Vollstreckbarkeit nach dem Prinzip der gegenseitigen Anerkennung vorsehen.[947] Danach ist für die Festsetzung und die Vollstreckung eines endgültigen Vermögensentzuges nicht zwingend erforderlich, dass sich die Vermögenswerte des Adressaten im Inland des jeweiligen Festsetzungsstaates befinden, so dass ein grenzüberschreitender Zugriff auf deliktisch erlangte Vermögensvorteile wesentlich erleichtert wird. Dehnt die EU aber den Grundsatz der gegenseitigen Anerkennung auf Einziehungsentscheidungen aus, muss der hierdurch effektivierten transnationalen Vermögensabschöpfung die Gewährleistung von prozessrechtlichen Garantien gegenüberstehen, um eine andernfalls drohende einseitige Verschiebung der europäischen justiziellen Zusammenarbeit zulasten der Adressaten zu verhindern und rechtsstaatliche Grundsätze zu wahren.

Dass die aufgezeigte Problematik einer potenziellen Mehrfachabschöpfung auch von der EU erkannt wurde, zeigt sich in der Systematik des Rahmenbeschlusses über die Anwendung des Grundsatzes der gegenseitigen Anerkennung auf Einziehungsentscheidungen. Denn zwar führt die danach vorgesehene mitgliedstaatliche Zusammenarbeit sowie die transnationale Durchsetzbarkeit von Einziehungsmaßnahmen auf den ersten Blick gerade dazu, dass diese von mehreren Unionsstaaten festgesetzt werden können und die Gefahr einer Kumulierung somit scheinbar noch erhöht wird. Zugleich sieht der Rahmenbeschluss jedoch auch Regelungen zur Vermeidung einer über den Gesamtwert der Einziehungsentscheidung hinausgehenden Abschöpfung vor: So ist gem. Art. 5 I, III, 2. Alt. bei der Einziehung von Geldbeträgen die mehrfache Übermittlung einer Einziehungsentscheidung an verschiedene Mitgliedstaaten überhaupt nur zulässig, wenn der gesamte Betrag andernfalls voraussichtlich nicht erfasst werden kann; in diesem Fall schützen die Art. 10 I, lit. a, 12 II, 14 II, III, lit. b) vor einer überbetragsmäßigen Mehrfachabschöpfung. Zudem normiert Art. 8 II, lit. a) einen fakultativen Ablehnungsgrund für die Vollstreckung einer Einziehungsentscheidung, soweit diese dem Grundsatz des ne bis in idem

946 I.d.S. in Bezug auf Art. 54 SDÜ auch *Rübenstahl/Schilling*, HRRS 2008, S. 492 ff. (497 f.); *Kappel/Ehling*, BB 2011, S. 2115 ff. (2119 ff.); vgl. auch *Radtke*, in: Böse, EnzEuR, § 12, Rn. 43.

947 Rahmenbeschluss 2006/783/JI des Rates vom 6. Oktober 2006 über die Anwendung des Grundsatzes der gegenseitigen Anerkennung auf Einziehungsentscheidungen, ABl. EU L 328/59 v. 24.11.2006. Der den Anwendungsbereich konkretisierende Begriff „Einziehungsentscheidung" umfasst gem. Art. 2 lit. c) „eine Strafe oder Maßnahme, die [...] zum endgültigen Entzug von Vermögensgegenständen führt"; nach deutscher Dogmatik sind hiervon mithin Verfalls- und auch Einziehungsmaßnahmen erfasst.

zuwiderlaufen würde. Die Intention dieser Vorschrift wird deutlicher, wenn man die Entwurfsfassung des Rahmenbeschlusses vergleichend heranzieht: Danach sollte eine Vollstreckung abgelehnt werden können, wenn gegen den Adressaten wegen derselben Handlung bereits eine Einziehungsentscheidung im Vollstreckungsstaat oder einem anderen als dem Vollstreckungs- oder dem Entscheidungsstaat ergangen ist und diese vollstreckt wurde, gerade vollstreckt wird oder nach dem Recht des Entscheidungsstaates nicht mehr vollstreckt werden kann.[948] In Anlehnung an Art. 54 SDÜ soll im Rahmen der EU mithin eine mehrfache Abschöpfung in derselben Sache verhindert werden. Die Systematik des Rahmenbeschlusses zeigt folglich, dass eine transnationale Vollstreckung von (nur einer Einziehungsentscheidung)[949] zwar durchaus in mehreren EU-Staaten zulässig sein soll, eine über den durch den Entscheidungsstaat festgesetzten Einziehungsbetrag hinausgehende Abschöpfung allerdings zu verhindern ist; gleichzeitig soll der Vollstreckung von mehreren, verschiedenen Einziehungsentscheidungen in derselben Sache und dem hierdurch drohenden ne bis in idem Verstoß vorgebeugt werden. Auch seitens der EU werden kumulierte nationale Abschöpfungen mithin als unzulässige Mehrfachsanktionierungen betrachtet.

Zwar besteht im Anwendungsbereich des Rahmenbeschlusses somit jedenfalls Schutz vor einer überbetragsmäßigen Abschöpfung und wird auch ne bis in idem Verstößen entgegen gewirkt, doch kann es für diesen Schutz keinen Unterschied machen, ob die Maßnahmen auf der Grundlage des Rahmenbeschlusses erfolgen (etwa, weil im Entscheidungsstaat keine zur Tilgung des Betrages ausreichende Vermögensmasse des Adressaten vorhanden ist und daher eine transnationale Vollstreckung erforderlich wird) oder eine in mehreren EU-Staaten unabhängig voneinander festgesetzte Abschöpfung im jeweiligen Inland umfassend und ohne eine Anrechnung ausländischer Maßnahmen vollstreckt zu werden droht. Denn abseits eines transnational koordinierten Vorgehens nach dem Rahmenbeschluss wären die Adressaten ohne ein Eingreifen der Art. 54 SDÜ, Art. 50 GRC lediglich durch inkongruente nationale Regelungen geschützt. So kann etwa in Deutschland eine zuvor bereits im Ausland erfolgte Abschöpfung aufgrund des nach der überwiegenden Ansicht fehlenden Strafcharakters zwar nicht durch (den ohnehin nur innerstaatlich geltenden) Art. 103 III GG oder eine obligatorische Anrechnung

---

948 Vgl. Art. 7 II, lit. a) der Initiative des Königreichs Dänemark zur Annahme eines Rahmenbeschlusses des Rates über die Vollstreckung von Einziehungsentscheidungen in der Europäischen Union, ABl. EG C 184/8 ff. v. 02.09.2002.

949 Diese Regelungstechnik macht deutlich, dass die nach dem Rahmenbeschluss unter Umständen zulässige Vollstreckung einer Einziehungsentscheidung in mehreren Mitgliedstaaten nicht als Verstoß gegen den ne bis in idem Grundsatz anzusehen ist, sondern es sich vielmehr um die transnationale (partielle) Vollstreckung von nur *einer* Sanktionsentscheidung handelt, die in Umsetzung des Grundsatzes der gegenseitigen Anerkennung lediglich in verschiedenen Mitgliedstaaten (sukzessiv) durchgesetzt wird.

über § 51 III StGB Berücksichtigung finden,[950] zur Vermeidung von unbilligen Härten kommt jedoch eine Anrechnung ausländischer Abschöpfungen über die (einen weiten Ermessensspielraum zulassende)[951] Härteklausel des § 73c I StGB in Betracht.[952] Derartige nationale Härtevorschriften können zwar die Nachteile drohender Mehrfachabschöpfungen reduzieren, diese lassen sich hierdurch jedoch nicht zwingend ausschließen, zumal bloß fragmentarische nationale Regelungen schon generell keine befriedigende Lösung einer gerade aus transnationalen Fallgestaltungen resultierenden Problematik darstellen.[953] Auch eine auf EU-Ebene womöglich aus dem Verhältnismäßigkeitsprinzip als allgemeinen Rechtsgrundsatz des Unionsrechts konstruierbare Pflicht zur Anrechnung einer bereits erfolgten Abschöpfung stellt daher keine befriedigende Lösung dar;[954] denn hierdurch ist zum einen nicht gewährleistet, in welchem Umfang und nach welchen Maßstäben eine Berücksichtigung innerstaatlich tatsächlich erfolgt und zum anderen schützt eine bloße Anrechnung nicht vor den Belastungen eines wiederholten Verfahrens sowie den einhergehenden Eingriffen und Ermittlungsmaßnahmen.

---

950 Vgl. *Rübenstahl/Schilling*, HRRS 2008, S. 492 ff. (498 ff.); *Rönnau*, in: FS-Volk, S. 583 ff. (594 f.), der auch die Möglichkeit einer analogen Anwendung des § 51 III StGB mangels planwidriger Regelungslücke und vergleichbarer Interessenlage verneint; auch der BGH (BGH NStZ 2005, S. 455 f. (456)) lehnte eine analoge Anwendung ausdrücklich ab; hierzu kritisch *Rübenstahl/Schilling*, HRRS 2008, S. 492 ff. (500).

951 Zwar ist § 73c I, S. 1 StGB grundsätzlich zwingend ausgestaltet, durch den unbestimmten Rechtsbegriff der „unbilligen Härte" wird die Norm jedoch faktisch in die Nähe einer Ermessensnorm gerückt, vgl. *Rönnau*, in: FS-Volk, S. 583 ff. (596) m.w.N.

952 Ob eine Berücksichtigung über § 73c I, S. 1 oder S. 2 StGB erfolgen soll, wird unterschiedlich beantwortet. So stellt *Rönnau*, in FS-Volk, S. 583 ff. (597) sowie das LG Darmstadt auf § 73c I, S. 1 StGB ab, wohingegen *Rübenstahl/Schilling*, HRRS 2008, S. 492 ff. (500 f.); *Rübenstahl*, in: Leipold/Zöller/Tsambikakis, Anwaltkommentar, § 73, Rn. 64 auf § 73c I, S. 2 StGB rekurrieren und eine Ermessensreduzierung auf Null anregen. Zwar ist i.R.d. § 29a OWiG keine entsprechende Härteregelung normiert, da die Norm jedoch insgesamt im Ermessen der Behörden steht („kann"), können etwaige Härtefälle auch hier hinreichend Berücksichtigung finden.

953 Mit Verweis auf die strengen Anforderungen der deutschen Rechtsprechung an eine „unbillige Härte" vgl. *Rönnau*, in: FS-Volk, S. 583 ff. (596 f.) m.w.N.; *Rübenstahl/Schilling*, HRRS 2008, S. 492 ff. (500 f.). Zu der Rechtslage in Österreich vgl. *Fuchs/Tipold*, in: Höpfel-Ratz, § 20a öStGB, Rn. 38 ff. (49. Lfg.).

954 So geht der EuGH im europäischen Kartellrecht davon aus, dass, soweit parallel geführte Verfahren zu einer Doppelsanktion führen können, es der allgemeine Billigkeitsgedanke gebietet, die frühere Sanktionsentscheidung bei der Bemesserung der späteren zu berücksichtigen, vgl. etwa EuGH, Urt. v. 13.02.1969, Rs. 14/68, Slg. 1969, 1, Rn. 11 – Walt Wilhelm; EuG, Urt. v. 09.07.2003, Rs. T-224/00, Rn. 87; vgl. hierzu *Wahl*, in: Sieber/Satzger/v.Heintschel-Heinegg, Europäisches Strafrecht, § 7, Rn. 96 sowie **Teil 3, III., 6., d), bb)**.

Nimmt man das europäische Postulat eines gemeinsamen Raumes der Freiheit, der Sicherheit und des Rechtes daher ernst, sind mehrfache Abschöpfungen in derselben Sache innerhalb der Union zwingend zu verhindern. Denn diese führen nicht zur Wiederherstellung materieller Gerechtigkeit, sondern treten vielmehr in Konflikt mit dem Rechtsstaatsprinzip. Angesichts der potenziellen Belastungen für die Betroffenen und unter der Einbeziehung teleologischer Erwägungen sind die nationalen Abschöpfungsinstrumentarien den strafrechtlichen Maßnahmen im weiteren Sinne daher jedenfalls *gleichzustellen* und im Wege einer dynamischen, adressatenfreundlichen Interpretation von dem Schutzbereich der Art. 54 SDÜ, Art. 50 GRC zu erfassen.[955] Dem möglichen Einwand, die hieraus resultierende nur einmalige Abschöpfungszulässigkeit begründe die Gefahr, dass bei einem nur geringen Inlandsvermögen der deliktische Vorteil durch das Erstverfahren nicht vollumfänglich abgeschöpft und jede weitere, ergänzende Maßnahme gesperrt zu werden drohe, so dass die gestörte Vermögenslage nicht vollständig restituiert werden kann, ist gerade durch den Rahmenbeschluss über die Anwendung des Grundsatzes der gegenseitigen Anerkennung auf Einziehungsentscheidungen und die danach vorgesehene grenzüberschreitende Vollstreckbarkeit zu begegnen,[956] denn hiernach wird ein Zugriff gerade auch auf ausländische Vermögenswerte ermöglicht. Ob der abzuschöpfende Betrag dabei nach dem Netto- oder Bruttoprinzip bemessen wird, ist von dem Erst-Festsetzungsstaat nach seinem nationalen Recht zu entscheiden und von den übrigen Mitgliedstaaten nach dem Grundsatz der gegenseitigen Anerkennung zu respektieren. Eine ergänzende Abschöpfung eines womöglich noch offenen Bruttobetrages scheidet damit aus.

Soweit die mitgliedstaatlichen Abschöpfungsmaßnahmen nach nationalem Recht daher rechtskräftig werden und eine wiederholte Abschöpfung in derselben Sache innerstaatlich somit grundsätzlich ausgeschlossen ist, sind die Voraussetzungen der Art. 54 SDÜ, Art. 50 GRC folglich zu bejahen und ist eine erneute Vermögensabschöpfung durch das ne bis in idem Prinzip transnational gesperrt.

ii) Umfang der Sperrwirkung

Es fragt sich allerdings, in welchem Umfang die demnach hervorgerufene Sperrwirkung eingreift beziehungsweise eingreifen sollte. Denn angesichts der grundsätzlich

955 I.d.S. auch *Kappel/Ehling*, BB 2011 ,S. 2115 ff. (2119 ff.); *Rübenstahl/Schilling*, HRRS 2008, S. 492 ff. (497 f.); *Rübenstahl*, in: Leipold/Zöller/Tsambikakis, Anwaltkommentar, § 73, Rn. 62 ff; *Walther*, WiJ 2013, S. 158 ff. (163 f.); vgl. auch *Rönnau*, in: FS-Volk, S. 583 ff. (598 f.); *Böse*, in: Grützner/Pötz/Kreß, Ordner 2, § 94 IRG, Rn. 12 f. (14. Lfg.).

956 Gem. Art. 2, lit. c) erfasst der Rahmenbeschluss nur Einziehungsentscheidungen, die im Anschluss an ein eine „Straftat" betreffendes Verfahren verhängt werden; zur umfassenden Einbeziehung auch von Abschöpfungen aufgrund von ordnungsrechtlichen Rechtsverstößen, sollte daher eine entsprechende Klarstellung i.S.v. **Teil 2, IV., 2., c)** erfolgen.

nicht differenzierenden Rechtsfolge von Art. 54 SDÜ, Art. 50 GRC hätte eine Anordnung restitutiver Maßnahmen *prima facie* zur Folge, dass sämtliche vom europäischen Doppelverfolgungsverbot erfassten Rechtsfolgen in derselben Sache gesperrt würden. Eine Vermögensabschöpfung würde mithin dazu führen, dass eine umfassende Sperrwirkung auch im Hinblick auf etwaige anschließende Strafen (im weiteren Sinne) hervorgerufen würde und umgekehrt. Eine derartige Wechselwirkung der jeweiligen Maßnahmen scheint angesichts ihrer unterschiedlichen Zweckrichtungen allerdings inadäquat: Restitutive Abschöpfungen stehen als gesonderte Rechtsfolge vielmehr neben den pönalen Sanktionsformen und haben ohne einen inneren Bezug zu der Strafhöhe oder der Strafart eine nur strafergänzende Funktion.[957] Dies belegt die regelmäßig bestehende Möglichkeit ihrer selbstständigen Anordnung. Es wäre deshalb unbillig, wenn ein Mitgliedstaat an sanktionierenden Repressionen mit tatvergeltenden und spezialpräventiven Strafzwecken gehindert wäre, nur weil der deliktisch erlangte Vermögensvorteil zuvor bereits abgeschöpft worden ist. In entsprechender Weise muss auch ein Zugriff auf rechtswidrige Vermögenswerte nach einer strafrechtlichen Sanktion weiterhin zulässig sein, da hierdurch ein anderer Zweck als Tatvergeltung verfolgt wird und unrechtmäßige Tatvorteile dem Täter nicht etwa deshalb belassen werden können, weil er zuvor bereits anderweitig sanktioniert worden ist. Dies würde gerade einen wirtschaftlichen Anreiz für gewinnorientierte Straftaten setzen.

Ist es demnach zwar geboten, mehrfache Einziehungsentscheidungen in derselben Sache zu verhindern, hierdurch aber nicht gleichzeitig eine Sperrwirkung gegenüber strafrechtlichen Sanktionen zu bewirken, bietet sich die Anordnung einer nur auf Abschöpfungsmaßnahmen begrenzten Sperrwirkung durch die Art. 54 SDÜ, Art. 50 GRC an. Eine erstmalige Einziehung von deliktisch erlangtem Vermögen innerhalb der EU würde danach nur erneuten restitutiven Maßnahmen entgegenstehen, eine (im weiteren Sinne) strafrechtliche Ahndung der Tat wäre hingegen auch weiterhin möglich. Der in Bezug auf den Umfang der angeordneten Sperrwirkung nicht unterscheidende Wortlaut der Art. 54 SDÜ, Art. 50 GRC ist daher im Sinne einer schutzzweckorientierten Auslegung teleologisch zu reduzieren, um eine differenzierende Rechtsfolge des ne bis in idem Schutzes zu ermöglichen.

Dass ein solcher Ansatz einer nur auf wiederholende Einziehungsentscheidungen begrenzten Sperrwirkung angesichts der unterschiedlichen Zweckrichtungen der Maßnahmen zu befürworten ist, zeigt sich auch an dem im deutschen Recht zum Verhältnis der Verbandsgeldbuße des § 30 OWiG zu einer Drittabschöpfung nach § 29a II OWiG überwiegend vertretenen Standpunkt. Denn so schließt zwar die Festsetzung einer Geldbuße nach § 30 V OWiG eine zusätzliche Vermögensabschöpfung durch eine Verfallsanordnung wegen derselben Tat aus, dies ist jedoch dadurch begründet, dass die Verbandsgeldbuße als die umfassendere Maßnahme bereits abschöpfende Elemente enthält und deliktische Vermögensvorteile daher

957 Vgl. BGHSt 47, 260 (265) m.w.N.

schon hierdurch umfänglich entzogen werden können, §§ 30 III, 17 IV OWiG.[958] § 30 V OWiG soll hierdurch einer drohenden unzulässigen Doppelabschöpfung vorbeugen.[959] Wird dagegen zunächst eine Drittabschöpfung gegenüber dem Verband nach § 29a II OWiG angeordnet, entfaltet diese gem. § 84 I OWiG (bei einer selbstständigen Anordnung i.V.m. § 87 III, S. 2, VI OWiG) grundsätzlich Sperrwirkung auch gegenüber der Verbandsgeldbuße.[960] Gleichwohl wird es für zulässig erachtet, zusätzlich eine Geldbuße nach § 30 OWiG festzusetzen, soweit der bereits erfolgte Verfall hierbei berücksichtigt wird, indem die Sanktion auf einen ahndenden Teil begrenzt wird.[961] Denn während dem Zweck der Abschöpfung durch die Anordnung des Verfalls bereits genüge getan wurde, besteht das Bedürfnis nach einer repressiven Ahndung hier gerade weiterhin fort, so dass eine Sperrwirkung im Sinne der Verhältnismäßigkeit sowie der materiellen Gerechtigkeit allein im Hinblick auf den abtrennbaren, abschöpfenden Teil der Geldbuße gerechtfertigt ist.[962] Diese Systematik zeigt, dass eine Sperrwirkung nur in Bezug auf Maßnahmen mit einer jeweils identischen Zwecksetzung als legitim erachtet wird: Die durch den (Dritt-)Verfall bereits erfolgte Abschöpfung soll daher nur die erneute Abschöpfung sperren, ahndende Geldbußen dagegen weiterhin zulässig sein. Dies entspricht im Rahmen der Art. 54 SDÜ, Art. 50 GRC einer nur auf die Festsetzung erneuter Einziehungsentscheidungen begrenzten Sperrwirkung. Die hier vertretene Ansicht eines differenzierten Umfanges der Rechtskraft lässt sich mithin auch auf den Gedanken der gegenseitigen Anerkennung stützen. Eine in diesem Sinne nur auf eine Anordnung von erneuten Abschöpfungsmaßnahmen begrenzte Sperrwirkung liegt ersichtlich auch der Systematik des europäischen Rahmenbeschlusses über die Anwendung des Grundsatzes der gegenseitigen Anerkennung auf Einziehungsentscheidungen zugrunde. Denn soweit danach die Anerkennung und transnationale Vollstreckung einer Einziehungsentscheidung bei Verstoß gegen den ne bis in idem Grundsatz versagt werden kann, ist hiermit unter Heranziehung der Entwurfsfassung der Fall einer innerhalb der EU bereits ergangenen Einziehungsentscheidung gemeint; eine Wechselwirkung zu strafenden Sanktionen ist danach gerade nicht

958 Vgl. *Gürtler*, in: Göhler, § 30, Rn. 37; *Krekeler/Werner*, Unternehmer und Strafrecht, Rn. 124; *Meyberg*, in: BeckOK-OWiG, § 29a, Rn. 66. Angesichts des klaren Wortlautes gilt dies selbst dann, wenn die Geldbuße auf eine Ahndung beschränkt ist, vgl. BGH NStZ-RR 2008, S. 13 ff. (15); *Rogall*, in: KK-OWiG, § 30, Rn. 123.

959 Vgl. die Gesetzesbegründung in BT-Drucks. 7/550, S. 344; *Rogall*, in: KK-OWiG, § 30, Rn. 155.

960 *Suchy*, Der Verfall im Ordnungswidrigkeitenrecht, S. 120 ff., 131 f. Auf § 30 V OWiG (analog) kann eine solche Rechtskraft dagegen nicht gestützt werden, vgl. *Schmidt*, Gewinnabschöpfung, Rn. 1438.

961 *Suchy*, Der Verfall im Ordnungswidrigkeitenrecht, S. 132 f.; *Krekeler/Werner*, Unternehmer und Strafrecht, Rn. 125; *Gürtler*, in: Göhler, § 30, Rn. 37; *Rebmann/Roth/Hermann*, § 30, Rn. 49 (19. Lfg.); *Schmidt*, Gewinnabschöpfung, Rn. 1438; offen gelassen durch OLG Koblenz, ZfS 2007, S. 108.

962 *Suchy*, Der Verfall im Ordnungswidrigkeitenrecht, S. 133.

beabsichtigt. In diesem Sinne beschränken auch die nationalen Transformationsgesetze die Sperrwirkung von Abschöpfungsmaßnahmen teilweise auf erneute vermögensrechtliche Anordnungen.[963]

Die durch den ne bis in idem Grundsatz in Bezug auf Abschöpfungsmaßnahmen bewirkte Sperrwirkung ist demzufolge im Wege einer teleologischen Reduktion des Schutzbereiches (systemintern) auf wiederholte Einziehungsentscheidungen zu begrenzen. Im Sinne eines europäischen „Abschöpfungsverbrauches" schließen (vollstreckte) mitgliedstaatliche Maßnahmen zur Abschöpfung von rechtswidrig erlangten Vermögenswerten gem. Art. 54 SDÜ, Art. 50 GRC daher jede weitere restitutive Vermögenskonfiskation in derselben Sache aus.[964] Pönale Sanktionen bleiben hingegen auch weiterhin zulässig und die hierdurch verfolgten repressiven Zwecke somit erreichbar. Einem derartigen Lösungsansatz lässt sich auch nicht entgegenhalten, dass es einen Wertungswiderspruch darstellen würde, nationale Maßnahmen zur Vermögensabschöpfung einerseits von dem Anwendungsbereich des ne bis in idem Prinzips als erfasst anzusehen, andererseits deren Sperrwirkung aber zu begrenzen und hierdurch eine Differenzierung innerhalb der jeweils umfassten Sanktionen vorzunehmen. Denn die vorstehenden Untersuchungen haben gezeigt, dass es mehrfache Abschöpfungen in derselben Sache innerhalb der EU zu verhindern gilt und der Schutzzweck der Art. 54 SDÜ, Art. 50 GRC (in seiner weiten Ausformung durch den EuGH) nach der Ratio des Doppelverfolgungsverbotes demnach eingreift; gleichzeitig wurde jedoch deutlich, dass eine umfassende Wechselwirkung den unterschiedlichen Zwecksetzungen der jeweiligen Rechtsfolgen nicht gerecht wird und deshalb eine Begrenzung der Sperrwirkung geboten ist. Die hier

---

963 Vgl. etwa die österreichische Umsetzung in § 52a I, Nr. 2 des Bundesgesetzes über die justizielle Zusammenarbeit in Strafsachen mit den Mitgliedstaaten der EU (öBGBl. I Nr. 36/2004, zul. geändert durch öBGBl. I Nr. 107/2014), wonach die Vollstreckung einer vermögensrechtlichen Anordnung eines anderen Mitgliedstaates (zwingend) unzulässig ist, wenn gegen den Betroffenen wegen der zugrunde liegenden Tat bereits „eine endgültige vermögensrechtliche Anordnung im Inland oder eine endgültige, bereits vollstreckte vermögensrechtliche Anordnung in einem anderen Staat ergangen ist". Eine entsprechende Regelung sieht auch die deutsche Umsetzung in § 88a II, Nr. 3 IRG vor; danach soll allerdings eine selbstständige Verfallsanordnung gem. § 76a StGB weiterhin zulässig sein: diese Ausnahme ist in der in Deutschland vorherrschenden Ansicht begründet, dass Verfall und Einziehung keine Strafen i.S.d. Art. 103 III GG darstellen, so dass die Anwendung des ne bis in idem Grundsatzes verfassungsrechtlich nicht zwingend geboten sei. Diese (innerstaatliche) Wertung solle auf die Fälle der Vollstreckungshilfe übertragen werden, vgl. die Begründung des Gesetzesentwurfes, BR-Drucks. 67/09, S. 50. Da dem allerdings allein das nationale Verständnis des ne bis in idem Grundsatzes zugrunde liegt, wird die vorgenommene Einschränkung zu Recht kritisiert und eine Sperrwirkung auch für bloß isolierte Abschöpfungen gefordert, vgl. *Grotz*, in: Grützner/Pötz/Kreß, Ordner 2, § 88a IRG, Rn. 16 (36. Lfg.) mit Verweis auf *Böse*, in: Grützner/Pötz/Kreß, Ordner 2, § 94 IRG, Rn. 12 f. (14. Lfg.).

964 Vgl. *Rönnau*, in: FS-Volk, S. 583 ff. (598 f.).

befürwortete differenzierende Lösung beschreitet mithin in gewisser Weise einen „Mittelweg" und ermöglicht hierdurch praktikable Ergebnisse sowie zugleich einen adäquaten Mehrfachverfolgungsschutz in der EU. So werden die rechtsstaatlichen Garantien der Adressaten durch die Erstreckung des ne bis in idem Prinzips auf Abschöpfungsmaßnahmen einerseits gestärkt, eine effektive Kriminalitätsbekämpfung andererseits jedoch nicht durch eine zu weitreichende Sperrwirkung beeinträchtigt. Auf diese Weise wird auch der nach Art. 3 II EUV gebotene Ausgleich von Freiheit, Sicherheit und Recht verwirklicht, da zum einen eine umfassende Abschöpfung von deliktischem Vermögen ermöglicht, zugleich aber Schutz vor einem überbetragsmäßigem Zugriff sowie einer Mehrfachbelastung durch wiederholte Abschöpfungsverfahren gewährleistet wird.

Für den im vorstehenden Sinne zu handhabenden ne bis in idem Schutz ist dabei keine klarstellende Änderung oder Neuregelung der Art. 54 SDÜ, Art. 50 GRC erforderlich. Im Wege der insofern ohnehin praktizierten dynamischen Auslegung kann durch den EuGH vielmehr eine teleologische Reduktion der Sperrwirkung erfolgen, die von den nationalen Gerichten entsprechend anzuwenden ist.

iii) Zwischenergebnis

Es ist somit zu konstatieren, dass restitutive Abschöpfungsmaßnahmen der Mitgliedstaaten durch den Schutzbereich der Art. 54 SDÜ, Art. 50 GRC zu erfassen sind und ihre mehrfache Anordnung innerhalb der EU demzufolge grundsätzlich ausgeschlossen ist; die hierdurch hervorgerufene Sperrwirkung ist allerdings auf erneute Einziehungsentscheidungen in derselben Sache zu begrenzen. Im Hinblick auf die deutsche Verbandsgeldbuße des § 30 OWiG führt dies konsequenterweise dazu, dass angesichts der repressiven Ahndungselemente sowie der gleichzeitig verfolgten restitutiven Abschöpfungsfunktion eine umfassende Sperre sowohl für Strafen (im weiteren Sinne) als auch für Abschöpfungsmaßnahmen entsteht.[965]

(c) Zwischenergebnis

Die vorstehenden Ausführungen haben gezeigt, dass eine Mehrfachverfolgung gegenüber juristischen Personen auch in Bezug auf mitgliedstaatliche Maßnahmen zur Abschöpfung deliktisch erlangter Vermögensvorteile droht und es diese angesichts der hiermit potenziell einhergehenden Beeinträchtigungen der Adressaten nach dem ne bis in idem Prinzip zu verhindern gilt. Im Hinblick auf die Erfassung derartiger restitutiver Instrumente durch die Art. 54 SDÜ, Art. 50 GRC ist jedoch zu differenzieren: Der ne bis in idem Grundsatz kann zunächst schon mittelbar eingreifen, soweit die Vermögensabschöpfung zwingend im Rahmen eines auf die Anordnung von strafrechtlichen Sanktionen (im weiteren Sinne) angelegten Verfahrens festzusetzen ist und dieses (Zweit-)Verfahren bereits durch Art. 54 SDÜ, Art. 50 GRC gesperrt wird, so dass auch eine (erneute) Abschöpfung ausscheidet.

---

965 Dies entspricht der innerstaatlichen Rechtslage, vgl. § 30 V OWiG.

Eine mittelbare ne bis in idem Wirkung kommt zudem in Betracht, soweit sich eine klageverbrauchende Entscheidung gegen die tatbeteiligte natürliche Person auch auf den (Dritt-)Verfall gegenüber einem Verband auswirkt, da die jeweiligen Verfahren nach nationalem Recht entweder obligatorisch zusammen zu führen sind oder ein selbstständiges Abschöpfungsverfahren bei Klageverbrauch gegenüber der natürlichen Person nicht zulässig ist. Die haftungsrechtliche Konnexität zwischen der natürlichen und juristischen Person kann in diesen Fällen folglich zu einer faktischen Sperrwirkung auch gegenüber dem Verband führen.

Darüber hinaus sind restitutive Abschöpfungsmaßnahmen allerdings auch grundsätzlich und unmittelbar vom Anwendungsbereich der Art. 54 SDÜ, Art. 50 GRC zu erfassen. Neben der einer Strafe faktisch häufig gleichkommenden Wirkung sowie der weitgehenden Geltung strafverfahrensrechtlicher Grundsätze spricht hierfür unter teleologischen Erwägungen insbesondere auch die Ratio des ne bis in idem Grundsatzes, wonach die von wiederholt drohenden Abschöpfungen in entsprechender Weise tangierte europäische Freizügigkeit geschützt werden soll. Die vermögensabschöpfenden Maßnahmen der Mitgliedstaaten sind daher von dem Schutzzweck des europäischen Mehrfachverfolgungsverbotes erfasst und ihre transnationale Kumulation in einem gemeinsamen Rechtsraum unabhängig von der Geltung des Brutto- oder des Nettoprinzips zu verhindern. Auch anderslautende innerstaatliche Zuordnungen als bloß kondiktionsähnliche Instrumente stehen einer auf EU-Ebene im Sinne der „Engel-Kriterien" gebotenen autonomen Einordnung als Maßnahmen, die strafrechtlichen Sanktionen (im weiteren Sinne) jedenfalls *gleichzusetzen* sind, deshalb nicht entgegen.

Allerdings ist der Umfang der in diesen Fällen durch Art. 54 SDÜ, Art. 50 GRC bewirkten Sperrwirkung auf weitere restitutive Anordnungen zu beschränken, da eine Ausdehnung auf auch pönale Sanktionsmaßnahmen angesichts der unterschiedlichen Zwecksetzungen zu einer die effektive Kriminalitätsbekämpfung unbillig einschränkenden Wechselwirkung führen würde. Im Sinne einer differenzierenden Lösung kommt es daher zu einem bloßen „Abschöpfungsverbrauch".

c) Zusammenfassung

Die Art. 54 SDÜ, Art. 50 GRC wurden vorstehend im Kontext der Verbandsverantwortlichkeit erörtert und auf ihre Anwendbarkeit im Hinblick auf juristische Personen sowie die diesen gegenüber in den EU-Staaten vorgesehenen Sanktionen untersucht. Die hierbei erarbeiteten Ergebnisse lassen sich wie folgt zusammenfassen: Zunächst ist zu konstatieren, dass juristische Personen und andere (teil-)rechtsfähige Personenvereinigungen durch den Schutzbereich des europäischen Doppelverfolgungsverbotes auch ohne ihre ausdrückliche wörtliche Einbeziehung zu erfassen sind. Hierfür sind neben den auch insofern eingreifenden generellen Einwänden gegen (transnationale) Mehrfachverfahren in derselben Sache vor allem teleologische Schutzzweckerwägungen anzuführen. Denn auch Verbänden gegenüber stellt eine potenzielle Mehrfachverfolgung und -sanktionierung aufgrund desselben Rechtsverstoßes durch verschiedene Unionsstaaten einen grundsätzlich unzulässigen Eingriff in ihre Interessen und Rechte dar und tangiert sie in ihren europäischen Grundfreiheiten. Die Ratio des den Freizügigkeitsschutz in der EU bezweckenden ne bis in idem Prinzips findet auf Verbände daher in gleicher Weise Anwendung, so dass diese in einem gemeinsamen Rechtsraum der Union ebenfalls vor Mehrfachverfolgungen in derselben Sache zu schützen sind und der Anwendungsbereich der Art. 54 SDÜ, Art. 50 GRC auf sie zu erstrecken ist.

In Bezug auf die Erfassung der verschiedenen, teilweise inkongruenten mitgliedstaatlichen Verbandssanktionen durch den europäischen ne bis in idem Grundsatz kommt es auf deren konkrete Subsumtion unter die vom EuGH konkretisierend herausgearbeiteten Kriterien und dabei insbesondere auf ihre Einbeziehung durch den weiten Strafrechtsbegriff im Sinne der „Engel-Kriterien" an. Es ist deshalb zwischen den verschiedenen Arten der Rechtsfolgen zu differenzieren: Soweit die Mitgliedstaaten als zentrale Reaktion auf verbandsbezogene Rechtsverstöße dem Strafrecht im engeren Sinne zuzuordnende monetäre Sanktionen vorsehen, sind diese im Hinblick auf ihre Rechtsnatur von dem Anwendungsbereich des ne bis in idem Prinzips erfasst. Ist dagegen eine nicht oder jedenfalls nicht eindeutig dem nationalen (Kriminal-)Strafrecht zugehörige Geldsanktion vorgesehen, greifen die Art. 54 SDÜ, Art. 50 GRC gleichwohl ein, soweit die jeweiligen Sanktionen nach den „Engel-Kriterien" jedenfalls dem Strafrecht im weiteren Sinne zuzurechnen sind. Werden derartige Rechtsfolgen innerstaatlich von einem Gericht oder einer zur Mitwirkung bei der Strafrechtspflege (im weiteren Sinne) berufenen Behörde festgesetzt und erlangen daraufhin (beschränkte) Rechtskraft, liegen die Voraussetzungen einer von Art. 54 SDÜ, Art. 50 GRC erfassten Sanktionsentscheidung vor, so dass bei Tatidentität (und gegebenenfalls Vorliegen eines Vollstreckungselementes) eine transnationale ne bis in idem Wirkung eintritt. Unterscheiden die nationalen Rechtsordnungen für den Umfang der Rechtskraftwirkung insofern zwischen strafrechtlicher Verfolgung im engeren und im weiteren Sinne, ist eine solche einzelstaatliche Differenzierung nicht auf die europäische Ebene zu übertragen, sondern eine umfassende verfahrensrechtliche Gleichstellung geboten, so dass die verbrauchte „Strafklage" ebenfalls im weiteren Sinne zu verstehen ist und ein allgemeines Verbot erneuter sanktionsrechtlicher Verfolgung besteht.

Sehen die Mitgliedstaaten neben derartigen monetären Maßnahmen alternativ oder kumulativ noch weitere repressive Sanktionsformen gegenüber juristischen Personen vor, etwa in Form von Tätigkeitsverboten, (vorübergehenden) Betriebsschließungen, der Veröffentlichung sanktionierender Entscheidungen, Vertragsschlussverboten oder gar einer Verbandsauflösung, werden diese ebenfalls durch Art. 54 SDÜ, Art. 50 GRC erfasst, soweit sie die Rechtsnatur der (im weiteren Sinne) strafrechtlichen Geldsanktionen teilen oder jedenfalls zwingend im selben, einheitlichen Verfahren festzusetzen sind. Denn handelt es sich nach ihrem materiellen und prozessualen Charakter im Sinne der Kriterien des EuGH ebenfalls um strafrechtliche Maßnahmen (im weiteren Sinne), findet das ne bis in idem Prinzip unmittelbar Anwendung. Gleiches gilt jedenfalls mittelbar, wenn die Maßnahmen nur kumulativ in einem gemeinsamen Verfahren mit einer durch Art. 54 SDÜ, Art. 50 GRC erfassten Geldsanktion festzusetzen und somit durch deren klageverbrauchende Anordnung bedingt sind, so dass ein wiederholtes Verfahren hier schon deshalb unionsweit faktisch gesperrt wird; selbst wenn ein strafrechtlicher Charakter (im weiteren Sinne) bei isolierter Betrachtung abzulehnen wäre.

Ebenfalls vom europäischen ne bis in idem Grundsatz zu umfassen sind nach hier vertretener Ansicht die vorwiegend restitutiven Maßnahmen zur Abschöpfung von rechtswidrigen Vermögensvorteilen. Neben einer hier häufig bestehenden mittelbaren ne bis in idem Wirkung sind abschöpfende Maßnahmen insbesondere nach teleologischen Erwägungen auch unmittelbar einzubeziehen. Da die Freizügigkeit in der EU durch potenzielle Mehrfachabschöpfungen in derselben Sache ebenso wie bei wiederholt drohenden Strafen tangiert wäre, sind diese nach dem Schutzzweck des ne bis in idem Prinzips im europäischen Rechtsraum in gleicher Weise zu verhindern. Der Umfang der durch die Art. 54 SDÜ, Art. 50 GRC ausgelösten Sperrwirkung ist in diesen Fällen allerdings auf erneute restitutive Maßnahmen zu begrenzen, so dass im Sinne eines bloßen „Abschöpfungsverbrauches" weitere strafrechtliche Sanktionen (im weiteren Sinne) auch weiterhin zulässig bleiben.

Sind die gegenüber juristischen Personen festzusetzenden Rechtsfolgen dagegen vorwiegend präventiver Natur, fallen diese nicht unter die Geltung des ne bis in idem Grundsatzes. Denn soweit hierdurch nicht repressiv und tatvergeltend auf vergangenes Unrecht reagiert, sondern in erster Linie künftigen Rechtsverstößen vorgebeugt werden soll, dienen derartige Maßnahmen primär einer präventiven Gefahrenabwehr sowie dem Schutz des Gemeinwohles. Hierzu zählen vor allem die häufig bereichsspezifisch normierten Maßnahmen des Verwaltungsrechts, welche bei Gesetzesverstößen im Unternehmenskontext den Entzug behördlicher Genehmigungen, Gewerbeverbote oder etwa einen Ausschluss von der Vergabe öffentlicher Aufträge vorsehen. Aufgrund der vorbeugenden Zielrichtung kommt derartigen Präventivmaßnahmen selbst nach den weiten Kriterien des EuGH kein strafrechtlicher Charakter (im weiteren Sinne) zu. Werden entsprechende Rechtsfolgen daher innerstaatlich in einem selbstständigen Verfahren und unabhängig von etwaigen repressiven Verbandssanktionen festgesetzt, greifen Art. 54 SDÜ, Art. 50 GRC demzufolge nicht ein, so dass eine wiederholte, isolierte Anordnung (transnational) zulässig bleibt. Dies ist angesichts der Zwecksetzung einer vorbeugenden Abwehr bestehender und drohender Gefahren auch sachgerecht.

Für den Beispielsfall folgt hieraus, dass die von Deutschland, Frankreich, Österreich und Italien sanktionsbedrohte Windkraft AG als juristische Person von dem Schutzbereich der Art. 54 SDÜ, Art. 50 GRC erfasst ist. Kommt es daher in einem der EU-Staaten zu einer rechtskräftigen Sanktionsentscheidung gegen die AG, die nach den „Engel-Kriterien" jedenfalls dem Strafrecht im weiteren Sinne zuzuordnen ist und von einem Gericht oder einer zur Mitwirkung bei der Strafrechtspflege berufenen Behörde festgesetzt wird, ist eine weitere Verfolgung und Sanktionierung der AG in derselben Sache gesperrt. Gleiches gilt bei bloß restitutiven Maßnahmen, wobei der Umfang des Doppelverfolgungsverbotes hier auf erneute Abschöpfungsmaßnahmen beschränkt ist. Rein präventive Rechtsfolgen zur Vorbeugung von künftigen Rechtsverstößen der Windkraft AG können dagegen in jedem der Staaten ergehen.

Wird zum Beispiel in Deutschland eine Geldbuße gegen die AG nach § 30 I OWiG festgesetzt, tritt hierdurch ein unionsweites Verfahrenshindernis ein und jede weitere Verfolgung der AG in anderen EU-Staaten wird durch Art. 54 SDÜ, Art. 50 GRC gesperrt. Eine solche klageverbrauchende Erstentscheidung ist von den übrigen verfolgungsbefugten Jurisdiktionen nach dem Grundsatz gegenseitiger Anerkennung zu akzeptieren und zu respektieren – auch wenn keine kriminal-strafrechtliche Sanktion ergangen ist. Entsprechendes gilt etwa, wenn die AG zuerst am Erfolgsort in Italien oder am Ort ihres Sitzes in Frankreich rechtskräftig sanktioniert werden würde.

Erfolgt im Erstverfolgungsstaat dagegen ausschließlich eine restitutive Abschöpfung rechtswidriger Vermögenswerte, bleibt im Sinne eines bloßen „Abschöpfungsverbrauches" eine repressive Sanktionierung der AG in einem anderen Staat weiterhin zulässig; Gleiches gilt (soweit eine isolierte Abschöpfung prozessual zulässig ist) umgekehrt. Wird etwa in Österreich eine Geldbuße gegen die AG nach § 3 I VbVG festgesetzt, ohne dass nach § 20 I öStGB auch der Verfall angeordnet wird, können die durch die Tat erlangten Vermögensvorteile der AG an ihrem Sitz in Frankreich gem. Art. 131–39 I, Nr. 8 NCP oder in Deutschland im Wege des Drittverfalls gem. § 73 I, III StGB auch anschließend noch abgeschöpft werden, da in Bezug auf bloß restitutive Maßnahmen keine transnationale ne bis in idem Wirkung eingetreten ist.

d) *Unternehmensrechtliche Besonderheiten des persönlichen Schutzbereiches*

Sind Personenverbände sowie die diesen gegenüber festgesetzten repressiven und restitutiven Rechtsfolgen folglich vom europäischen ne bis in idem Prinzip nach Art. 54 SDÜ, Art. 50 GRC zu erfassen, fragt sich abschließend, ob und inwiefern sich klageverbrauchende Entscheidungen gegenüber einer verbandszugehörigen natürlichen Person beziehungsweise gegenüber einer juristischen Person auf die sanktionsrechtliche Verfolgbarkeit des jeweils Anderen auswirken und inwieweit das Doppelverfolgungsverbot auch im Verhältnis zu organisatorischen Untereinheiten eines Unternehmens Anwendung findet.

Insofern ist zunächst zu konstatieren, dass die Schutzwirkung der Art. 54 SDÜ, Art. 50 GRC in persönlicher Hinsicht grundsätzlich nur diejenigen (natürlichen oder juristischen) Personen umfasst, auf die sich bereits das erste Sanktionsverfahren bezogen hat und denen gegenüber in diesem Rahmen eine rechtskräftige Entscheidung ergangen ist.[966] Neben dem Wortlaut der Vorschriften[967] belegt dies auch die Ratio des ne bis in idem Schutzes: Nur wer bereits den Belastungen vorheriger

---

966 Vgl. EuGH, Urt. v. 28.09.2006, Rs. C-467/04, Slg. 2006, I-09199, Rn. 34 ff. – Gasparini; vgl. auch *Hackner/Schierholt*, Rn. 269; *Stalberg*, Anwendungsbereich, S. 43; *van Bockel*, The Ne Bis In Idem Principle, S. 39, 219.

967 Vgl. zu Art. 54 SDÜ etwa „*Wer* [...] rechtskräftig abgeurteilt worden ist"/"*A person who* has been finally judged" bzw. zu Art. 50 GRC „wegen einer Straftat, derentwegen *er* bereits"/"for an offence for which *he or she* has already"; auf den

Ermittlungen und Sanktionen in derselben Sache ausgesetzt war, kann im Sinne der Rechtssicherheit und des Rechtsfriedens darauf vertrauen, dass die eigene Verfolgung mit der Sperrwirkung des endgültigen Verfahrensabschlusses erledigt und er in einem gemeinsamen Rechtsraum vor wiederholten Verfolgungsmaßnahmen geschützt ist. Wer dagegen nicht der Adressat eines vorhergehenden Verfahrens und diesbezüglicher Verfolgungsmaßnahmen war, für den stellen (neue) Ermittlungen in derselben Sache grundsätzlich auch keinen rechtsstaatlich unzulässigen Eingriff dar, weshalb Dritte, weitere mutmaßliche Täter oder Teilnehmer der Tat sich nicht auf einen möglichen ne bis in idem Schutz berufen können.[968] Die Rechtswirkung klageverbrauchender Entscheidungen ist mithin ebenso wie die hieraus folgende Rechtskraft und die Sperrwirkung grundsätzlich personengebunden und auf den Adressaten des jeweiligen Prozesses beschränkt.

In dem hier maßgeblichen Kontext der Verbandsverantwortlichkeit ist allerdings zu berücksichtigen, dass die sanktionsrechtliche Haftbarkeit juristischer Personen regelmäßig durch einen Rechtsverstoß verbandszugehöriger natürlicher Personen ausgelöst wird und die jeweiligen Sanktionen insofern auf derselben Tat beruhen. Aufgrund der systematischen Konstruktion der Haftungsbegründung gegenüber Verbänden besteht demnach eine innere Verknüpfung der jeweiligen Sanktionsmöglichkeiten. Diese Verflechtungen spiegeln sich auch prozessual wider, indem sich die Ermittlungsmaßnahmen in der Regel faktisch auch auf den Rechtskreis des jeweils Anderen auswirken werden (etwa in Form von Durchsuchungen und Beschlagnahmungen am Arbeitsplatz oder Ermittlungen gegen und Befragungen von Unternehmensmitarbeitern) und die Verfahren als Konsequenz dieser Sachnähe regelmäßig sogar zusammenhängend geführt werden.[969] Fraglich ist daher, inwiefern sich diese Konnexität auch auf den Umfang des ne bis in idem Schutzes auswirkt. Hinzu kommt, dass Unternehmen häufig in organisatorisch und zum Teil auch rechtlich selbstständige Einheiten an verschiedenen (internationalen) Standorten untergliedert sind; wird daraufhin gegenüber einer solchen Einheit eine Sanktion rechtskräftig festgesetzt, fragt sich, ob dies auch Auswirkungen auf die zusätzliche Verfolgbarkeit der übrigen Unternehmensteile hat. Die besondere (rechtliche und tatsächliche) Verflochtenheit des Verbandes zu den zugehörigen natürlichen Personen sowie zu den eigenen organisatorischen Untereinheiten und die hieraus folgenden Wechselwirkungen werfen daher die Frage auf, ob und wie es dies im Rahmen des personellen Schutzbereiches und des Umfangs der Sperrwirkung der Art. 54 SDÜ, Art. 50 GRC zu berücksichtigen gilt.

Wortlaut rekurriert auch EuGH, Urt. v. 28.09.2006, Rs. C-467/04, Slg. 2006, I-09199, Rn. 35 – Gasparini.

968 Vgl. *Hackner/Schierholt*, Rn. 269; *Hackner*, NStZ 2011, S. 425 ff. (428); *Stalberg*, Anwendungsbereich, S. 43.

969 Vgl. etwa § 30 IV, S. 1, 2 OWiG; Art. 38 I D.Lgs. 231/2001; § 15 I, S. 1 VbVG sowie bereits **Teil 2, IV., 2., a)**.

aa) Verhältnis natürlicher Personen zu juristischen Personen

Die regelmäßige prozessuale Verknüpfung der Sanktionierung der unternehmenszugehörigen natürlichen und der juristischen Person beruht in erster Linie auf der jeweiligen Anknüpfung an die Bezugstat der natürlichen Person. Wird über diesen Rechtsverstoß als einheitlichen geschichtlichen Lebenssachverhalt (*idem factum*) rechtskräftig entschieden, ließe sich daher vertreten, dass insofern Klageverbrauch eingetreten sei, so dass einem erneuten Verfahren unter haftungsbegründender Heranziehung derselben Tat – auch gegenüber der zuvor noch nicht verfolgten natürlichen beziehungsweise juristischen Person – insgesamt der ne bis in idem Schutz entgegenstünde. Ein solcher Ansatz verkennt allerdings, dass es in Bezug auf die persönliche Reichweite der Sperrwirkung nicht auf die verfahrensgegenständliche Tat, sondern im Sinne einer personellen Identität auf das jeweilige Verfahrenssubjekt ankommt. Rechtswirkungen und Rechtskraft verfahrensbeendender Entscheidungen sind grundsätzlich personengebunden und der personelle Schutzbereich des ne bis in idem Grundsatzes daher nicht auf Nicht-Verfahrensbeteiligte erstreckbar. Trotz der vielschichtigen prozessualen und faktischen Verflechtungen stellen die juristische und die verbandszugehörige natürliche Person unterschiedliche, eigenständige Rechtssubjekte dar, was gerade den ihnen gegenüber jeweils gebotenen Schutz der Art. 54 SDÜ, Art. 50 GRC begründet.[970] Eine Erstreckung der Sperrwirkung würde daher der rechtlichen Selbstständigkeit juristischer Personen, als mit eigenen Rechten und Pflichten versehenen Rechtssubjekten, nicht gerecht.[971] Auch im Rahmen der Verbandssanktionierung gilt daher der Grundsatz, dass eine klageverbrauchende Entscheidung gegenüber einer juristischen beziehungsweise einer verbandszugehörigen natürlichen Person auf die Verfolgbarkeit des jeweils anderen grundsätzlich keine unmittelbaren Auswirkungen nach den Art. 54 SDÜ, Art. 50 GRC hat.[972] Dementsprechend stellt eine jeweilige Sanktionierung der natürlichen und der juristischen Personen aufgrund derselben Tat auch nach den mitgliedstaatlichen Rechtsordnungen keinen ne bis in idem Verstoß dar, sondern ist zur Vermeidung von möglichen unbilligen Härten allenfalls im Einzelfall auf der Rechtsfolgenseite zu berücksichtigen.[973] Hiervon zu unterscheiden sind allerdings

---

970 Vgl. insofern **Teil 3, III., 6., a)**.

971 Vgl. *Stalberg*, Anwendungsbereich, S. 43; *Hackner*, NStZ 2011, S. 425 ff. (428); *van Bockel*, The Ne Bis In Idem Principle, S. 219 ff.; *Hackner/Schierholt*, Rn. 269; *Kruck*, Ne bis in idem im Europäischen Kartellverfahrensrecht, S. 175 f. Vgl. hierzu auch *Kniebühler*, Transnationales ne bis in idem, S. 144; *Biehler/Kniebühler/Lelieur-Fischer/Stein*, Freiburg Proposal, S. 19.

972 I.d.S. wirkt sich auch ein Sanktionsverfahren gegen eine Verbandsperson grundsätzlich nicht auf die Verfolgbarkeit einer anderen Verbandsperson wegen derselben Tat aus, soweit diese bislang nicht von dem Verfahren und dessen Rechtskraft erfasst war.

973 Vgl. z.B. ausdrücklich § 3 IV VbVG. Eine zu vermeidende unbillige Härte droht etwa, wenn der Individualtäter vermögensrechtlich an dem Verband beteiligt und in Form von wirtschaftlichen Einbußen somit selbst durch die Verbandsgeldbuße

die Fälle, in denen das nationale Recht eine Exklusivität der Verantwortlichkeit vorsieht.[974] Soweit danach nur die juristische oder die natürliche Person sanktionierbar ist, folgt dies aus dem materiellen Recht des jeweiligen Staates und ist keine Folge einer rechtskräftigen Entscheidung oder einer ne bis in idem Wirkung, die in persönlicher Hinsicht erstreckt wurde.

Ein jeweiliges Mehrfachverfolgungsverbot besteht daher grundsätzlich nur, wenn gegenüber jedem der beteiligten Rechtssubjekte eine rechtskräftige Entscheidung ergangen ist – wenn auch in einem zusammenhängend geführten Verfahren.[975] Die rechtskräftige Sanktionierung einer natürlichen Person führt daher zu keiner unmittelbaren ne bis in idem Wirkung in Bezug auf die juristische Person, so dass dieser gegenüber ein weiteres, eigenes Verfahren zulässig bleibt.

Die in diesem Sinne personengebundene Sperrwirkung schließt es allerdings nicht aus, dass sich ein rechtskräftiger Verfahrensabschluss einer natürlichen Person mittelbar auch auf die Verfolgbarkeit des Verbandes auswirkt.[976] So erfolgt die Verbandssanktionierung in den Mitgliedstaaten in der Regel zusammenhängend mit dem Verfahren der natürlichen Person.[977] Ist dieser gegenüber jedoch nach Art. 54 SDÜ, Art. 50 GRC Klageverbrauch eingetreten, scheidet auch eine im selben Verfahren festzusetzende Verbandssanktion aus. Zwar kommt in diesem Fall regelmäßig ein gegen die juristische Person selbstständig geführtes Verfahren in Betracht. Soweit dies aber nur unter einschränkenden Voraussetzungen zulässig ist, kann das Verfahrenshindernis der natürlichen Person auch diesem entgegenstehen. So ist ein isoliertes Verbandsverfahren zum Beispiel in Deutschland gem. § 30 IV, S. 1 OWiG zwar zulässig, wenn wegen der Anknüpfungstat kein Verfahren

---

betroffen ist; in diesen Fällen kann eine einzelfallbezogene Anrechnung bereits erfolgter Sanktionen auf der Rechtsfolgenseite geboten sein, vgl. *Gürtler*, in: Göhler, § 30, Rn. 29; *Rogall*, in: KK-OWiG, § 30, Rn. 177; *Meyberg*, in: BeckOK-OWiG, § 30, Rn. 5; *Brodowski*, in: Brodowski et al., Regulating Corporate Criminal Liabilty, S. 211 ff. (223); BT-Drucks. V/1269, S. 61.

974 Vgl. etwa Art. 5 II, S. 1 des belgischen Code penal, vgl. hierzu *Kniebühler*, Transnationales ne bis in idem, S. 42 ff.

975 Ob dies selbst dann gilt, wenn die Sperrwirkung eines nationalen Verfahrensabschlusses auf Dritte erstreckt wird, die nicht unmittelbar als Partei am Verfahren beteiligt waren, ist jedenfalls fraglich. So kann die Rechtskraft der in Belgien als ein verwaltungsrechtlicher Vergleich vorgesehenen "*transactie*" auch auf protokollarisch ausgewiesene (natürliche oder juristische) Personen erstreckt werden, die weder von dem Verfahren unmittelbar betroffen, noch an der Vereinbarung beteiligt waren (vgl. hierzu *van den Wyngaert*, NStZ 1998, S. 153 f.; *Kniebühler*, Transnationales ne bis in idem, S. 47 ff.). Da diesen gegenüber jedoch keine Verfolgung und Sanktionierung stattgefunden hat, ist fraglich, ob eine solcher „Dritt-Klageverbrauch" auch auf die Art. 54 SDÜ, Art. 50 GRC übertragen werden kann, vgl. insofern BGH NStZ 1999, S. 250 ff. (251 f.).

976 Vgl. hierzu bereits **Teil 3, III., 6., a)**.

977 Vgl. etwa § 30 IV, S. 1, 2 OWiG; Art. 38 I D.Lgs. 231/2001; § 15 I, S. 1 VbVG sowie bereits **Teil 2, IV., 2., a)**.

eingeleitet wird. Nach § 30 IV, S. 3 OWiG ist eine selbstständige Festsetzung allerdings ausgeschlossen, soweit die Anknüpfungstat aus *rechtlichen* Gründen nicht verfolgt werden kann. Das aus dem europäischen ne bis in idem Prinzip gegenüber der natürlichen Verbandsperson folgende Verfahrenshindernis stellt jedoch ein derartiges rechtliches Hindernis dar, so dass auch ein selbstständiges Verbandsverfahren hierdurch ausgeschlossen wird.[978] Soweit die mitgliedstaatlichen Rechtsordnungen daher vergleichbare Regelungen vorsehen, wirkt sich ein gegenüber der verbandszugehörigen natürlichen Person eingetretener Klageverbrauch (mittelbar) letztlich doch noch auf die Verfolgbarkeit der juristischen Person selbst aus. Die besondere prozessuale Konnexität der beiden Verfahren führt in diesen Fällen dazu, dass die Sperrwirkung der Art. 54 SDÜ, Art. 50 GRC jedenfalls faktisch auch auf andere Rechtssubjekte erstreckt wird.[979]

bb) Verhältnis juristischer Personen zu organisatorischen Untereinheiten

Die als übergeordnete Organisationseinheiten verstandenen Wirtschaftsunternehmen bestehen regelmäßig nicht nur aus einem einzigen Unternehmenskomplex an einem zentralen Standort, sondern sind meist in organisatorische Untereinheiten gegliedert, die zwar dem Gesamtunternehmen zugehörig sind, gleichwohl aber (in unterschiedlichem Maße) räumlich, wirtschaftlich und teilweise auch rechtlich selbstständig agieren. Als in diesem Sinne ausgegliederte Organisationseinheiten lassen sich etwa die Filialen, Betriebsstätten, Zweigniederlassungen oder Tochterunternehmen nennen. Die hieraus folgende dezentrale Unternehmensstruktur ist in Zeiten des europäischen Binnenmarktes und der wirtschaftlichen Globalisierung zunehmend auch in transnationaler Dimension anzutreffen, indem multinationale Unternehmen an verschiedenen (internationalen) Standorten durch lokale Dependancen und Zweigniederlassungen am Markt partizipieren und von den örtlichen Produktionsbedingungen sowie lokalen Standortvorteilen profitieren.[980]

Kommt es im Rahmen unternehmensbezogener Rechtsverstöße zu Ermittlungen und Sanktionen gegen eine solche organisatorische Einheit, ist fraglich, inwiefern sich dies auf die Verfolgbarkeit der anderen Unternehmensteile auswirkt und ob hierdurch bereits eine umfassende ne bis in idem Wirkung auch gegenüber dem

---

978 Zu einer entsprechenden Fallgestaltung auf nationaler Ebene vgl. AG Eggenfelden, wistra 2002, 274 (274); *Mitsch*, Fallsammlung OWiG, Fall 9, S. 133 ff., Rn. 35 ff., 39; vgl. auch *Göhler*, wistra 1991, S. 131 ff. (132).

979 Vgl. *Göhler*, wistra 1991, S. 131 ff. (132): „praktisch [...] eine erweiterte Rechtskraftwirkung".

980 Die so vorangetriebene grenzüberschreitende Verflechtung von Unternehmen ist nicht zuletzt ein Grund für das Bestehen vielfältiger innerstaatlicher Anknüpfungspunkte nach dem jeweiligen Sanktionsanwendungsrecht und den hieraus folgenden Mehrfachzuständigkeiten in Bezug auf die Verfolgung unternehmensbezogener Rechtsverstöße, vgl. hierzu bereits **Teil 1, II., 2., c)**.

Gesamtunternehmen hervorgerufen wird.[981] Dieser Frage kommt im Kontext der transnationalen Verbandsverantwortlichkeit eine besondere Bedeutung zu, da die mitgliedstaatlichen Verfolgungsbehörden für die Ermittlung, Sanktionierung und Vollstreckung von Verbandssanktionen regelmäßig auf die inländischen Niederlassungen und Vermögenswerte eines Verbandes zugreifen werden. Denn auch wenn nach den jeweiligen nationalen Sanktionsanwendungsrechten zwar eine eigene Verfolgungszuständigkeit gegeben ist, besteht eine Kompetenz zur extraterritorialen Vollstreckung festgesetzter Rechtsfolgen (abseits der Rechtshilfe) in fremden Hoheitsgebieten grundsätzlich nicht, sondern ist die Vollzugshoheit angesichts der staatlichen Integrität im Grundsatz auf das eigene Territorium begrenzt.[982] In derartigen Fällen fragt sich deshalb, ob eine weitere Verfolgung und Sanktionierung der anderen Unternehmensteile in einem anderen Mitgliedstaat zulässig oder nach dem Mehrfachverfolgungsverbot unionsweit gesperrt ist.

Im Hinblick auf ein Eingreifen des ne bis in idem Grundsatzes nach Art. 54 SDÜ, Art. 50 GRC gelten auch insofern zunächst die vorstehend herausgearbeiteten allgemeinen Grundsätze des persönlichen Schutzbereiches. Danach schützt das transnationale Verbot der Doppelverfolgung grundsätzlich nur diejenigen Rechtssubjekte, welche bereits Adressaten eines zuvor rechtskräftig abgeschlossenen Verfahrens in derselben Sache waren. Unter dieser Prämisse stellt sich die hier aufgeworfene Problematik des Umfanges der Sperrwirkung in Bezug auf die verschiedenen Untergliederungen eines Unternehmens letztlich als eine Frage nach dem konkreten Adressaten der mitgliedstaatlichen Sanktionsverfahren dar: Nur soweit ein nach nationalem Recht (teil-)rechtsfähiger Verband als ein selbstständiges Rechtssubjekt bereits Adressat eines Verfahrens war, kann er sich als solcher auf einen möglichen ne bis in idem Schutz berufen. Dies hängt wiederum von dem rechtlichen Status der verschiedenen Unternehmensuntergliederungen ab. Entscheidend ist insofern, ob eine rechtliche Selbstständigkeit der jeweiligen Organisationsform im Verhältnis zum übergeordneten Unternehmen besteht.

Handelt es sich bei dem (inländischen) Adressaten einer konkreten Verfolgungs- oder Sanktionsmaßnahme um einen rechtlich unselbstständigen Teil des Unternehmens, ist das betroffene Rechtssubjekt (rechtlich gesehen) letztlich der übergeordnete Unternehmensträger. Nur dieser ist mit eigener (Teil-)Rechtsfähigkeit ausgestattet, demzufolge von dem persönlichen Schutzbereich des ne bis in idem Grundsatzes erfasst und hiernach vor einer Doppelverfolgung zu schützen. Eine (extraterritoriale) erneute Verfolgung rechtlich unselbstständiger Unternehmenseinheiten richtet sich somit letztlich wiederum gegen den übergeordneten

981 Vgl. zu dieser Frage auch *Biehler/Kniebühler/Lelieur-Fischer/Stein*, Freiburg Proposal, S. 19.

982 Vgl. *Tiedemann*, NJW 1979, S. 1849 ff. (1852); *Hackner/Schierholt*, Rn. 35. Anders als die Rechtsetzungs- und Rechtsprechungsgewalt (*jurisdiction to prescribe, to adjudicate*) ist die Vollzugsgewalt (*jurisdiction to prescribe*) grundsätzlich auf das eigene Staatsgebiet begrenzt.

Unternehmensträger und ist nach Art. 54 SDÜ, Art. 50 GRC daher verboten, soweit in derselben Sache bereits ein rechtskräftiger Verfahrensabschluss ergangen ist. Dies gilt etwa für die rechtlich und organisatorisch unselbstständigen Betriebsstätten oder Filialen eines Unternehmens; denn insofern handelt es sich um einen einheitlichen Geschäftsbetrieb, der lediglich an verschiedenen Orten praktiziert wird. Die Sanktionen treffen hier daher den übergeordneten Unternehmensträger, so dass sich anschließende Maßnahmen gegen andere (ausländische) Betriebsstätten als eine unzulässige Zweitverfolgung des Gesamtunternehmens darstellen. Gleiches gilt für die Zweigniederlassungen eines Unternehmens, welche zwar mit eigenem Geschäftsvermögen selbstständig am Wirtschaftsverkehr teilnehmen, rechtlich jedoch nur unselbstständige Teile der Hauptniederlassung und somit keine eigenständigen Rechtssubjekte darstellen.[983] Auch die anschließende Verfolgung von einer (ausländischen) Zweigniederlassung aufgrund derselben Tat verstößt daher gegen den ne bis idem Grundsatz im Hinblick auf das Gesamtunternehmen. Kommt es beispielsweise nach einem gegen den Unternehmensträger im Inland bereits abgeschlossenen Sanktionsverfahren am Ort einer ausländischen Niederlassung zu erneuten Ermittlungen in derselben Sache, kann diesen der ne bis in idem Grundsatz entgegen gehalten werden, da aufgrund der rechtlichen Unselbstständigkeit und der hierdurch fehlenden Stellung als Verfahrenssubjekt rechtlich gesehen jeweils der gleiche Sanktionsadressat betroffen ist. Demgegenüber stellt es keinen ne bis in idem Verstoß dar, wenn in einem einzigen (Erst-)Verfahren anlässlich derselben Tat Verfolgungsmaßnahmen gegen mehrere Betriebsstätten oder Niederlassungen durchgeführt werden, da es sich insofern um einheitliche Ermittlungen gegen den übergeordneten Rechtsträger handelt und mangels eines rechtskräftigen Verfahrensabschlusses noch keine Sperrwirkung besteht.[984]

Soweit es sich bei den Sanktionsadressaten hingegen um rechtlich selbstständige Teile eines Unternehmens handelt, sind diese als eigenständige Rechtssubjekte auch

983 *Müller-Gugenberger*, in: Müller-Gugenberger, § 22, Rn. 49 ff.; § 23, Rn. 15.

984 Kommt es bei Unternehmen mit mehreren Zweigniederlassungen an den verschiedenen Standorten jeweils zu Rechtsverstößen, ist in Bezug auf den Umfang der Sperrwirkung zu unterscheiden: Soweit die jeweiligen Zuwiderhandlungen auf ein und derselben Aufsichtspflichtverletzung beruhen, welche sich lediglich auf verschiedene Zweigniederlassungen auswirkt und in haftungsbegründenden Zuwiderhandlungen konkretisiert, liegt der Verbandssanktion nur diese eine einheitliche Aufsichtspflichtverletzung zugrunde, so dass insofern umfassende Rechtskraft eintritt. Die ne bis in idem Wirkung erstreckt sich in diesem Fall auf die einheitliche prozessuale Tat der Aufsichtspflichtverletzung, auch wenn sich diese an mehreren Niederlassungen ausgewirkt hat. Kommt es dagegen an mehreren Standorten unabhängig voneinander zu selbstständigen Zuwiderhandlungen oder Aufsichtspflichtverletzungen, liegen auch mehrere Taten im prozessualen Sinne vor, so dass sich eine ne bis in idem Wirkung nur auf den jeweiligen Verstoß bezieht und einer anderweitigen Verfolgung der (anderen) Taten an einer anderen Niederlassung nicht entgegen steht. Vgl. hierzu *Göhler*, wistra 1991, S. 91 ff. m.w.N.

jeweils die persönlich Betroffenen der Sanktionsmaßnahmen und als solche vor einer mehrfachen Verfolgung in derselben Sache zu schützen. Ihnen steht der ne bis in idem Schutz der Art. 54 SDÜ, Art. 50 GRC daher aus eigenem Recht zu. Die einmalige Verfolgung mehrerer rechtlich selbstständiger Verbände aufgrund derselben Tat stellt daher grundsätzlich keinen Verstoß gegen das Mehrfachverfolgungsverbot dar, selbst wenn die Adressaten zu einem gemeinsamen Unternehmensverbund gehören.[985] Dies gilt etwa in Bezug auf die organisatorisch wie rechtlich umfassend selbstständigen Tochtergesellschaften im Verhältnis zu ihrer Muttergesellschaft; ihnen gegenüber können in derselben Sache somit grundsätzlich jeweils Ermittlungen und Sanktionen angestrengt werden.

Hiermit ist zugleich die Frage nach einer Geltung des ne bis in idem Prinzips im internen Konzernverhältnis aufgeworfen: Als ein Konzern wird der Zusammenschluss eines herrschenden mit einem oder mehreren abhängigen Unternehmen unter der einheitlichen Leitung des herrschenden Unternehmens verstanden.[986] Die derart zu einem Konzern verbundenen (Konzern-)Unternehmen bilden mithin eine wirtschaftliche Einheit, bleiben rechtlich gesehen gleichwohl selbstständige Rechtssubjekte. Der Gesamtkonzern an sich erlangt als bloße Zusammenfassung von mehreren Unternehmen hingegen keine eigene Rechtsfähigkeit.[987] Bei einer jeweiligen Sanktionierung der Mutter- sowie einer Tochtergesellschaft ist demnach nicht dasselbe Rechtssubjekt betroffen, so dass gemäß den vorstehenden Ausführungen auch der ne bis in idem Grundsatz *prima facie* nicht eingreift. Aufgrund der besonderen faktischen und insbesondere wirtschaftlichen Verflechtungen zwischen den Konzernunternehmen fragt sich jedoch, ob und inwiefern im Konzernverhältnis eine Anpassung des ne bis in idem Schutzes geboten ist: Zu einer parallelen Haftung innerhalb eines Konzerns kann es aufgrund desselben Rechtsverstoßes nach deutschem Recht etwa dann kommen, wenn eine verbandszugehörige natürliche Person im Einzelfall eine Doppelstellung als Leitungsorgan sowohl der Tochter- als auch der Muttergesellschaft inne hat oder die jeweiligen Verbandspersonen eine Tat gemeinsam begehen und auf diese Weise jeweils eine Bezugstat begründen.[988] Liegen danach taugliche Anknüpfungstaten zugleich in Bezug auf das Tochter- und das Mutterunternehmen vor, ist schon insofern eine jeweilige Haftung möglich. Darüber hinaus wird angesichts der hierarchischen Beherrschungsstrukturen in einem Konzern auch eine „Durchgriffshaftung“ auf die Konzernspitze diskutiert, soweit diese etwaige Aufsichtspflichten verletzt oder (deliktischen) Einfluss auf ein

985 Vgl. zu dem Begriff eines Verbundenen Unternehmens § 15 AktG.
986 Vgl. § 18 I, S. 1 AktG. Zur weiteren Differenzierung des Konzernbegriffs je nach Form und Intensität der rechtlichen, organisatorischen und wirtschaftlichen Verflechtungen vgl. *Muders*, Haftung im Konzern, S. 26 ff. m.w.N.
987 *Müller-Gugenberger*, in: Müller-Gugenberger, § 23, Rn. 22, 70a, sog. „Trennungsprinzip“.
988 Vgl. *Mansdörfer/Timmerbeil*, WM 2004, S. 362 ff. (368); zu den verschiedenen Konstellationen einer möglichen parallelen Haftung von Mutter- und Untergesellschaft vgl. auch *Muders*, Haftung im Konzern, S. 247 ff.

untergeordnetes Konzernunternehmen nimmt.[989] Während eine Aufsichtspflicht der Konzerninhaber gegenüber den Tochterunternehmen nach § 130 I OWiG angesichts der rechtlichen Selbstständigkeit zunächst nur in Fällen einer hundertprozentigen Inhaberschaft befürwortet wurde,[990] wird heute zunehmend auch eine Haftung aufgrund bloßer faktischer Einflussnahme durch die Muttergesellschaft proklamiert.[991] Bei Rechtsverstößen einer Tochtergesellschaft sollen auf diese Weise auch die Verantwortlichen der Konzernspitze und über § 30 I OWiG zugleich die Muttergesellschaft haftbar sein.[992] Dieser Ansatz einer Aufsichtspflicht im Konzernverhältnis wurde jüngst erstmals gerichtlich bestätigt,[993] wonach deren Umfang stets von den konkreten Verhältnissen des Einzelfalles abhänge. Maßgeblich sei danach die tatsächliche Einflussnahme auf die Tochtergesellschaft, etwa in Form von Weisungen der Konzernmutter, welche die Handlungsfreiheit beeinflussen oder die Gefahr einer Pflichtverletzung begründen.[994] Nimmt man in derartigen Fällen die Möglichkeit einer haftungsrechtlichen Verantwortlichkeit auch der Konzernmutter an, kann es auch insofern zu einer parallelen Haftung im Konzernverhältnis kommen, wobei das ne bis in idem Prinzip im Verhältnis der selbstständigen Rechtssubjekte zueinander an sich nicht eingreifen würde. Gleichwohl wird teilweise versucht, drohenden Unbilligkeiten einer mehrfachen Ahndung im Konzernverbund durch die Anwendung des Doppelverfolgungsverbotes zu begegnen. Danach soll der Konzern in Bezug auf

---

989 Vgl. zu dem Streitstand *Rogall*, in: KK-OWiG, § 130, Rn. 27 ff.; *Koch*, AG 2009, S. 564 ff. (565 ff.); *Bosch*, ZHR 2013, S. 454 ff. (462 ff.). Vgl. hierzu auch grundsätzlich *Muders*, Haftung im Konzern, passim; *Caracas*, Verantwortlichkeit in internationalen Konzernstrukturen, passim; *Tschierschke*, Sanktionierung des Unternehmensverbundes, passim.

990 Vgl. *Tiedemann*, NJW 1979, S. 1849 ff. (1852 f.); *Tiedemann*, NJW 1986, S. 1842 ff. (1845 f.); *Delmas-Marty*, in: Tiedemann, Multinationale Unternehmen, S. 69 ff. (74 f.).

991 Vgl. *Mansdörfer/Timmerbeil*, WM 2004, S. 362 ff. (368 f.); *Rogall*, in: KK-OWiG, § 30, Rn. 87, § 130, Rn. 27 ff. m.w.N. Vgl. hierzu auch *Gürtler*, in: Göhler, § 130, Rn. 5a; *Tiedemann*, NJW 1986, S. 1842 ff. (1845 f.) mit Verweis auf die Rechtspraxis im europäischen Kartellrecht.

992 Vgl. *Rogall*, in: KK-OWiG, § 130, Rn. 27.

993 Der BGH hatte eine Entscheidung über die Anwendbarkeit des § 130 OWiG im Konzernverhältnis zuvor offen gelassen, aber angedeutet, dass einer Haftung der Konzernobergesellschaft die eigene Rechtspersönlichkeit des Tochterunternehmens entgegenstehen könne, vgl. BGH, Beschl. v. 01.12.1981 – KRB 3/79. Dagegen hatte das deutsche Bundeskartellamt die Anwendbarkeit des § 130 OWiG in derartigen Fällen in einer später aus anderen Gründen aufgehobenen Entscheidung angenommen, vgl. BKartA ./. Etex Holding GmbH, Entsch. v. 09.02.2009, Az. B1-200/06, vgl. hierzu *Koch*, AG 2009, S. 564 ff.

994 OLG München, Beschl. v. 23.09.2014 – 3Ws 599/14, 3 Ws 600/14; Anmerkung hierzu von *Engelhart*, WiJ 2015, S. 242 ff. Auch *Rogall*, in: KK-OWiG, § 130, Rn. 28 stellt für den Umfang der Aufsichtspflicht auf die tatsächlichen Verhältnisse des Einzelfalles und die Einflussnahme bzw. Möglichkeit zur eigenständigen Willensbildung ab.

die Geltung des ne bis in idem Grundsatzes als eine faktische Einheit betrachtet werden, welche insgesamt nur einmalig sanktioniert werden dürfe, so dass eine jeweilige Verfolgung von Mutter- und Tochtergesellschaft ausgeschlossen sei.[995] Dem ist allerdings entgegen zu halten, dass der wirtschaftliche Verbund zu einem Konzern nichts an der Selbstständigkeit der beteiligten Rechtssubjekte ändert und es deshalb gerade nicht um die Sanktionierung nur „eines Adressaten“ geht.[996] Formaljuristisch handelt es sich um zwei unterschiedliche Rechtspersönlichkeiten, weshalb die Sperrwirkung des europäischen Mehrfachverfolgungsverbotes nicht über die personale Grenze der konkreten Adressaten hinaus zu erstrecken ist.[997]

Die Situation ist insofern vergleichbar mit der parallelen Haftung der natürlichen und der juristischen Person aufgrund derselben Anknüpfungstat: Auch hier stellt eine jeweilige Sanktionierung trotz der besonderen faktischen Konnexität keinen Verstoß gegen das ne bis in idem Prinzip dar, sondern ist zur Vermeidung von potenziell unbilligen Härten allenfalls auf der Rechtsfolgenseite zu beachten.[998] In entsprechender Weise ist auch den Besonderheiten der organisatorischen und vor allem wirtschaftlichen Verflechtungen im Konzernverbund nicht durch eine konstruierte einheitliche Betrachtung von tatsächlich unterschiedlichen Rechtssubjekten, sondern durch eine einzelfallbezogene Berücksichtigung im Rahmen der Rechtsfolge Rechnung zu tragen: Danach sind die in derselben Sache gegen andere Konzerngesellschaften festgesetzten Sanktionen bei der Anordnung einer (weiteren) Sanktion im Sinne der Verhältnismäßigkeit zu berücksichtigen. Auf diese Weise ist insbesondere eine mehrfache Erfassung derselben rechtswidrigen Vermögensvorteile durch eine jeweilige Zugrundelegung bei der Höhe der festzusetzenden Sanktionen zu vermeiden, indem bereits abgeschöpfte Werte bei der Bestimmung der sekundären Maßnahme nicht erneut eingerechnet werden.[999] Andernfalls würde

---

995 *Mansdörfer/Timmerbeil*, WM 2004, S. 362 ff. (369); für eine konzerninterne Geltung des ne bis in idem Grundsatzes ebenfalls *Rogall*, in: KK-OWiG, § 30, Rn. 87.

996 I.d.S. auch *Muders*, Haftung im Konzern, S. 252. Hiervon scheint auch die Staatsanwaltschaft Landshut auszugehen, indem sie Mutter- und Tochtergesellschaft jeweils als Nebenbeteiligte in das dem Beschluss des OLG München (Beschl. v. 23.09.2014 – 3Ws 599/14, 3 Ws 600/14) zugrunde liegenden Verfahren einbezogen hat.

997 I.d.S. bezogen auf den Verfall: *Suchy*, Der Verfall im Ordnungswidrigkeitenrecht, S. 167 f.

998 Etwa wenn der Individualtäter vermögensrechtlich an dem Verband beteiligt und in Form von wirtschaftlichen Einbußen somit selbst unmittelbar durch die Verbandsgeldbuße betroffen ist, vgl. *Gürtler*, in: Göhler, § 30, Rn. 29; *Rogall*, in: KK-OWiG, § 30, Rn. 177; *Brodowski*, in: Brodowski et al., Regulating Corporate Criminal Liabilty, S. 211 ff. (223); BT-Drucks. V/1269, S. 61; vgl. OLG Hamm NJW 1973, S. 1851 ff. (1853 f.).

999 I.d.S. für das Gebiet der Abschöpfungen *Suchy*, Der Verfall im Ordnungswidrigkeitenrecht, S. 167 ff.; *Muders* regt hingegen eine Differenzierung nach den verschiedenen Situationen einer kumulativen Haftung von Mutter- und Tochtergesellschaft an und will Unbilligkeiten mit Hilfe des Opportunitätsprinzips vorbeugen, vgl. *Muders*, Haftung im Konzern, S. 253 ff.

die jeweilige Sanktionierung der Konzernunternehmen (jedenfalls wirtschaftlich) einer Doppelahndung zumindest nahe kommen.[1000]

Anders stellt sich die Situation allerdings dar, wenn bereits für die Begründung der Haftbarkeit eine einheitliche Betrachtung mehrerer, rechtlich selbstständiger Verbände vorgenommen wird. So legen vor allem die Europäische Kommission und der EuGH im Rahmen von wettbewerbsrechtlichen Kartellsanktionen nach Art. 23 VO Nr. 1/2003 i.V.m. Art. 101 f. AEUV[1001] einen funktionalen Unternehmensbegriff zugrunde und erfassen im Wege einer wirtschaftlichen Betrachtung miteinander verbundene Unternehmen als eine Unternehmenseinheit.[1002] Von einer derartigen wirtschaftlichen Einheit gehen die Gemeinschaftsorgane insbesondere bei einer wesentlichen kapitalmäßigen Verbundenheit sowie einer faktischen Einflussnahme der Mutter- auf die Tochtergesellschaft aus, etwa in Form von Weisungen oder bei einer starken personellen Verflechtung.[1003] Unter dieser Prämisse stellt die Kommission zur Bestimmung des an einem konkreten Wettbewerbsverstoß beteiligten Unternehmens nicht auf die (selbstständige) Rechtspersönlichkeit konzernmäßig verbundener Einzelunternehmen ab, sondern auf die wirtschaftliche Unternehmenseinheit; danach

---

1000 Vgl. zu der entsprechenden Situation bei einer parallelen Sanktionierung der natürlichen Verbandsperson sowie der juristischer Personen i.R.d. § 30 OWiG die Gesetzesbegründung in BT-Drucks. V/1269, S. 61. Zu der insofern problematischen Praxis des deutschen Bundeskartellamtes vgl. *Tschierschke*, Sanktionierung des Unternehmensverbundes, S. 112 f. m.w.N., 263.

1001 Die Rechtsnatur derartiger Kartellsanktionen ist umstritten. Während die Geldbußen gemäß der ausdrücklichen Anordnung des Art. 23 V VO (EG) Nr. 1/2003 keinen strafrechtlichen Charakter haben, geht die überwiegende Ansicht aufgrund des repressiv-ahndenden Charakters davon aus, dass sie jedenfalls dem Strafrecht im weiteren Sinne zuzuordnen sind, vgl. *Dannecker/Biermann*, in: Immenga/Mestmäcker, Bd. I, Teil 2, Art. 23 VO 1/2003, Rn. 328 ff.; *Hecker*, 4, Rn. 65; *Tschierschke*, Sanktionierung des Unternehmensverbundes, S. 35 f.; *Baudisch*, Rechtsstellung des Unternehmens in grenzüberschreitenden Kartellverfahren, S. 227 ff., 244 ff. Auch der EuGH hat daher die diesbezügliche Geltung des ne bis in idem Prinzips als (nur) allgemeinen Rechtsgrundsatz anerkannt, vgl. etwa EuGH, Urt. v. 15.10.2002, Rs. 238/99 P u.a., Slg. 2002, I-8375, Rn. 54 ff. – Limburgse Vinyl Maatschappij; EuGH, Urt. v. 29.06.2006, Rs. C-289/04 P, Slg. 2006, I-5859, Rn. 50 ff.; vgl. hierzu *Baudisch*, Rechtsstellung des Unternehmens in grenzüberschreitenden Kartellverfahren, S. 192 ff.

1002 Vgl. *Emmerich*, in: Immenga/Mestmäcker, Bd. I, Teil 1, Art. 101 Abs. 1 AEUV, Rn. 9 ff., 43 ff.; *Dannecker/Biermann*, in: Immenga/Mestmäcker, Bd. I, Teil 2, Vor Art. 23 VO 1/2003, Rn. 82 ff. Während dabei die Kommission die so konstruierte wirtschaftliche Einheit auf Tatbestandsseite als Normadressat erfasst, geht der EuGH zur Haftungsbegründung eher von einer Zurechnung zwischen Mutter- und Tochtergesellschaft aus, vgl. *Tiedemann*, Wirtschaftsstrafrecht AT, § 11, Rn. 427; *Vogel/Brodowski*, in: Sieber/Satzger/v.Heintschel-Heinegg, Europäisches Strafrecht, § 5, Rn. 67; *Tschierschke*, Sanktionierung des Unternehmensverbundes, S. 37 f. m.w.N.

1003 Vgl. *Tiedemann*, Wirtschaftsstrafrecht AT, § 11, Rn. 428; *Emmerich*, in: Immenga/Mestmäcker, Bd. I, Teil 1, Art. 101 Abs. 1 AEUV, Rn. 47 f.; *Dannecker/Biermann*, in: Immenga/Mestmäcker, Bd. I, Teil 2, Vor Art. 23 VO 1/2003, Rn. 88 ff.

kann neben der unmittelbar wettbewerbswidrig agierenden (Tochter-)Gesellschaft auch die übergeordnete Konzernmutter (gesamtschuldnerisch) bebußt werden.[1004] Das Erfordernis einer eigenen Rechtspersönlichkeit ist hier daher nur aus Vollstreckungsgründen von Bedeutung.[1005] Wird zur Begründung der sanktionsrechtlichen Haftung allerdings bereits auf Tatbestandsebene eine derart funktionale Betrachtung zugrunde gelegt und mehrere rechtlich selbstständige Verbände zu einem „Zurechnungssubjekt" verschmolzen, ist dieser Maßstab auf den Umfang des ne bis in idem Schutzes zu übertragen und die konstruierte Unternehmenseinheit insgesamt vor mehrfacher Verfolgung zu schützen.[1006] Eine jeweilige, gesonderte Sanktionierung mehrerer Konzernunternehmen ist in den Fällen eines konstruierten Haftungsverbundes daher unzulässig. Auf Unionsebene folgt aus dem ne bis in idem Prinzip mithin, dass nach bereits abgeschlossenen (Kartell-)Verfahren kein erneute Verfolgung einer derartigen Unternehmenseinheit zulässig ist;[1007] dem entspricht die Sanktionspraxis der Kommission.[1008] Hiervon zu trennen ist die vorliegend nicht gegenständliche Frage nach dem Verhältnis nationaler und unionsrechtlicher Kartellsanktionen sowie der diesbezüglichen Geltung des ne bis in idem Schutzes.[1009]

1004 Die Kommission kann die Kartellgeldbußen entweder gegen die konstruierte Unternehmenseinheit als Gesamtschuldnerin, nur gegen die Konzernmutter oder (insbesondere bei einem weitgehend autonomen Handeln der Tochter) nur gegen die Tochtergesellschaft festsetzen, vgl. *Dannecker/Biermann*, in: Immenga/Mestmäcker, Bd. I, Teil 2, Vor Art. 23 VO 1/2003, Rn. 103 ff.; vgl. EuG, Urt. v. 14.12.2006, Rs. T-259/02-T-264/02, T-271/02, Slg. 2006, II-5169, Rn. 331.

1005 Vgl. *Vogel/Brodowski*, in: Sieber/ Satzger/v.Heintschel-Heinegg, Europäisches Strafrecht, § 5, Rn. 67. Insofern wird auch von einer zweistufigen Prüfung gesprochen, wonach zunächst materiell festzustellen ist, welches Unternehmen als eine wirtschaftliche Einheit an einem Kartellverstoß beteiligt war und erst in einem zweiten Schritt verfahrensrechtlich zu entscheiden ist, wer als Adressat einer demnach festzusetzenden Kartellsanktion in Betracht kommt, vgl. *Emmerich*, in: Immenga/ Mestmäcker, Bd. I, Teil 1, Art. 101 Abs. 1 AEUV, Rn. 10 f.

1006 I.d.S. auch *Muders*, Haftung im Konzern, S. 252; *van Bockel*, The Ne Bis In Idem Principle, S. 219 f.

1007 Vgl. etwa EuGH, Urt. v. 15.10.2002, Rs. 238/99 P u.a., Slg. 2002, I-8375, Rn. 61 – Limburgse Vinyl Maatschappij; vgl. *Dannecker/Biermann*, in: Immenga/Mestmäcker, Bd. I, Teil 2, Vor Art. 23 VO 1/2003, Rn. 242 ff.; *Vogel/Brodowski*, in: Sieber/Satzger/v.Heintschel-Heinegg, Europäisches Strafrecht, § 5, Rn. 47; *Wahl*, in: Sieber/ Satzger/v.Heintschel-Heinegg, Europäisches Strafrecht, § 7, Rn. 94.

1008 So verhängt die Kommission folgerichtig zu der von ihr proklamierten einheitlichen Betrachtung des Konzerns als einem Unternehmen nur eine einheitliche (ggfs. gesamtschuldnerische) Geldbuße gegen die aus dem Haftungsverbund konkret ausgewählten Adressaten, vgl. hierzu *Tschierschke*, Sanktionierung des Unternehmensverbundes, S. 112, 263 f.

1009 Der EuGH hat insofern bislang die Ansicht vertreten, dass die europäischen und die nationalen Kartellnormen einen unterschiedlichen Unrechtsgehalt erfassen, sodass jeweils keine erschöpfende rechtliche Würdigung der Tat nach einheitlichen (gemeinschaftlichen) Normen möglich und der ne bis in idem Grundsatz im Verhältnis

IV. Zusammenfassung und Ausblick

Kommt es bei transnationalen Rechtsverstößen zu parallelen Zuständigkeiten und konkurrierenden Sanktionsgewalten, ist neben einer kumulativen Verfolgung vor allem zu befürchten, dass sich juristische Personen in derselben Sache sogar einer mehrfachen Sanktionierung durch verschiedene (inkongruente) Rechtsordnungen ausgesetzt sehen. Denn trotz der im zweiten Teil der Arbeit gefundenen Lösungen lassen sich positive Kompetenzkonflikte mangels einer exklusiven Zuweisung der Verfolgungszuständigkeit derzeit nicht umfassend verhindern, so dass die Gefahr einer Mehrfachverfolgung und -bestrafung bis auf Weiteres fortbesteht. Eine wiederholte Sanktionierung wegen derselben Tat stellt einen unverhältnismäßigen Eingriff in die Rechte und Interessen der Betroffenen dar und ist nach dem ne bis in idem Prinzip daher zu verhindern: Ist der konkrete Sanktionsanspruch einmal abschließend geltend gemacht, soll der Adressat im Interesse des Rechtsfriedens sowie der Rechtssicherheit darauf vertrauen können, dass die eigene Verfolgung mit der Sperrwirkung eines endgültigen Verfahrensabschlusses erledigt ist. Auf transnationaler Ebene kommt hinzu, dass andernfalls eine schlichte Addition der Einzelstrafen und der Adressat durch ein potenzielles Zweitverfahren in anderen Unionsstaaten in seiner Freizügigkeit tangiert zu werden droht. Insbesondere im europäischen Raum der Freiheit, der Sicherheit und des Rechts ist eine mehrfache Verfolgung und Sanktionierung daher auch grenzüberschreitend zu verhindern.

Während die meisten Staaten nur ein innerstaatliches Doppelverfolgungsverbot vorsehen, wurde auf europäischer Ebene durch Art. 54 SDÜ und Art. 50 GRC ein transnationaler ne bis in idem Schutz implementiert. Die Vorschriften statuieren ein grenzüberschreitendes Mehrfachverfolgungsverbot, soweit in derselben Sache bereits ein rechtskräftiger Verfahrensabschluss in einem (anderen) Mitgliedstaat ergangen ist und im Falle einer Verurteilung ein Vollstreckungselement vorliegt.

---

der jeweiligen Kartellsanktionen daher nicht anwendbar sei (vgl. etwa EuGH, Urt. v. 13.02.1969, Rs. 14/68, Slg. 1969, 1, Rn. 11 – Walt Wilhelm; EuG, Urt. v. 09.07.2003, Rs. T-224/00, Rn. 87, wonach allenfalls eine wechselseitige Anrechnung der Sanktionen aus Billigkeitsgründen geboten sei). Demgegenüber geht das überwiegende Schrifttum spätestens seit Geltung der VO (EG) Nr. 1/2003 (und der durch dessen Art. 3 eingeführten unmittelbaren Durchsetzung des europäischen Kartellrechts (auch) durch die Mitgliedstaaten) davon aus, dass kein „unterschiedlicher Unrechtsgehalt" der jeweiligen Sanktionen mehr bestehe und das ne bis in idem Prinzip daher in Bezug auf unionsrechtliche und nationale Kartellentscheidungen unmittelbar Anwendung findet, vgl. hierzu *Dannecker/Biermann*, in: Immenga/Mestmäcker, Bd. I, Teil 2, Vor Art. 23 VO 1/2003, Rn. 249 ff. m.w.N.; *Wahl*, in: Sieber/Satzger/v.Heintschel-Heinegg, Europäisches Strafrecht, § 7, Rn. 96; *Tzouma*, in: Brodowski et al., Regulating Corporate Criminal Liability, S. 261 ff. (261 ff.). Vgl. insofern auch EuG, Urt. v. 13.07.2011, Rs. T-144/07 u.a., Rn. 162 ff. Grundsätzlich zur Geltung des ne bis in idem Grundsatzes im Kartellrecht vgl. *Kruck*, Ne bis in idem im Europäischen Kartellverfahrensrecht, passim; *Baudisch*, Rechtsstellung des Unternehmens in grenzüberschreitenden Kartellverfahren, S. 192 ff., passim.

Der Schutzbereich der Normen wurde maßgeblich durch die extensive Auslegung des EuGH konkretisiert, der sich im Wege einer teleologischen Interpretation von deren eigentlichem Wortlaut löst und unter Verweis auf den Sinn und Zweck des europäischen Doppelverfolgungsverbotes dem Ziel der Gewährleistung einer umfassenden Freizügigkeit Vorrang gegenüber formalen Aspekten einräumt.

Insofern haben die Darstellungen gezeigt, dass in den Anwendungsbereich der Art. 54 SDÜ, Art. 50 GRC unter Anknüpfung an die teleologische Auslegung des EuGH nicht nur gerichtliche Urteile, sondern auch behördliche Verfahrensbeendigungen ohne richterliche Beteiligung einzubeziehen sind, soweit die zuständigen Behörden innerstaatlich zur Mitwirkung bei der (im weiten Sinne verstandenen) Strafrechtspflege berufen sind. Ferner sind die erfassten Maßnahmen nicht auf national dem Kriminalstrafrecht zugeordnete Sanktionen zu beschränken, sondern unter Heranziehung der „Engel-Kriterien“ durch eine autonome Auslegung auf das Strafrecht im weiteren Sinne zu erstrecken. Maßgeblich ist danach die rechtliche Einordnung im innerstaatlichen Recht, die Art der Zuwiderhandlung sowie die Art und Schwere der angedrohten Sanktion. Für das Rechtskraftkriterium ist ein Klageverbrauch im Erstverfolgungsstaat zu fordern, durch den die Verfolgung endgültig beendet wird. Eine mögliche innerstaatliche Differenzierung der Rechtskraftwirkung zwischen strafrechtlicher Verfolgung im engeren und weiteren Sinne ist in europäischer Dimension nicht aufrecht zu erhalten, sondern die verbrauchte „Strafklage“ ebenfalls in einem weiten Sinne zu verstehen, so dass umfassend ein Verbot erneuter sanktionsrechtlicher Verfolgung eintritt. Trotz des nicht völlig identischen Wortlautes ist insofern eine inhaltlich gleichlaufende Auslegung der Art. 54 SDÜ und Art. 50 GRC geboten, um im Rechtsraum der EU einen einheitlichen Schutzbereich des europäischen ne bis in idem Prinzips zu ermöglichen.

Im hier untersuchten Kontext der Unternehmenssanktionierung fragt sich allerdings, inwiefern der transnationale ne bis in idem Schutz auch juristische Personen und die diesen gegenüber in den Mitgliedstaaten vorgesehenen Rechtsfolgen umfasst. Denn obwohl es auch bei der grenzüberschreitenden Haftung juristischer Personen zu der Gefahr einer kumulativen beziehungsweise sukzessiven Mehrfachverfolgung und -sanktionierung kommen kann, werden juristische Personen von dem Wortlaut der Art. 54 SDÜ, Art. 50 GRC jedenfalls nicht explizit erfasst.

Insofern hat sich gezeigt, dass juristische Personen und andere (teil-)rechtsfähige Personenvereinigungen in den Schutzbereich des europäischen Mehrfachverfolgungsverbotes einzubeziehen sind. Hierfür sind neben den generellen Einwänden gegen (transnationale) Mehrfachverfahren vor allem teleologische Erwägungen anzuführen, da eine Mehrfachverfolgung aufgrund desselben Rechtsverstoßes auch juristische Personen in ihren Interessen und europäischen Grundfreiheiten tangiert. Die Ratio des den Freizügigkeitsschutz in der EU bezweckenden ne bis in idem Prinzips findet auf Verbände daher in entsprechender Weise Anwendung, so dass diese durch die Art. 54 SDÜ, Art. 50 GRC im europäischen Rechtsraum ebenfalls vor einer mehrfachen Verfolgung in derselben Sache zu schützen sind.

Angesichts der verschiedenen mitgliedstaatlichen Haftungssysteme und teilweise inkongruenten Rechtsfolgen gegenüber juristischen Personen ist in einem zweiten Schritt jedoch fraglich, inwieweit die jeweiligen nationalen Verbandssanktionen eine europäische ne bis in idem Wirkung auslösen können. Insofern kommt es auf eine konkrete Subsumtion der einzelnen Rechtsfolgen unter den im vorstehenden Sinne herausgearbeiteten Schutzbereich der Art. 54 SDÜ, Art. 50 GRC und dabei insbesondere auf ihre Erfassung durch den weiten Strafrechtsbegriff im Sinne der „Engel-Kriterien" an. Es ist deshalb zwischen den verschiedenen Rechtsfolgen zu differenzieren: Neben dem Strafrecht im engeren Sinne zugeordneten monetären Sanktionen sind im Hinblick auf ihre Rechtsnatur auch nicht oder nicht eindeutig dem nationalen (Kriminal-)Strafrecht zugehörige Geldsanktionen erfasst, soweit diese im Sinne der „Engel-Kriterien" jedenfalls dem Strafrecht im weiteren Sinne zuzurechnen sind. Werden derartige Rechtsfolgen von einem Gericht oder einer zur Mitwirkung bei der Strafrechtspflege (im weiteren Sinne) berufenen Behörde rechtskräftig festgesetzt, liegen die Voraussetzungen einer von Art. 54 SDÜ und Art. 50 GRC erfassten Sanktionsentscheidung vor. Entsprechendes gilt für alternativ oder kumulativ vorgesehene weitere repressive Sanktionsformen, soweit es sich ebenfalls um strafrechtliche Maßnahmen (im weiteren Sinne) handelt oder die Rechtsfolgen jedenfalls zwingend in einem gemeinsamen Verfahren mit einer von Art. 54 SDÜ, Art. 50 GRC erfassten Sanktion festzusetzen sind und durch deren klageverbrauchende Anordnung somit mittelbar gesperrt werden.

Ebenso einzubeziehen sind restitutive Maßnahmen zur Abschöpfung deliktischer Vermögensvorteile. Neben einer hier häufig eingreifenden mittelbaren ne bis in idem Wirkung aufgrund einer obligatorischen Verfahrensverknüpfung mit von Art. 54 SDÜ, Art. 50 GRC erfassten Rechtsfolgen oder einer prozessualen Auswirkung des Klageverbrauches gegenüber der natürlichen Verbandsperson, sind abschöpfende Maßnahmen unter teleologischen Aspekten auch unmittelbar zu erfassen. Da die europäische Freizügigkeit durch mögliche Doppelabschöpfungen in derselben Sache genauso wie bei erneut drohenden Sanktionen tangiert wäre, sind diese nach der Ratio des ne bis in idem Grundsatzes in entsprechender Weise zu verhindern. Der Umfang der in diesen Fällen durch Art. 54 SDÜ, Art. 50 GRC hervorgerufenen Sperrwirkung ist jedoch im Sinne eines bloßen „Abschöpfungsverbrauches" auf erneute restitutive Maßnahmen zu beschränken.

Nicht erfasst werden dagegen vorwiegend präventive Rechtsfolgen, die in einem selbstständigen Verfahren und unabhängig von etwaigen repressiven Sanktionen festzusetzen sind. Denn soweit hierdurch primär künftigen Rechtsverstößen vorgebeugt werden soll, dienen derartige Maßnahmen der präventiven Gefahrenabwehr, so dass ihnen kein Strafcharakter (im weiteren Sinne) zukommt.

Soweit unter diesen Prämissen ein transnationaler ne bis in idem Schutz auch in Bezug auf die Verfolgung und Sanktionierung juristischer Personen besteht, ist im Hinblick auf den persönlichen Schutzbereich schließlich zu beachten, dass die Wirkung der Art. 54 SDÜ, Art. 50 GRC grundsätzlich nur diejenigen (natürlichen oder juristischen) Personen erfasst, auf die sich bereits das erste Verfahren bezogen hat und denen gegenüber in diesem Rahmen eine rechtskräftige Entscheidung erfolgt ist. Trotz der vielschichtigen prozessualen und faktischen Verflechtungen stellen die juristische und die verbandszugehörige natürliche Person eigenständige Rechtssubjekte dar, so dass keine wechselseitige Sperrwirkung entsteht. Soweit sich die prozessuale Verknüpfung nicht mittelbar auf die Verfolgbarkeit des Verbandes auswirkt, greift ein jeweiliges Mehrfachverfolgungsverbot deshalb grundsätzlich nur ein, wenn gegenüber jedem der Rechtssubjekte eine rechtskräftige Entscheidung ergangen ist – wenn auch in einem zusammenhängenden Verfahren. Entsprechende Grundsätze gelten im Verhältnis organisatorischer Untereinheiten eines Unternehmens zueinander: Soweit diese keine eigenständigen Rechtssubjekte darstellen, sind die Sanktionsadressaten rechtlich gesehen die übergeordneten Unternehmensträger, so dass sich eine erneute Verfolgung rechtlich unselbstständiger Unternehmenseinheiten als eine unzulässige Zweitverfolgung des Gesamtunternehmens darstellt. Bilden die Unternehmensteile hingegen rechtlich selbstständige Rechtssubjekte, kommt ihnen der ne bis in idem Schutz als Adressaten jeweils zu. Die einmalige Verfolgung mehrerer rechtlich selbstständiger Verbände in derselben Sache stellt daher grundsätzlich keinen Verstoß gegen das Mehrfachverfolgungsverbot dar – selbst wenn die Adressaten zu einem gemeinsamen Unternehmensverbund gehören; dies gilt grundsätzlich auch im Konzernverhältnis.

Zwar besteht nach den mitgliedstaatlichen Sanktionsanwendungsrechten auch und gerade gegenüber juristischen Personen die Gefahr einer mehrfachen Verfolgung und Sanktionierung in derselben Sache. Die im dritten Teil dieser Arbeit herausgearbeiteten Auslegungsgrundsätze und der so konkretisierte Schutzbereich der Art. 54 SDÜ, Art. 50 GRC ermöglichen es allerdings, auch gegenüber juristischen Personen und in Bezug auf die diesen gegenüber festgesetzten Rechtsfolgen einen effektiven transnationalen ne bis in idem Schutz in der EU zu gewährleisten.[1010] Die hierbei befürwortete extensive Auslegung und Handhabung der Art. 54 SDÜ, Art. 50 GRC führt letztlich dazu, dass sich juristische Personen im gemeinsamen Rechtsraum der EU grundsätzlich nur einmalig für einen im Verbandskontext (grenzüberschreitend) begangenen Rechtsverstoß verantworten müssen und somit trotz der teilweise inkongruenten mitgliedstaatlichen Verbandssanktionen auch insofern ein adäquater Mehrfachverfolgungsschutz gewährleistet ist. Auf diese Weise wird einer auf europäischer Ebene andernfalls drohenden Verletzung des ne bis in idem Grundsatzes auch im Unternehmenskontext adäquat vorgebeugt.

1010 Zwar mag im Interesse eines umfassenden ne bis in idem Schutzes zu kritisieren sein, dass die Art. 54 SDÜ, Art. 50 GRC durch verschiedene nationale Vorbehalte und das Erfordernis eines Vollstreckungselementes in ihrer Wirksamkeit faktisch eingeschränkt werden. Dies stellt jedoch kein spezifisches Problem der Unternehmensverantwortlichkeit dar.

Teil 4: Ergebnisse und Fazit

Im Zuge der voranschreitenden europäischen Integration und der hierdurch vorangetriebenen Verflechtung des internationalen Wirtschaftsverkehrs agieren Unternehmen immer häufiger grenzüberschreitend. Die zunehmend internationalisierte Aktivität auf zusammenwachsenden europäischen Märkten führt allerdings dazu, dass auch verbandsbezogene Rechtsverstöße vermehrt über Staatsgrenzen hinweg begangen werden und eine Haftung der Unternehmen selbst begründen können. Werden hierdurch mehrere nationale Rechtsordnungen tangiert, stellt sich auch in Bezug auf juristische Personen die Frage, welche der betroffenen Jurisdiktionen für die Verfolgung zuständig ist, inwiefern es dabei zu positiven Kompetenzkonflikten sowie Mehrfachsanktionen in derselben Sache kommen kann und ob, beziehungsweise wie, es diese auch gegenüber Verbänden zu verhindern gilt.

Da die sanktionsrechtliche Verantwortlichkeit juristischer Personen in den nationalen Rechtsordnungen der EU-Mitgliedstaaten indes nicht homogen normiert ist, sondern in Haftungsvoraussetzungen, Rechtsfolgen und Rechtsnatur teilweise inkongruente Sanktionssysteme bestehen, hat die Bestimmung der verfolgungs- und sanktionsbefugten Rechtsordnung auch Auswirkungen auf das im Einzelfall anwendbare Haftungsregime und die Art und Natur der potenziellen Sanktionen. Zudem fragt sich, inwieweit trotz inkongruenter Sanktionssysteme eine zwischenstaatliche Verfahrenskoordination zur Vermeidung von Jurisdiktionskonflikten möglich ist. Insofern haben die Darstellungen gezeigt, dass in der EU eine Erosion des Grundsatzes *societas delinquere non potest* festzustellen ist und immer mehr Staaten eine Strafhaftung juristischer Personen vorsehen, einige Rechtsordnungen jedoch auch weiterhin an einer nicht-strafrechtlichen Verbandshaftung festhalten und zum Teil verwaltungsbehördliche Zuständigkeiten bestehen. Auf der anderen Seite wurde allerdings auch deutlich, dass die grundsätzlichen Bedingungen der Verbandshaftung im Kern oft ähnlichen Grundstrukturen folgen und als haftungsbegründender Rechtsverstoß in der Regel eine verbandsbezogene Anknüpfungstat natürlicher Personen erforderlich ist, wobei zum Teil auch der juristischen Person selbst vorgeworfene Organisationsmängel eine Haftungsvoraussetzung darstellen.

In welchen Fällen auf dieser Grundlage eine Verfolgungszuständigkeit gegenüber juristischen Personen besteht und es in transnationalen Sachverhalten danach zu einer Konkurrenz mehrerer Rechtsordnungen kommen kann, richtet sich nach den nationalen Sanktionsanwendungsrechten. Mangels spezifischer Regelungen für juristische Personen sind insofern grundsätzlich die für natürliche Personen konzipierten allgemeinen Vorschriften anzuwenden. Wegen der systematischen und dogmatischen Besonderheiten der Verbandshaftung gilt es dabei jedoch unternehmensspezifische Eigenarten zu berücksichtigen: So ist der Begehungsort der Verbandstat grundsätzlich entsprechend dem Handlungsort der natürlichen Person zu lokalisieren. Nur soweit das nationale Recht Elemente einer originären Verbandsverantwortlichkeit vorsieht, kommt (zusätzlich) der Ort einer dem Verband selbst vorgeworfenen defizitären Organisationsstruktur als tatortkonstituierend in Betracht, welcher regelmäßig am Ort der wesentlichen geschäftlichen und organisatorischen Aktivität („*centre of main interests*") zu verorten ist. Soweit es auf die Nationalität des Täters ankommt, ist im Rahmen der Verbandshaftung die Staatszugehörigkeit der juristischen Person maßgeblich, wenn das nationale Recht dies ausdrücklich vorsieht oder der Verband selbst als „Täter" angesehen werden kann. In der EU soll die Nationalität juristischer Personen dabei nach der Gründungstheorie zu bestimmen sein. Im Übrigen ist auch in Bezug auf die Verbandshaftung auf die Nationalität der tatausführenden natürlichen Person abzustellen.

Inhaltlich erfolgt nach den Sanktionsanwendungsrechten aller EU-Staaten bereits durch den im Sinne des Ubiquitätsprinzips verstandenen Territorialitätsgrundsatz eine weitreichende Ausdehnung der eigenen Verfolgungszuständigkeiten. Durch insbesondere das aktive und passive Personalitätsprinzip sowie das Staatsschutzprinzip findet zudem eine extraterritoriale Erstreckung auch auf reine Auslandssachverhalte statt. Als Folge sind bei transnationalen Rechtsverstößen gerade auch im Unternehmenskontext regelmäßig mehrere Rechtsordnungen tangiert, so dass kumulative Verfolgungszuständigkeiten entstehen und die nationalen Sanktionsgewalten in Konkurrenz zueinander treten können. Die hieraus potenziell folgenden Jurisdiktionskonflikte gilt es im europäischen Raum der Freiheit, der Sicherheit und des Rechts aufgrund ihrer negativen Folgen in Form von zwischenstaatlichen Spannungen, einer letztlich willkürlichen Bestimmung des Sanktionsstaates, des ineffizienten Einsatzes von Ermittlungsressourcen sowie der Gefahr einer mehrfachen Sanktionierung in derselben Sache auch gegenüber juristischen Personen zu verhindern und durch eine koordinierte Verfolgungspraxis zu ersetzen.

Der hierfür seitens der EU erlassene Rahmenbeschluss zur Vermeidung und Beilegung von Kompetenzkonflikten in Strafverfahren sieht insofern zwischenstaatliche Informations- und Konsultationspflichten vor, um zu einem Einvernehmen über den verfolgungsbefugten Staat zu gelangen; eine zwingende Konzentration der Kompetenzen ist hingegen nicht möglich. Juristische Personen sowie diesen gegenüber geführte Verfahren werden durch den Rahmenbeschluss jedoch nicht ausdrücklich erfasst. Da es eine unkoordinierte Mehrfachverfolgung in derselben Sache und die negativen Auswirkungen von Kompetenzkonflikten diesen gegenüber allerdings in entsprechender Weise zu verhindern gilt, ist künftig eine klarstellende Erstreckung des Rahmenbeschlusses auf juristische Personen geboten.

Von den nach dem Rahmenbeschluss zu koordinierenden „Strafverfahren" ebenfalls nicht ausdrücklich erfasst werden nicht-strafrechtliche Rechtsverstöße sowie behördliche Sanktionen, so dass in Bezug auf die inkongruenten und zum Teil nicht dem (Kriminal-)Strafrecht zugeordneten Verbandssanktionen keine unionsweite Koordinierung gewährleistet ist. Da es Kompetenzkonflikte jedoch unabhängig von der innerstaatlichen Rechtsnatur und Anordnungszuständigkeit einer Sanktion zu verhindern gilt, ist der Anwendungsbereich des Rahmenbeschlusses in materieller Hinsicht allgemein auf (auch nicht-strafrechtliche) Rechtsverstöße zu erstrecken und sind prozessual auch behördliche Verfahren zu erfassen, soweit die Sache von dem Betroffenen vor ein auch in Strafsachen zuständiges Gericht gebracht werden kann. Auf diese Weise wird – unabhängig von der am Rahmenbeschluss mangels Zuweisung exklusiver Zuständigkeiten angebrachten Kritik und den diesbezüglichen Reforminitiativen – ein adäquater Anwendungsbereich der Mechanismen zur Vermeidung und Beilegung von Kompetenzkonflikten ermöglicht und eine unionsweite Verfahrenskoordination insbesondere auch in Bezug auf die verschiedenen nationalen Verbandssanktionen gewährleistet.

Neben der aus konkurrierenden Zuständigkeiten folgenden Gefahr einer parallelen Verfolgung ist jedoch auch weiterhin zu befürchten, dass sich juristische Personen in derselben Sache gar einer mehrfachen Sanktionierung durch die verschiedenen Rechtsordnungen ausgesetzt sehen. Die Frage der Zuständigkeitskoordination ist insofern (zeitlich) von dem Verbot der Mehrfachbestrafung abzuschichten, soweit sich die Konkurrenz nationaler Kompetenzen auf die Ebene der Sanktionierung erstreckt. Eine mehrfache Verfolgung und Ahndung derselben Tat ist gemäß dem ne bis in idem Prinzip grundsätzlich verboten und insbesondere im europäischen Raum der Freiheit, der Sicherheit und des Rechts daher auch grenzüberschreitend zu verhindern. Ein entsprechendes transnationales Doppelverfolgungsverbot wird in der EU durch Art. 54 SDÜ, Art. 50 GRC statuiert, soweit in derselben Sache bereits ein rechtskräftiger Verfahrensabschluss in einem anderen Mitgliedstaat ergangen ist und im Falle einer Verurteilung ein Vollstreckungselement vorliegt.

In Anknüpfung an die teleologische Auslegung des EuGH ist der Schutzbereich der Art. 54 SDÜ, Art. 50 GRC neben Gerichtsurteilen auch auf behördliche Verfahrensbeendigungen ohne eine richterliche Beteiligung zu erstrecken, soweit die Behörden zur Mitwirkung bei der Strafrechtspflege (im weiteren Sinne) berufen sind. Die erfassten Maßnahmen sind zudem nicht auf national dem Kriminalstrafrecht zugeordnete Rechtsfolgen zu beschränken, sondern unter Heranziehung der „Engel-Kriterien“ auch strafrechtliche Sanktionen im weiteren Sinne einzubeziehen. Im Unternehmenskontext fragt sich jedoch, ob und inwiefern auch juristische Personen sowie die diesen gegenüber in den Mitgliedstaaten vorgesehenen verschiedenen Rechtsfolgen dem transnationalen ne bis in idem Prinzip unterfallen.

Insofern ist zu konstatieren, dass juristische Personen von dem Schutzbereich des europäischen Mehrfachverfolgungsverbotes auch ohne ihre explizite Nennung zu erfassen sind. Nach teleologischen Schutzzweckerwägungen stellt eine Mehrfachverfolgung und -sanktionierung aufgrund desselben Rechtsverstoßes auch gegenüber Verbänden einen grundsätzlich unzulässigen Eingriff dar und tangiert sie in ihren europäischen Grundfreiheiten. Die Ratio des den Freizügigkeitsschutz in der EU bezweckenden ne bis in idem Prinzips findet daher in gleicher Weise Anwendung, so dass die Art. 54 SDÜ, Art. 50 GRC auf Verbände zu erstrecken sind.

Angesichts der zum Teil inkongruenten nationalen Haftungssysteme bleibt jedoch fraglich, inwieweit die verschiedenen Verbandssanktionen – vor allem im Hinblick auf ihre Rechtsnatur – zu einer ne bis in idem Wirkung führen können. Hierfür bedarf es einer konkreten Subsumtion der jeweiligen Rechtsfolgen unter den Schutzbereich der Art. 54 SDÜ, Art. 50 GRC. Danach sind neben kriminalstrafrechtlichen Geldsanktionen auch nicht oder nicht eindeutig dem nationalen (Kriminal-)Strafrecht zugehörige Maßnahmen erfasst, soweit diese im Sinne der

„Engel-Kriterien" jedenfalls dem Strafrecht im weiteren Sinne unterfallen und von einem Gericht oder einer zur Mitwirkung bei der Strafrechtspflege berufenen Behörde rechtskräftig festgesetzt werden. Entsprechendes gilt für alternative oder kumulative Rechtsfolgen, die ebenfalls dem Strafrecht (im weiteren Sinne) zuzurechnen oder zumindest zwingend zusammen mit von Art. 54 SDÜ, Art. 50 GRC erfassten Sanktion anzuordnen und somit durch deren Festsetzung bedingt sind.

Darüber hinaus sind auch restitutive Maßnahmen zur Abschöpfung rechtswidriger Vermögenswerte dem Doppelverfolgungsverbot zu unterstellen. Zwar wird der ne bis in idem Schutz aufgrund einer prozessualen Verknüpfung mit durch Art. 54 SDÜ, Art. 50 GRC erfassten Sanktionen hier oft schon mittelbar eingreifen. Unter teleologischen Gesichtspunkten gilt es jedoch, abschöpfende Maßnahmen auch schon unmittelbar zu erfassen, wobei der Umfang der ausgelösten Sperrwirkung in diesen Fällen auf erneute restitutive Rechtsfolgen zu begrenzen ist.

Nicht erfasst sind dagegen vorwiegend präventive Maßnahmen, denen kein Strafcharakter (im weiteren Sinne) beizumessen ist und die in einem selbstständigen Verfahren und unabhängig von repressiven Sanktionen festzusetzen sind.

Soweit ein europäischer ne bis in idem Schutz danach auch gegenüber juristischen Personen besteht, ist schließlich zu beachten, dass der persönliche Schutzbereich der Art. 54 SDÜ, Art. 50 GRC grundsätzlich nur dasjenige Rechtssubjekt erfasst, welches bereits Adressat des Erstverfahrens war. Zwischen einer juristischen und verbandszugehörigen natürlichen Person ist somit im Grundsatz keine wechselseitige Sperrwirkung zu konstruieren. Wirkt sich daher nicht eine prozessuale Verknüpfung mittelbar auf die Verfolgbarkeit des Verbandes aus, besteht ein jeweiliges Doppelverfolgungsverbot nur, wenn jeweils eine rechtskräftige Entscheidung ergangen ist. Entsprechendes gilt im Verhältnis organisatorischer Untereinheiten eines Unternehmens zueinander. Soweit diese eigenständige Rechtssubjekte darstellen, kommt ihnen der ne bis in idem Schutz jeweils zu, so dass die Verfolgung mehrerer rechtlich selbstständiger Verbände in derselben Sache keinen ne bis in idem Verstoß darstellt, selbst wenn diese zu einem gemeinsamen Unternehmensverbund gehören; Gleiches gilt grundsätzlich auch im internen Konzernverhältnis.

Die Untersuchung hat folglich gezeigt, dass es auch im Rahmen transnationaler Verbandshaftung zu positiven Kompetenzkonflikten und der Gefahr einer Mehrfachsanktionierung kommen kann und dass es diese im europäischen Raum der Freiheit, der Sicherheit und des Rechts auch gegenüber juristischen Personen zu verhindern gilt. Die hierzu erarbeiteten Reformvorschläge und programmatischen Auslegungsmaximen gewährleisten insofern, dass kumulative mitgliedstaatliche Verfahren in diesen Fällen auch gegenüber juristischen Personen zwischenstaatlich zu koordinieren sind und – falls kein Einvernehmen über eine Konzentration der Verfahren erzielt werden kann – die sanktionsbedrohten Verbände jedenfalls vor einer mehrfachen Ahndung in derselben Sache geschützt werden. Hierdurch können die andernfalls drohenden negativen Folgen kumulativer Verfolgungskompetenzen auch in Bezug auf die sanktionsrechtliche Verantwortlichkeit von juristischen Personen vermieden und trotz der inkongruenten mitgliedstaatlichen

Verbandshaftungssysteme eine zwischenstaatliche Verfahrenskoordination sowie eine Vermeidung von Mehrfachverfolgungen praktikabel ermöglicht werden.

Auf diese Weise wird einerseits verhindert, dass es in Bezug auf die Vermeidung und Beilegung von Jurisdiktionskonflikten zu einem unterschiedlichen Schutz von natürlichen und juristischen Personen kommt und andererseits, dass die zwischenstaatliche Inkongruenz der Verbandsverantwortlichkeit auf europäischer Ebene zu einer Inkompatibilität der Rechtsordnungen führt. Der Problematik transnationaler Rechtsverstöße kann somit auch im Rahmen der Unternehmenssanktionierung adäquat und unter Wahrung rechtsstaatlicher Grundsätze begegnet werden.

Die hierzu erarbeiteten Ergebnisse und Lösungen sind dabei auch für die künftige Rechtsentwicklung von Bedeutung und können insofern zu einer generellen Weiterentwicklung der justiziellen Zusammenarbeit in der EU beitragen, da sich die Frage der Einbeziehung von juristischen Personen und deren Sanktionsverfahren unabhängig von dem konkreten rechtlichen Regelungsrahmen stellt.

www.ingramcontent.com/pod-product-compliance
Ingram Content Group UK Ltd.
Pitfield, Milton Keynes, MK11 3LW, UK
UKHW021913290926
8980IPUK00015B/1234

9 783631 738870